Harald Eggebrecht
Große Geiger

Harald Eggebrecht

Große Geiger

Kreisler, Heifetz, Oistrach,
Mutter, Hahn & Co.

Mit einem Vorwort von Joachim Kaiser

Mit 79 Abbildungen

München Zürich

ISBN 3-492-04264-3
© Piper Verlag GmbH, München 2000
Gesamtherstellung: Kösel, Kempten
Printed in Germany

Meinen Brüdern Arne und Jörg
in Erinnerung an Hans Vorpahl

»Artikulieren heißt vermenschlichen.«
Sergiu Celibidache

Inhalt

Vorwort

Gegen Ende des 20. Jahrhunderts hat sich – unter unseren Augen und Ohren – etwas ebenso Überraschendes wie Erfreuliches ereignet: ein Geigermirakel. Als wäre mit dem sensationell anmutenden Wunderkind-Weltruhm der Anne-Sophie Mutter eine Art Bann gebrochen, erschienen mannigfache, wahrhaft erstaunliche Talente auf den Konzertpodien. Und sie alle, die Jungen wie die Jüngsten, wollen durchaus mehr sein als nur virtuose Fiedler. Nehmen den Anspruch großer Musik leidenschaftlich ernst.

Unerzwingbar, doch für die lebendige Wirkung eines geistigen Produktes höchst förderlich ist, was die alten Griechen »kairos« nannten. Nämlich: der glückliche, angemessene und rechte Augenblick für eine Sache. Über diesen Kairos beim Erscheinen seines Geigerbuchs darf sich Harald Eggebrecht wahrlich freuen. Denn wenn im Bereich der Violininterpretation derart viel Neues geschieht (die Zünfte der Pianisten, Dirigenten, auch der Sänger und Sängerinnen müssen neidvoll zugeben, daß gegenwärtig bei den Geigern Aufregenderes und Frischeres passiert als in den anderen Sparten), dann bedeutet diese bemerkenswerte Ausnahmesituation einerseits die Möglichkeit, alle die jungen Talente charakterisierend vorzustellen. Andererseits aber auch die Notwendigkeit, traditionelle Geiger neu zu bewerten. Die souveräne Klassizität, mit welcher etwa Frank Peter Zimmermann Ysayes Solosonaten meistert, Vadim Repin Tschaikowski vehement objektiviert, die wunderbar nervöse Nuanciertheit, mit der Maxim Vengerov Mozart phrasiert, die plastische Klarheit von Hilary

Hahns Bach-Spiel oder der poetische Glanz, den Anne-Sophie Mutter im Violinkonzert von Brahms entdeckt: alles das muß auch zu einem neuen Nachdenken über Rang und Kunst mancher berühmter Geiger vergangener Zeiten führen.

Dieses Buch ist nicht chronologisch, sondern eher systematisch geordnet. Vorzüge oder Nachteile solcher Anordnung lassen sich nicht abstrakt beurteilen. So wie sich, laut Brecht, der Kuchen beim Essen beweist, so erkennt man den Nutzen eines Gliederungssystems ja auch erst beim Lesen oder bei der Suche nach bestimmten Informationen.

Eggebrecht, man spürt es, stammt aus musikalischem, kultiviertem Hause. Er studierte bei Carl Dahlhaus. Und von Sergiu Celibidache lernte er, wie teuflisch im Bereich der Kunst die Kompromisse sind ... Obwohl es hier »nur« um Geigerinnen und Geiger zu gehen scheint, hat das Buch, über alles rein Violinistische hinaus, auch eine zeitgeschichtliche Dimension. Unter welch beklemmenden Umständen verlief doch im 20. Jahrhundert Stalins und Hitlers so manche Geigerkarriere! Eggebrecht berichtet nicht nur von wenigen erfolgreichen Stars. Er lenkt unsere Aufmerksamkeit auch auf jene Talente, denen in dieser Welt das Glück nicht hold war. Indem wir erfahren, welche immensen Schwierigkeiten (politischer, biologischer oder von den Launen des Zeitgeschmacks bestimmter Natur) selbst enorme Begabungen überwinden müssen, wächst, dank Eggebrecht, unsere beglückte Bewunderung für *Große Geiger*.

München, im Mai 2000   *Joachim Kaiser*

Die offene Frage: Betrieb oder Musik?

Virtuosität am Anfang des 21. Jahrhunderts

Etwas hat sich verändert. Noch vor zehn oder zwanzig Jahren war ein Sonatenabend mit einem berühmten Geiger wie Itzhak Perlman oder Gidon Kremer ausverkauft. Heute kann es geschehen, daß die in aller Welt zu Recht gefeierte, aus Japan stammende Violinistin Midori vor halbleerem Saal auftritt. Dabei präsentiert sie kein abschreckendes, ausgefallenes, sondern ein ausgewogenes Programm mit einer Bach-Sonate, Poulencs Sonate von 1943, die er für Ginette Neveu geschrieben hatte, und Beethovens »Kreutzersonate«.

Oder der glänzende deutsche Geiger Christian Tetzlaff gibt ein Konzert mit der überragenden Bratscherin Tabea Zimmermann und seiner Schwester Tanja am Cello. Hauptstück des Abends Mozarts einzigartiges Divertimento Es-Dur KV 563. Der Münchner Herkulessaal ist relativ gut besucht, aber früher wäre er überfüllt gewesen. Außerdem fällt das hohe Durchschnittsalter des Publikums auf. Niemand drängelt sich auf Stehplätzen, die einst Domäne der Musikstudenten und Musikbegeisterten waren.

Was hat sich verändert? Es scheint, als habe das Interesse am bürgerlichen Konzertbetrieb und -ritual entschieden nachgelassen. Dabei ist der spieltechnische Standard heutiger Musiker phänomenal, gibt es in der ganzen Welt eine Talentflut. Doch hat es zum Beispiel Celloabende trotz brillanter Instrumentalisten in München seit Jahren kaum mehr gegeben, während früher Pierre Fournier, Paul Tortelier, Enrico Mainardi, Mstislaw Rostropowitsch oder János Starker regelmäßig auftraten. So verschwindet ein großartiger Teil der musikalischen Literatur aus dem öffentlichen Bewußtsein. Ähnliches gilt überhaupt für die Programmgestaltung. Der Umgang mit der Musik des gerade vergangenen Jahrhunderts gestaltet sich weiterhin problematisch, weil die Veranstalter häufig den Mut der Musiker bremsen. Lieber das Altgewohnte, die Stücke, die sogar die kennen, die sonst keine Ahnung haben. Es genügt auch bei Superstars schon, ein paar unbekanntere Komponistennamen anzukündigen, um unangenehm überrascht zu werden: Als etwa Lorin Maazel mit dem Symphonieorchester des Bayerischen Rundfunks einen Abend mit Dukas' »Zauberlehrling«, Barbers Violinkonzert, Solist Frank Peter Zimmermann, und Saint-Saëns' dritter Symphonie gab – alles Werke, deren romantische Attitüde und Attraktivität über jeden Zweifel erhaben sind –, fehlte fast ein Drittel der Abonnenten.

Der Eindruck, daß jene bisher selbstverständlichen Repertoirekenntnisse schwinden, die einst Zuhörer besaßen, die zu Hause selbst ein Instrument spielten und mit Gleichgesinnten musizierten, ist kaum von der Hand zu weisen. Aber am gewichtigsten dürfte die Gewöhnung an die allgegenwärtige elektroakustische Verfügbarkeit von Musik sein. Warum ins Konzert gehen, wenn man daheim bequem eine CD mit derselben Künstlerin auflegen kann? Doch auch das Geschäft mit Aufnahmen ernster Musik ist schwierig geworden. Wer schon alle Beethoven-Violinsonaten mit X oder Y besitzt, wird sich kaum für eine Neuaufnahme mit Z erwärmen, es sei denn als sammelnder Spezialist. War das Konzert früher der Beweis der Echtheit und Gültigkeit für Qualität und Ruhm eines Künstlers, ist es jetzt mindestens ebenso wichtig, daß er noch in der Konzertpause im Foyer am Tresen des Plattengeschäfts erscheint, um dort seine neuesten Aufnahmen zu signieren, als seien sie der eigentliche Zweck des Konzerts. So bedrängt und usurpiert das stets Sekundäre und Vergangene, die Aufnahme, die lebendige Gegenwart der hier und jetzt erklingenden Musik. Daß außerdem Promotion und Marketing im Vorfeld eine immer größere Rolle spielen und das Konzert und die Musik, die dort aufgeführt wird, verblassen lassen vor lauter Phototerminen, Interviews und Künstler-Exklusivporträts, ist unübersehbar.

Kaum vorzustellen, daß unter diesen sich zunehmend verschärfenden Umständen noch Karrieren aufgebaut werden können von solcher unerschütterlichen Kontinuität und Stabilität wie die eines Isaac Stern oder David Oistrach. Kaum vorstellbar in einer sich beschleunigenden und flexibilisierenden Welt, daß einer sein Leben lang geigt oder Klavier spielt, dabei systematisch sein Repertoire erweitert und auch nach 25 Jahren Beethoven, Brahms, Schönberg oder Ligeti verantwortlich aufführt und damit Säle füllt.

Könnte es sein, daß die goldenen Zeiten einer sensiblen, hochentwickelten Musikkultur vorbei sind? Aber die Abonnentenzahlen in Opernhäusern und bei Orchestern steigen. Gut, das sind große, repräsentative Institutionen, bei denen sich gesellschaftliche Verpflichtungen und musikalische Neigungen die Waage halten – noch. Solche gefällige Balance bietet Kammermusik nicht. Bei Streichquartett- oder Sonatenabenden steht die Musik im Mittelpunkt. Es sei denn, man macht ein Event daraus wie etwa Anne-Sophie Mutter, die ihren Beethoven-Zyklus schon im Vorfeld ankündigte, als sei da etwas bis dahin noch nie Gehörtes entdeckt worden. Den ersten Abend hielt sie als Benefizkonzert ab, was für die Reichen und Schönen unabhängig von musikalischen Vorlieben zur Teilnahme geradezu verpflichtete. Je mehr Eventcharakter eine Veranstaltung hat, desto besser fürs Geschäft, siehe die »Drei Tenöre«. Es mehren sich rapide die Anzeichen, daß das außermusikalische Drumherum das eigentliche Ereignis ist, zu dem die musikalische Darbietung nur noch den Anlaß gibt.

Diese Gewichtsverschiebung weg vom Erlebnis der Musik als integraler Kunst hin zur gesellschaftlichen Renommierveranstaltung hat ihren Ursprung allerdings an der gleichen Stelle wie umgekehrt auch die Blüte des Konzerts mit der Hinwendung zur und der Konzentration auf die Musik und ihre Spieler. Niccolò Paganini (1782–1840) stand am Beginn dieser sich lange Zeit im Gleichgewicht haltenden Entwicklungen. 160 Jahre nach Paganinis Tod scheint sich Robert Schumanns prophetisches Diktum über das Phänomen Paganini und seine Auswirkungen erneut zu bestätigen, aber in anderem, diesmal schwarzem, für die Musik und ihre Aufführung bedrohlichem Sinn.

»Paganini ist der Wendepunkt der Virtuosität«, hat Schumann 1834 geschrieben. Zu der Zeit reiste auch Louis Spohr (1784–1859), als Nachtigall auf der Violine gefeiert, durch Europa, galten noch die Schüler des legendären Giovanni Battista Viotti (1755–1824) – Pierre Baillot (1771–1842), Pierre Rode (1774–1830) und Rodolphe Kreutzer (1766–1831) – als vorbildlich für technisch und klanglich vollendetes Geigenspiel. Aber mit Paganini kam eine in jeder Beziehung neuartige Qualität in die gesellschaftliche, materielle, künstlerische, ja sogar private Existenz des Virtuosen. Mit dem großen Genuesen hub das Zeitalter der modernen Virtuosität an und hatte in ihm sogleich einen absoluten Höhepunkt.

Natürlich gab es auch in den Jahrhunderten vor Paganini berühmte Musiker: Trompeter, Lautenspieler, Organisten oder die Kastraten, deren Gesangskünste europaweit gepriesen und so fürstlich bezahlt wurden, daß die Sänger selbst wie Fürsten lebten. Auch Tänzer erregten Aufsehen und natürlich solche einmaligen Attraktionen wie das Wunderkind aller Wunderkinder: Wolfgang Amadeus Mozart. Doch fand das nahezu alles in feudalem Rahmen statt, in den Hoftheatern, an den Höfen selbst oder dank adliger Gönner. Auch Paganinis Karriere begann unter solchen Bedingungen. Als er 1813 jedoch seinen Vertrag mit der Fürstin von Piombino und

Lucca, Élisa Bacciocchi, einer Schwester Kaiser Napoleons I., auflöste, entschloß er sich zur freien, selbst finanzierten Künstlerlaufbahn.

Der Instrumentalist als Unternehmer und Vermarkter seiner selbst hatte als Lebenskonzept erst eine Chance mit der Entwicklung eines bürgerlichen Massenpublikums, das für das Hören von Musik bereit war zu bezahlen. Viotti, vermutlich der einflußreichste und bedeutsamste Geiger vor Paganini, der als erster den von François Tourte entwickelten, nach innen geschwungenen, daher zu ganz anderer Spannung fähigen Bogen benutzte und damit eine neue Tonkonsistenz und Sicherheit der Bogenführung produzieren konnte, Viotti mußte bei allem Ruhm seinen Lebensunterhalt in London noch mit Weinhandel fristen.

Aus dem Vergnügen der feudalen Gesellschaft, sich Domestiken halten zu können für die musikalische Unterhaltung bei ihren Mahlzeiten und Zerstreuungen, wurde die Ware »Musikgenuß«, die man bei Professionellen kaufen konnte. Als Paganini seine ersten freien Konzerte in Mailand gab, verlangte er sofort höhere Gagen als jeder andere und bekam sie. Paganini verkörperte noch andere, bis heute wirksame Aspekte der Solistenexistenz: Einmal war er tatsächlich der phänomenale Geiger, der seinem Instrument noch nie Gehörtes entlocken konnte; dann der Komponist, der sich die Musik für seine Kunststücke selbst schrieb. Zum dritten trat er als Star auf, um dessen Privatleben wilde Gerüchte kursierten, die Paganini zwar dementieren ließ, um deren enormen Reklameeffekt er aber wußte. Außerdem fungierte er als Entertainer, der bei seiner Show auch außermusikalische Artistik vorführte, wenn er sich die Augen zubinden ließ, vom verkehrt aufgestellten Notenblatt ablas, die Saiten höher stimmte oder Tierstimmen imitierte.

Mit ihm setzte das Vergleichen, der Wettbewerb, erst richtig ein, obwohl es Wettspiele schon vor ihm gegeben hatte. Paganini versuchte seine Einmaligkeit zu schützen, indem er seine Kompositionen nicht veröffentlichte, damit seine technischen Geheimnisse nicht nachgeahmt werden könnten. Trotzdem oder gerade deswegen orientierten sich die zeitgenössischen und die nachfolgenden Geiger an ihm, übten seine Beherrschung der Violine zu erlernen, seinem Zauber auf die Spur zu kommen. Und die Komponisten waren fasziniert, weil ihnen Paganini eine neue musikalische Dimension eröffnete: die des reinen, emanzipierten Instrumentalklangs. Schumann und Liszt versuchten Paganinis Erkenntnisse auf das Klavier zu übertragen.

An ihm wurden noch lange nach seinem Tod die Violinisten gemessen, bis heute hat sein Name daher den wahrhaft magischen Klang des Unerreichbaren, des Nonplusultra. Dabei haben seine technischen Anforderungen längst ihren abweisenden Schrecken verloren. Wer heute eine Karriere als Geiger anstrebt, ganz gleich ob als Solist oder als Orchester- oder Kammermusiker, wird Paganinis Capricci üben, wird seine Konzerte und anderen Kompositionen studieren. 160 Jahre nach seinem Tod sind seine violintechnischen Mysterien Allgemeingut geworden, stellen seine Ansprüche der Violinbeherrschung den Standard dar, auf dem die hohe Schule des Geigens stattzufinden hat.

Ein Beispiel: Der vorzügliche Schweizer Violinist Alexandre Dubach spielt alle Konzerte Paganinis schwung- und keineswegs mühevoll. Dubach, Mitte 40, in Thun aufgewachsen, hat bei Ulrich Lehmann, Nathan Milstein und Salvatore Accardo studiert und am Conservatoire de Fribourg sein Abschlußdiplom mit höchster Auszeichnung gemacht. Mit 15 Jahren debütierte er beim Tonhalle-Orchester Zürich, dessen Konzertmeister er später eine Zeitlang war. Heute bereist Dubach die Welt und gibt Meisterkurse im apulischen Castel del Monte und in Zürich.

Dubach neigt zwar zu einem outrierten, heftig aufflammenden Vibrato, auch ist sein Ton nicht sehr farbenreich. Aber seine technischen Fähigkeiten gestatten ihm, das Allegro maestoso aus Paganinis zweitem Violinkonzert h-Moll, dessen Schlußsatz die berühmte »La Campanella« ist, mit Akkuratesse und Einsatz untadelig zu bewältigen, begleitet vom Philharmonischen Orchester Monte Carlo unter Lawrence Foster in einer Aufnahme von 1993. Geigenspiel solidester Prägung ohne jeden Schwefelgeruch, das zeigt, wie selbstverständlich und sicher heute Paganinis instrumentaltechnische Aufgaben gelöst werden können. Es fehlt jedoch jene Magie, die beim Namen Paganini aufscheint.

Der Aspekt Paganinis, Komponist für sich selbst zu sein, behielt bei Zeitgenossen und Nachfolgern eine ganze Weile Geltung. Ob Heinrich Wilhelm Ernst (1814–1865) oder Henri Vieuxtemps (1820–1881), ob Antonio Bazzini (1818–1897) oder Henri Wieniawski (1835–1880), ob Pablo de Sarasate (1844–1908) oder Joseph Joachim (1831–1907), sie alle komponierten für den eigenen Bedarf, auch wenn die beiden letztgenannten bereits mehr die Werke anderer aufführten. Fritz Kreisler ist wohl der letzte authentische Virtuosenkomponist gewesen. Bei Jascha Heifetz, Váša Příhoda oder Nathan Milstein und anderen sind nur noch Reste dieser Personalunion spürbar, wenn sie bekannte Melodien aus Opern, Liedern und Klavierstücken für die Geige transkribierten.

Geblieben ist vom Paganini-Mythos auch das Verlangen nach dem Star – und das Geschäft mit ihm. Während aber Paganini tatsächlich sein eigener Unternehmer im umfassenden Sinn war, sind Solisten heute gewissermaßen Kapitalanlagen ihrer Agenten und der CD-Produktionsfirmen. Und es braucht nicht unbedingt echte Exzentrik oder den wirklichen Skandal, sondern vor allem die Anwesenheit im Medienzirkus, damit sich materieller Erfolg einstellt.

Nach 1945 sorgte das Geschäft mit Platten für üppigste Gewinnspannen, wobei Seriosität von Aufmachung und Reklame nicht störte, sondern zum Image gehörte. Inzwischen ist dieser Markt so gut wie gesättigt, daher haben selbst überragende Musiker wie etwa Christian Tetzlaff oder Frank Peter Zimmermann Probleme, vernünftige Plattenverträge abzuschließen, also nach ihren eigenen Vorstellungen und Wünschen. So wie Konzertunternehmer ängstlich vor nahezu jedem ausgefalleneren, originellen Programm zurückschrecken, weil der Saal halbleer bleiben könnte, so sehen die CD-Produzenten nicht mehr so sehr in sorgfältig das Repertoire erweiternden Werkaufnahmen, sondern viel eher im sogenannten Crossover zwischen U- und E-Musik ihr Heil, Musikkonserven mit Gewinn verkaufen zu können. Wer sich dem verweigert, kann fast unabhängig von Rang und Namen schnell das Nachsehen haben.

Hinzu kommt eine aggressivere Werbung, die den Solisten nicht so sehr als Persönlichkeit und Geiger, sondern vielmehr als inszenierte Figur präsentiert. Der junge amerikanisch-israelische Violinist Gil Shaham wurde von der Deutschen Grammophon bei einer seiner neueren Produktionen in Videoclip-Manier aufgemacht, er mußte als Phantom der Oper in einer Photostrecke auf den Treppen eines Opernhauses in schwarzem Umhang und weißem Schal herumirren. In solcher Verpackung, glauben die Marketingleute, kann man den Inhalt dieser CD, nämlich Opernparaphrasen – früher hochbeliebt, jetzt im Ruche, ziemlich angestaubt zu sein –, gewiß besser an den auf Augenreize fixierten Käufer bringen.

Auch eine Geigerin vom Format Anne-Sophie Mutters läßt sich in die immer offensivere Reklame für die Ware Musik einspannen: Bei der Neuaufnahme von Vivaldis »Vier Jahreszeiten« mit einem norwegischen Kammerorchester räkelt sich die gewiß attraktive Solistin mit herausforderndem Blick in engem Pullover und Jeans anzüglich wie ein Covergirl. Solche Posen gehören bei jungen Violinistinnen inzwischen zur neuen Normalität: Viktoria Mullova wird als coole Schönheit in enger schwarzer Lederhose präsentiert. Sarah Chang, als neunjähriges Wunderkind wegen ihrer ungezwungen-natürlichen Art gefeiert, wurde – inzwischen 19 Jahre jung – zum exotischen Blickfang gestylt und ist kaum wiederzuerkennen. Bei Leila Josefowicz ist die lange blonde Mähne wichtiger für das photogene Erscheinungsbild als die Geige; die Reihe ließe sich leicht fortsetzen.

Nicht verwunderlich, daß schließlich andere als musikalische Qualitäten Erfolg garantieren. Mit reißerisch-erotischer Anmachpose im nassen T-Shirt hat beispielsweise die junge Vanessa Mae auf sich aufmerksam gemacht, obwohl sie geigerisch nur braves Handwerk und musikalisch nichts zu bieten hat. Im Konzertsaal klingt ihr Spiel neutral, ja bieder. Kein ungewöhnlich leuchtender oder charakteristischer Ton fasziniert, weder lyrische Emphase noch geigerische Teufeleien stehen ihr zu Gebote. Selbst fürs Schmalzige fehlt es ihr an Volumen, Charme und Schwung. Cantabile-Bögen etwa in Bruchs »Schottischer Fantasie« löst sie in Schwellerchen und Drückerchen auf. Es herrscht im besten Falle niedliche Kurzatmigkeit. Dafür wechselt sie mehrmals am Abend ihre Garderobe vom hautengen echsenartigen Futteral zum roten Glitzerkleidchen – so kurz, wow! – und kniehohen Schnürstiefelchen. Die echte Geige vertauscht sie für ihre wohlfeilen Poparrangements mit einer weißen Elektrogeige. Oder eine andere Sorte des Wohlfeilen: Der Niederländer André Rieu tritt als Johann-Strauß-Verschnitt auf und fiedelt als Marzipangeiger im Schmachtsound mit Damenorchester Wiener Walzer herunter vor vollem Haus.

Einen besonderen Fall bietet der britische Violinist Nigel Kennedy, Jahrgang 1956. Er hat sich ein Starimage jenseits seiner Herkunft aus der sogenannten klassischen Musik aufgebaut, indem er als Vivaldi-Punk und Popmusiker auftritt. Was die Kenner beider Musikszenen skeptisch beurteilten und beurteilen, führte mit Hilfe von Talkshows und Reklamefeldzügen zum geschäftlichen Erfolg. Ob der noch mit Musik zu tun hat, darf bezweifelt werden. Kennedy hatte sich am Anfang seiner Karriere als ernster, sich in der Tongebung an rauhem Expressionismus orientierender Geiger etabliert, der Elgars ausladendes Violinkonzert mit dem Furor des zornigen jungen Mannes zum Beben brachte und sich ins Brahms-Konzert mit ungezügelter Emphase stürzte. Doch wurde er bald mehr wegen seiner Punkfrisur, seiner Bemerkungen über britischen Fußball, seiner Sehnsucht nach dem Massenerfolg von Rockmusikern bekannt und wegen seiner Bemühungen, mit Jimi-Hendrix-Adaptionen daran anzuknüpfen.

Inzwischen ist Kennedy so weit, daß seine Konzerte ein Publikum anziehen, das sich ganz anders zusammensetzt als das klassischer Musikfreunde. Aber es scheint, als müsse der eigenwillige Geiger den Preis für grenzenlose Showpopularität mit schwindender Anerkennung seiner früheren Bewunderer bezahlen. Zwar hat er jüngst mit dem bedeutenden Cellisten Lynn Harrell eine beachtliche CD mit den Duos von Ravel und Kodály eingespielt – und geht mit Harrell auch auf Tournee –, die alte Tugenden feurigen Einsatzes zeigen, bei dem Tonqualität und -elastizität allerdings keine Rolle spielen. Aber seine Tournee im Bach-Jubiläumsjahr – mit dem aus Berliner Philharmonikern bestehenden Philharmonischen Bach-Collegium – zeigte einen Violinisten, der das a-Moll-Konzert kurzatmig und intonationsunsicher zum einen Ohr hinein- und direkt zum anderen wieder herausfetzte. Dabei hatte sich der freundliche Punk mit historisierender Aufführungspraxis beschäftigt: wenig Vibrato, kleinteilige Phrasierung, Terrassendynamik, hohe Geschwindigkeit. Trotzdem kam es zu Schlampereien wie Spiccato statt Détaché, Abreißen langer Vorhalttöne, anstatt zum nächsten Ton hinüberzubinden. Der Violinton war weder schön noch unverwechselbar. Was die Fans faszinierte, waren Kennedys unterhaltsamer Exhibitionismus und seine ansteckende Intensität. Was gespielt wurde, war für sie von sekundärer Bedeutung.

Selbst ein verantwortungsbewußter Musiker wie der 53jährige Gidon Kremer, dessen unstillbarer Hunger auf Neues einem großen Publikum auch extreme Moderne zumutet, ist nicht gefeit gegen die Versuchung, modisch-populär ins Rampenlicht zu kommen, als er sich an Tangomusik von Astor Piazzolla wagte. In seinen Worten: »Meine Liebe zu Astor gibt mir die Möglichkeit, ein Gebiet zeitgenössischer Musik zu erkunden, die das Publikum tatsächlich erreicht, nicht wie eine Lehrstunde in Musikverständnis erscheint.«

Kremer tingelte dann mit einer unglücklichen Tangoshow über die Bretter von Off-Theatern, die trotzdem Kasse machte, weil der Klassikstar plötzlich im schwarzen Hemd des Tangogeigers auftrat zusammen mit Milva und Tanzpaaren. Auch die CD mit Piazzolla-Arrangements wirkt ausgesprochen angestrengt. Kremers inzwischen zunehmend herber Geigenton findet bei aller Energie kaum in eine klangliche Integration mit den Gitarren der Brüder Assad und dem Bandoneon des Norwegers Per Arne Glorvigen. So klingt letztlich alles befremdend fremd, obwohl doch alles richtig scheint.

Solche fragwürdigen Aktivitäten stehen im Zeichen eines übermächtigen Betriebs, dem die Musik immer mehr untergeordnet wird. Wer das – wie einst Sergiu Celibidache als prominentester Gegner dieser Entwicklung – beklagt, dagegen protestiert und sich verweigert, gilt als Störenfried, Außenseiter, Verrückter. Seit der Erfindung der elektroakustischen Aufzeichnung vor gut hundert Jahren hat sich der Schwerpunkt vom tatsächlich hier und jetzt Erklingenden mehr und mehr verlagert zur stets verfügbaren Konserve, also einer in jedem Fall vergangenen Aufführung. Wer Paganini oder Ernst hören wollte, mußte ins Konzert gehen, manche reisten ihnen jahrelang nach, um den Wundergeigern auf die Schliche zu kommen. Die Künstler der ersten Jahrhunderthälfte sahen in Schallplatten eine Art Dokument ihrer Kunst, aber keine ihren lebendigen Vortrag bedrohende vampirhafte Konkurrenz.

Heute haben die größten Talente, die genialsten Musiker unheimliche Begegnungen der dritten Art. Nicht nur die Aufnahmen anderer, auch längst Toter, sondern sogar ihre eigenen Aufnahmen werden ihnen vorgehalten. Der im Ansatz philologische Vergleich unterschiedlicher Aufnahmen führt am Ende zu dem absurden Ergebnis, jeweils in sich stimmige Darbietungen in tausend Einzelteile zu zerspellen und neu zu montieren: Den Anfang des Tschaikowski-Violinkonzerts spielt X besonders intensiv, die Durchführung mit Kadenz ist unübertroffen bei Y, den Übergang zum letzten Satz kann man nur bei Z ertragen und so weiter. Durch die unbegrenzte Wiederholbarkeit der Aufzeichnungen wird die Hörfrische abgenutzt und die Wachsamkeit eingeschränkt, genauso wie die scheinbare klangliche Vollkommenheit des Festgehaltenen den Eindruck eines lebendigen Konzerts beschädigen kann. Wer das Brahms-Violinkonzert von Tonträgern zu kennen meint und es zum erstenmal öffentlich hört, wird seine Enttäuschung über die Dimensionen des echten Geigentons im Verhältnis zum Orchester kaum verbergen. Aber nicht der lebendige Eindruck ist falsch, sondern jener aufgeblasene Riesensound, der suggeriert, da spiele einer mit so etwas wie einer Geigentrompete und lehre das Orchester das Fürchten.

Die totale Vermarktung der Musik als jederzeit griffbereiter elektroakustischer Ware hat auch das Virtuosendasein verändert. Brauchte früher ein Solist von Rang fast sein ganzes Künstlerleben, um das Repertoire und die Welt zu erobern, wissen die heutigen Stars, daß sie dank moderner Verkehrsmittel an diesem Abend in London, morgen in Moskau und übermorgen in Tokio spielen werden. Doch überall scheint man sie bereits zu kennen dank der CD-Vampire, die dem Auftretenden wie die legendären Igel dem Hasen gleichsam zurufen: Ick bün allhie. Ob Itzhak Perlman, Anne-Sophie Mutter, Christian Tetzlaff oder Sarah Chang, alle begegnen auf dem Podium den Phantomen der eigenen Vergangenheit. Dementsprechend schnell frißt der Betrieb seine Kinder, braucht er dringend neue sensationelle Begabungen, die nach furiosem Start schon nach wenigen Jahren zur Establishmentroutine gehören.

Außerdem hat die Betonung spieltechnischer Perfektion, die schon der große Lehrmeister Carl Flesch am Ende beklagte, obwohl er doch die Grundlagen dafür schuf, unter dem Eindruck der scheinbaren Fehlerlosigkeit der Aufnahmen und der steigenden Flut von Wettbewerben eine merkwürdige Entpersönlichung und Nivellierung des individuell je

einmaligen Klanges bewirkt. Das enorme Niveau des Geigerischen hat kein Äquivalent in der Vielfalt der Persönlichkeiten. Wie sollen sich aber unter diesen rabiaten Verschleiß-
bedingungen noch aus Talenten unverwechselbare Künstler
entwickeln können, deren allmähliche Reifung vom Publikum aufmerksam und mit Geduld beobachtet wird?

Wenn man auf die rasant zunehmende Problematik der
sogenannten klassischen Musik und ihrer Spieler am Beginn
des neuen Jahrhunderts schaut, dann muß man unwillkürlich
auch zurückblicken auf jene Zeiten, als überlebensgroße Meister wie Fritz Kreisler, Adolf Busch, Jacques Thibaud, Mischa
Elman und Bronisław Huberman nicht nur ihr Instrument
beherrschten, sondern den Geist der Musik verkörperten in
verschiedenster Weise. Jeder bildete eine spezifische Persönlichkeit aus, deren erkennbare Charakteristik wichtiger war
als fehlerloses Spiel auf einem Instrument. Während bei den
alten Meistern die Wiederbegegnung mit einem der großen
Werke des klassisch-romantischen Repertoires neue Erlebnisse versprach, scheint es den Jungen schwerer zu fallen, den
kanonischen Werken zwischen Mozart und Sibelius gerecht
zu werden. Allzu häufig klingt es zwar technisch makellos,
bleibt aber musikalisch beiläufig, als ob die Werke nicht zu
ihren jungen Spielern sprechen würden.

Maxim Vengerov etwa, 27 Jahre alt, eine der großen musikalischen Hoffnungen, elektrisierte mit Schostakowitschs erstem Violinkonzert das Publikum im Münchner Prinzregententheater. Ein so hingebungsvolles, leidenschaftliches und
doch imponierend kontrolliertes Geigen hatte man lange
nicht vernommen. Als er ein paar Wochen später Mendelssohns Konzert vortrug, tat sich Vengerov deutlich schwerer,
dessen romantische Disziplin, die wehmütige Süße dieser
Musik zu erfüllen. Das technisch leichtere Mendelssohn-
Konzert kostete diesen fulminanten Geiger mehr Anstrengung und Mühe als Schostakowitschs wahrhaft schwer zu
besteigendes Massiv. Um nicht mißverstanden zu werden:
Schostakowitsch ist nicht schlechter oder geistig leichter zu

bewältigen als Mendelssohn. Aber die Sprache der Romantik scheint ferner gerückt, fremder geworden, während Schostakowitschs Bitterkeiten und Sarkasmen, seine Wut und Trauer über das grauenhafte Jahrhundert selbstverständlich dieser Zeit entsprechen.

Was also kann in solchem Umfeld ein Buch leisten, das sich – ohne Vollständigkeitsanspruch und seiner Subjektivität in Auswahl und Wertung wohl bewußt, dazu gehört auch Verzicht auf eine vermeintlich ordnende Chronologie zugunsten des mehr erhellende Abwechslung versprechenden Würfelprinzips – mit Geigern aus den letzten 100 Jahren beschäftigt und ihrer Literatur, die von Heinrich Ignaz Franz Biber bis Wolfgang Rihm reicht? Pathetisch gesprochen, den Primat der Musik zu beschwören in seinen nachschöpferischen Helden, dabei immer eingedenk, daß das Wesen jeder Musik ihr unweigerliches und unaufhaltsames Verschwinden ist.

Und was macht den Musiker zum Helden, zum Solisten? Fritz Kreisler hat das Verhältnis zwischen der Musik und ihren Virtuosen romantisch-dämonisch als Sucht diagnostiziert: »Die Musik hat alle Eigenschaften eines Lasters: seine heftige Anziehungskraft, seine geheime Wollust, seinen seltsamen Zwang zur Selbstaufgabe. Geigen- oder Roulettespielen, Komponieren oder Opiumrauchen sind Neigungen, die ihren Lohn in sich selbst tragen. So sind die Musiker die einzigen menschlichen Wesen, deren Laster geachtet, geehrt, ja sogar bezahlt wird. Hat man die Virtuosität im Blut, so entschädigt allein das Betreten des Podiums für alle Mühe. Auch ohne dafür bezahlt zu werden, würde man öffentlich spielen; ja, um auftreten zu dürfen, würde man sogar bezahlen.«

Grundlage sind daher zuerst selbsterlebte Aufführungen, dann, soweit irgend möglich, Live-Mitschnitte, weil deren Dokumentarcharakter und damit die Beziehung zwischen dem hier und jetzt stattfindenden Konzert und seiner Aufzeichnung, also zwischen Gegenwart und Vergangenheit, Primärem und Sekundärem außer Zweifel steht. Die Authentizität des real Erklungenen in der Relativität des Mitschnitts, die Logik der Einmaligkeit jeder Aufführung ist gewährleistet. Gerade in letzter Zeit sind sensationelle Schätze aus amerikanischen und europäischen Rundfunkarchiven ans Licht der Öffentlichkeit gehoben worden. In gewisser Weise gilt dieser Dokumentarcharakter – cum grano salis – auch noch für die Schellackzeit, in der nicht manipulierend geschnitten werden konnte. Auch die Schellackplatten sollten zuerst nur festhalten, wie denn Mischa Elmans Ton geklungen, Fritz Kreisler »Schön Rosmarin« oder Bronisław Huberman Beethoven gespielt hat. Am problematischsten bleiben Studioproduktionen seit Erfindung der Langspielplatte, weil sie den Komplex Primär–Sekundär umzudrehen trachten, indem eine eigene Ästhetik entwickelt und angewandt wird, die mehr mit Schaltkunst als mit Musik zu tun hat.

Letztlich aber geht es auf den folgenden Seiten um nichts anderes, als angesichts der krisenhaften Gefährdungen und Bedrohungen der Kunstmusik und ihrer bedeutenden Protagonisten am Beispiel großer Geiger auf die drei Kernfragen zurückzukommen:

WAS spielt WER WIE?

Wiederkehr der Wunderkinder

Sarah Chang, Vadim Repin, Maxim Vengerov,
Hilary Hahn und andere

»Das Wunderkind kommt herein – im Saale wird's still.

Es wird still, und dann beginnen die Leute zu klatschen,
weil irgendwo seitwärts ein geborener Herrscher und Her-
denführer zuerst in die Hände geschlagen hat. Sie haben noch
nichts gehört, aber sie klatschen Beifall; denn ein gewaltiger
Reklameapparat hat dem Wunderkinde vorgearbeitet, und die
Leute sind schon betört, ob sie es wissen oder nicht [...]

[Das Wunderkind] ist ganz in weiße Seide gekleidet, was
eine gewisse Rührung im Saale verbreitet. Es trägt ein weiß-
seidenes Jäckchen von phantastischem Schnitt mit einer
Schärpe darunter, und sogar seine Schuhe sind aus weißer
Seide [...]

Bibi hat glattes, schwarzes Haar, das ihm bis zu den Schultern hinabhängt und trotzdem seitwärts gescheitelt und mit
einer kleinen seidenen Schleife aus der schmal gewölbten,
bräunlichen Stirn zurückgebunden ist. Er hat das harmloseste
Kindergesichtchen von der Welt, ein unfertiges Näschen und
einen ahnungslosen Mund; nur die Partie unter seinen pech-
schwarzen Mausaugen ist schon ein wenig matt und von zwei
Charakterzügen deutlich begrenzt. Er sieht aus, als sei er
neun Jahre alt, zählt aber erst acht und wird für siebenjährig
ausgegeben [...]

Im Saal ist atemlose Stille. Es ist diese Spannung vor dem ersten Ton ... Wie wird es anfangen? So fängt es an. Und Bibi holt mit seinem Zeigefinger den ersten Ton aus dem Flügel, einen ganz unerwartet kraftvollen Ton in der Mittellage, ähnlich einem Trompetenstoß. Andere fügen sich daran, eine Introduktion ergibt sich, – man löst die Glieder.

[...] Mit welcher Kraft dieser Knirps den Flügel behandelt! Man traut seinen Ohren nicht [...] Dann schließt er gewaltig, schiebt sich gebückt und seitwärts vom Sessel herunter und lauert lächelnd auf den Applaus.

Und der Applaus bricht los, einmütig, gerührt, begeistert: Seht doch, was für zierliche Hüften das Kind hat, indes es seinen kleinen Damengruß exekutiert! Klatscht, klatscht! Wartet, nun ziehe ich meine Handschuhe aus. Bravo, kleiner Saccophylax oder wie du heißt –! Aber das ist ja ein Teufelskerl!«

1903 schrieb Thomas Mann diese Skizze, wie er die Erzählung »Das Wunderkind« selbst nannte, die Skizze eines Wunderkindauftritts, wie er Anfang des 20. Jahrhunderts bis in die zwanziger Jahre hinein gang und gäbe war. Der Pianist Claudio Arrau, die Geiger Mischa Elman, Bronisław Huberman, Jascha Heifetz und vor allem Yehudi Menuhin erschienen auf weltweiten Tourneen mit schulterlangem Haar in Samthosen und jenem von Mann so wunderbar beschriebenen Kindergesicht, in dem sich bei aller Unschuld und Unfertigkeit schon erste Schatten abzeichnen.

Die Wunderkindhysterie, der seit Mozarts Tagen geschickt vermarktete Glaube, hier sei ein Engel vom Himmel gefallen, der die reine Seele der Musik verkörpern könne wie kein sündiger Erwachsener, war nach dem Zweiten Weltkrieg abgekühlt. Wer wollte das Wort »unschuldig« je wieder in den Mund nehmen nach Auschwitz, wer die Reinheit der Kunst beschwören, nachdem auch Künstler, also Musiker, Schauspieler, Maler, Dichter, unentschuldbar geschwiegen oder mitgemacht hatten, von rühmlichen Ausnahmen abgesehen.

Selbstverständlich gab es weiterhin sensationelle Begabungen, traten auch Kindervirtuosen auf, aber es fehlte jene so effektvolle Mischung aus Marketing, Kitsch, Rührung und tatsächlichem Staunen. Erst seit den letzten 30 Jahren werden blutjunge Talente wieder mehr als fast zirzensische Sensationen gefeiert, werden ihre Auftritte dank unersättlicher Medien aller Welt präsentiert, werden sofort Plattenverträge geschlossen und Konzertreisen geplant. Denn schon bald könnte ein noch jüngeres Kind dem gerade Gepriesenen den Rang ablaufen.

Die brutale Verwertungsmaschinerie des heutigen Musikbetriebs läßt auch die besten und überragenden Talente schnell altern. Die 37jährige Anne-Sophie Mutter, der 35jährige Frank Peter Zimmermann, die beiden berühmtesten deutschen Wunderkinder der siebziger Jahre, gehören längst zum altbekannten Establishment. Das gilt auch schon für Midori oder Gil Shaham, für Vadim Repin oder Maxim Vengerov. Noch in ihren Zwanzigern werden sie nicht nur von den Klangphantomen der Vergangenheit umstellt, von all den Dokumenten der Busch, Kreisler, Heifetz und Co., nicht nur von den großen Lebenden wie Kremer, Perlman, Sitkovetsky und anderen bedrängt, sondern auch von ihrer eigenen, bereits Geschichte gewordenen frühen Jugend eingeholt. Denn die Plattenmanager warten überall.

Einer der neuesten Stars heißt Sarah Chang, stammt aus Korea und war 1991, als sie Kreislers »Menuett im Stile Pugnanis« aufnahm, gerade neun Jahre alt. Die kleine Geigerin spielte dieses Stück mit Hingabe und technisch sowieso perfekt. Sie verlieh der eleganten Reminiszenz Kreislers an ein liebenswürdiges Violinbarock unmittelbare Größe. Kreislers Musik ist keineswegs schmissig-kitschiges Salonfutter, sondern erscheint als ironisch-wehmütige Verbeugung vor den musikalischen Charakteren von Barock, Klassik oder Wienerisch. Kreisler ahmte nicht nach, sondern assoziierte. Er selbst, wohl der letzte kreative Interpret im Sinne der Virtuosen des 19. Jahrhunderts, spielte diese Stücke als gewissermaßen spontane Stilimprovisationen.

Die sechsjährige Sarah Chang,
1988

Sarah Chang, die Kreislers Barockerinnerung mit ernster
Naivität imponierend vergrößert hatte, feierte 1995 ihr deutsches Debüt bei den Berliner Philharmonikern mit Paganinis
erstem Violinkonzert. Und alle jubelten. Bereits 1992 fühlte
sich Yehudi Menuhin, der besser als alle über Wohl und Wehe
von Wunderkindern Bescheid wußte aus eigener leidvoller
Erfahrung, offenbar durch Sarah Chang bei einem Konzert in
London vor dem englischen Königshaus an sich selbst erinnert: »Sarah Chang ist die wunderbarste, perfekteste und voll-
endetste Geigerin, die ich jemals gehört habe!«

Mit ähnlichen Elogen wurde einst der pausbäckige Knabe
Yehudi als Wunder gefeiert. Seit jenem Londoner Auftritt hat
die Koreanerin schon einiges eingespielt und Tourneen ge-

31

macht. Sie hat aber auch ihre Studien bei der berühmten Geigenprofessorin Dorothy DeLay an der New Yorker Juilliard School fortgesetzt.

Als sie 1995, 14 Jahre alt, in München zum erstenmal auftrat, hatte sie keine idealen Rahmenbedingungen. Unter dem stämmigen Taktieren des französischen Dirigenten Emmanuel Krivine, der für den erkrankten Lorin Maazel eingesprungen war, klang das Symphonieorchester des Bayerischen Rundfunks bei Tschaikowskis Violinkonzert D-Dur grau und undifferenziert. Sarah Chang stellte sich als Riesentalent vor, ihre Intonation war von selbstverständlicher Qualität, souverän ihr Legatospiel, ihr Vibrato ließ den kräftigen, tragenden Ton nicht hysterisch erzittern. Aber die Hitze, das Drängen in Tschaikowskis Musik, die exhibitionistischen Ausbrüche in der Kadenz des ersten Satzes, der erotische Charme der Canzonetta, das Draufgängertum des Finales, das alles schien in Sarah Changs wohlgeordneter musikalischer Welt noch keine Rolle zu spielen. Doch gab es schon die Gefahr, einem Hang zu Süßlichkeiten und schönen Stellen nachzugeben.

Da war ihr auf der CD von 1991 Brahms' vierter Ungarischer Tanz sehr viel besser gelungen, weil nicht belastet von allzuviel musikalischem Gewicht. Daß aber in dieser Hochbegabten damals ein überraschendes Maß an Witz wirksam war, daß sie Sinn für Kauziges, Skurriles hatte, bewiesen zwei Klavierpräludien von Dmitri Schostakowitsch, für die Violine transkribiert von Nathan Milstein und Dmitri Zyganow.

Sarah Chang, als Jahrhundertgeigerin gerühmt und inzwischen zum 19jährigen Cover-Model umgemodelt, hat sich bei ihren neuesten CDs auf unausgetretene Pfade gewagt mit Violinwerken von Richard Strauss und Karl Goldmark. Die Neigung, sich in schöne Stellen zu verlieben und diese sentimental hervorzuheben, scheint sich leider verstärkt zu haben. Ihr Spiel mit mächtigem, manchmal forciertem Ton ist zumindest nach der CD-Wirkung von Nachdruck geprägt, vom Besonders-sein-Wollen. Dementsprechend scheint Goldmarks

Konzert, 1877 uraufgeführt, etwas schwerfällig, gefühlig, wenig strukturiert. Sarah Chang glaubt noch etwas zu naiv und einförmig an diese Musik, deren formale Schwächen ein großer Virtuose schon ausgleichen kann. Doch auf die Weise Sarah Changs verliert diese Musik gerade ihren Charme und ihre Wärme, was auch daran liegt, daß James Conlon und das Kölner Gürzenich-Orchester nur assistieren und kaum mitgestalten. Auch die Strauss-Aufnahmen sind auf höchstem Niveau zu brav. Doch live auf der Bühne wird es bei Sarah Chang sicher viel lebendiger zugehen.

Schon bei ihren ersten Auftritten als Wunderkind hatte sie Konkurrenz in dem 1980 geborenen Deutsch-Amerikaner David Garrett, der in München bei den Philharmonikern unter Zubin Mehta mit Mozart Ovationen auslöste, 1995 eine bemerkenswerte Debüt-CD herausbrachte mit Werken von Bach, Beethoven und Mozart, aber in den folgenden Jahren etwas im Dickicht des Betriebs verschwunden ist. Und beim Schleswig-Holstein-Musik-Festival von 1994 wurde der zu jener Zeit zwölfjährige Russe Kirill Trussow mit dem Davidoff-Preis ausgezeichnet. Und in China, Korea und Japan, in Israel, Amerika und Europa werden neue Helden und zugleich Opfer auftauchen zur Freude des Medienmolochs.

Neuester Name aus Deutschland: Maria-Elisabeth Lott, zwölf Jahre alt, schon vor Menuhin und Stéphane Grappelli aufgetreten, mit acht Jahren in die Karlsruher Musikhochschule aufgenommen. 1999 erregt sie Aufsehen, weil sie überhaupt als erste Violinistin auf der restaurierten Kindergeige Mozarts spielen durfte – unbekümmert, mit resolut frischem Ton von erstaunlicher Rundung.

1986 wurde auf dem Schleswig-Holstein-Musik-Festival Gil Shaham gefeiert, geboren 1971 in Springfield (Illinois), ausgebildet bei Chaim Taub in Jerusalem und bei Dorothy DeLay in New York. Shaham war damals ein kräftiger, untersetzter Jüngling, der es liebte, beim Geigen den Kopf zu neigen, sein

Gil Shaham,
München 1989

linkes Ohr an das Instrument zu schmiegen, so daß der Eindruck von Selbstversenkung entstand, die auf Kontakt zum Publikum und auch zum Klavierpartner fast verzichtete. Seit dem zehnten Lebensjahr tritt Shaham auf, er strahlt so etwas wie bürgerliche Solidität aus, Violinspiel nicht als elektrisierende Nervenkunst, sondern aus dem Geiste ruhiger Stabilität. Shaham verfügt über einen voluminösen, dunkel gefärbten Ton mit blendender Höhe, über blitzsaubere Intonation und die Fähigkeit, gerade romantisches Schwärmen nicht fiebrig zu erhitzen, sondern als üppiges Cantabile zu genießen.

Schumanns selten gespielte Romanze A-Dur op. 94,2 – eigentlich für Oboe und Klavier geschrieben – verwandelte Shaham mit Rohan da Silva am Klavier auf einer CD von 1986 in dahinströmenden Geigengesang, die Vortragsforderung des Komponisten – »Einfach, innig« – kraftvoll und sicher umsetzend.

Es war diese allzu früh dominierende Stabilität, an der die damaligen Grenzen Shahams hörbar wurden: Ob Prokofjew, Mozart, Strauss oder Sarasate, so verschieden der je-

34

weilige Klangcharakter ihrer Musik dargestellt werden müßte, so gleichförmig spielte Shaham, sozusagen geradeaus, mit großem Ton, weitschwingendem Vibrato und wenig Klangfarbeninteresse.

Der jetzt 29jährige hat seine Karriere aber kontinuierlich und unhektisch aufgebaut, tanzt nicht auf jeder Hochzeit und nimmt nicht das gängige Repertoire so schnell wie möglich auf. 1992 etwa spielte er lieber mit dem ausgezeichneten skandinavischen Gitarristen Göran Söllscher Paganini-Stücke für Violine und Gitarre ein. Paganini war auch ein brillanter Gitarrist und hat zahlreiche Duos, Trios und Quartette für Streicher und Gitarre komponiert. Bei der zweiten Sonate D-Dur aus der Sammlung »Centone di sonate« glänzte Shaham einerseits wieder mit seinem herrlich unkomplizierten Ton, zeigte aber andrerseits viel kammermusikalisches Verständnis und freundlichen Charme. So wurde Paganinis Hausmusik nicht als virtuoses Nebenbei vergewaltigt, sondern ernst genommen.

1996 erschien eine CD mit einigen interessanten Funden Shahams aus der Virtuosenliteratur: Opernparaphrasen, wie sie früher sehr geschätzt wurden. Schon Paganini liebte es, zu Melodien aus Opern von Rossini, Paisiello und anderen Variationen zu erfinden. Allein zu Bizets »Carmen« gibt es mehrere Fantasien, die schönste stammt von Pablo de Sarasate.

Shaham, der zwar den albernen Werbegag mit dem »Fiddler of the Opera« mitmachte für die Reklame seiner CD und sich im Kostüm des bekannten Phantoms in der Oper vor der Kamera tummeln mußte treppauf-treppab, hat bei seinem Gang durch die Welt der Paraphrasen nicht nur Váša Příhodas einzigartige Bearbeitung des »Rosenkavalier«-Walzers von Strauss entdeckt und mit vergnügtem Witz gespielt, sondern auch Sarasates letztes Werk vor seinem Tod 1908: eine »Zauberflöten«-Fantasie. Noch einmal zeigte Sarasate da, wie er sich vom eigenen Instrument inspirieren ließ, um Mozarts Melodien und Figuren auf der Bühne der vier Violinsaiten zu inszenieren. Shaham verwirklichte Sarasates gelassene Eleganz, seinen sozusagen spanischen Chic wunderbar leicht. Es funkelt, blendet und strömt dann wieder so süß dahin, daß kein Einwand gegen Sarasates Umgang mit Mozart laut wird. Shaham eignete sich diese Welt mit verstehendem Humor an.

1996 trat Shaham auch im Münchner Herkulessaal auf und hatte am Ende des Sonatenabends alle mit funkelnder Violinheiterkeit angesteckt. Geigenvirtuosität hat nach landläufigem Verständnis dämonisch zu sein, Paganini läßt grüßen. Aber das ist nur eine Seite von Virtuosität. Andere Aspekte wie die helle Freude an reiner Artistik und die Lust auf Cantabile-Süße verkörpert Shaham in berauschender Frische. So schmachtete er Sarasates »Zigeunerweisen« an diesem Abend hin ohne Kitsch, ließ Castelnuovo-Tedescos parodistische, höllisch schwere Paraphrase der Figaro-Arie aus Rossinis »Barbiere di Siviglia« so vergnügt und leichtfingrig blitzen, als mache gerade absturzgefährdete Akrobatik am meisten Spaß. Manches bei Schumanns a-Moll-Sonate op. 105 war gewiß noch zuwenig romantisch zerrissen, zuwenig »leidenschaftlich im Ausdruck«. Aber auch Romantik hat nicht nur eine Erscheinungsform. Das sehnsüchtig Schwärmende, die sich gegen Unendlich öffnende Melodieperspektive, das elegisch sich Aussingende vermochte Shaham mit bewegender Spontaneität zu verwirklichen. Das gelang bei Faurés Sonate A-Dur op. 13, in der alles auf melodische Ausladung gerichtet ist, noch überzeugender.

Shaham besitzt das Wissen und die Kraft für langsame Bogengeschwindigkeit, daher rührt die Konsistenz seines Tons. Und auch seine Vibratokunst ist von Ruhe und genauem Einsatz dieser Intensivierungsmöglichkeit geprägt. Daher keine Hektik und Hysterie. Mit diesen Mitteln setzte er Prokofjews selten gespielter Solosonate D-Dur op. 115 alle Lichter spielerischen Witzes auf und führte Korngolds Suite zu William Shakespeares »Much Ado About Nothing« op. 11 souverän über angebliche Trivialitätsuntiefen, auch wenn sich sein Begleiter Akira Eguchi nur auf trockenes Notenabsolvieren verstehen wollte.

Als er im Juni 2000 mit dem Symphonieorchester des Bayerischen Rundfunks unter Lorin Maazel Prokofjews zweites Violinkonzert g-Moll spielte, demonstrierte Shaham, daß er besonderen Sinn für Sarkasmus und Groteske hinzugewonnen hat und inzwischen ein hellwacher, auf unbedingte Verständlichkeit der Phrasierung und des Ausdrucks ausgerichteter Musiker geworden ist. Düster, fast knurrend begann er auf der G-Saite den ersten Satz dieses Konzerts von 1935, das der französische Geiger Robert Soëtens angeregt hatte. Soëtens war der neuen Musik zugetan, saß bei der Uraufführung von Strawinskys »Le Sacre du printemps« 1913 im Orchester und antwortete auf Prokofjews Frage, wie er denn das neue Konzert gern haben wolle, spaßhaft: »Aber das ist doch ganz klar, mit der tiefen G-Saite und der hohen E-Saite!« Soëtens war auch der Solist der Uraufführung in Madrid. So knurrig Shaham das Allegro moderato begann, so schnell ließ er in diesem untergründig rumorenden Satz die wechselhaften musikalischen Geister vorüberhuschen oder majestätisch auftreten. Die herrliche Kantilene des Andante assai entfaltete er in aller Pracht. Besonders gelang das sperrige Allegro, ben marcato, weil Shaham die virtuosen Effekte als präzise konturierte Gestalten entdeckte und mit bissigem Witz verlebendigte. Dem Jubel dankte er mit großformatig konzipierter Sarabande und Double aus Bachs h-Moll-Partita. Leider hatten Maazel und seine Symphoniker wenig Anteil am Erfolg, so blaß blieb die orchestrale Fassung für den fulminanten Solisten.

Joshua Bell, geboren 1967 in Bloomington (Indiana), Schüler des legendären Joseph Gingold an der berühmten Universität seiner Geburtsstadt, machte 1981 als 14jähriger Sensation, als er mit dem Philadelphia Orchestra unter Riccardo Muti sein Debüt in der New Yorker Carnegie Hall gab und dann schnell mit den großen amerikanischen und europäischen Orchestern konzertierte. Doch erst in letzter Zeit hat Bell die Grenze von der großen Begabung zum eigenständigen, be-

Joshua Bell,
1996

merkenswerten Künstler überschritten. Bell ist ein Meister
des lichten Geigenklangs. Er verfügt über einen makellos klaren, frei klingenden Ton, den er bei aller nötigen Kraftentfaltung vor unschöner Rauheit zu bewahren weiß. Andrerseits versäuselt er kein Piano ins Zuckrige, sondern die Süße
seiner Höhen hat Charakter, die Geschmeidigkeit seiner
Lagenwechsel fasziniert, er phrasiert mätzchenfrei und kann
vorbildlich sein Vibrato dem musikalischen Gehalt anpassen.
So erklang das Brahms-Konzert in der Münchner Philharmonie 1999 – mit dem Symphonieorchester des Bayerischen
Rundfunks unter dem meist al fresco mit langen Armen
rudernden dänischen Dirigenten Michael Schønwandt –
jugendlich zügig, aber nicht verhetzt, dramatisch, aber nicht
hysterisch – und geigerisch souverän. In jedem Takt war
der Ernst dieses Musikers zu spüren, der locker ohne Frack
im schwarzen Hemd auftrat. Das gefährlich Brütende, auch
Meditativ-Epische des Kopfsatzes, das Sichverlieren in den
Aufstiegen des Adagios sind seine Sache (noch) nicht, während das Finale rhythmisch mitreißend gelang.

Mit dem Los Angeles Philharmonic Orchestra unter Esa-Pekka Salonen hatte er ebenbürtige Partner für eine neue CD, auf der Bell das Mendelssohnsche in Goldmarks Konzert hell ausleuchtet; er beschwert den langsamen Satz nicht mit Sentimentalität und blitzt im Finale leicht dahin. Noch beeindruckender, wie er den grandiosen Anfangsmonolog des Sibelius-Konzerts endlich einmal nicht wie so viele berühmte Kollegen an flinkes Schaben verrät, sondern ihn durchartikuliert und damit eine andere räumliche Dimension dieses musikalischen Kosmos öffnet.

Aus anderer Schule, aber von verwandtem Zuschnitt wie bei Gil Shaham ist das Violinspiel von Vadim Repin (geboren 1971 in Nowosibirsk), der 1987 als 15 Jahre alter Meisterschüler des Geigenpädagogen Sachar Bron aus Nowosibirsk bei den Sowjetischen Musiktagen des Schleswig-Holstein-Festivals sein Publikum begeisterte. Bron, der inzwischen auch in Lübeck unterrichtet und damals noch den phänomenalen zwölfjährigen Knaben Maxim Vengerov mitbrachte, gehört zu den besten Lehrern der Welt. Geheimnisse gibt es bei Bron allerdings keine zu entdecken. Die Errungenschaften moderner Geigentechnik werden überall vermittelt, ob in Tel Aviv, New York, Moskau, Nowosibirsk oder Bloomington. Nach Schulen wie noch zu Zeiten von Joseph Joachim, Leopold von Auer oder Carl Flesch lassen sich die jungen Meister kaum mehr unterscheiden. Alle Lehrer versuchen heute, nicht Kopien ihrer selbst zu züchten, sondern das jeweilige Talent in seiner individuellen Besonderheit zu entwickeln. Schön zu sehen an den Bron-Schülern Repin und Vengerov.

Repin, damals ein runder Bursche, dessen Erscheinung Gemütlichkeit und Lebensfreude ausstrahlte, vermochte 1990 bei einem Konzert in der Kieler Petruskirche vor allem als kühner Virtuose zu begeistern. Beethovens c-Moll-Sonate fegte er allzu schnell vom Podium, Bachs Ciaccona glaubte er mit Riesenton, wenig Phrasierungskunst und wuchtigem Vibrato bewältigen zu können. Auch Repin fehlte damals die

Vadim Repin,
1998

Lust am Klangfarbenspiel. Alles sollte leuchten und intensiv
strahlen. Und natürlich von höchster technischer Perfektion
sein, durchaus den Ansprüchen eines 18jährigen mitreißenden Talents würdig und entsprechend. Daher enthusiasmie-
rend, mit welcher Freude am eigenen Vermögen und an Paganinis violinistischen Seiltänzereien Repin sein Kieler Publikum mit den Variationen über »Nel cor più non mi sento« in
Rage versetzte. Es war Virtuosität pur.

Repin muß als Wechsel auf die Zukunft großen Geigenspiels gelten. Hochgewachsen, in der stämmigen Statur an
David Oistrach erinnernd, ist er auch geigerisch robuster,
direkter als seine Altersgenossen. Dabei von furioser technischer Brillanz und Geschmeidigkeit, ein wahrer Teufel auf

der Violine. An Paganini, Schostakowitsch und Prokofjew hat Repin seine umfassende Musikalität schon bewiesen. Wie sehr er sich seit seinen bejubelten Erstauftritten beim Schleswig-Holstein-Festival inzwischen auch zum Klangfarbenmaler feinster Valeurs entwickelt hat, beweisen Live-Mitschnitte aus dem Louvre von 1999 mit Debussys und Ravels Violinsonaten. Und eine Aufnahme von 1998 mit Musik von Nikolai Medtner.

Medtner (geboren 1880 in Moskau, gestorben 1951 in London) war Pianist und Komponist wie sein Landsmann Sergei Rachmaninow. Wie jener emigrierte Medtner nach der Oktoberrevolution, wie Rachmaninow war er überzeugt von den überkommenen harmonischen und formalen Prinzipien der Musik. Medtner schrieb neben vielen Klavierkompositionen drei Violinsonaten, deren letzte, op. 57, wegen ihrer gewaltigen Ausdehnung den Beinamen »die Epische« erhielt. Dieses 1938 komponierte Werk besticht gewissermaßen durch ein fein verästeltes musikalisches Erzählparlando. Der zweite Satz, »Allegro molto vivace e leggiero«, ist ein leicht dahineilendes Scherzo voller rhythmischer Finten und Pointen. Repin und sein hervorragender Klavierpartner, der Tschaikowski-Preisträger Boris Beresowski, fegten das 1997 nicht als Virtuosennummer herunter, sondern kosteten jeden Witz, jede Finesse dieses glänzenden Scherzos vielfarbig aus.

Hätte Wiens Kritikerpapst Eduard Hanslick Repin bei seinem Debüt in der Münchner Philharmonie im Juni 2000 hören können mit Tschaikowskis Violinkonzert, das Hanslick bei der Uraufführung in Wien gnadenlos verriß, hätte er wohl beim Spiel dieses jungen Meisters seinen Ohren nicht getraut. Repin bot, ganz in Schwarz gekleidet, einen maßstabsetzenden, dabei zurückhaltend ernsten Auftritt. Seine physische und musikalische Präsenz nahmen sofort gefangen. Er entfaltete ein Tonvolumen, dessen Grundlage vitale Kraft ohne jede Anwandlung von Gewalttätigkeit oder Angestrengtheit ist und das den sonst für Streicher eher ungünstigen Riesenraum strahlend füllte. In schnellen und schnellsten Passagen demonstrierte er eine klingende Deutlichkeit sondergleichen. Wie er in der Solokadenz des ersten Satzes disponierte und nie in mißverstanden expressionistisches Knirschen und Schreien geriet; wie er in der Canzonetta jegliche Gefühligkeit mied und damit Tschaikowskis Melodielinien wehmütige Würde verlieh; wie er das Allegro vivacissimo des Finales mit einem in dieser gestochenen, fast perkussiven Klarheit selten gehörten Spiccato vergegenwärtigte und alle in den wilden Reigen riß, das war Violinkunst allerhöchster Qualität. Auf die Ovationen des Publikums und der heftig klatschenden Philharmoniker antwortete Repin mit Variationen über »Carnevale di Venezia«, Geigenzauber der abgefeimtesten, dabei charmantesten Art. Noch eine Probe mehr hätte allerdings dem symphonischen Zusammenhalt zwischen den von diesem Helden begeisterten Philharmonikern unter Jakov Kreizberg gutgetan.

Als der 1994 20 Jahre alte Maxim Vengerov mit seinem Begleiter Itamar Golan im Münchner Herkulessaal auftrat, hatte er schon eine zehnjährige Karriere als Wunderknabe hinter sich. Vengerov, geboren 1974 in Nowosibirsk, war eine so außerordentliche Begabung, daß man ihn beim Moskauer Tschaikowski-Wettbewerb außer Konkurrenz teilnehmen ließ, obwohl er mit zwölf Jahren noch nicht das vorgeschriebene Mindestalter erreicht hatte. Auch Vengerov ist Schüler Sachar Brons, emigrierte mit seinem Lehrer 1989 nach Lübeck und ging ein Jahr später mit seiner Familie nach Tel Aviv. 1990 gewann er den Londoner Carl-Flesch-Wettbewerb und konzertiert seitdem rund um die Welt mit den größten Dirigenten und besten Orchestern.

In München stand nun ein durch und durch kräftiger junger Mann auf dem Podium, der mit staunenerregender Souveränität zeigte, wie verschieden die Geige klingen kann: Mozarts A-Dur-Sonate KV 305 vor Dialogwitz sprühend, Brahms' G-Dur-Sonate eine mit fast wilder Hingabe ausgebreitete Welt aus Melancholie und Ekstase, Prokofjews erste Violinsonate so unmittelbar in ihrer Düsternis, ihrer brutalen

Maxim Vengerov,
München 1996

Verzweiflung, ihrer Sehnsucht nach Schönheit dargestellt, als sei sie eben komponiert worden. Gewiß kam manches bei Mozart noch mit allzu schnellen Reflexen, sicher geriet der letzte Satz der Brahms-Sonate zu rasch und aufgeregt. Aber die Frische, das Feuer, die Artikulations- und Phrasierungsbesessenheit dieses phantastischen Geigers, seine Fähigkeit und sein Wille, die Vielfalt der Musik nicht auf bloße Instrumentalbeherrschung zu reduzieren, machten Vengerov zu einem elementaren Ereignis.

1996 entzündete Vengerov die Zuhörer im Münchner Prinzregententheater so, daß sie tobten, johlten und außer Rand und Band waren. Ein Triumph nicht mit einem wohlbekannten Reißer, sondern mit Schostakowitschs erstem Violinkonzert, 1948 entstanden, aber erst nach Josef Stalins Tod von David Oistrach 1955 in Leningrad uraufgeführt. In vier Sätzen entfalten Geige und Orchester einen überwältigenden Reichtum musikalischer Gestalten: Das Anfangs-Nocturne entwickelt sich aus bedrohlichem Lauern zu weit aufsteigender, inständiger Kantilene; das Scherzo hat parodistisch scharfe,

43

rhythmisch vertrackte Konturen und verlangt von Solist und Orchester höchste Prägnanz; die tiefsinnige Passacaglia endet in einer Solokadenz, die zur höhnischen Finalburleske überleitet.

Nicht, daß Vengerov auch nur einer Anforderung des Konzerts etwas schuldig bleiben würde, aber wie er die Kadenz aus langsamer Ruhe aufbaute; die große Dimension dieses klagenden und zürnenden Sologesangs mit ungeheurer Intensität erfüllte und es glühendheiß werden ließ im Saal, das war eine überwältigende Demonstration violinistischer Überlegenheit und musikalischer Imagination. Die Münchner Philharmoniker unter Kurt Masur spielten mit im Banne dieser Sensation.

Auch die sterile Atmosphäre des Studios vermag Vengerovs Lust an differenziertem und zugleich ausdruckssüchtigem Spiel nicht zu mindern. 1991 nahm der 17jährige die selten aufgeführte, erst 1953 von Yehudi Menuhin entdeckte und herausgegebene Sonate F-Dur von Mendelssohn-Bartholdy auf, die 1838 entstand. Mendelssohn komponierte sie ganz bewußt gegen die seinerzeit übliche Virtuosenmusik, an der sich die Laien zu Hause abmühten mit zweifelhaftem Erfolg. Seine Sonate für Violine und Klavier ist also ein programmatisches Werk der Kammermusik. Vengerov und sein Pianist Alexander Markovich stellten diese Musik groß und dennoch intim dar, der Geiger fand bei allem Blenden in den Spitzentönen einen Dialogton, dem solistisch leeres Auftrumpfen wohltuend fehlte.

Selbstverständlich war Vengerov – und ist auch jetzt noch – nicht schon in ungutem Sinne vollkommen oder fertig. Seine Aufnahmen aus den frühen Neunzigern mit dem Israel Philharmonic Orchestra unter Zubin Mehta von Paganinis D-Dur-Konzert und Saint-Saëns' »Introduction et Rondo capriccioso« und seiner »Havanaise« bestechen zwar durch untadeliges Instrumentalspiel, weniger durch Charme und Phrasierungslust. Und auch Kreislers Miniaturen erdrückt Vengerov manchmal mit allzu stürmischer Kraft.

Dennoch ist dieser junge Mann mit geschmeidigem Klangfarbenvermögen ausgestattet, mit offensichtlicher Neugier für Violinliteratur jenseits der klassisch-romantischen Hauptstraßen. So spielt er beispielsweise das von Olivier Messiaen 1932 für seine Frau komponierte »Thema mit Variationen« mit genauem Sinn für diese nervöse, zugleich üppige Klangartistik.

Zu welch nachdenklichem, intensivem und feurigem Phrasieren und Artikulieren Vengerov auch bei romantischer Musik fähig ist, deutet seine Aufnahme von 1997 des Violinkonzerts von Carl Nielsen an. Der dänische Komponist schrieb es im Dezember 1911. Es ist vierteilig gegliedert in zwei ineinander übergehenden Sätzen. Beide Sätze beginnen mit einer ausgedehnten langsamen Einleitung. Das Präludium, mit Largo bezeichnet, entfaltete Vengerov – mit dem Chicago Symphony Orchestra unter Daniel Barenboim – als weit ausgreifende poetische Meditation. Sein empfindsam bebender Ton, die Delikatesse seiner Bogenführung und die Großräumigkeit seines Disponierens machen aus Nielsens Präludium ein mächtiges, doch letztlich zartes Entrée.

Das neben Maxim Vengerov als besonders umfassend und entwicklungsfähig geltende Talent ist die Japanerin Midori, 1971 als Goto Mi Dori in Osaka geboren. Die Violinpädagogin Dorothy DeLay hörte sich die Achtjährige in Japan an und fand sie sofort »absolut außerordentlich«. Midori zog mit ihren Eltern nach New York – wo sie seitdem lebt – und studierte an der Juilliard School. Und schon mit zehn Jahren stand sie mit den New Yorker Philharmonikern unter Zubin Mehta auf dem Podium. Den Erfolg, den sie bei den New Yorkern erzielte, hatte sie bald überall auf der Welt.

1986 trat die 15jährige beim Schleswig-Holstein-Festival auf und versetzte mit den ersten Tönen in Erstaunen. Denn das freundlich lächelnde, dünne Mädchen spielte mit breitem Legato Leclairs dritte Sonate – eigentlich für Flöte und Klavier – selbstverständlich, ohne Hast und großformatig. In Prokofjews zweiter Violinsonate D-Dur hatte sie so überraschenden Sinn für Drastik und Groteske, schon so fahle, frösteln machende Klangfarben und ungebärdig frohlockende Virtuosität, daß die Hasselburger Scheune vom Beifall erzitterte. Nach der Pause erwies sie sich den Schwierigkeiten und Anforderungen von Eugène Ysayes sechster Solosonate und den Paganini-Capricci Nr. 4 und 22 derart imponierend überlegen, hatte für diese Musik so viel Geigenblitz und -glanz, daß man aus dem Wundern über so viel stilistische und klangliche Differenzierungslust nicht herauskam. Mit Sarasates »Carmen«-Fantasie riß sie endgültig alle Anwesenden hin, die jetzt wußten, eine genialische Violinbegabung erlebt zu haben.

Inzwischen ist Midori unter den jüngeren Violinvirtuosen ein großer Star. Grazil, immer noch eher dünn erscheint sie auf dem Podium, eine junge Dame, deren Gesicht von Schalk und intensivem Ernst gleichermaßen geprägt ist, die Geige mit höchster Konzentration spielt, immer darauf bedacht, den jeweiligen Charakter der gespielten Musik genau zu treffen. Die perfekte Koordination von Greif- und Bogenhand ermöglicht Midori trotz eines relativ schmalen Tons, der allerdings vor Energie zu brennen scheint, mit enormer Reaktionsschnelligkeit und Präzision zu artikulieren. Dabei scheut sie nicht vor der heftigen Saitenattacke zurück. Diese junge Virtuosin, die sich eine Zeitlang mit dem Gedanken trug, Archäologin statt Violinistin zu werden, ist keine selbstverliebte Schönspielerin, keine Nurtechnikerin, sondern von der Leidenschaft beseelt, die Grenzen des jeweils geforderten Ausdrucks der Musik zu erforschen. Selbst ein ihr eher ferner liegendes Stück wie Dvořáks Violinkonzert vermag sie überzeugend zu erobern.

Am hellsten aber strahlt Midoris Stern bei Bartók, Prokofjew und anderen Klassikern der Moderne. Und bei Debussy und Ravel. Am 21. Oktober 1990 beendete sie ihr Solodebüt in der New Yorker Carnegie Hall mit Ravels

Midori,
München 1992

»Tzigane«, inspiriert von der ungarischen Geigerin Jelly
d'Aranyi, der Großnichte des Violinpapstes Joseph Joachim.
Aus einer Hommage machte Ravel das ultimative Zigeuner-
solo. Midori durchmaß mit bohrender Intensität die Tiefen
dieser verfremdeten Melancholie genauso wie die schwindel-
erregenden Labyrinthe der Flageoletts, Doppelgriffe und der
herausgeschleuderten Geigenraserei. Und die New Yorker
hielt nichts mehr auf den Stühlen.

Daß Midori nicht nur ihre Karriere im Kopf hat, beweist
ihre Stiftung »Midori & friends«, die sich der Musikerziehung
von Kindern unterer sozialer Klassen widmet. Midori spielt
und lehrt dabei innerhalb verschiedener Programme in Schulen und Krankenhäusern.

Als sie im Januar 2000 in München auftrat, hatte sich einiges an ihrem Spiel verändert. Die Tongebung war rauher, härter geworden, noch expressionistischer, aber manchmal auch angestrengter und mit mehr Nebengeräusch verbunden. So spielte sie die gefürchtete Introduktion im ersten Satz von Beethovens »Kreutzersonate« extrem langsam, sorgfältig und so ausdrucksbesessen, daß der Anfangsakkord tatsächlich gebrochen erklang. Es war ein riesiges Luftholen, dem ein Allegro folgte, bei dem Midori so heftig einstieg, daß manche Begleitfiguren sich allzu gewichtig vordrängten, manchmal gar erschreckten in ihrer Détaché-Unwirschheit.

Und deutlich war das Atmen, ja, Keuchen der Künstlerin zu hören, die mit der ganzen Kraft und Energie ihres zierlichen Körpers agierte.

Eine Menge junger und jüngster Talente drängt auf die Podien. Um nur ein paar zu nennen: der in Wien lebende 25jährige hochbegabte, hochgelobte, aber von Selbstgefälligkeit gefährdete Julian Rachlin; der freundlich lächelnde Riese Nikolaj Znaider aus Kopenhagen, 25 Jahre alt, Sieger des Königin-Elisabeth-Wettbewerbs in Brüssel, bog 1998 im Herkulessaal seinen mächtigen Körper hingebungsvoll in jede Kantilene von Bruchs g-Moll-Konzert oder reckte sich zu imposanter Größe und heroischer Klanggeste auf, ein extraordinäres Talent manchmal noch zu ungebärdigen Ausdrucksverlangens; die blonde, äußerlich und geigerisch gleichermaßen attraktive, auf heftige Expression ausgerichtete Jascha-Brodsky-Schülerin Leila Josefowicz aus Philadelphia, die in den Zwanzigern ist; die dunkelhaarige, ebenfalls äußerlich und violinistisch attraktive Anfang-Zwanzigerin Nina Karmon aus Stuttgart, die unter anderem bei Pinchas Zukerman studiert hat; der 19jährige Davidoff-Preisträger Kirill Trussow, der sich bei Sachar Bron in Lübeck letzten Schliff holt, aber längst als Virtuose gefeiert wird; die 17jährige Siegerin im Freiburger Louis-Spohr-Wettbewerb, Alina Pogost-

kin, eine Musikerin der lyrischen Hingabe und leidenschaftlichen Emphase.

Oder die großartig ruhige, Mozarts G-Dur-Konzert ohne
Attitüden, allein Logik und Sinnlichkeit der Musik entfaltende, selbst dem mächtigen Atem der César-Franck-Sonate
schon imponierend gewachsene 17jährige Julia Fischer aus
München. Im Juni 2000 spielte sie mit dem Symphonieorchester des Bayerischen Rundfunks unter Lorin Maazel das Sibelius-Konzert. »Wie ein Naturlaut«, diese Anweisung Gustav
Mahlers zu Beginn seiner ersten Symphonie, könnte auch
über dem Anfang dieses Konzerts stehen. Nichts Forsches
ist da gefragt, sondern meditatives Sicheinschwingen in die
schwebende Klangfläche der hohen Streicher. Julia Fischer
hub versonnen, fast somnambul an, um dann die Ausdrucks-
linie der Exposition weit und vehement steigernd auszuspielen. Das Passagenwerk dieses Anfangs wird gerne als
wuchtig-virtuoser Einstieg geboten und gerade damit in seiner musikalischen Bedeutung verfehlt. Julia Fischer verdeutlichte dagegen diese Passagen in ihrer harmonischen und dra-
maturgischen Struktur, ohne sie zu blitzendem Laufwerk zu
degradieren. Ähnlich eindrucksvoll geriet ihr die große Kadenz, die sie nicht nur als Demonstration geigerischen Ver-
mögens verstand, sondern in ihrer Funktion als Durchführung des ersten Satzes mit unbeirrbarem Ernst darstellte.
Noch etwas zeichnet diese Musikerin aus: symphonischer
Geist, aus dem heraus sie nicht einfach ihren Part abliefert vor
mehr oder weniger glänzender Orchesterkulisse, sondern
dem Orchester zuhört und aufmerksam mit ihm dialogisiert.
So wurde das Adagio di molto zum Höhepunkt des Abends,
als die junge Violinistin die große Steigerung vor dem Abgesang in einen emphatischen Riesenbogen zwang, nicht vor,
sondern mit den sensibel präsenten BR-Symphonikern. Im
Schluß-Allegro setzte Julia Fischer auf kämpferische, rhyth-
misch-virtuose Konsequenz. Den Ovationen dankte sie mit
dem nachdenklich-leisen Largo aus Bachs C-Dur-Solosonate.

Hilary Hahn,
München 1997

Eine ragt ungewöhnlich hervor, die Amerikanerin Hilary Hahn, geboren 1980 in Baltimore. 1996 debütierte sie in Deutschland mit Beethovens Violinkonzert beim Symphonieorchester des Bayerischen Rundfunks unter Lorin Maazel so bezaubernd und zugleich ernst, ohne Drücker, ohne irgendein aufgesetztes falsches Licht, daß das Entzücken mehr als groß war. Inzwischen wird die allürenfreie, selbstbewußte Hilary Hahn schon weltweit gefeiert als Jahrhundertbegabung.

Als sie 1997 in München einen Sonatenabend gab, überwältigte die unangestrengte Natürlichkeit der jungen Künstlerin. Und das Erstaunlichste: Während die meisten nach der Pause wie befreit zur Virtuosenkür ansetzen, war es bei der Amerikanerin umgekehrt. Selbstverständlich zeigte sie an Prokofjew, Albéniz/Kreisler und Wieniawski, wie blendend sie Geige spielen kann. Aber der Höhepunkt des Abends war Bachs dritte Solosonate C-Dur mit der riesigen Fuge, 354 Takte lang, Bachs umfangreichstes Stück für die Violine. Mit kraftvollem, aber nie gewalttätigem Bogenstrich, mit klanglicher Klarheit sondergleichen, erschreckender grifftechnischer Sicherheit und überlegener Disposition eroberte Hilary Hahn diesen Kontinent polyphonen Geigenspiels. Mit bezwingend leiser Ruhe begann sie die Fuge, die Akkordbrechungen geschahen ohne jede Forcierung, kein Krachen, keine Ecken und Kanten des Ungeschicks. Dabei genau artikuliert und dynamisch ausbalanciert. Mit unerschöpfbarer Konzentration zog sie alle in den Bann dieser einzigartigen musikalischen Architektur. Als sie das anschließende Largo mit schwebendleichtem Ton als zarte Improvisation bot und das Schluß-Allegro-assai mit pointierender Geläufigkeit hinlegte, gab es über den außerordentlichen Rang dieses Bach-Spiels keinen Zweifel mehr.

Auch bei ihrem Münchner Sonatenabend 1999 siegte diese beneidenswert lampenfieberfreie Meisterin, die ohne Rampenschäkern in geradezu apollinischem Stolz auftritt, mit Bach, diesmal mit der a-Moll-Solosonate. Bei Bach könne man sich nicht durchmogeln, sagt Hilary Hahn. Als ob die Gefahr des Schummelns oder Schmierens bei ihr je bestanden hätte! Die Reinheit der Intonation beschert Hahns Ton eine seltene Fülle mitschwingender Obertöne; ihr höchst variables Vibrato bleibt stets Farb- und Intensivierungsmittel, nie Selbstzweck; die Beherrschung der Bogengeschwindigkeit und des Verhältnisses zwischen Bogenzug und -druck je nach musikalischer Notwendigkeit gibt ihrem Spiel bewundernswerte Selbstverständlichkeit und klangliche Dichte; die geistige Wachheit verleiht jeder Phrase genau umrissene Gestalt und verhindert bei Begleitfiguren oder kurzen Einwürfen jede Lässigkeit. Nie läßt sich Hilary Hahn zu Effekten wie schmissigen Schluchzern, willkürlichen Rubati, besonders ausgestellten schönen Tönen oder gar Gewaltakten verführen. Also fetzt sie nicht Schlußnoten in den Saal, sondern phrasiert dem jeweiligen Stückende entsprechend ab.

Allerdings paßt die Schwermut von Brahms' »Regensonate« G-Dur, man möchte sagen zum Glück, noch nicht recht in Hilary Hahns gegenwärtige Welt unbestechlicher Klarheit.

Und sicher wird sie das Gift, die Bitterkeiten, das Gefährliche und die schmerzliche Wehmut in Prokofjews erstem Violinkonzert D-Dur in späteren Jahren tiefer ausspüren, schärfer formulieren, exzessiver ausleben als 1998. Daß sie aber musikalisch nichts vorspiegelt, was sie nicht wirklich erfahren hat, macht ihre unmittelbare Überzeugungskraft aus. Dabei gelang ihr – mit dem Symphonieorchester des Bayerischen Rundfunks unter Lorin Maazel – eine imponierende Wiedergabe mit perfekter Erfüllung der eminenten technischen Ansprüche dieser Musik. Darüber hinaus spielte Hilary Hahn jede Phrase aus, auch wenn es so schnell, vertrackt, vor Witz und Sarkasmus blitzend zugeht wie im Scherzo. Immer blieb die junge Geigerin Herrin des Geschehens und wußte die dramatisch-lyrische Expansion der Sätze genau auszumessen.

1999 zeigte Hilary Hahn im Münchner Herkulessaal, wozu sie violinistisch überhaupt fähig ist, als sie Heinrich Wilhelm Ernsts eigentlich unspielbare »Erlkönig«-Adaption zugab. Sie bot dieses Horrorstück klanglich so betörend, technisch so niederschmetternd, daß man zweifelte, ob solche unerhörte Präzision mit rechten Dingen zugehen kann.

Sogar die Studioproduktion kann überwältigen, wenn Hilary Hahn den Anfang von Samuel Barbers Violinkonzert (1939/40) geradezu *spricht*, so daß kein *Wort* verlorengeht. Hier phrasiert eine Musikerin, die sich nie vor die Musik drängt, sondern den *Text* unmißverständlich verdeutlicht. Barbers Konzert, durchaus nicht gefeit gegen klassizistische Blässe und einen Hang zu elegischer Sanftheit, klingt – mit dem Saint Paul Chamber Orchestra unter Hugh Wolff – frisch und erleuchtet von Hilary Hahns Geistesklarheit.

Die Ahnen

Joseph Joachim, Henri Marteau,
Pablo de Sarasate, Eugène Ysaye, Leopold von
Auer, Jenő Hubay, Carl Flesch

Bei niemandem wäre man mehr gespannt auf ein Tondokument als bei Niccolò Paganini. Aber eine Aufnahme von Paganini – oder Mozart oder Bach – würde, nach den Worten des bedeutenden Musikwissenschaftlers Thrasybulos Georgiades, »nichts als unsere Neugier befriedigen«, doch kein Rätsel der Musik lösen, geschweige die Musiker von der Aufgabe befreien können, hier und jetzt und stets aufs neue verantwortlich Musik zu machen. Wahrscheinlich würden Aufzeichnungen von den großen Virtuosen des 19. Jahrhunderts enttäuschen: Die Spieltechnik wäre gewiß schwächer als heute, der Ton auf den damaligen Saiten sicher klein. Außerdem bestände das Repertoire meist aus Salonstücken, Schmachtfetzen, Paraphrasen und Violinartistik. Kein Bach, kein Mozart, kaum Beethoven. Dabei liebte der alte Paganini nichts mehr als Beethovens späte Streichquartette, doch da trat er kaum mehr als Megastar der Musikszene seines Jahrhunderts auf.

»Paganini, das ist der Wendepunkt der Virtuosität«, hatte Robert Schumann gesagt. Damit war nicht nur die nach den Aussagen so vertrauenswürdiger Zeugen wie eben Schumann, Schubert oder Heinrich Heine elektrisierende Ausstrahlung des seltsamen dürren Mannes gemeint. Schumann hatte die musikhistorische Bedeutung Paganinis in der Faszination seines Spiels erkannt; eines Spiels, das von einer ganz eigenen Klangphantasie beherrscht war, die den Kompositionen Paganinis ihren unverwechselbaren Charakter gab, auch wenn vieles der damaligen Opernsprache der Rossini und Donizetti entnommen war. Diese Werke spielte Paganini nicht nur mit glänzender, für damalige Verhältnisse unbegreiflicher Technik, sondern in einer absolut neuartigen, schockierenden und berauschenden Ausdrucksintensität. Paganini hatte auf der Geige gesprochen, geweint, gesungen, gezwitschert, geschmeichelt und gezürnt. Es war die Entdeckung des spezifischen Instrumentalklangs, Musik unmittelbar aus dem Klang der Violine erfunden. Die Geige war sozusagen selbst die Musik.

Diese revolutionäre Entdeckung hatte Paganini die Bewunderung seiner Komponistenkollegen eingetragen und die nachfolgenden Geiger mit einer völlig neuen Dimension des Violinspiels konfrontiert. Meister wie Ole Bull aus Norwegen, Charles de Bériot und Henri Vieuxtemps aus Belgien, Henri Wieniawski aus Polen und Heinrich Wilhelm Ernst aus Deutschland versuchten dieser neuen Dimension gerecht zu werden mit zeitweilig großem Erfolg.

1844 trat in London im Rahmen eines Benefizkonzerts ein »ungarischer Knabe« auf – eine Sensation. Zwei Monate später spielte er in der Philharmonic Society zum erstenmal das Beethoven-Konzert. Der Dirigent war Felix Mendelssohn-Bartholdy, der den Jungen im besten Sinne beeinflußte. Joseph Joachim (geboren 1831 in Kittsee bei Preßburg, gestorben 1907 in Berlin), siebtes Kind einer armen jüdischen Familie, bekam ersten Unterricht bei Stanisław Serwaczyński, dem Konzertmeister der Budapester Oper. Mit sieben Jahren spielte er in einem Adelskasino und wurde als Wunderkind gefeiert wegen der Reinheit seiner Intonation, der technischen Beschlagenheit und rhythmischen Sicherheit. Zwei Jahre später landete er in Wien zuerst bei Joseph Hellmesberger sen.,

Joseph Joachim,
um 1900

wenige Monate später bei Joseph Böhm, bei dem er drei Jahre blieb. Joachim wurde kein Paganini-Imitator, sondern der erste Musiker unter den Virtuosen.

Von Wien ging der Zwölfjährige nach Leipzig. Dort prüfte ihn Mendelssohn und befand ihn für so gut, daß er den Jungen kurz darauf als Solisten des Gewandhausorchesters auftreten ließ. Es folgten die Londoner Konzerte. Als 16jähriger unterrichtete er bereits am Leipziger Konservatorium. Mendelssohn machte ihn auch mit Bachs Werken vertraut, im Haus des Komponisten lernte er das Ehepaar Schumann kennen, mit Clara unternahm er später Konzertreisen. Brahms wurde sein Freund und schrieb für ihn das Violinkonzert. Kaum 20 Jahre alt, engagierte ihn Liszt als Konzertmeister ans Weimarer Hoftheater. Joachim blieb 13 Jahre, konnte aber fünf Monate im Jahr reisen und konzertieren.

Schließlich ließ er sich in Berlin nieder als Direktor der 1869 neu eingerichteten Musikhochschule, die er zu einem musikalischen Zentrum machte mit Studentenkonzerten, Streichquartettabenden und Soloauftritten mit Bachs Sonaten und Partiten. Außerdem komponierte er – unter anderem auch heute gespielte Kadenzen zu den Konzerten von Beethoven und Brahms –, dirigierte erfolgreich und galt als vorzüglicher Organisator. Die Zahl seiner Schüler war riesig, jeder wollte beim Berliner Geigenpapst lernen. Joachim war zu einer europäischen Instanz in Sachen Musik und Violine geworden.

1903, im Alter von 73 Jahren, trat er vor den Riesentrichter des neu erfundenen Phonographen und spielte das Eingangs-Adagio aus Bachs erster Solosonate g-Moll. Wir können also im Falle Joachims unsere Neugier stillen: Durch das infernalische Geräusch der alten Aufnahme hindurch hört man einen eher spröden Ton mit wenig Vibrato und einer eckigen Bogenführung. Gewiß, der brüchige Violinton eines alten Mannes, dem kein Glanz, keine Elastizität, keine Klangsinnlichkeit mehr zur Verfügung stehen. Aber das sind Kategorien, denen Joachim wahrscheinlich nie recht gehuldigt hat. Was aber im fast 100 Jahre alten Rauschen vernehmbar wird, ist der unbedingte Wille zur Musik, die Selbstverständlichkeit, mit der der alte Meister Bach vorträgt. Musik, die um die Jahrhundertwende noch kaum als öffentlich vorführbar galt.

George Bernard Shaw hat 1890, als Joachim in London die dritte Solosonate C-Dur spielte, eine sarkastische Schilderung seines Eindrucks geliefert. Und angesichts des ehrwürdigen Tondokuments will man dem witzigen Iren nicht total widersprechen: »Der zweite Satz dieses Werkes ist eine etwa drei- oder vierhundert Takte lange Fuge [...] Joachim schabte wild drauflos und erzeugte dabei ein Geräusch, neben dem der Versuch, eine Nuß auf der Schuhsohle zu zerreiben, sich wie der Klang einer Äolsharfe ausgenommen hätte [...] Es war

schrecklich! Hätte es sich hier um das Werk eines unbekannten Komponisten gehandelt, von einem unbekannten Interpreten vorgetragen, dann wäre dieser nicht mit dem Leben
davongekommen. Doch wir waren alle interessiert und begeistert. Wir klatschten, und er verneigte sich in unbeirrbarer
Feierlichkeit.«

Auch die Bourree aus der h-Moll-Partita klingt rauh, herrisch und grifftechnisch keineswegs sehr sauber. Aber Joachim spielte einen Tanz, ein rhythmisch pointiertes Stück und
keine Bach-Tiefsinnigkeit. Man würde Joachim Unrecht tun,
ihn nur als Lordsiegelbewahrer der barocken und klassischen
Musik zu sehen, als bitterernsten deutschen Professor mit
langem Rauschebart, gefurchter Stirn und Nickelbrille auf der
Nase, wie ihn die späten Photos zeigen. Der langmähnige
junge Virtuose gefiel Clara Schumann nicht nur als Geiger,
sondern auch als Mann. Joachim war in seiner Glanzzeit ein
feuriger, versierter Violinist, sonst hätte er auch mit den
großen Werken nicht überzeugen können.

So spielte er 1903, vier Jahre vor seinem Tod, auch zwei
Ungarische Tänze von Brahms in seiner eigenen Einrichtung
für Violine und Klavier mit unverkennbarem Schwung ein.
Nicht geigerische Unzulänglichkeiten sind dabei interessant,
sondern die Art überrascht, in der Joachim diese attraktiv-
gefällige Musik mit ganz anderer, virtuoserer, auch derb-
folkloristischer Charakteristik darbot.

Nach Joachims Tod wurde Henri Marteau sein Nachfolger.
Marteau, geboren 1874 in Reims, Sohn eines französischen
Fabrikanten und Musikliebhabers und einer Klavier spielen-
den Dresdnerin, hörte mit fünf Jahren Paganinis einzigen
Schüler Camille Sivori und wollte daraufhin unbedingt Geige
spielen. Henri kam nach raschen Fortschritten zu Hubert
Léonard nach Paris. Mit zehn Jahren erste Konzerte, 1887
debütierte er in Wien mit Bruchs g-Moll-Konzert und lernte
Brahms kennen, dessen Violinkonzert er 1891 in Frankreich,
der Schweiz und zwei Jahre später in Amerika erstaufführte.

1892 gewann er den ersten Preis am Pariser Conservatoire, Carl Flesch gehörte zu den geschlagenen Konkurrenten.

Seit Beginn seiner Karriere traf er mit zeitgenössischen Komponisten wie Dvořák, Gounod, Grieg, Saint-Saëns und Tschaikowski zusammen und wurde ein wichtiger Wegbereiter ihrer Werke. 1894 führte er als erster Dvořáks Violinkonzert in New York auf und spielte in der Met mit dem legendären polnischen Pianisten und späteren Staatspräsidenten Ignaz Paderewski. Mit Max Reger gab er zwischen 1904 und 1910 40 Konzerte, bestritt die Uraufführungen zweier Sonaten und des Violinkonzerts von Reger. Marteau spielte auch die Premiere von Richard Strauss' Violinsonate. 1900 trat er vor Kaiser Wilhelm II. auf, ein Jahr später präsentierte er sich als Quartettprimarius in Genf. Es folgten Tourneen, besonders nach Skandinavien.

Mit Ausbruch des Ersten Weltkriegs begann für Marteau ein groteskes Hin- und Hergezerre. Als französischer Staatsbürger und Reserveoffizier wurde er, obwohl Berliner Professor auf Lebenszeit, interniert, zwar durch eine Intervention seiner zweiten Frau Blanche beim Kaiser entlassen, durfte aber nur zu Hause unterrichten oder für Diplomaten Privatkonzerte geben, etwa mit Bronisław Huberman. 1916 wurde das Ehepaar Marteau verhaftet, Blanche teilte die Gefängniszelle mit Rosa Luxemburg, Henri wurde in ein Dorf in der Mark Brandenburg verbannt. Nach dem Krieg verließ Marteau Deutschland, nahm die schwedische Staatsbürgerschaft an und trat erst 1928 wieder in Berlin auf. Inzwischen hatte er in Leipzig und Dresden Sommerakademien eingerichtet. Gepriesen als Mozart-Spieler und als Pionier neuer Violinmusik, auch als Komponist tätig und als Lehrer geschätzt – Florizel von Reuter dürfte sein bedeutendster Schüler sein –, starb Marteau 1934 mit 60 Jahren an einer Lungenentzündung in Lichtenberg im Frankenwald.

Flesch, der Marteau anfangs sehr schätzte, hat behauptet, Marteau habe schon nach dem 35. Lebensjahr geigerisch stark abgebaut. Gewiß hatten die Vorkommnisse während des

Krieges Marteau zugesetzt, aber wenn man die Tondokumente aus den späten zwanziger Jahren hört, läßt sich das schwer nachvollziehen. Auffallend ist Marteaus leichter, manchmal fast schwereloser Ton. Das Vibrato setzte Marteau sehr zurückhaltend und langsam schwingend ein. Sarasates »Carmen«-Fantasie spielte er 1928 jedenfalls mit eleganter Akkuratesse. Beeindruckender aber eine Aufnahme von Bachs E-Dur-Solopartita von 1912. Marteau hatte nicht nur große Verdienste um die Violinmusik Mozarts, die er besonders liebte, häufig spielte und dadurch wieder ins Repertoire einführte, sondern genauso um Bachs Solosonaten und -partiten, die er oft im Konzert präsentierte. Die Aufzeichnung von 1912 war eine Weltpremiere: Zum erstenmal nahm ein Geiger ein Solowerk von Bach auf. Marteaus Bach-Spiel mutet in seinem Mangel an Gefühligkeit, seiner Deutlichkeit, seinem Ernst und seiner technischen Sorgfalt fast sachlich an. Nur die Rubati und die Ritardandi an den Satzenden erinnern an den Zeitgeist.

Joseph Joachims größter Konkurrent sah nicht nur ganz anders aus, sondern bestach durch arrogant vorgetragene technische Perfektion: Pablo de Sarasate (geboren 1844 in Pamplona, gestorben 1908 in Biarritz).

»Es war ein Anblick eigener Art, das kleine Männchen mit echt spanischer Grandezza, äußerlich ruhig, ja phlegmatisch, das Podium beschreiten zu sehen, wo er nach einigen stereotypischen Bewegungen mit unerhörter Überlegenheit zu spielen begann und die Hörer in rascher Steigerung in Erstaunen, Bewunderung und höchstes Entzücken versetzte.«

So hat Carl Flesch den Virtuosen beschrieben. Der Vater war Militärkapellmeister, die Familie lebte in Armut. Pablos Talent wurde schnell entdeckt, als Achtjähriger spielte er in La Coruña, bekam ein Stipendium, durfte der begeisterten Königin Isabella II. vorspielen. Mit zwölf schickte man ihn nach Paris zum letzten Schliff bei Delphin Alard. Doch er muß bereits sehr weit fortgeschritten sein, denn schon ein

Pablo de Sarasate,
um 1895

Jahr später errang er den ersten Preis. 1867 trat er in Amerika auf, mit triumphalem Erfolg, und blieb drei Jahre dort. Aber erst 1876 gelang Sarasate mit einem Konzert in Wien der endgültige Durchbruch auch in Europa. Er hatte sich vom Salongeigerdasein verabschiedet und sich der Musik von Bach, Beethoven und jener seiner Zeitgenossen Lalo, Saint-Saëns und Bruch zugewandt.

Hört man in die neun Aufnahmen hinein, die Sarasate 1904 machte, vier Jahre vor seinem Tod, dann wird der ungemein ebenmäßige, fast gleißende Ton des Spaniers, der damals 60 Jahre alt war, natürlich durch Kratzen, Rauschen und Knacken der Platten beeinträchtigt. Sarasate spielte bis auf zwei Ausnahmen ausschließlich seine von spanischer Folklore beeinflußten eigenen Stücke. Virtuosenmusik besten Stils, durchaus eigenständig, Musik mit Charme und Eleganz. Natürlich ist zu bedenken, daß weder diese noch Joachims Tondokumente gleichsam einen authentischen Blick zurück ins 19. Jahrhundert gewähren. Schallplatten sind keine Zeitmaschinen, sondern im besten Falle Dokumente bereits geschehener Aufführungen. Wie Sarasate also wirklich, live geklungen hat, welche Rolle sein ganzes Auftreten, sein Charisma spielten, wissen wir nur aus den Zeugnissen der Zeitgenossen.

Mit diesen Überlegungen im Kopf lassen sich an den Dinosaurierplatten einige Beobachtungen machen, zum Beispiel bei Sarasates »Capriccio vasco«: Bestechend, wie abgefeimt Sarasate den hinkenden Rhythmus dieses baskischen Tanzes ausreizte. Manche heutigen Geiger fegen diese Miniatur perfekt, aber ohne Leben herunter. Sarasate entfaltete ihren musikalischen Hintersinn, aus einer scheinbaren Nichtigkeit wird ein geistreiches Rhythmusspiel. Nicht anders die geradezu süffig ausgekostete Habanera, die Sarasate nie an dickliche Süße verriet. Seine Portamenti blieben diskret, sein Vibrato ließ den Ton nicht erzittern, sondern bewegte ihn sanft und ein bißchen lasziv.

Shaw, Flesch und andere haben die eminent gleichmäßige Tonemission Sarasates gepriesen, die seinem Geigenspiel eine fast unerschütterliche Konsistenz gab. Während der 13 Jahre ältere Joachim als Überwinder der puren Virtuosität in die Geschichte einging, wurde der kleine Spanier zum Inbegriff technisch-musikalischer Überlegenheit, die den Klassikern genauso zugute kam wie seinen eigenen Stücken. Für Paganinis Werke hatte Sarasate eine zu kleine Hand, aber seine eigenen Kompositionen und die ihm gewidmeten Werke – zum Beispiel Lalos »Symphonie espagnole«, Bruchs »Schottische Fantasie«, Saint-Saëns' »Introduction et Rondo capriccioso« – setzte er brillant und hinreißend in Szene.

Zu Bach hat ihn kein Weg geführt, nimmt man die Aufnahme des berühmten Preludio der E-Dur-Partita ernst. Sarasate ratterte es herunter ohne Sinn für Phrasierung, für die Macht der Harmonie, die Kraft der Intervalle. Und ziemlich falsch griff er auch.

Vielleicht lag es daran, daß damals höchstens drei Minuten aufgezeichnet werden konnten. Dagegen überzeugt Sarasate mit einer geschmackvollen, wunderbar fein klingenden Darbietung von Chopins Es-Dur-Nocturne op. 5,2.

Ein anderer wichtiger Ahn des Geigenspiels im 20. Jahrhundert war der Belgier Eugène Ysaye, 1858 in Lüttich geboren, 14 Jahre nach Sarasate und von Joachim schon eine Generation entfernt. Ysaye, ein mächtiger Mann mit Löwenmähne und weichem, dennoch männlichem Gesicht, war für Pablo Casals der größte Geiger seiner Zeit. Und selbst George Bernard Shaw, der Ysaye zwar als Supervirtuosen kritisierte, der sich mit seiner Technik vor das Werk dränge, selbst Shaw erkannte die außerordentliche Potenz Ysayes an. Relativ früh bekam der weltweit gefeierte Belgier Probleme mit dem Bogenarm, sein Strich wurde zittrig, die Konsistenz des Tons schwankend. Ysaye verlegte sich aufs Komponieren und Dirigieren. Von 1918 bis 1922 arbeitete er als Chefdirigent des Cincinnati Symphony Orchestra und unterrichtete als Professor am dortigen Konservatorium. Ysaye, der bei Henri Vieuxtemps und Henri Wieniawski studiert hatte, galt in seiner Zeit als der absolute Meister der bekannten belgischen Schule.

Die Aufnahmen von Ysaye, der 1931 in Brüssel starb, stammen nicht mehr aus seiner Glanzzeit. Aber daß ein einzigartiger, heute noch faszinierender, eigensinniger Musiker am Werk war, lassen all die kleinen Schmachtfetzen und Jonglierstückchen sofort erkennen. Wo Joachim mit Ernst und Herbheit Werke darstellte, wo Sarasate durch ausgepichte technische und mentale Überlegenheit und seinen ebenmäßigen Ton die Menschen begeisterte, da jubilierte Ysaye. Schon seinem Lehrer Vieuxtemps gefiel die fulminante Leuchtkraft von Ysayes E-Saite, auf der der Löwenhäuptige Farben erzeugen konnte, die niemand vor ihm auf der Geige produziert

Eugène Ysaye,
1903

hatte. Zu diesem wunderbar hell glänzenden Ton kam eine
sagenhafte Reaktionsschnelligkeit hinzu, durch die Ysaye
seinen Ton der Musik, der jeweiligen Phrase entsprechend
modulieren konnte. So wurde, in der Aufnahme von 1912, aus
Vieuxtemps' Rondino op. 32,2 ein ebenso virtuoses wie geist-
volles Stück.

Was neben der besonderen Tonfärbung auffällt, ist ein ent-
wickeltes Vibrato, das dem Ton diese singende Intensität gibt.
Und ein geradezu freudiges Auskosten der rhythmischen
Spannung. Shaw attackierte bei Ysayes erstem Londoner Auftritt dessen mangelnden Respekt vor dem Werk anderer. Vor
allem die rasenden Tempi erschienen ihm als Zeugnis selbst-
herrlichen Startums. Hört man Ysayes berühmteste Auf-

63

nahme, das Finale aus Mendelssohn-Bartholdys Violinkonzert, muß man Shaw recht geben. Ysaye jagt wie später auch Jascha Heifetz durch den Satz, als trieben ihn die Furien. Dabei kann er aber doch noch so geschickt phrasieren, daß nicht jene Einförmigkeit entsteht, mit der Heifetz diesen begeisternden Violinrausch in abschnurrende Langeweile verwandelte. Dennoch spielte auch Ysaye so, als habe Mendelssohn »alla breve« vorgeschrieben.

Anfang der zwanziger Jahre komponierte Ysaye sechs Solosonaten, originelle, technisch und musikalisch höchst anspruchsvolle Violinmusik. Jede Sonate widmete er dem Charakter und der Persönlichkeit eines großen Kollegen. Dieser Korpus gehört heute zum Kernrepertoire der Geiger. Eine Aufnahme davon mit Ysaye selbst gibt es leider nicht.

Obwohl 13 Jahre älter als Eugène Ysaye, muß man Leopold von Auer (geboren 1845 im ungarischen Veszprém, gestorben 1930 im sächsischen Loschwitz) dennoch dem 20. Jahrhundert zurechnen, das er mit seinen Schülern geprägt hat wie sonst nur seine ungarischen Landsleute Jenő Hubay und Carl Flesch. Diese drei Violinisten, die alle beim Übervater Joseph Joachim studiert hatten, und sei es nur, um den Freund von Schumann, Mendelssohn-Bartholdy und Brahms zu erleben, diese drei Meister haben als Pädagogen eine so überragende Bedeutung, daß ihre eigene Solistenkarriere dahinter verblaßt ist. Auch Ysaye war ein großartiger Lehrer, aus seiner Schule gingen unter anderem Louis Persinger, der Lehrer Yehudi Menuhins und Ruggiero Riccis, und Josef Gingold hervor, der an der Indiana University in Bloomington eine ebenso berühmte Geigenklasse aufgebaut hat wie Ivan Galamian und Dorothy DeLay an der New Yorker Juilliard School; und auch Jascha Brodsky, der die genialische Hilary Hahn unterrichtet hat. Ysayes Ruhm als begnadeter Geiger überstrahlt aber bis heute sein Wirken als Pädagoge.

Auer lernte zuerst in Budapest bei Ridley Kohne, ging dann zu Jakob Dont nach Wien und zum Schluß noch ein

Leopold von Auer und Oscar Shumsky,
Philadelphia 1925

bißchen zu Joachim, der damals in Hannover unterrichtete. Auer machte eine Konzertmeisterkarriere, die ihn von Düsseldorf über Hamburg 1868 nach Sankt Petersburg führte. Als er im selben Jahr die Nachfolge von Henri Wieniawski am dortigen Konservatorium antrat, wußte noch niemand, wie sehr diese Berufung von Erfolg gesegnet sein würde. 1895 wurde er geadelt. Als der alte Musiker das Land 1917 wegen der Revolution verließ, war sein Ruhm als Lehrer der größten Talente legendär: Mischa Elman, Efrem Zimbalist, Toscha Seidel, natürlich Jascha Heifetz und Nathan Milstein, eine unglaubliche Phalanx.

Auer legte Wert auf umfassende Ausbildung, die Literatur und Malerei mit einschloß. Er arbeitete einen neuen, auch heute gebräuchlichen Bogengriff aus. Der Petersburger Griff dürfte nahezu von jedem Geiger, wie variantenreich auch immer, benutzt werden, denn dieser Griff – man faßt den Bogen so an, daß die Stange in der zweiten Gelenkbiegung des Zeigefingers liegt – sichert gleichbleibende Dichte des erzeugten Tons. Damit nutzt man besser das Gewicht des rechten Arms aus, weil ruhiger gezogen werden kann und weniger gedrückt werden muß. Das Ergebnis ist ein voluminöser obertonreicher Klang, der auch in höchsten Lagen nicht quietscht und in den tiefen nicht grunzt. So behielt Auer selbst in hohem Alter einen Ton, den sein Kollege Flesch so charakterisiert hat: »Er schien mir eine Rundung und Weichheit zu besitzen, die man im allgemeinen sonst nicht hörte.«

Bei der Aufnahme von Tschaikowskis »Mélodie« in der Bearbeitung von August Wilhelmj, dem großen Violinpädagogen aus dem 19. Jahrhundert, war Auer schon 75 Jahre alt. Seine Portamenti, also die hörbaren Rutscher bei Lagenwechseln von unten nach oben und umgekehrt, gerieten exzessiv, sie sind das Altmodischste an Auers Spiel. Aber der Ton ist von staunenswerter Kraft, und die Phrasierung zeichnet sich durch gefühlvolle Noblesse aus. Daß der alte Meister auch sein Griff- und Tempohandwerk noch gut verstand, zeigte Auer mit Brahms' erstem Ungarischen Tanz in der Bearbeitung seines Lehrers Joachim.

Noch dunkler, voluminöser, mit weitem, langsamem Vibrato spielte der Vater der Budapester Geigenschule, der Ungar Jenő Hubay (geboren 1858 und gestorben 1937 in Budapest). Zeigen Photos Leopold von Auer als feinen weißbärtigen Herrn mit gütigem, leicht verschmitztem Lächeln, so wirkt Hubay mit seiner schwarzen Haartolle, dem kräftigen gelockten Knebelbart und den feurigen Augen unter gefurchten Brauen wie ein Rebellengeneral. Nach seiner Studienzeit bei Joseph Joachim ging er noch zu Henri Vieuxtemps. Hubay gab nach dessen Tod die gesammelten Manuskripte des verehrten Meisters postum heraus und übernahm für einige Jahre

Jenő Hubay und Joseph Szigeti,
Budapest um 1905

auch dessen Brüsseler Meisterklasse. 1886 wurde er Professor
am Budapester Konservatorium.

Auch seine Schülerreihe sieht imponierend aus: unter anderem Joseph Szigeti, Franz von Vecsey, Johanna Martzy,
Sándor Végh, Tibor Varga. Hubay hielt sich selbst für einen
großen Komponisten, unter seinen zahlreichen Werken sind
vier Violinkonzerte, zehn Opern und vier Symphonien. Aber
überlebt haben am Ende nur Zugabestücke wie der berühmte
»Zephyr«.

Die wenigen Aufnahmen entstanden 1928/29, Hubay war
70 Jahre alt. Hört man etwa seine »Berceuse« oder das Intermezzo aus seiner bekanntesten Oper »Der Geigenmacher von
Cremona«, dann fällt einerseits auf, daß der Ton nur noch

geringe Leuchtkraft hat, es der Bogenführung an Beweglichkeit und Reaktionsschnelligkeit fehlt. Andrerseits überrascht, wie differenziert Hubay das gewiß sehr langsam gewordene Vibrato als zusätzliche Farbe einsetzt und nicht gleichförmig durchvibriert. Erstaunlich auch, wie sicher die Technik des 70jährigen funktioniert.

So wichtig der Violinlehrer Hubay war – seine Schüler zeichneten sich nicht nur durch bravouröse Instrumentalbeherrschung, sondern auch durch individuelle Verschiedenheit aus und wandten sich sehr bald vollkommen von den rückwärtsgewandten Repertoireansichten ihres Meisters ab –, so unglücklich reaktionär agierte er als Direktor des Budapester Konservatoriums. Ihm hatte es Béla Bartók zu verdanken, daß er dort nur als Pianist und nicht als Komponist lehren durfte.

Von den bedeutenden Lehrern zu Beginn des 20. Jahrhunderts vermochte Carl Flesch (geboren 1873 Wieselburg, Ungarn, gestorben 1944 in Luzern) die verschiedenen europäischen Lehransätze zusammenzufassen. Mit ihm endete die spätromantische Epoche des Geigenspiels, wie sie Sarasate, Joachim und auch noch Ysaye so eindrucksvoll wie zugleich verschieden verkörpert hatten. Flesch ist der Vater des modernen Violinspiels. Nach ihm gibt es nur noch eine Weltschule, denn ob Russen oder Amerikaner, Deutsche oder Israeli, Japaner oder Koreaner, an Fleschs »Skalensystem« und seiner »Kunst des Geigenspiels« kommt keiner vorbei.

Nach Anfängen in Wien bei Adolf Bak und Jakob Grün ging Flesch nach Paris zu Eugène Sauzay und vor allem zu Martin Marsick, der auch Lehrer von Jacques Thibaud und George Enescu war. Marsick spielte für Fleschs violinistische Entwicklung, nach seinen eigenen Worten, die entscheidende Rolle. Die Stunden, die er noch bei Joachim nahm, hatten insgesamt wohl mehr symbolischen Charakter. 1896 debütierte Flesch erfolgreich in Wien, Konzerte in allen europäischen Städten folgten. 1913/14 besuchte er erstmals Amerika. Mit

Carl Flesch,
um 1930

Beginn des Ersten Weltkriegs konnte er dort nicht mehr erfolgreich als Solist konzertieren. Dafür wurden die Sonatenabende mit Artur Schnabel heftig gefeiert, auch die Trioakti-
vitäten mit dem Cellisten Hugo Becker dazu.

Seine Lehrtätigkeit begann er um die Jahrhundertwende
am Bukarester Konservatorium, unterrichtete dann erfolgreich in Amsterdam und nahm 1924 bei seiner zweiten Amerikatournee für fünf Jahre eine Professur am Curtis Institute
in Philadelphia an. Als bekannt strenger Professor lebte und
unterrichtete er in Berlin von 1908 bis 1926. 1928 zog er nach
Baden-Baden um und hielt dort Sommerkurse ab. Zu Kam-
mermusikwochen kamen der Pianist Carl Friedberg und die
Cellisten Felix Salmond und Gregor Piatigorsky dorthin bis

zum Beginn der Naziherrschaft. 1934 emigrierte Flesch nach London. Kurz nach Ausbruch des Zweiten Weltkriegs folgte er einer Einladung nach Holland in dem irrigen Glauben, durch die Neutralität der Niederlande sicher zu sein. Nach der Okkupation durch die Deutschen wurden er und seine Frau zweimal interniert und waren von der Deportation in die Vernichtungslager bedroht. Beide Male retteten scharfe Briefe Wilhelm Furtwänglers Fleschs Leben. Über Ungarn konnte er sich schließlich in die Schweiz flüchten, wo er die neu gegründete Violinabteilung der Luzerner Akademie leitete, bis er im Alter von 71 Jahren 1944 starb.

Die Fülle bedeutender Schüler von der wunderbaren Ida Haendel bis zum genialen Joseph Wolfsthal ist ehrfurchtgebietend. Manche wurden wie etwa Max Rostal selbst wieder überragende Lehrer. Flesch bildete mit Schnabel ein hochgeschätztes Duo, seine analytischen Fähigkeiten wurden anerkannt und gefürchtet, seine Schriften zur »Kunst des Geigenspiels« sind bis heute Standardwerke. Mit seinem Meckihaarschnitt und der Brille auf der Nase in einem ernst-gesammelten Gesicht war er ein Prototyp des Professors, in der Schärfe von Analyse und Diagnose eine Art Karl Kraus des Geigens.

Von Flesch gibt es relativ wenige Aufnahmen. Etwa die A-Dur-Sonate von Händel. Flesch spielte diese auf barocke Prachtentfaltung angelegte Musik mit nobler Akkuratesse, in der Höhe schlank, in den tiefen Lagen von sonorer Innigkeit. Alles trug den Stempel des Gediegenen, Verläßlichen. Was fehlt, ist der unmittelbare Schmelz, das direkte Zupacken. Die Aufnahme entstand 1936, Flesch war 63 Jahre alt.

Auch die Live-Mitschnitte aus der Mitte der dreißiger Jahre, die sich in seinem Nachlaß fanden, belegen diese geschmackssichere, vornehme, disziplinierte Gediegenheit, die sich in den Dienst der Musik stellt. Das Beethoven-Konzert – Orchester und Dirigent sind unbekannt – erscheint unter Fleschs Händen nicht nur als kanonisches Meisterwerk, sondern Fleschs Autorität gibt der Musik etwas Keusches, als habe sie einen unberührbaren Kern. Ähnlich auch das Brahms-Konzert (mit dem Rotterdamer Philharmonischen Orchester unter Eduard Flipse), das trotz aller Dramatik und Zerklüftung bei Flesch etwas Ausgewogen-Gebändigtes bekommt. Auch die ihm gewidmete Fantasie für Violine und Orchester g-Moll op. 24 von Josef Suk, ein ausladendes Konzert in einem Satz, behält bei aller Leidenschaftlichkeit Zucht und Maß. Fleschs Spiel ist bar jeglicher Sentimentalität, wie in einer souveränen, rhythmisch brillanten Wiedergabe von Saint-Saëns' »Havanaise« zu hören ist. Über dem mondänen Virtuosenstück liegt der Hauch eines zarten, sozusagen altrosa Charmes. Manchen klang dieser gezügelte Stil trocken und emotionslos, sogar kalt. Doch Fleschs Spiel war geprägt von musikalischer und persönlicher Autorität und von intellektueller Integrität.

Ein Alleskönner

Isaac Stern

Es muß ungeheuren Spaß machen, Geige spielen zu können, losgelöst von den menschlichen Schwierigkeiten, mit denen auch manche berühmten Musiker zeit ihres Lebens zu kämpfen haben. Isaac Stern spielt jetzt seit mehr als 60 Jahren die Violine in dieser Weise, immer mit höchster musikalischer Wachsamkeit, immer mit jenem Maß an selbstverständlicher Beherrschung des Instruments, die es ihm nach seinen Worten ermöglicht, »vom Instrument verlangen zu können, was man auch immer will! Das Instrument wird so zum Diener und nicht umgekehrt. Man sollte nie davon angetrieben sein zu zeigen, wie gut man das Instrument spielt. Mit anderen Worten: Es braucht Vertrauen, um zu zeigen, daß die Musik wichtiger als man selbst ist.« Diesem Satz ist Stern sein Leben lang treu geblieben. Unter den großen Geigern unserer Zeit, in der er jetzt sozusagen der »elder statesman«, die letzte Instanz des Geigenspiels, geworden ist, ragt Stern als der am wenigsten an Virtuosität und Violinglanz um ihrer selbst willen interessierte Meister hervor. So serviert er den »Hummelflug« von Rimski-Korsakow eben nicht nach dem Prinzip »so schnell wie möglich«, sondern so witzig und leicht wie möglich. Er gliedert dieses Intermezzo aus Rimski-Korsakows Oper »Das Märchen vom Zaren Saltan« in zwei Klangphasen, erst der tiefe eifrige Flug, dann nach den scharfen Pizzikati der jetzt hocherregte Flug auf den hohen Saiten mit dem raschen Verschwinden auf Nimmerwiedersehen. Stern demonstriert also nicht einfach schnelles Spiccato, sondern verdeutlicht eine kleine Szene.

Durch den dämonischen Paganini wurde das Bild vom Teufelsgeiger geprägt: eine hagere Gestalt mit überlangen Armen und Spinnenfingern, das scharfkantige Gesicht düster umwölkt von schulterlangem schwarzem Haar, die Geige traktierend mit der Dehnfähigkeit eines Schlangenmenschen. Aber Paganini war eher die Ausnahme von der ganz entgegengesetzten Regel: Die meisten der großen Geiger treten als stämmige, vitale Kraft und Lebensfreude ausstrahlende Querformate auf, runde Gesichter, fleischige breite Hände, dabei von höchster Reaktionsschnelligkeit und tänzerischer Geschicklichkeit. Nehmen wir als Beispiele etwa Mischa Elman, David Oistrach, Itzhak Perlman, Shlomo Mintz. Und eben Isaac Stern. Der physischen Rundheit entspricht auch der Ton. Niemals klingt bei Stern die Geige dünn, spröde, belegt oder unsinnlich. Immer erfüllen Wärme und großes Volumen den Raum, ein Volumen, das Stern unglaublich zu variieren und zu modulieren weiß. Die G-Saite, ein Ereignis an sonorer, jedoch nie dicker Tiefe, die hohe E-Saite dagegen hell, ungemein hoch klingend, ohne zu kreischen.

Das war zu Beginn seiner Karriere offensichtlich noch nicht so überzeugend. Stern, der 1920 in Kremenez (Ukraine) geboren wurde, aber schon wenige Monate später mit seinen Eltern nach San Francisco kam, ist kein Wunderkind gewesen. Nach zwei Jahren Klavierspiel entschied er sich mit acht lieber für die Violine. Er studierte bis zum 17. Lebensjahr bei Naum Blinder und wagte nach einigen Erfolgen an der Westküste den Sprung nach New York in die Town Hall mit Tartinis »Teufelstrillersonate« und Glasunows Violinkonzert.

Es muß dem Kritiker wenig gefallen haben, der mit unverhohlener Ostküstenarroganz den jungen Geiger erledigte: »Kalifornien, das Land der Orangen, sandte uns einen neuen

Wunderfiedler. Er hat eine dicke G-Saite und sonst nicht viel zu bieten.« Aber Stern, der von sich sagt, für den Vortrag einer Bachschen Solosonate bereite er sich vor wie ein Preisboxer für die Weltmeisterschaft, war nicht aufzuhalten: 1939 eroberte er die Town Hall, von dort aus das Land, 1943 die Carnegie Hall und dann die ganze Welt. Bis heute kann er sich allerdings nicht entschließen, in Deutschland und Österreich zu spielen: »Ich habe die deutsche Nazivergangenheit bis jetzt nicht in meinem Inneren bewältigen können.«

Mit einer offensichtlich ihn bestätigenden Ausnahme: 1949 musizierte Stern ein einziges Mal in Wien mit den dortigen Symphonikern, nach seinen Worten eine Art Test auf die Wirklichkeit in einem Täterland. So immens der Erfolg bei Publikum und Kritik war mit Beethoven und Mendelssohn-Bartholdy, die menschlichen Erfahrungen rund um das Konzert verstörten Stern: Der Mangel an Einsicht, die Art und Weise des Verdrängens und Beiseiteschiebens bestärkten ihn in seiner Überzeugung, nicht mehr nach Österreich oder Deutschland kommen zu wollen.

Wer als Deutscher also Stern hören will, muß nach Frankreich, England, in die Schweiz, nach Italien oder in die USA fahren. Obwohl Stern unzählige Aufnahmen gemacht hat, geben sie doch nur ein schwaches Abbild dieses einzigartigen Musikers wieder, weil die Leidenschaft für die jeweilige Musik und das persönliche Charisma eine überwältigende Verbindung im Konzert eingehen. Wenigstens in Live-Mitschnitten kann man etwas von diesem Einmaligen erfahren.

1946 machte Stern seine erste Aufnahme mit Orchester: Wieniawskis zweites Violinkonzert d-Moll. Ein schönes Beispiel romantischer Virtuosenmusik. Wieniawski, einer der bedeutendsten Nachfolger Paganinis und einer der Väter der sogenannten franko-belgischen Schule, verfügte über spontane melodiöse Einfallskraft, einige Geschicklichkeit im Instrumentieren und einen Sinn für musikalische Spannung. Er verriet seine Musik nicht an das platte Aneinanderreihen von technischen Spezialitäten, sondern entwickelte einen Dialog zwischen Geige und Orchester voller Sehnsucht und gefühlvollem Charme. Stern verwirklichte diese liebenswürdige Mischung mit erregtem schnellem Vibrato, das seinem Ton etwas Fiebriges gab und durchaus an die Art von Jascha Heifetz denken läßt, der dieses Konzert mit fast schon böser Eleganz hinlegte, aber ohne jene herzliche Wärme, die Sterns Spiel ausstrahlt. Leider begleiteten damals die New Yorker Philharmoniker unter Efrem Kurtz Stern mehr schlecht als recht.

Trotz aller Virtuosität, auch der junge Stern stellte die violinistischen Mittel nicht aus, es fehlt – das ist als Kompliment gemeint – seinen Aufführungen das Reißerische und Zirkushafte. Trotz der Studioatmosphäre lieferte er nicht eine sogenannte Interpretation ab, sondern setzte sich der Musik aus, erlebte sie. Während der Aufnahme, entsinnt sich Stern, »mußten wir lediglich eine Wiederholung anfertigen. Das geschah infolge einer Störung, ausgelöst durch einen Musiker, der seinen Bogen fallen ließ – ein Fehler, der mir das Herz stocken ließ. Denn ich war dieser anstoßerregende Musiker.«

Eine Anekdote, die Sterns Humor und Fähigkeit zur Selbstkritik zeigt. Sicher Eigenschaften, die diesen arbeitssüchtigen, an nahezu allem interessierten Künstler davor bewahrten, sich reaktionär neuer Musik zu verschließen: »Ich liebe jede Musik, auch die moderne, weil sie uns Heutigen etwas zu sagen hat, aber ich werde auch der alten Schlachtrösser wie Mendelssohn und Tschaikowski ebensowenig müde wie das Publikum.« 1956 studierte Stern eine Serenade für Violine, Streichorchester, Harfe und Schlagzeug ein, dann ging er zum Komponisten, um ihm vorzuspielen. Es war Leonard Bernstein, mit dem Stern viele Werke aufnahm: »Lenny, hier sind meine Hände. Ich werde mein Bestes tun, so daß das, was dabei herauskommt, auch das ist, was du wirklich willst.« Bernsteins hierzulande wenig gespielte Serenade bezieht sich auf Platons »Gastmahl«. Die fünf Sätze tragen die Namen der wichtigen Teilnehmer dieses Symposions: Phaedros und Pausanias, Aristophanes, Erixymathos, Agathon

75

und endlich Sokrates mit Alkibiades – Musik als Typologie und als Dialog. Das Stück geriet Bernstein etwas redselig und in den einzelnen Sätzen ungleichgewichtig. Aber Stern spielte seinen Part mit allem Ernst und Nachdruck, so daß in den Solopassagen etwas von Bernsteins Idee eines musikalischen Symposions verwirklicht wird. Es scheint momentweise, als spräche die Geige, sogar auf dieser Aufnahme mit dem Orchester The Symphony of the Air unter Bernstein.

Stern musiziert symphonisch, immer darauf bedacht, die Solostimme in den Gesamtzusammenhang so zu integrieren, daß nie der Eindruck des Disparaten entstehen kann. Blinder, Sterns Lehrer, war Konzertmeister des San Francisco Symphony Orchestra, der mit seinen Kollegen sehr viel Kammermusik machte. Seinen begabten und neugierigen Schüler Isaac brachte er schon bald mit, der auf diese Weise das gesamte Repertoire der Kammermusik kennenlernte. Dieses kammermusikalische Verständnis hat Stern geprägt.

Als Pablo Casals nach mehr als 15 Jahren Schweigen 1950 in seinem Exilort Prades wieder auftrat als Cellist und Dirigent, war auch der gerade 30jährige Stern dabei. In Casals fand er ein absolutes Vorbild an musikalischer und persönlicher Integrität. Sterns Kredo: »Das größte Verbrechen besteht darin, Noten zu spielen, anstatt Musik zu machen. Ich spiele niemals aus dem Instinkt. Das ist gefährlicher, aber auch lohnender. Jeder einzelne Augenblick hat seine Bedeutung.« Dieses Kredo könnte auch von Casals stammen. Es umreißt Sterns Position als verantwortlicher Musiker, der nicht auf Nurgeigerei seine Autorität begründet.

Nichts paßt besser zu dieser Auffassung als Igor Strawinskys Anmerkung zu seinem Violinkonzert: »Ich habe keine Kadenz für das Stück geschrieben, weil ich an Geigenvirtuosität als solcher nicht interessiert bin.« 1960 fuhr Stern vom Casals-Festival in Puerto Rico in die Vereinigten Staaten, nachdem er Strawinskys Partitur ausgiebig studiert und sie sich innerhalb von 15 Stunden technisch angeeignet hatte. Dort spielte er sie zusammen mit dem Columbia Symphony

Isaac Stern und Igor Strawinsky,
Hollywood 1960

Orchestra unter Leitung des Komponisten ein. Gewiß, Strawinsky war ein mäßiger Dirigent, und die Aufnahme ist in
der Orchesterleitung frei von Perfektion der Einsätze und
Artikulation. Aber wie Stern Strawinskys Idee eines kammermusikalischen Miteinanders, eines Duetts zwischen Violine
und Orchester verwirklicht und alle Mitwirkenden inspiriert,
ist bestechend.

Sterns Offenheit und Neugier, seine Konzeption von
Musik als einzigartiger Kommunikation mit anderen Menschen haben ihn zu weltweiter Aktivität animiert; nicht nur
als Geiger, genauso als Entdecker neuer Talente – etwa Pinchas Zukerman und Shlomo Mintz – und als eindringlichen
Musikpädagogen im Jerusalem Music Center und bei den

Meadow-Brooks-Meisterkursen. Er verhinderte um 1960 den Abriß der berühmten Carnegie Hall als Präsident einer erlauchten Bürgerinitiative, bei der von Pablo Casals, Fritz Kreisler und Vladimir Horowitz bis zu Eugene Ormandy, Gregor Piatigorsky und George Szell alle großen Musiker Amerikas unterschrieben hatten.

1953 trat er als Eugène Ysaye in Mitchell Leisens Film »Tonight We Sing« über das abenteuerliche Leben des großen Impresarios Sol Hurok auf, der europäischen Musikstars wie Fjodor Schaljapin, Anna Pawlowa oder eben Ysaye ihre amerikanische Karriere bereitete und auch Stern unter Vertrag hatte. Als der kalte Krieg am kältesten war, hat Stern demonstrativ mit David Oistrach bei dessen amerikanischem Debüt Platten gemacht, und er selbst unternahm nach Yehudi Menuhin als erster amerikanischer Geiger eine Tournee durch die Sowjetunion der fünfziger Jahre. 1979 reiste er drei Wochen lang durch China, spielte und unterrichtete. Der Film »From Mao to Mozart« von Murray Lerner, der diese Tournee dokumentiert, wurde ein Welterfolg. Daß der Film nicht im fragwürdigen ideologischen Ansatz steckenbleibt, die westliche Kultur sei überlegen, europäische Musik von höherem Rang, liegt an Sterns unbändiger Vitalität, seiner fabelhaften Aufmerksamkeit, seiner bestrickenden, anrührenden Wärme.

Wie er zum Beispiel eine kleine Chinesin zu unvergeßlichem Strahlen bringt, weil sie plötzlich verstanden hat, was Phrasieren bedeutet, jene Kunst, Musik zu gliedern und zu ordnen, so daß ein zwingender Zusammenhang von Beginn, Expansion und Abstieg entstehen kann. Zuerst spielt das Mädchen akkurat seine Noten. Stern bittet, die Melodie zu singen. Vor dicht besetztem Auditorium hat die Kleine Angst. Da hilft ihr Stern, indem er begütigend und zugleich beschützend die Hand auf ihre Schulter legt. Dann singt sie leise, die Melodie genau artikulierend und phrasierend. Sterns Gesicht glüht vor Freude, eine Freude, die sich auf alle überträgt, sie klatschen begeistert. Und nun spielt die Schülerin die Melodie auf der Geige, ihrem eigenen Gesang folgend.

»Artikulieren heißt Vermenschlichen«, sagte Sergiu Celibidache, wenn er neutrales, leeres Spiel bemängelte. Was dieses Vermenschlichen bedeutet, kann man hören bei Mendelssohns Violinkonzert, wie es Stern 1966 beim »Prager Frühling« mit den Prager Symphonikern unter Jindřich Rohan darstellte. Nichts von romantischem Geigenklischee, sondern Stern vermittelte die tiefe Melancholie dieser Musik unbeirrbar mit Intensität und dramatischem Atem. So gespielt erscheinen mit einemmal wieder die Größe, Schönheit und der Schmerz dieses grandiosen Werks, das durch tausend Aufnahmen zu Tode geritten ist, herabgewürdigt zum Wunschkonzertreißer.

Soll der Ton sprechen, überzeugen, muß er nach Sterns Worten »leben«. Bei allen Auftritten dieses Geigers kann man erfahren, welcher enormen geistigen und körperlichen Anstrengung und Disziplin es bedarf, um diese Forderung umzusetzen.

Bei aller Liebenswürdigkeit als Lehrer und im persönlichen Umgang läßt Stern beim Musikmachen nicht ab von unbedingter Intensität, Ausdrucksstrenge, der besessenen Suche nach Klangfarben. »Keine Ruhe lassen wir Ihnen, Sie werden keinen unbeobachteten Augenblick haben, jedes Detail wird bemerkt. Sie müssen sehr, sehr hart arbeiten.« So Stern bei seinem Kammermusik-Workshop in Köln im April 1999.

In Köln? Was war geschehen? Über zehn Jahre hin hatte der damalige Kölner Philharmonie-Intendant und heutige Intendant der Carnegie Hall, Franz Xaver Ohnesorg, Stern unbeirrt immer wieder eingeladen und sich von keiner Absage entmutigen lassen. Schließlich hat Stern Deutschland doch noch betreten, zwar nicht als geigender Solist, aber als Lehrer und als Reisender. Für ihn sei es nun Zeit geworden, sich hier umzusehen, zu beobachten, zuzuhören, zu wandern, das Land und seine Stimmung kennenzulernen. Bei einer Tour nach Berlin, Leipzig und Dresden haben ihn die »Topographie des Terrors«, das archäologisch erfaßte Gelände des ehemaligen Gestapo-Hauptquartiers an der Berliner Wilhelm-

Isaac Stern in Köln,
1999

straße, und das Jüdische Museum von Daniel Libeskind tief beeindruckt. Das sei ein einzigartiges Bauwerk, des Holocaust zu gedenken durch Leere und Stille. Im übrigen sei Deutschland selbst ein Mahnmal.

Als er den Lernenden sein unnachsichtiges Kursregiment ankündigte, blitzten seine Augen über der Brille hell auf, plötzlich straffte sich das sonst eher weiche, runde Gesicht, das allein für Freundlichkeit, Güte und Ironie tausend und mehr Ausdrucksfacetten kennt. Die Züge wurden scharf, streng und unmißverständlich. Er werde nicht vorspielen, höchstens einmal für ein paar Sekunden die Geige eines Schülers in die Hand nehmen, um Haltungsprobleme oder ähnliches zu erörtern. Im Unterricht werde er »sprechen, sprechen, sprechen. Es geht nicht um das Spielen, sondern um das Denken: Die jungen Leute sollen nicht imitieren, sondern lernen, wie man lernt, damit sie ihre eigenen Lehrer werden, lernen, sich selbst und aufeinander zu hören, und wie die Musik zu lesen ist mit größtmöglicher Klarheit.« Vielleicht würden sie sogar so weit kommen zu begreifen, welche Wunder geschähen in den Millisekunden zwischen einer schwarzen Note und der nächsten. »Das ist das Studium der Musik.« Stern wurde bei diesem Unternehmen im häßlich-nüchternen Sichtbetonsaal der Kölner Musikhochschule von drei renommierten amerikanischen Musikern unterstützt, dem Violinprofessor James Buswell, dem Cellisten des Juilliard String Quartet Joel Krosnick und dem Pianisten Joseph Kalichstein.

Täglich gut sechs Stunden inklusive Mittagspause saß er mit seinen Kollegen vor dem Podium und lauschte mit nie nachlassender, geradezu physisch spürbarer Aufmerksamkeit und Konzentration. Keine leichte Situation für die Spieler, sich öffentlich den prüfenden Blicken und Ohren des Meisters auszusetzen. Als einer nach wiederholtem Abbruch dazu ansetzte, eine längere Entschuldigungs- und Erklärungsrede zu halten, zuckte Stern nur mit den Schultern: »Keine Chance für Mitleid.« Manchmal klatschten er oder seine Lehrerkollegen schon nach wenigen Tönen ab: »Warum benutzt jeder von Ihnen in der Anfangsphrase die leere Saite?« Er singt drastisch seinen Klangeindruck vor. Ob sie einen Grund hätten? Antwort: Man wolle dort frei sein. Wie bitte, frei? Stern lacht ärgerlich auf. Frei im Klang, wird verbessert. So, frei im Klang. Sterns sonst so modulationsreiche, tiefe, warme Stimme hat plötzlich einen gefährlich knurrenden Ton. Es gäbe eine musikalische Logik in dieser thematischen Linie, die leere Saite habe damit nichts zu tun, sie klänge wie Eselsgeschrei. Pause. Totenstille. Stern schluckt den Ärger herunter, setzt neu an und erklärt, daß die drei Anfangsakkorde dieses Haydn-Quartetts op. 76,1 etwas Theaterhaftes hätten. Damals sei jemand mit einem großen Stock vor den Vorhang getreten, hätte dreimal mit dem Stock auf den Boden gestoßen. Dann sei der Vorhang hochgegangen, und das Stück habe begonnen.

Neben dem phantasievollen, metaphernreichen Beschreiben des Gehörten – »wieso diese Stampede, das ist nur ein harmonisches Tremolo!«; »hier muß man spüren, wie du beim Tanzen leicht die Hüften wiegst« – und bis zur grellen Karikatur vorgesungenen Musiker-Dada forderte Stern unerbittlich immer wieder, nicht taktweise zu spielen und so die große Linie zu brechen; auch nicht die Perspektive auf den ganzen Satz aufzugeben. Schon nach drei Noten sei beim Finale des a-Moll-Quartetts von Brahms der Faden gerissen: »Es gibt keine unwichtigen Noten, aber jede Menge unwichtigen Spiels. Man muß die energetische Spannung halten, es ist höchst unmusikalisch, die Spannung zu verlieren.« Stern fragt: »Wo sind wir hier?« In Köln. »Warum spielt ihr dann in Düsseldorf, wenn ihr ein Piano seht?« Piano heiße nicht »shut down« und forte nicht »coming out«. Wer nur Vortragsbezeichnungen wahrnehme, verfehle die Musik. Es gebe kein absolutes Forte oder Piano, sie seien nur relativ, abhängig vom musikalisch-harmonischen Geschehen: »Habt keine Angst zu spielen!«

Eine Cellistin hatte Probleme, wie man trotz des vielen Übens und Wiederholens Frische und Spontaneität gegenüber dem jeweiligen Stück behalten könne. Die Antwort beschreibt das Entscheidende beim Musikmachen und das Geheimnis des Musikers Stern: Er beugt sich vor, schiebt seine Brille über die Stirn und faßt Krosnicks Arm. Er läßt los und faßt wieder zu und noch einmal: »Du siehst es, jedesmal, wenn du deinen Liebsten berührst, ist es neu. Du probierst es wieder. Wieder neu. Noch mal. So ist es mit der Musik, every time, you play, you must fall in love with this piece. Alle Bedingungen ändern sich ständig, bei jedem Mal. Jeder Auftritt ist ein Experiment. Niemals denken, diesmal sei es perfekt, vollendet. Es gibt kein Ende.«

In diesem Sinne musizierte der alte Meister 1993 mit dem jungen Pianisten Yefim Bronfman das Andante sostenuto aus Mozarts C-Dur-Sonate KV 296, sie ließen es ruhig dahinfließen. Keine Hektik, kein aufdringliches Vibrato, kein vermeintlich interessanter »Interpretationswille«, nur äußerste Aufmerksamkeit, jeden Ton zu verlebendigen. Für die Violine hat Mozart da nur wenige Töne und die meist als Begleitung aufgeschrieben. Nur einmal, kurz vor Ende des Satzes, darf auch der Geiger die so einfache wie einzigartige Melodie spielen. Was andere wie erlöst ausstellen und kapriziös abtönen, erscheint bei Stern ganz logisch aus der Musik entfaltet, schlicht und einzigartig.

Bis heute hat sich Stern nicht mit Schönbergs Violinkonzert anfreunden können: »Schönbergs Musik ist in formaler Hinsicht bewundernswert. Aber gefühlsmäßig, psychologisch ...? Ich habe wirklich daran gearbeitet. Ich kann es nicht spielen. Es berührt mich nicht.« Auch diese Sätze beweisen Sterns Unbestechlichkeit und Ehrlichkeit. Als er 1977 das für ihn geschriebene Konzert von Krzysztof Penderecki in Basel uraufführte, schüttelten viele Kritiker den Kopf. Schönberg nicht spielen, aber dieses rückwärtsgewandte Stück spätester Spätromantik mit Penderecki-Spezialitäten – wilde Streicherglissandi und Cluster –, mittendrin die Geige als expressive Stimme der Einsamkeit und des Kampfes. Was damals so antimodern schien, sogar als reaktionär verschrien wurde, kann man heute unbefangener hören.

Pendereckis Violinkonzert in einem einzigen riesigen Satz erscheint als depressiver Abgesang auf die Schönheit des Geigentons. Indem Penderecki es für Stern schrieb, wurde dieses Konzert gleichsam Programm. Denn Stern versteht ja Musik als große Kommunikation. Für ihn ist ein Konzert »eine Kommunion«. Die Welt dagegen sieht in seinen Augen ganz anders aus: »Ich will Menschen! Man bildet sich heute ein, immer mehr Menschen einsparen zu können.« Diese bitteren Worte im Ohr, entfaltet sich Pendereckis Violinkonzert als beschwörende Klage über den Verlust an Vermenschlichung. Niemand kann das besser verdeutlichen als Stern.

Gewiß, all diese Verzweiflungsgesten, diese Aufschreie, dieses Brüten, dann wieder wilde Auffahren des Solisten gegen ein gewaltiges, mal drohendes, mal in Düsternis versinkendes Orchester gibt es auch bei Berg, bei Bartók oder Walton. Aber Penderecki türmt diese Haltungen zu einem Gebirge finsterer Klangwelten. Und darinnen wandelt die Geige gewissermaßen wie der Hirt im dunklen Tal. Das

Ganze ist zu lang geraten, deshalb ermüdet diese Orgie an Expression, wenn sich ihr nicht ein überragender Musiker wie Stern stellt. In der Aufnahme von 1977 wirkte das Minnesota Orchestra unter Stanisław Skrowaczewski mit.

Während viele Streicher am Ende des sechsten Lebensjahrzehnts deutliche Verluste an Klangvolumen und Bogensicherheit beklagen müssen, ähnlich dem Stimmabbau bei Sängern, steht Stern wie eh und je voll ungebrochener Vitalität auf dem Podium, von solchen Alterserscheinungen kaum behelligt, von seiner geistigen und charismatischen Präsenz ganz zu schweigen. Daß sich sein niemals vordergründiges, ganz auf Phrasierung und symphonisches Miteinander ausgerichtetes Musizieren besonders bei den Werken des bei aller Leidenschaft doch introvertierten, von Kompositionswissenschaft strotzenden Brahms findet und lohnt, beweist ein Sonatenabend, den Stern mit Bronfman in Sankt Petersburg 1991 gab.

Vor allem die d-Moll-Sonate, eines der spektakulärsten Brahmsschen Kammermusikwerke, dem Dirigenten und Pianisten Hans von Bülow gewidmet, stellten Stern und Bronfman nicht einfach mit der bei diesem Stück gern gezeigten Großtonigkeit dar, sondern sie entwickelten in ruhigen, jede Nuance vergegenwärtigenden Tempi die enorme Vielfalt des Klavier-Violine-Gesprächs, kulminierend im Presto agitato des Schlußsatzes. Bei aller Dramatik, aller Geigenbravour und Pianomacht blieben die beiden Musiker unbeirrt der Intimität der kammermusikalischen Auseinandersetzung denkwürdig verpflichtet.

Der Diplomat, die Botschafterin und der Spezialist

Henryk Szeryng, Wanda Wiłkomirska, Salvatore Accardo

Als Henryk Szeryng im März 1988 auf einer Deutschland-tournee unerwartet in Kassel starb, hatte er fast unbemerkt den Zenit seines Ruhms schon überschritten, eines Ruhms, der in den sechziger Jahren besonders hell leuchtete, wenn Szeryng Bach spielte. Ein Ruhm, der überraschend spät, dann aber sensationell rasch einsetzte und diesen stämmigen schwarzhaarigen Polen mit mexikanischem Paß als einen der Meistergeiger in der zweiten Hälfte des 20. Jahrhunderts auswies.

Ende der sechziger Jahre machten die Schüler von New Yorks Geigenpapst Ivan Galamian – Pinchas Zukerman, Itzhak Perlman, Kyung-Wha Chung – Furore, und mit ihnen tauchten verloren geglaubte Qualitäten eines je eigenen Tones, lustvoller Spielfreude und unbefangener Virtuosität wieder auf wie zu Zeiten von Kreisler, Huberman, Elman und Heifetz. Da wirkte Szeryngs Spiel plötzlich seltsam neutral und im Laufe der Jahre zunehmend gleichförmig. Dabei immer von vollkommener Beherrschung des Instruments geprägt.

Man verstehe recht: Szeryng war einer der großen Geiger der zweiten Jahrhunderthälfte. Aber mit Perlman, Zukerman, Kremer und Co. begann ein neuer Abschnitt in der Geschichte des Violinspiels. Szeryng gehörte der mittleren Generation an, die den Zweiten Weltkrieg mitgemacht hatte und danach nicht einfach munter drauflos geigen konnte und wollte. Die hochentwickelte Tonindividualität, gepaart mit eigentümlichstem Gestaltungswillen, war abgelöst worden vom Fetisch der sogenannten Werktreue. Es war Zeit für eine Absage an die Selbstherrlichkeit des Virtuosentums früherer Tage.

Szeryng war anfangs ein Prototyp dieses musikalischen Zeitgeistes. Tragischerweise hat er im Laufe seiner Karriere dann immer mehr sich selbst ausgestellt, hat demonstrativ seine Art zu spielen präsentiert mit Ansprachen und Selbstpreisungen, die nicht frei von Peinlichkeit waren.

Szeryng wurde 1918 in Żelazowa-Wola (bei Warschau) unweit des Geburtshauses von Frédéric Chopin als Sohn eines Großindustriellen und einer Pianistin geboren. Erstes Instrument war das Klavier, aber schon mit sieben Jahren wurde es dann die Geige. Den Neunjährigen hörte der große Bronisław Huberman und war so beeindruckt, daß er den Eltern riet, den Jungen zum wichtigsten Violinlehrer der Zeit, zu Carl Flesch, zu schicken. Nach drei Jahren bei Flesch wagte Henryk 1933 eine erste Konzertreise nach Warschau, Bukarest, Wien und Paris – mit Erfolg. In Paris studierte er bei Nadia Boulanger Komposition, beschäftigte sich an der Universität mit Philosophie und Ästhetik und beendete mit einem ersten Preis in der Kompositionsklasse seine Studien. Gegen das Einrosten der Technik übte er in dieser Zeit täglich eine Stunde. Im Krieg gab er dann aber mehr als 300 Konzerte für die alliierten Truppen in Kasernen, Hospitälern, Lagern und bei Wohltätigkeitsveranstaltungen. Daneben führten ihn Konzertreisen in die Karibik und nach Lateinamerika. 1942 begleitete er den polnischen Exilgeneral Władysław Sikorski als Dolmetscher nach Mexiko, um hier eine Bleibe für polnische Flüchtlinge zu schaffen. 1945 ging er selbst nach Mexiko, nahm die Staatsbürgerschaft an und lehrte als Musikprofessor am Konservatorium der Hauptstadt; die Solistenkarriere schien mehr oder minder beendet.

Bis Mitte der fünfziger Jahre Arthur Rubinstein in Mexiko auftrat. Nach dem Konzert kam ein begeisterter jüngerer Mann ins Künstlerzimmer, gratulierte und schwärmte auf Polnisch, der Muttersprache Rubinsteins. Der erkundigte sich, erfuhr, daß der mexikanische Pole Geigenprofessor sei, und lud ihn ein, mit ihm zu spielen.

Rubinstein war von diesem Musizieren hingerissen. Zusammen mit den Dirigenten Charles Munch und Pierre Monteux bearbeitete er den zögernden Szeryng, doch wieder international zu konzertieren. Der legendäre Impresario Sol Hurok schob den fast 40jährigen Geiger schließlich in die Weltkarriere, nachdem Rubinstein 1958 mit Szeryng die »Frühlings«- und die »Kreutzersonate« von Beethoven eingespielt hatte.

Vor allem die »Frühlingssonate« F-Dur hat in dieser Aufnahme bis heute etwas vom Zauber jener Begegnung zwischen dem Weltstar und dem fast unbekannten Geiger bewahrt. Szeryng spielt das Eingangs-Allegro wunderbar scheu, als sei er aus tiefem Schlaf erwacht. Nichts klingt dick oder aufgesetzt. Der junge Meister läßt sich willig und voll Vertrauen vom souveränen Alten in die breit entfaltete Landschaft Beethovenscher Sonatenkunst mitnehmen. Es wird eine wundervolle Reise daraus.

Schon die ein paar Jahre später aufgenommenen Brahms-Sonaten in G-Dur und d-Moll zeigen eine deutliche Verwandlung. Aus dem scheuen Debütanten ist ein mit großem schwellendem Ton auftrumpfender Star geworden. Szeryng vibriert wesentlich heftiger und verleiht nahezu jedem Ton Nachdruck. Alles wirkt jetzt unruhiger, vordergründiger, woran auch der wieder souveräne Rubinstein nichts ändern kann und wohl auch nicht will.

Szeryng war inzwischen mit einem Diplomatenpaß der mexikanischen Regierung ausgestattet worden, als der berühmteste Exportartikel des Landes. Der Mann sprach acht Sprachen und beherrschte ein riesiges Repertoire, das er ständig um neue Stücke erweiterte. Komponisten wie Carlos

Henryk Szeryng,
Montreux 1962

Chávez, Rodolfo Halffter, Jean Martinon und Roman Haubenstock-Ramati widmeten ihm Violinkonzerte. Tatsächlich hat sich Szeryng für die Musik seiner zweiten Heimat weltweit engagiert und sie in seine Tourneen eingebaut. Viele dieser Kompositionen können sich nicht aus dem Bannkreis folkloristischer Haltungen lösen. Oder sie sind allzusehr im Epigonentum verhaftet und klingen nach der Manier spanischer Meister wie Manuel de Falla, Enrique Granados und anderer.

Halffter, 1900 geboren in Madrid als Sohn eines deutschen Vaters, studierte dort und ging nach dem Bürgerkrieg 1939 nach Mexiko, wo er schnell einer der führenden Komponisten des Landes wurde. Sein Violinkonzert von 1940 ist stark von de Fallas Polytonalität beeinflußt. Eigentlich hatte Halffter

88

das Konzert für Samuel Dushkin geschrieben, der auch mit Igor Strawinsky zusammenarbeitete. Zusammen mit Szeryng revidierte er das Konzert 1953. In dieser Fassung hat Szeryng das Stück eingespielt mit dem Royal Philharmonic Orchestra unter dem mexikanischen Dirigenten Enrique Batiz. Der letzte Satz ist ein fröhliches Rondo in deutlich spanischem Tanzstil. Szeryng brillierte mit allen Arten des Springbogens, mit perfekten Doppelgriffläufen und weithin strahlendem Ton. Dennoch bleibt man reserviert, denn die Wucht, mit der sich Szeryng auf dieses Stück flüchtiger Leichtigkeit stürzt, erdrückt es fast. Der Meister setzt sich mit einer bohrenden Intensität ein, als gelte es ein tiefschürfendes Werk darzustellen.

Szeryngs violintechnische Grundlagen waren bei Flesch in bester handwerklicher Seriosität ausgebildet worden. Und seine Violinabende beendete er gern mit Virtuosenstücken alter Schule. Dennoch erschien Szeryngs Geigenspiel nie losgelöst von aller Erdenschwere, geschweige denn als hexenmeisterliche Zauberei. 1971 führte er zusammen mit dem National Scottish Orchestra unter Alexander Gibson das von ihm wiederentdeckte dritte Violinkonzert Paganinis auf. Das klang sehr gediegen, aber niemals überschritt Szeryng die Grenze, hinter der nach Schumanns Worten »der Wendepunkt der Virtuosität« liegt. Dabei fiel auf, daß Szeryng sein Vibrato wenig variierte, so daß der Ton immer zur Breite tendierte.

Was wird von seiner Kunst überdauern? Vom riesigen Konvolut des Szeryngschen Repertoires, das auf Platten aufgezeichnet wurde, von den zahlreichen Konzerteindrücken, bei denen Szeryng stets auf höchstem Niveau die großen Werke der Klassik und Romantik darbot, ohne den Hauch von Neutralität abstreifen zu können. Vor allem seine Aufführungen von Bachs Solosonaten und -partiten bleiben in Erinnerung. Szeryngs tatsächlich phänomenale Grifftechnik ließ die Akkorde und Doppelgriffe in den Sarabanden und Fugen in einer Reinheit leuchten wie bei kaum einem Geiger vor ihm. Er spielte Bach in überlebensgroßer Prachtentfaltung. Es gab bei ihm keine Intimität, keine leichte Motorik, keine Klangrede, um den Begriff von Nikolaus Harnoncourt zu benutzen, auch keine Lust, das Tänzerische in den Partiten zu entdecken. Für Szeryng war Bach nur mit größtmöglichem Ton, mit höchstem Gewicht auf jedem Ton darzustellen, beispielsweise die Fuge aus der a-Moll-Solosonate in der Aufnahme von 1965.

Was Henryk Szeryng an unmittelbarem Geigenglanz, an Feuer fehlte, zeichnet das Spiel seiner 1929 in Warschau geborenen Kollegin Wanda Wiłkomirska in hohem Maße aus. Als sie Anfang der sechziger Jahre im Westen ihre Debüts gab, hieß es in vielen Kritiken, hier gingen mitreißendes Temperament und modernste Spielanlage eine Mischung ein, die als »kaltes Feuer« beschrieben wurde. 1939 mußte die Familie der Wiłkomirska vor den Deutschen in die damalige Sowjetunion fliehen. Nach ihrer Rückkehr beendete sie ihre Violinstudien in Budapest bei Ede Zathureczky. Sie gewann beim Leipziger Bachwettbewerb den zweiten Preis und galt schon bald als die beste Violinistin Polens seit den Tagen Bronisław Hubermans. Die überzeugte Kommunistin, die weltweit gefeiert wurde, unter Otto Klemperer, Paul Hindemith und Carlo Maria Giulini spielte, heiratete den Chefredakteur und späteren Vizepremier Polens Mieczysław Rakowski. In den siebziger Jahren wandte sich Wanda Wiłkomirska dann ab vom real existierenden Sozialismus, sie engagierte sich bei Solidarność und emigrierte in den Westen, als General Wojciech Jaruzelski die Gewerkschaft verbot. Heute lebt und lehrt Wanda Wiłkomirska in Mannheim.

Von dieser Künstlerin sind nur ältere polnische Aufnahmen mit Musik polnischer Komponisten auf dem Markt. Dabei hat sie Anfang der siebziger Jahre mit dem amerikanischen Produzenten Alan Silver – wegen ihrer aufnahmetechnischen Raffinesse – hochgerühmte Platten mit Werken von Bach bis Kreisler eingespielt.

Wanda Wiłkomirska,
München 1960

Wanda Wiłkomirskas Qualitäten entfalten sich tatsächlich
am aufregendsten bei Werken der klassischen Moderne, etwa
bei Béla Bartók und ihrem Landsmann Karol Szymanowski,
für dessen Violinkonzerte sie zur idealen Botschafterin weltweit wurde.

1930 bat der deutsche Musikpädagoge Erich Doflein Bartók, Musik für Violinschüler zu schreiben, die bei allen verschiedenen Stufen der Technikausbildung auch noch echte
Musik sei und nicht den üblichen neutralen Etüdencharakter
habe. Bartók schrieb 44 Duos, entwickelt aus Volksmusik des
ganzen östlichen Europas von der Slowakei bis in die arabische Welt. Die kurzen Stücke steigern sich von großer melo-
discher und harmonischer Einfachheit bis zu komplizierten

Kontrapunkten, verzwickten Rhythmen und einer beiden Geigern höchste Virtuosität abfordernden Stimmvernetzung. Faszinierend, mit welchem Farbreichtum, mit welcher Lust an der rhythmischen Pointe, mit welcher technischen Präzision Wanda Wiłkomirska zusammen mit dem ungarischen Geiger Mihály Szücs Bártoks Miniaturen in der Aufnahme von 1989 zum Lodern bringt.

Das wahrhaft Einzigartige an Wanda Wiłkomirskas Kunst ist ihre Klangsensibilität. Sie vermag der Violine geradezu bengalisch leuchtende Töne zu entlocken, Phrasierungsbögen von so gleißendem Schimmer in den hohen Lagen zu ziehen, daß einem der Atem stockt. Szymanowskis mondäne, von lasziver Eleganz durchdrungene Musik, vor allem die Werke aus der Zeit des Ersten Weltkriegs und aus den frühen zwanziger Jahren, als er von den fiebrigen Klängen und hoch gereizter Harmonik des russischen Avantgardisten Skrjabin beeinflußt war und von der Pracht des impressionistischen Orchesterklangs eines Debussy. Szymanowskis Musik verlangt Raffinement und Gespür für künstliche Paradiese. Denn manchmal glaubt man, diese Musik könnte unter Drogen entstanden sein, etwas von der legendären Verruchtheit der zwanziger Jahre, vom kalten Glanz des Art déco leuchtet auf. Und Wanda Wiłkomirska läßt ihre Geige in diesem trotz kalten Glanzes schwülen Dschungel blitzen und funkeln, als sei sie aus Spiegelglas. In der Aufnahme von 1961 mit der Warschauer Nationalphilharmonie unter Witold Rowicki erfüllt Wanda Wiłkomirska Szymanowskis Violinkonzert mit geradezu dekadenter Magie.

Nach Niccolò Paganini gab es seltsamerweise gerade in Italien keinen ganz überragenden Geiger mehr – trotz Camille Sivori, dem einzigen Schüler Paganinis, und Antonio Bazzini, den Schumann sehr schätzte –, so als sei mit dem Genuesen der Endpunkt des Geigenspiels erreicht. Abgesehen von Gioconda De Vito hat erst der 1941 in Turin geborene Salvatore Accardo diese rund 100 Jahre während »Pause« beendet.

Und vor allem mit den Kompositionen Paganinis wurde er berühmt. 1958 gewann der 17jährige den zum erstenmal veranstalteten Paganini-Wettbewerb in Genua und durfte daraufhin auf Paganinis legendärer Guarneri-Geige spielen, von ihm selbst »Kanone« genannt.

Accardos Erscheinung wirkt mit der goldgefaßten großglasigen Brille, dem über der Stirn schon schütteren, straff nach hinten gekämmten grauen Haar und seinem fleischigen Gesicht mit dem kleinen Mund, dessen Winkel sich eher mürrisch nach unten neigen, nicht gerade wie ein Ausbund an Teufelsgeiger. Etwas Professorales, Solides strahlt dieser Violinist aus, der schon als 13jähriger mit Paganini-Capricci in Triest glänzte. Studiert hat er in Neapel bei Luigi D'Ambrosio und in Meisterkursen in Siena bei Yvonne Astruc und Nathan Milstein. Obwohl er in Neapel am alljährlichen Kammermusik-Festival teilnimmt, mit I Musici viel konzertiert und sein Repertoire vom Barock bis zur modernsten Moderne reicht, bleibt Accardos Ruhm vor allem an Paganini gebunden.

Accardo verfügt über eine Griff- und Bogentechnik von imponierender Klarheit und Präzision. Außerdem neigt er nicht zum Rhapsodischen, sondern serviert auch die haarsträubendsten Schwierigkeiten mit jener unerschütterlichen Gleichmäßigkeit, die Perfektion erst zuläßt. Ob die 24 Capricci oder die sechs bisher gefundenen und rekonstruierten Violinkonzerte, Accardo spielt seinen Paganini mit gleichbleibend schlankem Ton und bestechender Genauigkeit. Schön zu hören im Finale des vierten Konzerts d-Moll. Accardo nimmt sich für dieses Rondo galante durchaus Zeit, um nicht nur die technischen Kunststücke zu bewältigen, sondern etwas von dem scheinnaiven Charakter dieser durchaus mit Delikatesse und Humor komponierten Musik zu vermitteln.

Wenn man Accardo, begleitet vom London Philharmonic Orchestra unter Charles Dutoit, Paganinis viertes Violinkonzert in der Aufnahme von 1975 spielen hört, ist es bei solcher kühlen Absolvierung aller geigerischen Aufgaben und der eher leidenschaftslosen Art der Kantilene kaum vorstell-

Salvatore Accardo,
München 1986

bar, daß da einmal Damen in Ohnmacht fielen und Kompo-
nisten wie Schubert glaubten, einen Engel gehört zu haben.
Von solchem Paganini-Zauber will Accardo wohl nichts mehr
wissen. Er ist unter den lebenden Violinisten von Rang der
Nüchternste, Akkurateste. Wärme, Schmelz, Dämonie – alles
Kategorien, die bei Paganini eine Rolle spielen – sucht man
bei Accardo vergebens. Er exekutiert den Notentext mit der
Ökonomie des Perfektionisten, der nicht schwitzen will.
Accardo ist aber auch neugierig, gräbt in den Katakomben der
Violinliteratur und fördert dabei Interessantes zutage wie
etwa alle Werke für Violine und Orchester von Max Bruch.

Dieser Gründerzeitkomponist par excellence, der 1920
starb, entfaltete in seinen Violinkonzerten und -stücken noch
einmal in sentimentalem Plüsch die melodiösen Herrlichkeiten der Geige, eingebettet in einen Orchesterklang, in dessen
permanentem Wohlklang Dissonanzen wahrscheinlich Kata-
strophen auslösen würden. Seine Zeitgenossen Mahler, Strawinsky und Schönberg hat er wohl nicht zur Kenntnis genommen.

Während der Paganini-Spezialist Accardo bei seinem Hauskomponisten allzu buchhalterisch zu Werke geht, als reiche es, alle Noten sauber präsentiert zu haben, tut solche Zurückhaltung und klangliche Entfettung den Bruchschen Gefühlsseligkeiten nur gut. Jedes Mehr würde einen in einem Schwall dicker Süßlichkeit versinken lassen. Accardo überzeugt mit seinem nicht sehr modulationsfähigen, fast dünnen Ton sozusagen in der klanglichen Konterkarierung.

Paganinis Virtuosität braucht bei aller Durchsichtigkeit vielschichtige Expressivität, die ihr Accardo nicht recht zukommen läßt, auch nicht in den Neuaufnahmen von 1998/99 aller sechs Konzerte mit dem von ihm gegründeten Italienischen Kammerorchester. Im Gegensatz dazu verträgt die weiche Wehmut verflossener musikalisch guter alter Zeiten durchaus den spitzen Glanz von Edelstahl, wie ihn Accardo etwa in Bruchs »Adagio appassionato« op. 57 zu bieten hat. Eine Aufnahme dieser Rarität entstand 1977 mit dem Leipziger Gewandhausorchester unter Kurt Masur. Accardo vermochte dem redseligen Stück plötzlich Stringenz zu geben, diese nostalgische Klangwelt sozusagen in Form zu bringen.

Von deutscher Violinkunst

Georg Kulenkampff, Wolfgang Schneiderhan

Am 26. November 1937 fand im Deutschen Opernhaus Berlin-Charlottenburg eine Premiere besonderer Art statt: Ein bis dahin unbekanntes Violinkonzert von Schumann wurde uraufgeführt, ein Werk, das 84 Jahre lang als verschollen galt. Dabei hätte es schon 1853 zum erstenmal erklingen sollen. Joseph Joachim, damals 22 Jahre jung, sollte den Solopart übernehmen, der Komponist selbst am Pult stehen. Aber auch in jenen Jahren gab es schon entschieden zuwenig Probenzeit, außerdem war Schumann bereits schwer von Krankheit gezeichnet und geschwächt, er setzte die eigene Komposition ab und ließ Joachim das Beethoven-Konzert spielen. Das Stück blieb weiterhin unaufgeführt, Joachim unternahm nichts, die Premiere nachzuholen. Nach Schumanns Tod entschieden Joachim und Clara Schumann, das Werk unter Verschluß zu halten, weil es ihnen mißglückt schien, ein Produkt unter deutlichem Einfluß von Schumanns Erkrankung.

Mit Joachims Nachlaß landete die Partitur in der Preußischen Staatsbibliothek, Joachims Sohn Johannes verfügte im Sinne seines Vaters, das Konzert dürfe erst 1956, 100 Jahre nach Schumanns Tod, veröffentlicht werden. Joachims Großnichten Adila und Jelly d'Aranyi, beide hervorragende Geigerinnen, bemühten sich in den dreißiger Jahren um eine vorzeitige Publikation, mit Erfolg: Im Juli 1937 erschien das geheimnisumwitterte Konzert bei Schott in Mainz.

Bis hierhin die Geschichte eines verdrängten Werkes, das jetzt aber in die Mühlen »großdeutscher«, sprich nationalsozialistischer Musikpolitik geriet. Denn Yehudi Menuhin sollte als erster das Konzert spielen, das er begeistert als »die Brücke zwischen dem Beethoven- und dem Brahms-Konzert« bezeichnete. Doch den Nazis gelang es, die Uraufführung in San Francisco zu verhindern: ein deutsches Violinkonzert im Ausland von einem jüdischen Geiger zum erstenmal der Öffentlichkeit präsentiert, unmöglich! Menuhin wurde dann 1938 der Solist der amerikanischen Erstaufführung.

Die nationalsozialistische Besitzergreifung von Schumanns Konzert wurde nun dementsprechend auf der »Gemeinsamen Jahrestagung der Reichskulturkammer und der NS-Gemeinschaft Kraft durch Freude« gefeiert: Die Berliner Philharmoniker unter Karl Böhm, der das Hitler-Regime wiederholt mit Ergebenheitsadressen gepriesen hat, und der Geiger Georg Kulenkampff spielten mit großem Erfolg das einst verschmähte Stück. Und es störte die Nazis nicht, daß es aus der Feder eines von geistiger Umnachtung bedrohten Komponisten stammte, der es dem Juden Joachim gewidmet hatte. Außerdem bat Kulenkampff absurderweise den bereits als »Kulturbolschewisten« beschimpften und in Ungnade gefallenen Paul Hindemith, Schumanns Partitur spielbarer zu machen. Im Programm wurde Hindemith verschwiegen, statt dessen der Leiter der Musikabteilung der Preußischen Staatsbibliothek, Georg Schünemann, als Bearbeiter genannt. Und Schumanns Konzert mußte während der Nazizeit auch als sozusagen arischer Ersatz herhalten für das verbotene Violinkonzert seines Freundes Mendelssohn-Bartholdy, dessen Büste und Denkmal in Leipzig von den Nazis bereits demontiert worden waren.

Vier Wochen nach der Uraufführung nahm Kulenkampff das Schumann-Konzert auf, diesmal mit Hans Schmidt-Isserstedt am Pult der Berliner Philharmoniker. Kulenkampffs Ton war nicht sehr glänzend; dafür groß und ausdrucksvoll, die Geige klingt herb, nobel, nicht auftrumpfend, bei den Ausbrüchen aber fast wild und leidenschaftlich. Allerdings rumpelte das Orchester ziemlich mulmig, dirigierte Schmidt-Isserstedt eher lustlos und routiniert. Allein Kulenkampff spielte aus romantischem Geist. Vor allem die innige Ruhe, mit der er den langsamen Satz gestaltete, entspricht dem nach innen gekehrten sehnsuchtsvollen Duktus dieser Musik.

Kulenkampff, Jahrgang 1898, entstammte einer alten Bremer Kaufmannsfamilie und fiel schon früh als musikalisches Talent auf. Nach Studien bei Hans Kolkmeyer und dem Joachim-Schüler Ernst Wendel in Bremen ließen die Eltern den 15jährigen in Dresden Leopold von Auer vorspielen, dem großen Pädagogen der Sankt Petersburger Geigerschule. Auer ermutigte die Eltern, die nun ihrem Sohn eine Stradivari schenkten und auf die Berliner Musikhochschule zu einem weiteren Joachim-Schüler schickten, zu Willy Heß, bei dem zeitweilig auch der berühmteste deutsche Geiger studiert hat, Adolf Busch. Kulenkampff wurde 1919 Konzertmeister der Bremer Philharmoniker und trat auch schon als Solist auf. 1923 folgte er dem Ruf auf eine Professur an der Berliner Musikhochschule. In den zwanziger und dreißiger Jahren wurde er zu einem der wichtigsten deutschen Violinisten.

Mit Hitlers Machtergreifung erlitt das bis dahin so reiche deutsche und Berliner Musikleben schwersten Schaden, die jüdischen Künstler flohen, die oppositionellen wie die Brüder Fritz und Adolf Busch emigrierten, die meisten bedeutenden Musiker des Auslands, etwa Pablo Casals, Arturo Toscanini oder Jascha Heifetz, mieden und boykottierten Nazideutschland. Kulenkampff blieb wie Wilhelm Furtwängler, Herbert von Karajan, Elly Ney, Ludwig Hoelscher und viele andere. Erst 1944 ging er in die Schweiz und wurde trotz mancher Anfeindungen – man schmähte ihn als »reichsdeutschen V2-Geiger« – Nachfolger des gerade verstorbenen Carl Flesch am Luzerner Konservatorium. Flesch hatte sich hierher gerettet, nachdem ihn die Nazis fast noch ins KZ gebracht hätten, wenn ihm nicht von Furtwängler geholfen worden wäre. Kulenkampff hat bis in die vierziger Jahre hinein die Kadenzen von Joachim und Kreisler gespielt, noch 1935 das Mendelssohn-Konzert in der Berliner Philharmonie aufgeführt und auf Platten eingespielt, nachdem er den wütenden NS-Schergen mit Auswanderung gedroht hatte. Dennoch blieb er, ließ sich von den Nazis als »größter Geiger der Welt« feiern, trat bei allerlei Festlichkeiten auf. Die typische Geschichte jener deutschen Künstler, die sich als unpolitisch verstanden wissen wollten, auch wenn sie den Machthabern längst zu Diensten waren. Es ist dieser fatale Selbstbetrug, den man in den Aufnahmen aus der Zeit unweigerlich mithört.

Gibt es nun ein spezifisch deutsches Musizieren unabhängig von der Abstammungsbanalität? Busch und Kulenkampff sind ja als Prototypen solchen Musikmachens in die Geschichte eingegangen. »Deutsch« hat hier natürlich nichts mit Nation und ähnlichem zu tun, es kann sich hier nur auf eine bestimmte musikalische Tradition beziehen: Kulenkampffs Solokarriere erwuchs aus der gründlichen Ausbildung zum allseitigen Musiker, eine Karriere sozusagen vom Konzertmeisterpult aus. Ähnlich auch bei Busch oder in Wien bei Wolfgang Schneiderhan. Seit 1935 spielte Kulenkampff erfolgreich Trio mit Edwin Fischer und Enrico Mainardi. Insgesamt ein Musikerdasein, das alle Aspekte der Musik einbezog. Eine Ausbildung, die Technik und Geigenlust dem musikalischen Gehalt unterordnete beziehungsweise anpaßte, so daß aus dem Geiste des symphonischen Miteinanders gespielt wird, im besten Falle kammermusikalische Intimität entstehen kann. Joachim war die überragende Vaterfigur dieser Musiktradition, seine Schüler Auer und Jenő Hubay hingegen verstärkten bei ihren Schülern die Ausformung des Spieltechnischen. Flesch brachte in seiner überaus erfolgreichen Schule beide Aspekte zusammen.

Eines der besten Beispiele für Kulenkampffs unspektakulären Stil, für sein Musizieren aus dem Geiste der Musik

Georg Kulenkampff,
Berlin 1936

bietet die schwierige Violinromanze F-Dur von Beethoven.
Schwierig, weil der Solist hier nicht mit Kabinettstückchen
glänzen kann, weil er die Einfachheit und Eingängigkeit der
Beethovenschen Melodie nicht mit Drückern, Schluchzern
oder sentimentalem Vibrato aufputzen darf, weil er Innigkeit
erreichen muß ohne Anstrengung. Kulenkampff, der Mann
mit dem langen Schädel, den großen Händen und den seltsam
erstaunten Augen, der die Geige sehr hoch hielt, gelang dies
1932 wunderbar zurückhaltend, aufmerksam den Berliner
Philharmonikern unter Paul Kletzki zuhörend und antwor-
tend. Vor allem aber verfügte er über ein großartiges Legato,
das ihm gestattete, das in Wunschkonzerten bis zum Über-
druß gespielte Stück aus einem Guß wirken zu lassen. Sein

Ton gewann dadurch Klarheit und Schlankheit, nur einmal, wenn das Thema auf der G-Saite erscheint, legte er sich mit Wucht ins Zeug.

Kulenkampff setzte sich neben den deutschen Klassikern mit Leidenschaft für Sibelius und Tschaikowski ein. Auch Prokofjews erstes Konzert führte er in den dreißiger Jahren auf, Dvořáks Konzert trug er häufig vor. Sein Streben nach Klarheit der geigerischen Diktion, seine Fähigkeit, in die Musik und ihre Fragen hineinzuhören und in ihr auch die Antworten zu finden, zeigt die Aufnahme (1936) eines Andantes von Max Reger aus der Solosonate op. 91,1. Obwohl sehr effektvoll, werden Regers Kompositionen für Solovioline und Solocello selten gespielt. Selbst der wohl repertoireneugierigste Violinist unserer Tage, Gidon Kremer, hat zwar die Violine-Klavier-Sonate mehrfach aufgeführt, doch die sieben Solosonaten Regers umgangen. Kulenkampff nun entwickelt diese tendenziell übertourte Musik, die mit ihren kontrapunktischen Künsten protzt, diese Mischung aus weiten melodischen Schwüngen und vielnotiger Kompositionswissenschaft, er entwickelt dieses Andante ohne Eile, heizt die Hochchromatik Regers nicht an, sondern vermag sich gleichsam nachdenklich in diesen Geigenmonolog zu versenken. Es entsteht eine zarte, liebenswürdig brüchige Klangwelt.

Daß Kulenkampff mit seinem noblen, unaufdringlichen, gleichwohl kraftvollen Spiel gerade vielmalträtierte Lieblingsmusiken veredeln konnte, zeigt seine Aufnahme von 1941 – mit den Berliner Philharmonikern unter Joseph Keilberth – des wahrlich im Plüsch der Gründerzeit versinkenden ersten Violinkonzerts g-Moll von Bruch. Kulenkampff gab sich, anders als fast alle seine Kollegen, nicht als schluchzender Geigentenor, vermied alles Bequeme, ja Vulgäre, das dieses Konzert ungemein populär gemacht hat. Kulenkampff spielte es als romantische Ballade, mit heroischem Gestus, ohne dick und süßlich zu werden. Vor allem der erste Satz erlangt so Kontur und echte Dramatik.

Als Georg Kulenkampff 1948 in Schaffhausen an einer akuten infektiösen Gehirnentzündung starb, verlor die musikalische Welt einen geradlinigen, auf Klarheit und zugleich romantisches Empfinden bedachten Solisten, Kammermusiker und Lehrer. Sein unmittelbarer Nachfolger auf all diesen Positionen wurde der Wiener Wolfgang Schneiderhan, bis zum Auftritt Ulf Hoelschers der einzige Violinist von Weltruf aus deutschsprachigem Gebiet. All die ausgezeichneten Konzertmeister und Quartettprimarii wie etwa Max Strub, Wilhelm Stross, Wolfgang Marschner, Siegfried Borries, Erich Röhn, Fritz Sonnleitner oder Rudolf Koeckert vermochten die riesige Lücke nicht zu füllen, die die Nazis mit Vertreibung, Ausrottung und Krieg gerissen hatten. Keiner dieser Musiker war als Solist so eigenartig oder maßstabsetzend, daß er etwa neben David Oistrach, Yehudi Menuhin, Arthur Grumiaux oder Christian Ferras hätte bestehen können.

Bis auf Schneiderhan, der 1915 in Wien geboren wurde, ersten Violinunterricht bei seiner Mutter erhielt, beim legendären böhmischen Lehrer Otakar Ševčík auf Perfektion gedrillt und durch Julius Winkler in die Geheimnisse der Wiener klassischen Tradition eingeweiht wurde. Winkler hatte bei Karl Heißler studiert, der wiederum Schüler von Joseph Böhm gewesen ist, dem Vater der Wiener Geigenschule und Lehrer von Joseph Joachim. Schneiderhan debütierte als Elfjähriger in Kopenhagen, bereiste als Wunderkind Europa. 1932 wurde er Konzertmeister, erst bei den Wiener Symphonikern, von 1937 bis 1949 bei den Wiener Philharmonikern. In jenen Jahren fungierte er auch als Primarius des Schneiderhan-Quartetts. Für manche seine beste Zeit und seinen geigerischen wie musikalischen Möglichkeiten am glücklichsten entsprechend. Nach dem Tode Kulenkampffs wurde er dessen Nachfolger im Trio mit Edwin Fischer und Enrico Mainardi und als Professor in Luzern, wo er das bis heute erfolgreiche Kammerorchester Festival Strings Lucerne gründete und leitete.

Schneiderhans eher vierschrötige Erscheinung widersprach der Schönheit seines runden, nicht übermäßig großen Tons.

Wolfgang Schneiderhan und Carl Seemann,
München 1967

Es kam allerdings öfter im Forte und Fortissimo zu Forcierungen, die die Geige dann ziemlich robust, manchmal sogar
ruppig klingen lassen. Aber immer musizierte Schneiderhan
ensemblebestimmt, ging er auf Begleiter oder Orchester ein,
spielte er im Sinne der vorhin erläuterten deutschen Tradition
symphonisch, die geigerischen Techniken und Spielweisen aus
der Struktur der jeweiligen Musik entwickelnd. In den fünfziger Jahren galt er als *der* Mozart-Spieler, als der legitime
Erbe Wiener klassischer Musikpraxis.

Und natürlich hielt man ihn auch für *den* Interpreten des
Beethoven-Konzerts. Schneiderhan als der einzige deutsch-
sprachige Violinist von Weltrang war in der Einschätzung vieler damit auch der einzige, der dieses Konzert wirklich ver-

stehen konnte. Hinter solchen Thesen und Klassifizierungen verbargen sich meist üble Reste von antisemitischer Nazi-kunstideologie, für die Schneiderhan ungewollt herhalten sollte gegen die amerikanisch- und russisch-jüdischen Geiger wie Heifetz, Milstein, Oistrach, die zwar fabelhafte Techni-ker und Virtuosen seien, denen es aber doch an deutscher Tiefe und Poesie fehle. Für dergleichen Abgeschmacktheiten konnte Schneiderhan nichts, er hatte nichts mit solchen Ver-logenheiten zu tun.

Wie der Wiener Meistergeiger das Beethoven-Konzert in seiner Glanzzeit gespielt hat, ist in einer Aufnahme von 1954 zu hören, die der italienische Rundfunk bei einem Konzert in Rom mitschnitt. Schneiderhans Partner war das RAI-Orche-ster Rom unter Sergiu Celibidache. Mit großer Intensität und untrüglichem Gefühl für die Phrasierungsbögen und durch-aus heftigen Steigerungen spielte Schneiderhan und agierte wunderbar symphonisch mit dem Orchester. Bei aller tech-nischen Souveränität drängte er sich nie nach vorn, sondern begleitete die Holzbläser oder schmiegte sich mit seinen Lauf-passagen in den Orchesterklang ein, um dann in den wirk-lichen Solopartien imponierend hervorzutreten. Nichts Be-häbiges, auch nicht der vielbeschworene Tiefsinn beschädi-gen den Eindruck, einen großartig disponierenden, zu Kan-tabilität und Attacke gleichermaßen fähigen Violinisten zu hören, der dieses Konzert kammermusikalisch angeht, glän-zend darin unterstützt von Celibidache und dem römischen Orchester.

Viel weniger bekannt sind dem allgemeinen Publikum Schneiderhans Neugier und Entdeckerlust. Er hat mit seinen Festival Strings nicht nur Bachs Brandenburgische Konzerte aufgeführt, sondern auch Violinkonzerte von Viotti, Spohr und Tartini, die zwar im Unterricht, kaum aber noch im Kon-zert vorkommen. Etwa Tartinis d-Moll-Konzert, ein weiches, melancholisches Concerto grosso. Die Geige löst sich zu melodiösen und virtuosen Aufschwüngen aus dem Tutti, um dann gleichsam erschöpft dorthin zurückzukehren. Schneiderhan und seine Luzerner Mitstreicher hielten auf Intimität, der Solist präsentierte sich nicht eitel. Im Gegenteil, vielleicht geigte Schneiderhan eher zu professoral-akkurat, in den virtuosen Passagen sogar ein wenig eckig und ungeschmeidig. Es entsteht der Eindruck eines liebenswürdigen Barocks, dem ein wenig die Größe fehlt. Die Aufnahme stammt von 1958.

Dieses Moment des untadelig Professoralen bei Schneiderhan hat sich in späteren Jahren verfestigt und verwandelte sein Spiel zunehmend ins Robust-Ungelenke, was ihm Ende der sechziger Jahre harsche Kritiken einbrachte. Aber da zauberten auch schon die neuen Helden auf der Geige wie einst die Heroen der Vorkriegszeit und luden zum unmittelbaren Vergleich ein.

Wie schön und sinnfällig Schneiderhan phrasieren konnte, zeigen seine Aufnahmen von Bachs sechs Violine-Cembalo-Sonaten mit Karl Richter von 1966. Der Korpus dieser Sonaten entstand in Bachs Köthener Zeit, etwa zwischen 1720 und 1723. Ein Ergebnis seiner Studien an italienischen Meistern. Diese leider selten vorgetragenen Sonaten sind gewissermaßen die Geburtsstunde der großen Duosonate, wie wir sie dann aus klassischer und romantischer Periode kennen. Zwei gleichberechtigte Instrumente im spannungsreichen Dialog. Schneiderhan und Richter gelang besonders eindringlich das grandiose Largo der vierten Sonate c-Moll, eine Klage im Siciliano-Rhythmus. Schneiderhan zog mit imponierender Ruhe, gelassenem Vibrato die große Linie sanfter Kantilenenschwermut, als wolle sie nie enden.

Obwohl der Wunderknabe Schneiderhan bei seinem Lehrmeister Ševčík Paganini, Wieniawski und Vieuxtemps rauf und runter spielen mußte zum Zwecke einer vollendeten Technik, gilt der Wiener Geiger nicht als Virtuose, sondern als Inkarnation des verläßlichen, verantwortungsbewußten Musikers. Auf seinen Programmen fanden sich keine Jonglierstückchen oder geigerischen Trapeznummern, wohl aber die Ergebnisse seiner stetigen Beschäftigung mit zeitgenössischer Musik: Alban Bergs Violinkonzert, Stücke von Boris Blacher, Rolf Liebermann und Hans Werner Henze, manche von ihnen sind für ihn geschrieben. Besonders zwei Werke hat Schneiderhan immer wieder aufgeführt: das Violinkonzert von Frank Martin und das düstere »Concerto funebre« von Karl Amadeus Hartmann.

Martin, gewiß neben Othmar Schoeck und vor allem Artur Honegger der wichtigste Schweizer Komponist des Jahrhunderts, schrieb sein Violinkonzert 1951 für Paul Sacher und das Basler Kammerorchester. Martin versteht sein eigentlich den überkommenen klassischen Modellen folgendes Stück als Musik aus dem Geiste von William Shakespeares Prospero, als Musik des Feenreichs von Ariel. Vor diesem Werk hatte er fünf Lieder des Ariel nach Shakespeares »Sturm« geschrieben. In den ersten beiden Sätzen gibt es wiederholt schwirrende Klangflächen, steigt die Violine in höchste Pianissimohöhen. Im Finale aber wird daraus ein feuriger Triumph von hoher Violinbrillanz. Schneiderhan spielte das mit Intensität und geigerischer Sicherheit in einem Mitschnitt des Symphonieorchesters des Norddeutschen Rundfunks unter Hans Schmidt-Isserstedt von 1953.

»Erst die Verschmelzung von natürlichem Talent, klassischer Tradition und technischer Errungenschaft bringt die virtuose Meisterleistung hervor«, sagte Schneiderhan nüchtern. Nichts Magisches, nichts Gleisnerisches, sondern Ernst, Handwerkerstolz und die Sicherheit des Kompetenten vermitteln diese Worte. Dem »Concerto funebre« sehr angemessen, das Karl Amadeus Hartmann in finsterster Zeit 1939 komponierte. Ein Mann, der sich nicht den Nazis anbiederte. Hartmann überwinterte, sein Werk kennt kaum Heiterkeit und süffige Oberfläche. Für manche gilt er als der bedeutendste Symphoniker nach Bruckner und Mahler. Berühmt als Gründer der Münchner »musica viva«-Konzerte, wenig präsent im derzeitigen Musikbetrieb, harrt sein expressives Lebenswerk der wirklichen Entdeckung.

Wie sehr Trauer und Schmerz musikalisch erlebbar werden

können, wieviel visionäre Kraft Klang werden kann, vermochte Schneiderhan mit dem NDR-Symphonieorchester unter Václav Neumann 1974 in der Hamburger Musikhalle bewegend darzustellen mit Hartmanns »Concerto funebre«. Während 1939 ein ganzes Volk begeistert in den Weltkrieg marschierte, schrieb Hartmann einen Marsch der Aussichtslosigkeit, »Choral«, den letzten Satz des »Concerto funebre«, uraufgeführt 1940 in Sankt Gallen außerhalb von Hitler-Deutschland. Ein großes Werk deutscher Violinkunst.

Süße und Feuer des Tons

Michael Rabin, Pinchas Zukerman

»Für diesen Beruf braucht man eine Pferdenatur«, hat der
Dirigent Sergiu Celibidache über die physische und psychische Konstitution des reisenden Virtuosen gesagt. Lange
transpazifische oder transatlantische Flugreisen mit verschiedenen Zeitzonen, sehr verschiedenen klimatischen Bedingungen, die auch den Instrumenten heftig zusetzen können,
grundunterschiedliche akustische Verhältnisse von den Klang-
paradiesen der Boston Symphony Hall oder des Wiener
Musikvereinssaals bis zu den Betonödnissen des Leipziger
Gewandhauses oder der Avery Fisher Hall in New York; vom
Londoner Barbican Center oder manchen an Austrocknung
des Klanges leidenden japanischen Konzertschachteln ganz
zu schweigen. Natürlich Ernährungsumstellungen. Lange
Zeit ging das Gerücht, Vladimir Horowitz führte den eigenen Koch mit und äße fast immer Seezunge. Auch wenn
der alte Meister das später bestritten hat, die Frage des Essens
und Trinkens beschäftigt die Musiker mehr, als man gemein-
hin denkt.

All diese Unwägbarkeiten, ihren tatsächlichen Gefahren –
immerhin stürzten zwei der berühmtesten Geiger der ersten
Hälfte des 20. Jahrhunderts, Ginette Neveu und Jacques Thibaud, mit Flugzeugen ab – sollen trotzdem die Musiker nicht

daran hindern, jeweils spontan, inspiriert, technisch perfekt sowieso zu spielen, das heißt die schlimmste Bedrohung, nämlich geisttötende Routine, immer bannen zu können.

Die meisten der großen Künstler gewinnen diesen Kampf mit äußeren Beschwernissen und inneren Chimären immer wieder. Manche der Bedeutendsten aber konnten sich nur durch lange Abstinenz vom Konzertbetrieb retten wie etwa Horowitz; oder zogen sich total zurück vom öffentlichen Auftritt wie Glenn Gould; oder sagten und sagen häufig ab aus Skrupeln und Selbstschutz wie Arturo Benedetti Michelangeli, Martha Argerich oder Carlos Kleiber. Andere versuchten den Ausbruch aus den Zwängen des Konzertrituals wie Friedrich Gulda, der seine eigenen Stücke und Improvisationen genauso nach der Stimmung des jeweiligen Abends aussuchte wie die Sonaten des klassischen Repertoires. Oder der britische Violinist Nigel Kennedy, der sich aus den vermeintlichen Elfenbeintürmen der sogenannten klassischen Musik in die Oasen von Rock und Punk zu flüchten versucht. Dabei allerdings in beiden Richtungen künstlerisch schwächer wird, was Legitimationsprobleme schafft. Aber seine Schrillheit genügt, um eine ruppige, grobe Aufnahme von Vivaldis »Vier Jahreszeiten« zum Bestseller zu machen.

Die elektronischen Aufzeichnungsmöglichkeiten haben zu den bekannten noch die Bedrohung hinzugefügt, von den Phantomen der eigenen Vergangenheit bedrängt zu werden. Die Schallplatte als Zombie und Vampir, das Vergangene wird dem Lebendigen hier und jetzt als schauriges Argument entgegengehalten, so als sei nach irgendeiner Aufnahme der tatsächliche Konzertauftritt überflüssig geworden, als sei Musik ein greif- und besitzbares Ding, während doch stets aufs neue die Bedingungen geschaffen werden müssen, damit möglicherweise Musik entstehen kann. Zwei der wohl größten Violinbegabungen dieses Jahrhunderts jedenfalls fielen letztlich dieser Mixtur aus musikalischen, öffentlichen, technischen und äußeren Anforderungen zum Opfer, sie flohen in Wahnsinn und Tod.

1923 kam im polnischen Suwałki ein Knabe auf die Welt, dessen Mutter früh starb. Der Vater, ein musikliebender Buchhalter, schickte den Sohn nach Warschau, sobald das Geigentalent entdeckt war. Josef Hassid lernte ungeheuer schnell, schon mit zwölf Jahren nahm er am Wieniawski-Wettbewerb teil, den in jenem Jahr 1935 Ginette Neveu gewann und niemand Geringeren als David Oistrach auf Platz zwei verwies. Der kleine Josef hatte eine Gedächtnisstörung und daher keine Chance. Doch durfte er dem großen Bronisław Huberman vorspielen, der ihn zum berühmten Geigenprofessor Carl Flesch vermittelte. Flesch hat später gesagt, Hassid sei der begabteste Schüler gewesen, den er je gehabt habe. Es sei daran erinnert, wer bei Flesch studiert hat, um diese Aussage des strengen Pädagogen richtig einschätzen zu können: Ginette Neveu, Max Rostal, Szymon Goldberg, Joseph Wolfsthal, Ida Haendel, Ivry Gitlis, Henryk Szeryng – und dennoch Hassid über allen! Doch der Junge war hochgefährdet, als er sich mit 14 Jahren in eine nichtjüdische Mitschülerin verliebte und die Eltern beider Jugendlicher aus religiösen Gründen mit Erfolg alles taten, um die Beziehung zu verhindern. Hassid brach zusammen, erste Depressionen und Erschütterungen folgten.

1938 spielte er zum erstenmal in London, a star was born – für kurze Zeit: einen Sonatenabend mit Gerald Moore, ein paar Wochen später das Tschaikowski-Konzert mit dem London Philharmonic Orchestra. Auf Einladung von Walter Legge machte er schon vor diesem offiziellen öffentlichen Debüt ein paar Probeaufnahmen bei »His Master's Voice«. Hassid war 16 Jahre alt, als er mit ungemein nervösem Vibrato, aber einzigartiger Süße im Ton die Meditation aus Massenets Oper »Thaïs«, eine beliebte Zugabe in jener Zeit, mit Moore aufnahm. Süchtig machendes Geigenspiel von zarter Eleganz, jugendlicher Helle und schmerzlichem Charme, etwas Fiebriges klingt mit. Acht Aufnahmen von 1940 mit Genrestücken, von Hassid wenig geschätzt, von Augen-und Ohrenzeugen seiner Kunst im Konzert als Schatten gegenüber seinen Live-Auftritten bezeichnet. Und dennoch von suggestiver Wirkung, ein fast orientalischer Klang, sehnsüchtig der Geige abgewonnen und geheimnisvoll, als sei der Ton gleichsam eingehüllt in Seidenglanz. Etwa in Joseph Achrons »Hebräischer Melodie«.

Doch in dieser Zeit begann der Zerfall, der sich bei der unglücklichen Liebesgeschichte angekündigt hatte: Depressionen, Gedächtnislücken, Hassid fing an, den Vater zu hassen, rührte die Geige nicht mehr an. Psychiatrische Behandlungen folgten, schließlich die Nervenklinik in Epsom. Winston Churchills Leibarzt kümmerte sich um ihn. Hassid leugnete, jemals etwas mit Musik zu tun gehabt zu haben. 1950 wurde er einer Gehirnoperation unterzogen, an deren Folgen er starb.

Es war das Jahr, in dem ein 14jähriger zum erstenmal auftrat: In New York spielte er das Finale aus Mendelssohns Konzert im Rundfunk. Wenige Monate später in der Carnegie Hall mit den New Yorker Philharmonikern unter Dimitri Mitropoulos stand Paganinis erstes Violinkonzert D-Dur auf dem Programm. Der berühmte Dirigent feierte Michael Rabin, so hieß der junge Geiger, begeistert als »Violingenie von morgen«. Der gestrenge George Szell, Chef des Cleveland Orchestra, erklärte, in den letzten drei Jahrzehnten sei ihm kein größeres Geigentalent begegnet. Und so wie Carl Flesch Josef Hassid für seinen besten Schüler hielt, so sagte Amerikas damaliger Geigenpapst Ivan Galamian über seinen Zögling Rabin, das sei ein ganz »außerordentliches Talent ohne Schwächen«.

Rabin, geboren 1936, stammte aus einer New Yorker Musikerfamilie und wurde bereits als Siebenjähriger zu Galamian gebracht, der ihn noch über die ersten Erfolge hinaus betreut hat. Seit dem 16. Lebensjahr steckte Rabin in der Mühle des Musikbetriebs. Und sie quetschte ihn erbarmungslos aus: kreuz und quer durch Nord- und Südamerika, eine 31 000-Meilen-Tournee durch Australien, insgesamt über 80 Auftritte bei den New Yorker Philharmonikern, Aufnahmen für

André Haguets Film »Ungarische Rhapsodie« 1954. In diesem Jahr auch die erste Europareise, dabei 15 Auftritte in Italien in 18 Tagen, natürlich Rundfunk- und Schallplattenaufnahmen; 1956 die zweite Europatour, Rabin war 20 Jahre alt; 1957 23 Konzerte mit dem Israel Philharmonic Orchestra; 1958 neben Konzerten und Platten Filmaufnahmen in Hollywood; eine Fluggesellschaft brüstete sich mit Rabins Millionen Flugmeilen in ihren Maschinen. So ging es weiter bis Mitte der sechziger Jahre, dann verschwand Rabin aus den Veranstaltungsreihen, tauchten in den Radioprogrammen immer dieselben Aufnahmen aus den Fünfzigern auf. Gerüchte von Medikamenten und Drogen machten die Runde, am 19. Januar 1972 war es soweit für den einst umjubelten Jungstar, den neuen Paganini, die Hetzjagd war zu Ende: Entweder nahm er sich das Leben, oder er stürzte unglücklich und schlug mit dem Kopf gegen die Tischkante, oder er starb an einer Überdosis Rauschgift. Das sind die drei gewichtigsten Hypothesen zum Todeshergang eines der aufregendsten Violinisten des 20. Jahrhunderts.

Nein, Rabin hatte nicht die »Pferdenatur«, um eine Existenz lebenswert zu finden, die ihn dazu zu verdammen schien, überall auf der Welt immerzu Paganinis erstes Violinkonzert zu spielen und ein Dutzend Zugabestücke, ein bißchen Mendelssohn und Tschaikowski perfekt servieren zu müssen. Keine Zeit, sich selbst zu finden, keine Zeit, das Repertoire erweitern zu können. Dabei fing er an, sich mit der klassischen Moderne zu beschäftigen, liebte Bartók und spürte Ermunterung dafür durch das Publikum. Aber diese klugen Fluchten ins Offene waren begleitet von den Lemuren der Einsamkeit und Isolation und dem Gespenst des eigenen Ruhms.

In einem späten Interview wagte Rabin eine leise, konziliant formulierte Klage, beschrieb er seine schließlich ausweglose Situation: »Ich fühle, da sind unnötige Barrieren zwischen Künstler und Publikum. Auf der einen Seite die Kleidung des Artisten, die Frackschöße ... Das schafft, denke

Michael Rabin,
um 1955

ich, Zwang und Künstlichkeit. Diese zu vertreiben, spreche ich vor dem Spielen gern ein paar Worte. Es hilft, diese Barrieren abzubauen. Eine andere Sache ist das tyrannische System der Programme. Warum soll man an dieser Tradition kleben? Warum sollen nicht Anordnungen vorstellbar sein, die dem Künstler gefallen?«

Worte Rabins, die jenen Satz Glenn Goulds bestätigen, im Konzertleben wollten alle Blut sehen. Abgesehen von den Rundfunkaufnahmen, die bisher unzugänglich in Archiven liegen oder gar gelöscht sind, gibt es derzeit nur einen Einspielungsfundus aus den Jahren zwischen 1955 und 1960, der genau jene Virtuosenliteratur umfaßt, die Rabin bis zur Erschöpfung immer wieder präsentieren mußte.

Zu hören sind ein unglaublich runder, makelloser Geigenton von schwerem, manchmal süßlichem Parfüm, Triller von rasender Geschwindigkeit, eine Griff- und Bogentechnik von blendender Politur und eine zum Wehmütig-Sentimentalen genauso fähige Phrasierungskunst wie zum Jauchzend-Pointierten. Vor allem, will man den Platteneindrücken glauben, gab es in diesem phänomenalen Geigenspiel keine Kälte, keine Reserven, letztlich kein Halten, Rabin gab sich ganz, verströmte sich in betörender Süße oder zirkelte in schneidender Präzision die geforderte Akrobatik hin, zum Beispiel in Paganinis 24 Capricci: die Nr. 7: ein Stakkato-Reißer, die Nr. 10: Modulationskunststücke, Nr. 15: hohe Schule der Lagenwechsel, Nr. 18: in der Hölle der Terzen, Nr. 21: ein Liebespaar im Rausch der Sexten und des Neckens.

Es dauerte, bis ein Geiger wieder mit ähnlicher Verve, ähnlicher Lust an der Lösung der technischen Probleme und noch mehr Lust an den musikalischen Aufgaben Paganinis legendäres Opus 1, die klangberauschten und klangbizarren Capricci, so fabelhaft spielte. Auch er ein Galamian-Schüler: Itzhak Perlman, der seine Aufnahme der 24 Zauberstücke von 1972 dem gerade aus dem Leben geschiedenen Rabin widmete. Rabins Einspielung stammt von 1958.

Für die Musik der romantischen Virtuosen fand Rabin einen unnachahmlich direkten Zugang. Wo andere versuchten, Wieniawski oder Vieuxtemps durch Geschwindigkeit und heftiges Vibrato hinter sich zu bringen wie eine lästige Pflicht, entfaltete Rabin den ganzen Fächer seiner Farben und Nuancen. Wieniawskis erstes Violinkonzert fis-Moll scheint zu brennen vor Leidenschaft und Jugendfeuer, wenn man es so spielt, wie es 1957 Rabin tat mit dem Philharmonia Orchestra London unter Adrian Boult.

Seltsamerweise gelang Rabin 1958 eine Aufnahme von Ravels »Tzigane«, dieser Huldigung an und zugleich Parodie auf die Zigeunergeigerposen, wenig inspiriert und fast unfrei, als bewege er sich auf ungewohntem Terrain. Das gilt erst recht für Bachs C-Dur-Solosonate. Es klingt angestrengt und forciert trotz technischer Souveränität. Während alle Zugaben zwischen Elgars »La capricieuse«, Kreisler-Bonbons und Sarasate-Spezialitäten mit grandioser Selbstverständlichkeit verwirklicht werden; nirgendwo verzaubernder, ja, emphatisch beschwörender als in Kreislers wehmütiger Reminiszenz an Wiener Witz und Wiener Seligkeit. Rabin ließ seine Geige in der »Caprice viennois« so hingebungsvoll leuchten, blitzen und schließlich schmerzlich schluchzen, als heiße der Komponist nicht Fritz Kreisler, sondern Gustav Mahler: »Caprice viennois« oder von der Schönheit des Untergangs. 1960 entstand dieses Dokument einer sich in Schmelz, Süße und Wehmut verzehrenden Geigenkunst, bei der das Hollywood Bowl Orchestra unter Felix Slatkin begleitete.

Rabin wäre jetzt 64 Jahre alt, hätte wahrscheinlich Alban Berg für sich entdeckt, lebende Komponisten für sich interessiert, Mozart und Beethoven ausgiebig studiert und vorgetragen und sich wohl vom weich schimmernden Plüsch der Spätromantik getrennt oder ihn zurückgedrängt. Wir wissen es nicht. Bewegendstes Zeugnis dieses Musikers, der schlurfend und scheinbar schläfrig das Podium betreten haben soll, bevor er mit der Geige jegliche Auftrittsirritation beseitigte, der am Terror des Erfolgs und der daraus folgenden Ansprüche zugrunde ging, ohne sich frei entwickeln zu können, bewegendstes Zeugnis dieses Ausnahmegeigers ist die Einspielung von Bruchs »Schottischer Fantasie« für Violine, Harfe und Orchester, Pablo de Sarasate gewidmet. Bis in die zwanziger Jahre ein beliebtes Repertoirestück, heute im Konzert kaum zu hören, auch wenn einige Studioneuaufnahmen existieren. Jascha Heifetz engagierte sich bis zu seinen letzten Auftritten für dieses originelle, dennoch zu Weinerlichkeit und Kitsch neigende Werk eines Komponisten, in dessen musikalischer Welt es weder Dissonanzen noch klanglich-instrumentale Auf- und Ausbrüche gab.

Rabin spielte diese Komposition« mit dem Philharmonia Orchestra London unter Boult 1957 so, als wolle er in dieser Orgie der verminderten Septakkorde, der gemäßigten Folkloreheiterkeiten, der Salontraurigkeiten vergehen, sich auflösen in puren, einschmeichelnden Wohlklang. Weil er an diese frühzeitig gealterte, ja veraltete Musik bedingungslos glaubte, konnte er ihr echte Schönheit, echten Schmerz abgewinnen. So schlackenlos, so vollendet, so alle Distanzen durch Süße und Feuer des Tons überwindend kann Geigenspiel klingen, kann bestricken und zu reinem Genuß verführen. Ein jüngst erschienener Mitschnitt eines Live-Konzerts mit dem Finale aus Bruchs Fantasie, um 1950 herum entstanden, verstärkt diesen Eindruck des Sich-selbst-Verzehrens noch.

Im April 1969 trat ein ungemein kräftiger Jüngling mit ungebärdiger schwarzer Haartolle aufs Podium des Münchner Herkulessaals, stimmte seine Geige, die in seinen Händen fast zerbrechlich wirkte, schaute einmal kurz zum Dirigenten Rafael Kubelik auf, nickte ihm zu, und es ging los mit Tschaikowskis Violinkonzert D-Dur. Es wurde eines der sensationellsten Debüts in Deutschland nach dem Krieg.

Solchen Furor, solche unbändige Freude am Geigenspielen hatte man in diesem Land lange nicht mehr gehört trotz Grumiaux, Oistrach, Kogan, Szeryng, Ferras und anderen. Dieser 21 jährige Pinchas Zukerman – geboren 1948 in einem Dorf bei Tel Aviv, schon als Knabe aufs dortige Konservatorium zur wichtigsten Geigenlehrerin des Landes, Ilona Feher, geschickt, mit 13 Jahren protegiert von Pablo Casals und Isaac Stern und nach Amerika zu Ivan Galamian empfohlen, bei dem er fünf Jahre studierte –, dieser Zukerman war Bote einer neuen Generation von jungen Musikern, die sich unbekümmert, selbstgewiß, mit sportivem Übermut auf das Repertoire stürzten und es mit praller Kraft und Sinnlichkeit erfüllten.

Vielen Kennern der Geschichte des Violinspiels erschien die Flut neuer Talente Ende der sechziger, Anfang der siebziger Jahre gewissermaßen wie die Wiederkehr jenes Reichtums, der zwischen den Kriegen an großen Begabungen existiert hatte. Es sind die Namen, die jetzt die Kunst, auf der

Pinchas Zukerman,
München 1995

Geige Musik zu machen, weltweit und maßstabsetzend be-
herrschen: Pinchas Zukerman, Itzhak Perlman, Kyung-Wha
Chung, Gidon Kremer, Shlomo Mintz, Viktor Tretjakow,
Dmitry Sitkovetsky, in den Siebzigern nachfolgend Anne-
Sophie Mutter, Frank Peter Zimmermann und so weiter.

Der denkwürdige Auftritt im April 1969 wurde glücklicherweise mitgeschnitten, Dokument eines wahrlich frischen
Windes. Zukerman spielte mit einer Lust am Risiko, einem
stürmischen Feuer, einem musikantischen Einsatz, daß einem
der Atem wegblieb. Mit dem Schwung, der Kühnheit und
Freude der Jugend entzündete er auch das Symphonieorchester des Bayerischen Rundfunks unter dem begeisterten
Kubelik. Geigen als Naturereignis.

Zukerman wirkte in seiner kraftstrotzenden Vitalität unerschütterlich, physisch und psychisch von jener Pferdenatur, die Sergiu Celibidache eben für eine Virtuosenlaufbahn voraussetzte. Und Zukerman schonte sich nicht, spielte rund um die Welt in Solo- und Kammermusikabenden, nahm Platten sonder Zahl auf, liebt es, mit seinen Freunden Daniel Barenboim, Perlman und dem verehrten Mentor Stern zu musizieren. Schon in den siebziger Jahren begann er, das English Chamber Orchestra zu dirigieren, zwar mehr von gutem Willen als von dirigentischer Kompetenz getragen, aber das Kraftwerk Zukerman mußte sich austoben.

Unmerklich aber stellten sich nach einem Jahrzehnt ununterbrochener Aktivität Abnutzungseffekte ein. Aufregende neue Junge fingen an, den Ruhm des Stürmers und Drängers zu überstrahlen. Es ist nicht bekannt geworden, ob Zukerman diesen Vorgang als Krise empfunden hat. Jedenfalls trat er in den Achtzigern weniger häufig auf, widmete sich dem Aufbau des St. Paul Chamber Orchestra und schloß 1990 einen Dreijahresvertrag als Erster Gastdirigent des Dallas Symphony Orchestra ab.

Ein heiter-liebenswürdiges Beispiel der Zusammenarbeit mit dem St. Paul Chamber Orchestra bietet Schuberts kaum gespielte Polonaise B-Dur für Violine und Orchester in einer Aufnahme von 1986. Ein Rondo, in dem der Geiger keine virtuosen Gelüste befriedigen oder tiefschürfende Gestaltungsversuche unternehmen kann, sondern sich dem melodiösen und rhythmischen Charme des Stückes ausliefern muß ohne sentimentale Drücker. Schubert schrieb diese Polonaise 1817 für den Direktor eines Waisenhauses, an dem sein Bruder Ferdinand als Geigenlehrer angestellt war. Eine Gelegenheitsarbeit feinster Art. In diesem Sinne phrasierte Zukerman mit seinem Orchester delikat und leicht.

Der inzwischen 52jährige, graumeliert, ist immer noch ein Athlet von Gestalt, aber in seinem Auftreten sehr viel gelassener, nachdenklicher, wissender. Jedenfalls hat er jene Gefährdung, der Michael Rabin zum Opfer fiel, nämlich sich auszulaugen als ewig jugendlicher Geigenheld, abgewendet. Unzweifelhaft hat der Komponist und Pianist Marc Neikrug zu dieser Konsolidierung und zur musikalischen wie charakterlichen Vertiefung beigetragen.

Seit 15 Jahren arbeiten die beiden Musiker zusammen mit schönen kammermusikalischen Ergebnissen. Seit Beginn seiner Karriere hat Zukerman auch hervorragend Viola gespielt, mal in Duos mit Perlman oder als Kosolist in Mozarts »Sinfonia concertante« oder als alleiniger Held in Bartóks spätem Violakonzert oder in Berlioz' balladesker Symphonie »Harold en Italie«. Mit Neikrug nahm er 1991 die zwei späten Viola-Klavier-Sonaten von Brahms auf. Daß die Bratsche keine heisere Nichtgeige, kein kümmerliches Zwitterding sein muß, wie oft zu hören, sondern ein klangreiches, kantables Melodieinstrument sein kann, zeigte Zukerman mit der sonoren Pracht und Vitalität seines stets flexiblen Tons. Das klingt feurig artikuliert und äußerst aufmerksam auf das Zusammenspiel mit dem Partner bedacht. Kraftvoll und doch intim kommt die Melancholie des späten Brahms in seiner zweiten Violasonate heraus.

Aus dem ungestümen Draufgänger, der seine Geige manchmal beängstigend traktierte, aus dem rasanten Akrobaten und manchmal allzu dick auftragenden Süßtonproduzenten ist ein ruhiger, auf Zusammenhänge achtender Musiker geworden; um es altmodisch zu sagen, ein gereifter Künstler.

Nichts kann das besser vermitteln als Zukermans und Neikrugs Mozart-Sonaten-Einspielungen. Ohne Attitüde, ohne Wuchtigkeiten oder Verzärtelungen – zu denen Zukerman früher neigte, um die jeweilige Musik interessant zu machen und sich mit –, ohne solche Marotten erklingt Mozarts B-Dur-Violinsonate KV 454. Gelöst und doch wachsam, unangestrengt und doch reaktionsschnell, herrlich frei im Ton und doch gebändigt im Volumen setzten Zukerman und Neikrug 1990 das Allegretto in Szene. Es wird musiziert, im besten Sinne des Wortes.

Dem Neuen zugewandt

Joseph Szigeti

Wie ein Vogel steigt der Geigenklang empor, leicht, hin und her schwebend, um in der höchsten Höhe zu singen, so unwirklich fern und doch nah, als töne es aus einer Art Transsylvanien musikalischer Art. Schöner, vielfarbiger, geheimnisvoller und faszinierender kann Geigenspiel nicht sein. Der Zauberer solch ungeahnter Klänge war Joseph Szigeti, als er zusammen mit dem Concertgebouw Orkest Amsterdam unter seinem legendären Leiter Willem Mengelberg am 9. November 1939 den magischen Anfang des Violinkonzerts seines Freundes Ernest Bloch spielte.

Bloch wurde 1880 in Genf geboren, studierte unter anderem bei Eugène Ysaye, dem belgischen Geiger und Dirigenten, Komposition und Violine, ging 1916 in die Vereinigten Staaten, wo er von 1920 bis 1925 das Institute of Music in Cleveland leitete, danach bis 1930 das Konservatorium in San Francisco. Für acht Jahre kehrte er nach Europa zurück. Dann lebte er bis zu seinem Tod 1959 in Amerika. Bloch, dessen reichhaltiges Schaffen hierzulande nur durch ein einziges Stück ab und zu ins Gedächtnis gerufen wird, nämlich durch die »Hebräische Rhapsodie« für Violoncello und Orchester »Schelomo« von 1917, Bloch ging es darum, eine spezifisch jüdische Musik zu kreieren ohne Folklore. Seine am Impressionismus geschulte Farbigkeit, die Vorliebe für Quartquinthäufungen, das Deklamatorische und Pathetisch-Klagende seiner Melodik nehmen zweifellos den Duktus des jüdischen Kantorengesangs auf, wobei Bloch alles in seine Kompositionen einbrachte, was seiner Vorstellung von der »jüdischen Seele« entsprach. »Diese komplizierte, glühende, getriebene Seele, deren Beben ich in der Bibel spüre.« So seine Worte.

Szigeti war bei diesem Amsterdamer Konzert im Zenit seines Könnens: bestechend reine Intonation, schier unerschöpfliche Klangfarbenphantasie, souveränes Dispositionsvermögen, ein unverwechselbar schlanker und zugleich warmer Ton mit raffinierter Vibratodosierung. Kaum zu glauben, daß dieser hochgebildete, viele Sprachen sprechende, von den Komponisten seiner Zeit als genialer Spieler ihrer eigens für ihn geschriebenen Werke verehrte Musiker seine Karriere als Zirkussensation begann unter dem bengalisch leuchtenden Namen »Szulagi«.

1892 in Budapest geboren, wuchs Szigeti in der Karpatenkleinstadt Máramarossziget auf, von seinen Onkeln früh zum Geigen angehalten.

»Lektionen von einer heute unvorstellbaren Primitivität«, so Szigeti in seinen 1949 erschienenen Erinnerungen, »aber doch Fragmente von Substanz in der schattenhaften, tagträumerischen Existenz eines von Natur trägen Knaben.«

Von der Zeit am Budapester Konservatorium hatten nur die zwei Jahre bei Ungarns berühmtestem Violinprofessor Jenő Hubay bleibende Wirkung. In gewisser Weise kann Szigeti als Autodidakt bezeichnet werden. In seinen Memoiren hat Carl Flesch ihn deswegen kritisiert, er sei nicht profund ausgebildet gewesen, er habe eine veraltete Bogenhaltung beibehalten, führe den Bogen bei Détaché und Springbogen zu nah am Steg, kratze manchmal im Forte. Tatsächlich ließ die violintechnische Potenz Szigetis ab 1950 hörbar nach, aber die Kraft seines musikalischen Geistes, seines Begreifens kompositorischer Strukturen, seiner Fähigkeit, die Partituren in musikalische Architekturen zu verwandeln, sind davon nicht berührt worden.

Jedenfalls erregte der 14jährige 1906 in Berlin genug Aufsehen, um von einem findigen Impresario an den Frankfurter Zirkus Schumann vermittelt zu werden, wo er Mendelssohns Violinkonzert als »Szulagi« spielte, umgeben von feuerlöschenden Hunden, Fahrradakrobaten und Jongleuren. Dann gelangte er nach England, und aus Szulagi wurde allmählich Szigeti: Er traf auf Tourneen mit der legendären Sängerin Nellie Melba, mit Ferruccio Busoni und der jungen englischen Pianistin Myra Hess zusammen und lernte durch die beiden letzteren die klassische Geigenliteratur kennen. Nun wandte er sich vom Weg des sich selbst genügenden Virtuosen mit kleinem Repertoire der Laufbahn eines universal interessierten Musikers zu, der, nach seinen eigenen Worten, »nach bestem Können öffentlich Musik machen« wollte.

Szigeti wurde »der Geiger der Musiker und Komponisten« im Gegensatz zu vermeintlich reinen Geigenvirtuosen, als deren herausragender Protagonist vielen Jascha Heifetz gilt. Szigeti hat sich kompromißlos seiner musikalischen Gegenwart gewidmet und mit gleicher Intensität den Werken der Vergangenheit. Erst Gidon Kremer hat wieder vergleichbar zur Kenntnis genommen und gebracht, daß Musik für Violine auch nach Bach, Mozart, Beethoven, Brahms, Mendelssohn, Tschaikowski oder Bruch und Lalo geschrieben worden und im 20. Jahrhundert das Violinrepertoire schier explodiert ist. Es ist bedauerlich, wenn manche jungen Geiger weiterhin meinen, es reiche aus, die alten Schlachtrösser aufzuzäumen; wenn sie die ungeheure Vielfalt zeitgenössischer Musik, abgesehen von modernen Klassikern wie Alban Berg, Sergei Prokofjew, Béla Bartók, Igor Strawinsky, nicht erforschen. Desto vorbildlicher bleibt Szigetis Kunst.

Szigeti setzte sich auch für neue Werke ein, an denen er manchmal jahrelang übte, um sie möglicherweise nur ein- oder zweimal zu spielen, was Kollegen wie Flesch mit Spott bedachten. Aber Szigetis eigene Sätze dazu gehören nicht nur ins Stammbuch jedes angehenden Solisten und Musikers, sondern auch eines Publikums, das sich träge und unwillig bis zur Aggressivität den klassisch-romantischen Fundus immer wieder vorsetzen läßt und sich, wenn's hoch kommt, mit sogenannten Interpretenvergleichen begnügt. So nehmen Ignoranz und Ungeduld gegenüber der Musik der eigenen Zeit zu, aber Neugier, Hörlust und Flexibilität ab. Szigeti schrieb also in seinen Erinnerungen: »Selbst wenn die Mehrzahl der sogenannten modernen Kompositionen sich als totgeboren erweisen sollte – der junge Spieler wird immer einen Gewinn mit nach Hause nehmen, nachdem er mühsam seinen Weg auf Unbegangenem gefunden hat.«

1930 nahm Szigeti zusammen mit Bartók dessen Ungarische Volksmelodien auf. Bewundernswert, wie Szigeti diese Miniaturen verschieden zu charakterisieren vermochte. Hinreißende Zweistimmigkeit bei den Doppelgriffen, brillante Rasanz in den schnellen Stücken, extrem die Kontraste zwischen blitzender Geschwindigkeit und wehmütig-sonorer Geigenfülle. Das Tänzerische und die Eigenarten ungarischer Volksmusik werden nicht als Selbstzweck, als virtuose Exotik vorgeführt, sondern Szigeti und Bartók lassen die Eigentümlichkeit, die fremdartige Schönheit und Reinheit dieser Musik entstehen. Übrigens war Szigetis Spiel hier von makelloser Perfektion.

Mit Bartók verband ihn zeitlebens eine tiefe Freundschaft, der Komponist widmete ihm 1928 die erste Rhapsodie für Violine und Orchester und 1938 »Kontraste« für Klavier, Violine und Klarinette, die Szigeti mit Benny Goodman und Bartók in den USA uraufführte. Als Bartók 1940 vor den Nazis in die USA emigrierte, half ihm in diesen letzten, schmerzensreichen Lebensjahren, in denen er gepeinigt war von Krankheit, Depression, finanzieller Misere und der Gewißheit, die geliebte Heimat nicht wiedersehen zu können, der alte Freund Szigeti.

Der kosmopolitische Busoni war der erste Komponist, dem Szigeti begegnete in der für seine weitere Entwicklung entscheidenden Zeit in England zwischen 1907 und 1913. Busoni zeigte dem jungen Geigenakrobaten, daß es mehr Welten der Musik gab, als Joseph sie bis dahin kannte, mehr als Viotti, Vieuxtemps, Wieniawski, Paganini, Sarasate und Hubay. Einzig Mendelssohns Konzert und der erste Satz aus Tschaikowskis Konzert konnten seriösen Ansprüchen genügen. Der italienische Pianist, Musikrevolutionär und Komponist machte Szigeti mit Bachs Solosonaten und -partiten bekannt, entwickelte seine Neugier und seinen Geschmack an neuer Musik.

Sie konzertierten miteinander, nach dem Ersten Weltkrieg trafen sie sich wieder auf Busonis berühmten Berliner Kaffeeklatsch-Nachmittagen, zu denen dieser in seine Wohnung am Victoria-Luise-Platz einlud. Das war ein ständig wachsender Kreis von Künstlern und Intellektuellen, darunter die Musiker Myra Hess, Paul Hindemith, Ernst Křenek und Egon Petri. Busoni gilt auch heute noch als einer der überragenden Meister des Klaviers, Aufnahmen lassen eine technische Vollkommenheit und Anschlagskultur hören, die bei allen Unterschieden an die Kunst Arturo Benedetti Michelangelis denken läßt.

Als Komponist hatte Busoni nicht solchen Erfolg. Erst in den letzten Jahren hat man sich verstärkt um sein Hauptwerk, die Oper »Faust«, gekümmert. Als Anreger, als Ideengeber gehört Busoni aber zu den faszinierenden Gestalten in der ersten Hälfte des 20. Jahrhunderts.

Sein 1896/97 geschriebenes Violinkonzert hielt Busoni für verunglückt bis zum Jahre 1912, als er es mit Szigeti spielte. In Szigetis Erinnerungen heißt es: »Er nahm sein eigenes vernachlässigtes Kind wieder an mit den Worten: ›Tatsächlich, ich muß zugeben, daß es ein gutes Stück ist, so anspruchslos!‹«

Leider gibt es keine Aufzeichnung aus Szigetis besten Jahren, sein Vibrato schwingt 1952 in der Aufnahme mit dem RAI-Orchester Rom unter Fernando Previtali häufig so weit, daß der einst gebündelte Ton etwas Weinerliches bekommt,

Joseph Szigeti und Claudio Arrau,
Washington 1944

auch sind Bogenforcierungen nicht zu überhören. Trotz dieser Einschränkungen entsteht der Eindruck eines schwärme-
rischen Musikstücks, das sich gleichsam von spätromantischer Süße und heiterer Virtuosität verabschiedet. Szigeti
setzte den feinen Humor dieser eleganten, vertraut-unver-
trauten Musik souverän um, und seine Intonation bestach
auch hier durch Präzision und Klarheit.

Zeitlebens hat Szigeti sich den Beethoven-Violinsonaten
gewidmet, er hat über diese Werkreihe auch ein Buch geschrieben. Es existiert ein denkwürdiger Mitschnitt von 1944
aus der Library of Congress, in der Szigeti mit Claudio Arrau
den ganzen Zyklus musizierte. Als der junge Geiger 1925
seinen ersten Sonatenabend in Philadelphia gab – im Anschluß an sein erfolgreiches Debüt beim Philadelphia Orchestra unter Leopold Stokowski – und Bach, Mozart und
Beethovens »Kreutzersonate« aufs Programm setzte, riet ihm
der Agent händeringend ab. Er solle doch Vitalis Chaconne,
Wieniawskis d-Moll-Konzert, Poldinis »Dancing Doll«, ein
paar Stückchen Sarasate und natürlich den »Zephyr« seines

Lehrers Hubay spielen, dann sei der Erfolg sicher: »Mr. Szigeti, hören Sie mich an. Ich weiß, was ich rede. Bei Ihrer ›Krüützer‹-Sonate schlafen meinem Publikum die Füße ein.«

Szigeti nahm keine Rücksicht auf die Sorgen des Managers und stellte auch später kluge Programme zusammen, die seine vielfältige Beschäftigung mit Violinmusik vom 18. bis ins 20. Jahrhundert dokumentierten. So hatte er bald den Ruf erworben, ein Musiker für Intellektuelle zu sein, ein Kopfmusiker im Gegensatz zur Sinnlichkeit und zum Instinkt der Kreisler, Elman, Seidel oder Heifetz. Aber diese unsinnige Konfrontation zwischen Verstand und Gefühl hat weder mit der Kunst Szigetis noch mit der etwa von Heifetz zu tun. Szigetis Neugier, sein Interesse an noch nicht begangenen Wegen, seine Lust, der Violine neue Klangfarben und Spielweisen zu entlocken, mit ihr gleichsam auf Expeditionen in unbekannte Kontinente der Musik aufzubrechen, wäre ohne Emotion und Begeisterung überhaupt nicht möglich gewesen. 1937 spielte Szigeti zusammen mit seinem Schwiegersohn Nikita Magaloff Mozarts zweisätzige e-Moll-Sonate KV 304 ein. Sie entstand 1778, ein schlimmes Jahr für Mozart, der mit großen Hoffnungen nach Paris gereist war. Doch seine Mutter starb dort, das Pariser Publikum blieb kühl, der Baron Grimm, der ihm Unterstützung angeboten hatte, ignorierte ihn. Bei aller Vorsicht vor biographischen Musikdeutungen haben die beiden Sätze fraglos einen verhangenen, melancholischen Charakter. Die Dramatik findet im Leisen statt, Diskretion und Intimität prägen den Dialog der beiden Instrumente. Szigeti spielt aus diesem Geist, die Sonate erklingt erfüllt von Unruhe und Nervosität, etwas Fahriges, Verschattetes wie eine Ahnung von Schubertscher Traurigkeit schwingt in Szigetis Darstellung mit.

Zu den Komponisten, die sich unter dem Eindruck von Szigetis Persönlichkeit und musikalischem Vermögen mit der Violine beschäftigten, gehört der Schweizer Frank Martin. Aus der französischen Spätromantik eines Gabriel Fauré und dem Impressionismus kommend, wandte Martin sich 1930

126

dem Studium Arnold Schönbergs und seiner Zwölftontechnik zu, um aus beiden Quellen einen Personalstil zu entwickeln, der Strenge des musikalischen Satzes mit feinster Klangfarbigkeit verbindet. Sein Violinkonzert von 1951 ist ein eindringliches Beispiel dafür.

Martin hatte Szigeti zum erstenmal 1920 in Rom gehört, mit großer Bewunderung. Die Uraufführung des Konzerts fand mit dem Basler Kammerorchester unter Paul Sacher statt, dem Widmungsträger, und mit Hans-Heinz Schneeberger als Solisten. Aber erst Szigeti machte es international bekannt, in Paris mit Ernest Ansermet, in Den Haag mit Sacher, in Edinburgh, Brüssel und Cleveland mit George Szell. Am 16. November 1952 spielte Szigeti Martins Konzert im amerikanischen Rundfunk, begleitet vom Philharmonic Symphony Orchestra unter Dimitri Mitropoulos. Als ob ein sanfter Zauberwind wehe, die Geige lache, weine, spreche – Szigetis Klangmagie entfaltete vor allem im zweiten Satz bezwingend Martins Assoziationen ans Reich der Feen und Geister.

Seine analytischen Qualitäten haben Szigeti auch politisch geprägt. Nach Hitlers »Machtergreifung« betrat er Deutschland nicht mehr bis 1960. Seine späte Wiederkehr nach Berlin muß für die Verehrer seiner Kunst allerdings schmerzlich gewesen sein. Der einst so wundervoll gezügelte Ton litt unter einem nun fast unkontrolliert weiten Vibrato, die Bogenführung war rauh und gedrückt, selbst die sonst so fabelhaft sichere Intonation schwankte. Wenig später zog sich Szigeti vom Podium zurück, lehrte und schrieb in der Schweiz bis zu seinem Tode 1973.

Das vielleicht bedeutendste Dokument von Szigetis Vergegenwärtigungskunst ist seine Darstellung von Prokofjews erstem Violinkonzert D-Dur. Es entstand zwischen 1915 und 1917 und wurde 1923 in Paris von Marcel Darrieux unter der Leitung von Serge Koussevitzky uraufgeführt. 1924 präsentierte Szigeti dieses Meisterwerk unter Fritz Reiner in Prag beim Musikfest der »Internationalen Gesellschaft für Neue Musik«. Prokofjew sagte: »Es gibt keinen Geiger, der dieses

Konzert so wie Szigeti spielen kann.« Zu Recht. Wie Szigeti
die tagträumerische Anfangsmelodie assoziativ ins Unendliche weiterspinnt, wie blitzartig die Läufe herabstürzen, mit
welcher sarkastischen Ironie das Finale entsteht, mit welcher
virtuosen Leidenschaft das Vivacissimo des zweiten Satzes
vorüberjagt und doch seinen Witz preisgibt, ist unnachahmlich. Die Aufnahme gehört zu den seltenen Fällen, in denen
eine Studioproduktion den begnadeten Moment festhält. Es
war der 23. August 1935, als Szigeti mit dem London Philharmonic Orchestra unter Thomas Beecham Prokofjews erstes
Violinkonzert in die Mikrophone zauberte mit Tönen, denen
man verfallen möchte, gleißend hell in den hohen Lagen, dunkel sonor oder auch verhangen auf den tiefen Saiten. Man
kann hier erfahren, wie aus Wehmut, Witz, Ironie, Härte und
Leidenschaft Poesie entsteht.

Wild und gefährlich

Liana Issakadse, Kyung-Wha Chung, Viktoria Mullova

Wild und rabiat bis an die Grenze des Häßlichen tobt die Musik dahin, dann mitten in diesem Allegro brusco, diesem rauhen, jähen Satz, leuchtet eine Kantilene reiner Geigenherrlichkeit auf, aber umgeben vom Dickicht einer Harmonik, die die Vortragsbezeichnung für diese Kantilene, »eroico«, fast absurd erscheinen läßt. Prokofjew bleibt auch in solchen Momenten seiner Art treu, Eindeutigkeit ironisch oder sarkastisch zu konterkarieren. Das Allegro brusco ist der zweite Satz in Prokofjews erster Violinsonate f-Moll, deren Entstehung sich über acht Jahre hinzog, in denen der Zweite Weltkrieg die Sowjetunion zu zerstören drohte.

Prokofjew hatte Skizzen der ersten drei Sätze schon 1938 notiert, trug sie dann durch Krieg und Evakuierung mit sich, um sie nach der Niederschlagung Nazideutschlands auszuführen. An einem Sommertag 1946 rief er einen befreundeten Geiger an und spielte dem die neue Sonate vor: Es war David Oistrach, dem das Stück gewidmet ist und der es auch uraufführte. Es gibt einen Mitschnitt aus einem Konzertabend im März 1973 der damals 27 jährigen georgischen Geigerin Liana Issakadse mit Lidija Petscherskaja am Klavier. Liana Issakadse hat dieses Werk sozusagen an der Quelle studieren können, denn sie ist eine der bedeutendsten Musikerinnen aus der Schule Oistrachs.

Mit unbändigem Temperament, einem vor Intensität glühenden Ton stürzte sich Liana Issakadse in diesen geigerischen Parforceritt. Prokofjews Ruf im Paris der zwanziger Jahre, ein Berserker und musikalischer Brutalo zu sein, fällt einem bei dieser Heftigkeit des Zugriffs, dieser Rage über Stock und Stein ein. Dabei gelang es Liana Issakadse, in allem Toben zu artikulieren, Konturen nicht zu verwischen. Oistrach selbst konnte diesen wüsten Ausbruch nicht so fanatisch darstellen, das unvergleichliche Volumen seines Tons rundete bei allem Einsatz Prokofjews Kanten und Schärfen doch ab, während die junge Georgierin wahrlich ausbrach.

Liana Issakadse, geboren 1946 in Tiflis, trat schon als Siebenjährige ins heimatliche Konservatorium ein, spielte 1957 außer Konkurrenz, weil noch zu jung, beim 6. Internationalen Festival der Musik in Moskau, gewann 1960 den zweiten Preis im Allunions-Wettbewerb und 1965 den ersten Preis beim Pariser Long-Thibaud-Wettbewerb. Dann Tschaikowski- und Sibelius-Wettbewerb, mit 23 Jahren Verleihung des Titels »Volkskünstlerin« der Sowjetrepublik Georgien, später dann »sowjetische Volkskünstlerin«. Eine Standardkarriere für außergewöhnliche Begabungen in der damaligen UdSSR.

Sie konzertierte mit den wichtigsten Dirigenten und Orchestern, durfte in den Westen reisen zu rauschenden Erfolgen. Schon 1965 trat sie nach ihrem Pariser Sieg in München auf, eine höchst attraktive Erscheinung mit langem pechschwarzem Haar. Sie hielt Geige und Bogen überraschend hoch und vermittelte herrischen Stolz und Ernst. Auch heute noch, wenn sie auftritt. Mit schön dosiertem Vibrato, energiereicher Höhe und einem Zug ins Pathetische spielte sie 1965 im Herkulessaal Eugène Ysayes vierte Solosonate e-Moll, Fritz Kreisler gewidmet.

Die Weltläufte haben sich grundlegend geändert. Seit 1990 lebt Liana Issakadse, die 1981 Leiterin des Georgischen Kammerorchesters wurde, mit ihrem Ensemble in Ingolstadt.

Liana Issakadse,
München 1981

Aus Tiflis vertrieben durch Krieg und chaotische Verhältnisse nach dem Ende der Sowjetunion. Davon war 1973 noch nichts zu ahnen, als die Künstlerin Debussys g-Moll-Sonate mit Lidija Petscherskaja mit schnellem, leichtem Vibrato im Münchner Herkulessaal spielte. Auch von diesem Stück existiert ein eindrucksvoller Mitschnitt. Es klingt, als habe sie ihren energiegeladenen Ton versüdlicht, er schillert und schimmert in größter Flexibilität, und eine gewisse Heiserkeit erfüllt Debussys Allegro vivo mit einem Hauch von erotischem Orient.

Mit ihrem Kammerorchester reist sie seit 1981 um die Welt. Auf dem Schleswig-Holstein-Musik-Festival wurden die georgischen Musiker genauso gefeiert wie in Ludwigsburg, Salzburg oder in Australien. Ein Ensemble aus dem Geist seiner Leiterin: keine Mätzchen bei hoher Virtuosität; selbst leichte Aufgaben ernst nehmen; niemals die Zügel schleifen lassen. Liana Issakadse hat auch in Momenten reiner Schmachtfetzenseligkeit und des Zugabencharmes nie kokettiert oder dem Affen Zucker gegeben, darin ganz Schülerin ihres Lehrers Oistrach. Und sie hat mit dieser Strenge und Sorgfalt das Publikum auch für schwierige und abgelegene Werke gewonnen.

Als sie bei ihrem ersten Violinabend in Deutschland Schönbergs späte Fantasie für Violine und Klavier vortrug, entdeckte sie für alle ein vielschichtiges, aufregendes Stück Geigenmusik durch ihren unbedingten Ausdruckswillen, ihre wilde Entschlossenheit, keine Note unter Wert zu spielen und ihre Möglichkeiten bis an die Grenze des Scheiterns auszureizen. Damit hat sie auch für ihren georgischen Landsmann Otar Taktakischwili erfolgreich manche Lanze gebrochen. Taktakischwili wurde zu Lebzeiten als Nationalkomponist gefeiert, war Konzertmeister in Tiflis, Dirigent und sogar eine Zeitlang georgischer Kulturminister. Sein zweites Violinkonzert zeigt unverstellt die Einflüsse von Prokofjew und Schostakowitsch, ohne epigonal zu sein. Vielmehr ist ein seltsam fremdes Idiom zu hören, Erinnerungen an den musikalischen Futurismus der zwanziger Jahre – maschinell inspirierte Rhythmik, gemischt mit einer speziellen Halbtonmelodik – werden wach. Die Geige scheint sich wie ein schreiender, pfeifender, torkelnder, dann herniederstürzender Vogel, dann wieder wie sausender Wind in dieser im besten Sinne exotischen Klanglandschaft zu bewegen. Liana Issakadse vermag dieses Schweifen und die verblüffende Koloristik eindringlich zu gestalten, sie bewegt sich wirklich in diesem Klangraum. Die Aufnahme mit ihrem Kammerorchester entstand 1992.

Wild und gefährlich klingt es auch bei Kyung-Wha Chung, Jahrgang 1948. Die Koreanerin aus Seoul stammt aus einer Musikerfamilie, ihr Bruder Myung-Whun Chung war Dirigent der Opéra Bastille und ist ein hervorragender Pianist, ihre Schwester Myung-Wha Chung spielt Cello; zusammen sind sie ein erfolgreiches Trio, wenn sie Zeit finden, miteinander zu musizieren.

Kyung-Wha Chung trat schon als Kind auf, bereiste als Zwölfjährige Japan, 1961 brachten ihre Eltern sie zum New

Yorker Violinpapst Ivan Galamian. Was für eine Geigen-klasse: Itzhak Perlman, Pinchas Zukerman, Miriam Fried, Ulf Hoelscher! Die zierliche, aber vor Energie und Feuer fast berstende Koreanerin nahm die Herausforderung an. 1967 gewann sie den bekannten Leventritt-Wettbewerb, mußte den ersten Platz aber mit ihrem Kommilitonen Zukerman teilen. Kaum ein größerer Gegensatz ist denkbar: hier die kleine, katzenhaft biegsame, lodernde Kyung-Wha Chung, dort der unbekümmert drauflosspielende, athletisch große, wuchtige Zukerman, beide allerdings perfekte Instrumentalisten. Interessanterweise hat Galamian bei Kyung-Wha Chung offenbar nicht alle Fragen lösen können, denn sie hat noch bei Joseph Szigeti Unterricht genommen. Gewiß nicht, um Technisches zu lernen, wohl aber vom Geist der Musik zu erfahren und jener europäischen Tradition, die ihr in Korea zwangsläufig fehlen mußte. Als sie das Elgar-Violinkonzert einstudierte, hat sie dieses Problem formuliert: »In Europa existiert eine Tradition. Für mich ist dies ein ganz neues Werk, das ich zunächst als Musikstück studiere. Ich muß seine Struktur, seine Form, auch die Tonart lernen. Ich kann es mir nur vorstellen, wie diese Musik für Engländer klingt. Im Osten haben wir keine Vorbilder, auf denen wir aufbauen könnten.«

Kyung-Wha Chung erweitert ihr Repertoire sehr überlegt mit einer Vorliebe für spätromantische Geigenmusik. Während ihr Bach und das Beethoven-Violinkonzert allzu pietätvoll geraten – allerdings immer mit enormem Einsatz, sie unterstützt nahezu jeden Ton, jede Phrase mit dem ganzen Körper –, während also Bach und Beethoven ihr sozusagen noch zu heilig sind, überwältigt die Koreanerin mit blitzenden Läufen, geradezu drohend gesteigerten Crescendi und einem strömenden Kantilenenschmelz bei Lalos »Symphonie espagnole« oder dem selten gespielten ersten Violinkonzert von Saint-Saëns, das dieser 1859 24jährig für Pablo de Sarasate schrieb. Kyung-Wha Chungs Reaktionsschnelligkeit, ihre jeden noch so versteckten Farbwechsel sofort wahrnehmende Aufmerksamkeit und der fiebrige Glanz ihres Tons,

Kyung-Wha Chung,
München 1981

von nervös klein schwingendem Vibrato erbebend, lassen
Saint-Saëns' leichtblütige Musik zu neuem Leben erwachen.
Bei der Aufnahme von 1980 begleitete das Orchestre Sym-
phonique de Montréal unter Charles Dutoit.

Obwohl das Volumen nicht sehr groß ist, dringt ihr Geigenton auch durch dichtesten Orchestersatz wegen genauer
Intonation und einer staunenswert präzisen Koordination
von Greif- und Bogenhand. Kein Spiccato wird verhudelt,
kein Melodiebogen abgewürgt oder falsch eingeteilt. Dazu
verfügt Kyung-Wha Chung über eine das Publikum elektrisierende Konzentrationsfähigkeit. Diese Frau hat nichts
Unterhaltsam-Entspannendes vor, sondern will das Ganze,
erzwingt Wachheit und entfacht Erregung.

Gerade die Stücke der modernen Klassiker wie Bartók, Berg und Prokofjew gelingen niederschmetternd gut. Prokofjews zweites Violinkonzert g-Moll endet mit einem grotesken, fast roh-grellen Tanzrondo, während der erste Satz ruhig, ja versonnen beginnt und sich das Andante assai zu einem der schönsten melodischen Einfälle der Violinliteratur aufschwingt. Kyung-Wha Chung spielte dieses Meisterwerk 1999 mit den Münchner Philharmonikern unter dem glänzenden Dirigenten Kent Nagano sprühend von Klangfarben, stets auf »sprechendes«, gestisches Darstellen aus, mit tigerhafter Energie und wildem Ernst, hellwach agierend im kompliziert vernetzten symphonischen Gewebe. Es wurde ein faszinierender Ausdruckstanz für Violine und Orchester.

Auch Vergessenes versucht Kyung-Wha Chung in ihrem Feuer wieder zum Glühen zu bringen. Schönstes Beispiel solcher Wiederbelebung Bartóks erstes Violinkonzert, das erst nach seinem Tode 1956 ans Licht kam, weil die Partitur Dokument einer vorübergegangenen Liebesgeschichte gewesen ist. Bartók hatte dieses Stück für die bildschöne Geigerin Stefi Geyer (1888–1956) geschrieben als Zeichen seiner Liebe zu der 19jährigen. Aber die Liebe verwelkte, bevor Bartók zu Ende komponiert hatte. Stefi zog nach Zürich, heiratete dort, traf Bartók später wieder, aber das Konzert wollten beide nicht hören. Als er sein berühmtes anderes Violinkonzert schrieb, verwies er auch nicht durch eine Numerierung auf jene traurige Liebesgeschichte und die Musik dazu.

Stefi Geyer, Schülerin von Jenő Hubay, zeichnete sich durch einen auffallenden Sinn für ruhige Kantabilität und Artikulationsklarheit aus, ihr Ton hatte einen zum Elegischen neigenden Charakter. Man höre etwa, wie sie 1946, begleitet vom Collegium Musicum Zürich unter Paul Sacher, in Haydns C-Dur-Konzert das fanfarenartige Thema des Allegro moderato bei aller Kraftentfaltung sofort ins Melodiös-Gesangliche umdeutete. Übrigens hat auch Othmar Schoeck sein Violinkonzert »Quasi una fantasia« Stefi Geyer gewidmet. Dieses verspätete Stück lyrischer Romantik entsprach

Stefi Geyers edler Geigenschwermut ideal, das vermittelt jedenfalls die Aufnahme von 1947 mit dem Tonhalle-Orchester Zürich unter Volkmar Andreae.

1984 hat Kyung-Wha Chung mit dem Chicago Symphony Orchestra unter Georg Solti die musikalische Fährte zu jener unglücklichen Liebesaffäre Bartóks aufgenommen. Der erste Satz entfaltet sich als sanfte Rhapsodie über ein an Stefi Geyer erinnerndes Thema. Kyung-Wha Chung spielte das mit liebevoller Zartheit und einer Süße am Rande des Gefährlichen. Aber nur aus solchem Mut zum Extremen läßt sich dieses Andante sostenuto gewinnen.

Wer Bartóks Jugendtraum von der schönen Geigerin so hingebungsvoll nachträumen und singen kann, dem müßte die harte, kristalline Welt des neoklassizistischen Igor Strawinsky eher fern liegen. Doch die Koreanerin ist auch eine Verwandlungskünstlerin ersten Ranges. Unter ihren zahlreichen Aufnahmen ist jene von Strawinskys Violinkonzert D-Dur mit dem London Symphony Orchestra unter André Previn von 1973 besonders geglückt. Die damals 27jährige Kyung-Wha Chung schärfte ihren Ton und Witz, sie buchstabierte nicht wie viele ihrer Kollegen Strawinskys Noten, die dann häufig dürr und trocken wirken, sondern polierte gleichsam jede Wendung, jede Spitze, jeden Gag. Es funkelt und blitzt, es blendet und spiegelt, daß es eine Lust ist.

Strawinsky war zuerst sehr skeptisch, weil er sich für zuwenig kompetent in geigerischen Angelegenheiten hielt. Die Anekdote erzählt, daß er seinem Solisten, Samuel Dushkin, den weit auseinanderliegenden Anfangsakkord in einem Kaffeehaus auf eine Serviette schrieb und fragte, ob man das spielen könne. Dushkin war verdattert und sagte nein, um dann zu Hause festzustellen, daß das ohne weiteres möglich sei; er rief sofort Strawinsky an. So blieb dieser charakteristische Akkord als Keim des Ganzen erhalten. Während die ersten drei Sätze auf Ballette des Komponisten verweisen, die beiden langsamen vor allem auf Bach, läßt Strawinsky im abschließenden Capriccio die Geigenpuppen sehr viel gelöster tanzen.

Kyung-Wha Chung servierte das mit einer lustvollen Raffinesse, die sogar das Londoner Orchester manchmal unter Leistungsdruck setzte.

Mit großen, forschenden Augen in ihrem herb-schönen Frauenantlitz mustert Viktoria Mullova den Betrachter des CD-Cover-Photos. Die glatten blonden Haare schlicht gescheitelt, ein unauffälliges Gewand. Nichts Rauschendes, Üppiges, Glamourhaftes begleitet ihre Auftritte, sie gleicht in ihrer hochgewachsenen, fast kantigen Schlankheit eher einer Jeanne d'Arc des Geigenspiels, die angetreten ist, alles Schmierige, Weichliche, ja, sogar alles Verbindlich-Gefällige aus der Musik zu vertreiben und mit ihr heiligen Ernst zu machen. Bei ihr verwandelt sich das Wilde und Gefährliche ins Barsche, Unwirsche, Hochfahrende. Sie kann ihrer Geige schneidende, klirrende Klänge entlocken, ihr Pianissimo erweckt das Gefühl, von einem Rasiermesser zart berührt zu werden.

1959 kam diese Amazone des Geigens in Moskau auf die Welt. Ihr Werdegang verlief unauffällig, aber die Begabung brachte sie mit dem neben David Oistrach bedeutendsten russischen Violinisten zusammen, mit Leonid Kogan. Und in ihrem Spiel läßt sich viel von der Strenge, der risikoreichen Virtuosität, vom klanglichen Ingrimm Kogans wiederfinden. 1980 gewann sie in Helsinki den Sibelius-Wettbewerb, 1982, im Todesjahr ihres Lehrers, errang sie zusammen mit Sergei Stadler den ersten Preis beim Tschaikowski-Wettbewerb.

Soweit der klassische Weg, der ihr aber weniger Aufmerksamkeit einbrachte, als ihr Entschluß 1983, sich von Finnland mit einem Taxi nach Schweden abzusetzen und dort um Asyl zu bitten. Die Mullova war ein Politikum geworden. Mstislaw Rostropowitsch und Maxim Schostakowitsch engagierten sich, sie reiste in die USA, die Weltkarriere hatte begonnen.

Die Unerbittlichkeit, die strenge Wucht und die tiefschürfende Versenkung Viktoria Mullovas gehören längst zu den erregenden Unverwechselbarkeiten in der Geigenwelt. Man

Viktoria Mullova,
München 1997

höre nur, wie sie 1988 mit der Academy of St. Martin-in-the-Fields unter Neville Marriner der romantischen Virtuosenmusik des belgischen Violinisten Henri Vieuxtemps zu Leibe rückte. Vieuxtemps, einer der Väter der franko-belgischen Violinschule, Lehrer des grandiosen Eugène Ysaye, hatte sogar eine Zeitlang bei dem legendären Kontrapunktprofessor Simon Sechter studiert, dem Lehrer Anton Bruckners, um seinen Kompositionen den Ruch von Leichtgewichtigkeit zu nehmen. Seine Konzerte sind in vielem interessanter und unsentimentaler als die Max Bruchs. Wenigstens das fünfte Violinkonzert a-Moll haben die großen Geiger nicht ganz vergessen. Viktoria Mullova verjagt jeden Hauch von Plüsch, dafür erglänzen die Läufe, bogentechnischen Finessen, die gewiß schwärmerisch gedachten Melodien frei von jeglicher Patina. Etwas von gläserner Härte kommt einem in den Sinn.

Bachs Solopartiten und Klavier-Violine-Sonaten, Paganini, die Konzerte des klassisch-romantischen Repertoires werden alle mit diesem heiligen Furor angegangen. Die Mullova will keinen Zweifel lassen an ihrer Mission, auf die Violinliteratur kaltes, klares Morgenlicht fallen zu lassen: Mendelssohn-Bartholdy ohne Schluchzer, Brahms geschliffen ohne Verhangenheit, Ravel ohne Laszivität. Für die Mullova scheinen das alles Tradition gewordene Angewohnheiten und liebgewonnene Marotten zu sein, denen sie mit Forscherdrang, Sezierlust und fast grimmiger Entschiedenheit den Garaus macht. Solcher Ansatz erzielt bei den modernen Klassikern besonders eindringliche Ergebnisse.

Bartóks Sonate für Violine solo von 1944, sein letztes vollendetes Werk, von Yehudi Menuhin angeregt und ihm gewidmet, erscheint bei Viktoria Mullova beängstigend intensiv, Geigenspiel von einer klanglichen Direktheit und Bedingungslosigkeit seltener Art. Die Radikalität dieser bedeutendsten Violinsolomusik seit Bachs Tagen wird bei der jungen Russin Programm. Zwar spielt Viktoria Mullova nicht die von Bartók in der Erstfassung vorgeschriebenen Vierteltöne im letzten Satz, Presto, sondern die von Bartók selbst vorgeschlagenen chromatischen Alternativen. Doch hat Bartók diese Mikrotöne als Farbeffekt verstanden, nicht als konstitutive Momente der Komposition, wie manche Puristen gern möchten. Die Aufnahme mit Viktoria Mullova entstand 1987.

Das Spiel der heute 41jährigen ist vielleicht in Gefahr, an ständigem Überdruck zu ermüden, auch kann der stählerne Glanz sich in Schärfe verwandeln. Aber ihre bewunderungswürdige Begabung zu plastischer Darstellung, ihre Feindschaft allem Nebensächlichen und Nachlässigen gegenüber, ihre Gier nach Deutlichkeit wirken unter den vielen Kollegen geigerischer Perfektion, doch musikalischer Harmlosigkeit wohltuend frisch und unangepaßt.

Im Februar 1997 trat sie bei Münchens Philharmonikern unter Semyon Bychkov auf mit Strawinskys Violinkonzert. Als sie den schrillen Anfangsakkord skandierte, kam einem etwas vom Sausen der Damaszenerklinge in den Sinn, sehr dem Charakter dieses viersätzigen Werkes von 1931 entsprechend. Strawinsky, der Geigenseligkeiten nicht mochte und nur Bachs Beiträge zur Gattung Violinkonzert schätzte, entwirft eine Welt ansatzlosen Witzes, abrupter Wendungen, rhythmischer Gags und melodiösen Understatements, selbst in der schmerzlichen Klage der Aria II. Die Mullova verwirklichte das mit unbeugsamer Intensität, der an diesem Abend allerdings ein wenig der Strawinsky eigene anarchische Humor fehlte. Um jedoch die blitzschnellen Farbwechsel, die brillante Knappheit und Quecksilbrigkeit dieses Meisterwerks ganz zu entfalten, hätte es mehr gebraucht als nur eine zuverlässige, meist gleichförmig robuste Begleitung, wie sie Bychkov mit den Philharmonikern bot. So hing ein Hauch von Grau über dem Konzert trotz Viktoria Mullovas extravagantem Outfit: schwarze Leggins und ein blutrotes, die langen Beine freigebendes Mantelkleid.

Ob Viktoria Mullova auch lächeln, gar lachen kann auf musikalische Weise, ob sie Sinn für Ironie und Humor hat? Auf jeden Fall, wenn es so trocken und ansatzlos daherkommt wie bei Strawinsky. 1932 verkürzte Strawinsky seine Ballettpartitur »Le Baiser de la fée« zu einer Konzertsuite als Divertimento für Violine und Klavier. Er brauchte Stoff für seine sich häufenden Konzertabende mit dem Geiger Dushkin. Im abschließenden Pas de deux zeigte Viktoria Mullova, wie beschwingt sie auf der Geige tanzen kann, welchen Spaß sie an treffsicheren Rhythmuspointen hat, wie sie sehnsuchtsvoll schmachten kann, ohne Schmalz. Und am Ende ein rasanter Kehraus von akrobatischer Präzision. Bruno Canino assistierte ihr dabei.

Einer der Könige

Fritz Kreisler

Vielleicht wirkt einfach die mythische Aura, die den Namen Fritz Kreislers umweht. Vielleicht auch verfällt man dem rauschenden Zauber der historischen Distanz, die alte Aufnahmen aufzuheben scheinen. Vielleicht betrügt einen der eigene Hang zur sentimentalen Bewunderung vergangener Größe. Dennoch: Wer Kreislers unverwechselbaren Ton, die Souveränität seiner Phrasierungskunst und seinen musikalischen Ernst bestaunen will, sollte sich Live-Mitschnitte von New Yorker Rundfunkkonzerten von 1943 nicht entgehen lassen.

Kreisler, damals 68 Jahre alt und am Ende seiner unglaublichen Karriere, überwältigt. Nicht durch die Werke – ein C-Dur-Konzert von Vivaldi in Kreislers Bearbeitung, das Andante und Final-Agitato aus dem bei allen Geigenschülern berühmt-berüchtigten Konzert Nr. 22 von Viotti, Kreisler-Arrangements von Albéniz und Couperin sowie Massenets Meditation –, sondern durch Kreislers Musizieren ist man geradezu erschüttert. Zu hören ist nämlich etwas, das zunehmend aus der musikalischen Darstellungskunst zu schwinden droht: das Sprechende, gleichsam stets Verständliche des instrumentalen Spiels. Kein Ton, der mechanisch klingt, kein Vibrato, das automatisch schwingt, keine Farbe, die willkürlich gesetzt ist. Immer ertönt jener unendlich variationsreiche

Instrumentalgesang der Alten, der auch noch die trockenste Vivaldi-Sequenz mit Leben und Sinn erfüllen kann.

Majestätisch ruhig die Figurationen ausspielend, unerschütterlich im Rhythmus und unvergleichlich in der Wärme und Strahlkraft seines Tones, so hat Kreisler das Eingangs-Adagio von Bachs erster Solosonate g-Moll gespielt, eine Aufnahme aus den frühen zwanziger Jahren. Keiner der Violinmeister aus der ersten Hälfte des 20. Jahrhunderts ist so von Anekdoten, Legenden und Geschichten umrankt wie dieser 1875 in Wien geborene Musiker, der Sohn eines aus Polen eingewanderten Arztes. Alle diese Erzählungen und Überlieferungen vermitteln das Bild eines ungemein warmherzigen, großzügigen Menschen und eines bezwingenden Künstlers. Kreislers Charisma auf dem Podium muß ohnegleichen gewesen sein, Yehudi Menuhin hat gesagt, daß man ihn sofort lieben mußte. Und der bedeutende Violinpädagoge Josef Gingold beschreibt Kreislers Entree so: »Wenn er aufs Podium trat, forderte seine majestätische Haltung Aufmerksamkeit, noch bevor er eine einzige Note spielte. Wenn er aber erst einmal seine Geige unter das Kinn legte, war er völlig verwandelt. Eine gewisse Bescheidenheit und Demut zeigten sich, wie wenn er sagen würde: ›Ich würde gern für Sie spielen.‹ Es kam mir vor, als ob Kreisler für jeden Zuhörer im Publikum persönlich spielte, eine solche Ausstrahlung hatte er.«

Davon können die zahlreichen Studioaufnahmen, die es von Kreislers Spiel gibt, leider nichts mitteilen. Durch ihr Rauschen aber kann man einen Geigenton hören, der in seiner Rundheit, seiner Intensität, seiner Farbigkeit so eigentümlich ist, daß er, hat man ihn sich einmal vergegenwärtigt und angeeignet, unvergeßlich bleibt.

Rund um die Welt ist dieser Wiener Grandseigneur gereist, war zwischen 1920 und 1930 wohl der bestverdienende Musiker, seine Einkünfte aus Plattenverträgen beliefen sich auf 175 000 Dollar jährlich. 1925 schloß er einen Fünfjahresvertrag ab, der ihm eine Summe von 750 000 Dollar garantierte, den bis dahin höchsten Betrag, der einem Künstler je bezahlt worden war. Und mit seinen zahlreichen kleinen Kompositionen von »Schön Rosmarin« bis zu »Caprice viennois« ist er auch heute vielen Menschen weltweit bekannt, die nichts von der Geschichte des Geigenspiels wissen.

Kreisler war einer der ersten wahrhaft populären Musiker, und er hat sich dieser Popularität nicht entzogen. Insofern war er ein Mann des 20. Jahrhunderts, aber auch als Anreger und Neuerer in violintechnischer Hinsicht. Denn was mit Eugène Ysaye begann, die Entfaltung des Vibratos als Ausdrucksträger und Tonintensivierer, wurde bei Kreisler zum integralen Bestandteil seines Spiels. Diese von Kritikern als »Dauervibrato« bezeichnete Farbe Kreislers haben letztlich alle Geiger übernommen, ja alle Streicher. Der moderne, intensive, singende Orchesterklang wäre ohne die Entwicklung des Vibratos und seine vielfältige Benutzung nicht denkbar. Bei Altvater Joseph Joachim war Vibrato nur in expressiven Passagen erlaubt. Daß Kreisler unaufhörlich Vibrato anwandte, stimmt allerdings nicht. Ein so gebildeter, souveräner Musiker standardisiert seine Mittel nicht, sondern wendet ihre Möglichkeiten je nach dem Charakter und dem Stil der Musik an. Deshalb hat auch der zweite übliche Einwand gegen Kreisler, er gieße über jedes Stück den goldenen Sirup seines Tons, wenig Gewicht. Tatsächlich ist der Kreisler-Ton in seiner Kraft, Wärme und Süße unverkennbar, aber diese individuelle Eigenheit hat er durch Phrasierungskunst dem jeweiligen Gehalt der Musik angepaßt. Und so klingt Kreislers Bach eben nicht wie sein Mozart oder seine eigenen Zugabestücke. Was Kreislers Spiel auch heute noch so einzigartig macht, ist seine Artikulationskraft, die Fähigkeit, nie mechanisch oder nur technisch akkurat, sondern immer sprechend, verständlich zu spielen. Sergiu Celibidaches Satz »Artikulieren heißt vermenschlichen« findet bei Kreisler bewegende Erfüllung.

»Adagio molto espressivo« hat Beethoven als Vortragsbezeichnung über den zweiten Satz seiner sechsten Klavier-

Violine-Sonate A-Dur op. 30,1 geschrieben. Kreisler entfaltete mit seinem Partner Franz Rupp einen melancholischzarten Dialog zwischen den Instrumenten. Es entsteht etwas sehr Seltenes, heute zutiefst Altmodisches: Innigkeit. Bei aller Süße der Kantilene, aller violinistischen Präsenz warf sich Kreisler niemals an die Rampe, sondern machte Kammermusik höchsten Ranges. Es ist ein »molto espressivo« des Intimen, des Zärtlichen. Jede Note ist belebt, jeder Einwurf des Klaviers wird beantwortet, jede Phrase ausgesungen und ausformuliert, so daß ein einziger großer Bogen daraus wird. Die Aufnahme wurde 1935 gemacht, Kreisler war 60 Jahre alt.

Von Beethovens zehn Sonaten für Klavier und Violine sind im allgemeinen die sogenannte »Frühlingssonate« und die große »Kreutzersonate« bekannt, während die übrigen weniger ins öffentliche Bewußtsein gedrungen sind. Insofern erstaunlich, daß 1935 eine Gesamtaufnahme entstand. Es war der Name Kreisler, der das ermöglichte. Selbstverständlich sind diese für den Geiger heiklen und nicht immer dankbaren Sonaten nicht alle mit jener innigen Intensität zu bewältigen, noch dazu im Schallplattenstudio. Gerade die berühmten gelangen Kreisler und Rupp nur mäßig und wenig inspiriert. Aber insgesamt bieten diese Aufnahmen ein Zeugnis, wie wenig solistisch Kreisler als Kammermusiker nach vorn drängte, wie sehr er sich der Sonatendisziplin unterwarf.

Es heißt, noch bevor er Buchstaben habe lesen können, beherrschte er die Notenschrift. Der Vater, ein leidenschaftlicher Streichquartettspieler, gab ihm erfolgreich Unterricht, mit sieben trat der kleine Fritz zum erstenmal auf, als Gage erhielt er eine Schachtel Bonbons. Wegen seines außerordentlichen Talents wurde er sofort ins Wiener Konservatorium aufgenommen. Joseph Hellmesberger jun. war sein Violinlehrer, Anton Bruckner unterrichtete Harmonielehre und Komposition. Man stelle sich den seltsamen Mann mit dem imponierenden Kahlkopf vor, von dem es hieß, er lasse seine

Anzüge beim Tischler machen, und den kleinen witzigen Burschen, dem Bruckners extremer Anspruch wohl nur komisch vorkommen mußte. Mit zehn jedenfalls gewann Kreisler die Goldmedaille, die ihm ein Stipendium ans Pariser Konservatorium einbrachte zu Joseph Massart als Geigenlehrer und zum Komponisten Léo Delibes. Nebenbei hatte er auch das Klavierspielen so gut gelernt, daß später der berühmte polnische Pianist Ignacy Paderewski sagte, er sei froh, daß sich Kreisler für die Violine und nicht fürs Klavier entschieden habe.

Auch in Paris gewann er eine Goldmedaille. Mit 14 Jahren unternahm er als Begleitung des berühmten Pianisten Moriz Rosenthal die erste USA-Tournee: »Meister Fritz Kreisler« im Samtanzug, für 50 Dollar pro Auftritt. Nach der Rückkehr beendete er vorschriftsmäßig seine Schule, studierte zwei Jahre an der medizinischen Hochschule und leistete Militärdienst. Der 21jährige versuchte ein Probespiel beim Hofopernorchester um einen Platz am zweiten Pult der ersten Geigen. Ein Mißerfolg. Carl Flesch meinte, Kreisler sei seiner Zeit einfach zu weit voraus gewesen, andere sagen, wahrscheinlich habe er nach dem flotten Studentenleben, nach Militär und der Ungewißheit, was er tun solle, einfach noch nicht wieder den Standard gehabt. Wie dem auch sei, Kreisler begann intensiv an seiner geigerischen Vervollkommnung zu feilen. Am 23. Januar 1898 gab er sein Wiener Debüt mit den Philharmonikern unter Hans Richter. Doch erst im Dezember 1899 in Berlin schlug Kreislers Stunde. Er spielte unter Arthur Nikisch mit den Berliner Philharmonikern Mendelssohns Violinkonzert. Im Publikum saß auch Eugène Ysaye, der am Ende aufsprang und begeistert applaudierte. Kreisler gehörte nun zu den ersten der Welt.

Wieder nach Amerika; auf der Rückfahrt Bekanntschaft mit seiner späteren Frau Harriet Woerz, einer energischen Amerikanerin, die den Wiener Charmeur, der das Glücksspiel und die Mädchen unwiderstehlich fand, zähmte und seine Karriere managen und strukturieren sollte.

Wie Kreisler im ersten Jahrzehnt des Jahrhunderts gespielt hat, läßt sich nur sehr bruchstückhaft wahrnehmen. Es gibt eine Aufnahme von 1904 mit einer damals klassischen Zugabe, der Air von Bach, arrangiert für Violine und Klavier von August Wilhelmj, einem der wichtigen Geigenpädagogen und Meister des späten 19. Jahrhunderts. Das Stück wird ausschließlich auf der G-Saite gespielt. Kreisler, 24 Jahre alt, trug es mit großer Disziplin vor, seine Portamenti hielten sich in Grenzen. Vor allem aber vermied er jegliches Röhren, sein Ton ist wunderbar gefaßt, aus einem etwas akademischen Salonstück wird eine unendliche Melodie von bemerkenswerter Inständigkeit.

1914 wurde Kreisler als Leutnant in den Krieg geschickt und schwer verwundet. Nach seiner Entlassung aus dem österreichischen Heer fuhr er nach Amerika, das ja Ende 1914 noch nicht am Ersten Weltkrieg beteiligt war. Seine Gagen spendete er zumeist Verwundeten und österreichischen Kriegswaisen. Dafür wurde er in Amerika attackiert, so sehr, daß er nach dem Eintritt der USA in den Krieg alle seine Auftritte absagen mußte, immerhin ein Verlust von etwa 85 000 Dollar. In dieser erzwungenen Ruhezeit komponierte Kreisler eine seiner Operetten: »Apfelblüten«, die später über ein Jahr erfolgreich am Broadway lief. Menschenfreund und Komponist, Virtuose und Offizier, leidenschaftlicher Büchersammler und Glücksspieler, Freund aller Größen seiner Zeit und zugleich von allen geliebt – Kreisler verkörperte die glücklichen, liebenswürdigen, ruhmträchtigen Seiten des Lebens.

Als er 1919 in der Carnegie Hall nach der Zwangspause wieder auftrat, applaudierte das Publikum zu seiner Begrüßung stehend fünf Minuten lang, nach dem Konzert steigerte sich der Beifall zur Demonstration. Dennoch kam es immer wieder zu Protesten gegen den patriotischen Österreicher, man schnitt ihm sogar das Lichtkabel durch. Kreisler ließ sich nicht beirren und spielte im Dunkeln weiter. Die Rückkehr ins Konzertleben wurde für ihn zum weltweiten Triumphzug,

in England hängte man ihm Lorbeerkränze um, in Frankreich
ernannte man ihn zum Offizier der Ehrenlegion. 1925 ließ er
sich in Berlin nieder, das er erst 1939 endgültig verließ. Allerdings trat er seit Beginn der Naziherrschaft in Deutschland
nie mehr auf.

Zwei seiner Kompositionen werden wahrscheinlich täglich
irgendwo auf der Welt aufgeführt, die Kadenzen zu den Violinkonzerten von Beethoven und Brahms. Die hatte Kreisler
mit 19 Jahren geschrieben, Zeugnisse eines spontanen kom-
positorischen Zugriffs mit untrüglichem Sinn für musikalische Steigerungen. Kreisler häufte nicht einfach geigerische
Schwierigkeiten übereinander, sondern sie dienen der harmonischen und kontrapunktischen Entwicklung. Beide führen
zu strahlenden Höhepunkten, beide sinken von da über Tril-
lerketten in die Wiederkehr des jeweiligen Hauptthemas. Nur
die beiden Kadenzen von Joseph Joachim kommen Kreislers
Glanztaten gleich. Dabei muß man anmerken, daß Joachim
Beethovens Idee des Kampfes zweier Prinzipe – einmal das
bekannte Paukenmotiv der vier Schläge, das den ganzen ersten Satz durchzieht, zum anderen das lyrische Hauptthema –
in seiner Kadenz ausficht mit dem endgültigen Sieg des
Hauptthemas über die Paukenschläge. In diesem Sinne hatte
Beethoven die Kadenz gemeint. Weil es von seiner Hand eine
Transkription für Klavier und Orchester gibt und Beethoven
dort eine eigene Kadenz auskomponiert hat, kann man über
seine Absichten gut Bescheid wissen. Kreislers Kadenz dagegen assoziiert Variationen des Hauptthemas, als sei der
Kampf schon ausgestanden. Selbstverständlich kommen die
vier Schläge vor, aber bereits integriert ins Hauptthema, nicht
mehr als Kontrast. Es gibt Kritiker, die diesen Umstand der
Kreislerschen Kadenz vorwerfen. Sie vergessen aber, daß
Beethoven bei der Partitur der Violinstimme ausdrücklich
keine Vorgabe machte, sondern dem Solisten freie Hand
gelassen hat. Kreislers mitreißender Geigenjubel über Beethovens Thema nimmt zwar das Ergebnis gewissermaßen vor-

Fritz Kreisler,
um 1935

weg, ist aber zugleich die schönste Verbeugung vor Beethovens Melodie. Das vermittelt wenigstens die Aufnahme
von 1926 mit dem Berliner Staatsopernorchester unter Leo
Blech.

Kreisler stand auf dem Höhepunkt seines Ruhms. Trotz
Heifetz, Huberman, Elman und anderer Meister galt er als
ihrer aller König. Das Universale seiner Persönlichkeit, ihr
Charisma waren so bedeutend, daß man ihm die Vernach-
lässigung des technischen Trainings und demzufolge ab und
zu auftauchende falsche Noten nachsah.

Er selbst pflegte provokativ zu sagen, Üben sei eine
schlechte Angewohnheit. Eine Sentenz, die sich nur erlauben
kann, wer so außergewöhnlich begabt ist wie Kreisler. Denn
sein Spiel wirkte nie angestrengt, nie behaftet mit den
menschlichen Schwierigkeiten. Und Fehler, auch auf Platten
zu hören, waren nicht zerstörerisch, weil sie den musikalischen Aufbau, die Phrasierung, das Verständlichmachen der
Klangrede nicht trübten. Wäre es nicht so gewesen, hätten
andere große Musiker nicht mit ihm gespielt: Pablo Casals

148

und Jacques Thibaud, Eugène Ysaye und der französische Pianist Raoul Pugno, schließlich der Komponist und Klaviervirtuose Sergei Rachmaninow.

Mit ihm hat Kreisler 1928 die dritte Violinsonate c-Moll von Edvard Grieg aufgenommen. Es ist das bekannteste Kammermusikwerk Griegs, ein dramatisch-feuriger Dialog zwischen Geige und Klavier. Kreisler, seinem Naturell nach eher ein Lyriker, entfaltete hier eine ganz andere Seite seines Wesens: kraftvoller Zugriff, wilde Attacke, leidenschaftliches Schwärmen, all das mit blitzender Virtuosität dargeboten. Dabei verlor er sich in der kleinteiligen Motivik von Grieg nicht an schöne Stellen; er setzte nicht auf Lokaleffekte, sondern disponierte zusammen mit Rachmaninow die ganze Sonate als großformatiges Werk. Kreisler war nicht, was schon bei der Beethoven-Sonate auffiel, einfach Solist, sondern spielte symphonisch mit dem Pianisten. Gerade durch diese genaue Erfüllung der musikalischen Funktion innerhalb eines Duos ließen die beiden Meister Griegs Sonate in imponierender Größe erstehen.

Daß Kreislers Ruhm auch jenseits der Geigerei mehr leuchtet als der seiner bedeutenden Zeitgenossen, ja, sogar über viele heutige Meister hinaus, hängt mit seinen Kompositionen zusammen. Seine Operetten sind zwar vergangen, sein Streichquartett aber, während des Ersten Weltkriegs entstanden, 1919 uraufgeführt, taucht inzwischen häufiger in den Programmen von Quartettensembles auf. Das geschmeidige, eigenständige, anspruchsvolle Stück gehört in die Wiener Musiklandschaft von Hugo Wolf, Erich Wolfgang Korngold und des frühen Arnold Schönberg. Die Aufnahme von 1935 mit Kreisler als Primarius, Thomas Petre, zweite Violine, William Primrose, Viola, und Lauri Kennedy, Violoncello, bestrickt durch rhythmische Delikatesse, kammermusikalische Dichte und Kreislers unüberhörbaren Phrasierungscharme. Seine Konzertkadenzen sind fester Bestandteil des Repertoires. Erst recht aber jene kleinen Zugaben, die es zu Schlagerberühmtheit gebracht haben, echte Evergreens.

In gewisser Weise ist Kreisler der letzte kreative Virtuose gewesen, der sich selbst Stücke schrieb, dem Ton, Charakter und der Suggestivkraft seines Spiels angemessen. Es sind prägnante Violinszenen. »Liebesfreud«, »Liebesleid« oder »Schön Rosmarin« sind ironisch-wehmütige Reminiszenzen an Wienerisches, wie man's sich vorstellen mag. Keines dieser Stücke wird ausgewalzt oder seine Haltung als echt ausgegeben. Vielmehr maskierte sich Kreisler in einer bestimmten musikalischen Manier, ohne die Maskierung zu verschleiern. Ob »spanisch«, »chinesisch« oder »böhmisch«, Kreisler traf den jeweiligen Charakter so genau, daß die Assoziationen des Publikums keine Wahl hatten und haben. Dieses Maskenspiel trieb Kreisler so weit, daß er jahrelang eigene Kompositionen als Stücke von Francœur, Couperin, Pugnani oder sogar von Beethoven ausgab. Das führte schließlich zum Skandal bei den Kritikern, die die Masken für echt gehalten und Kreisler zu seinen vermeintlichen Entdeckungen und Ausgrabungen gratuliert hatten.

Vor allem der britische Musikkritiker Ernest Newman war erbittert, warf Kreisler Täuschung und Betrug vor. Der antwortete 1935 in der »Sunday Times«, daß das Ansehen der Kritiker bestimmt nicht gefährdet sei, nur weil sich herausgestellt habe, daß das, was als gut bezeichnet worden sei, von einem anderen Komponisten stamme als ursprünglich vermutet: »Der Name ändert sich, der Wert bleibt.« Kreisler hatte recht und die Lacher auf seiner Seite.

Hört man die drei berühmten »Altwiener« Stücke »Liebesfreud«, »Liebesleid« und »Schön Rosmarin«, aufgenommen 1925/26, scheint es, als erinnerte sich Kreisler in diesem Augenblick, er spielt »wienerisch«, als improvisiere er aus dem Jetzt. Für alle Geiger nach Kreisler stellen diese Stücke ein schwieriges Problem dar: nicht Kreisler kopieren oder gar seine Musik retten wollen. Die heutigen Geiger müßten den historischen Abstand zu Kreislers Spiel vergegenwärtigen, das heißt, sie müßten, so wie Kreisler Wienerisches assoziierte, darüber hinaus auch noch Kreisler assoziieren, sozusagen sich doppelt maskieren.

1941 erlitt Kreisler in New York einen Straßenunfall, der sein Gehör schädigte. Er zog sich zurück und gab 1947 in der Carnegie Hall sein Abschiedskonzert. Nach dem Zweiten Weltkrieg versteigerte er seine einzigartige Bibliothek, um den Erlös für Wohltätigkeitszwecke zu spenden. Er packte zahllose Carepakete nach Deutschland und Österreich mit eigenen Händen. Geliebt, verehrt starb der wohl umfassendste Violinist der ersten Hälfte des 20. Jahrhunderts 1962 in New York.

Zu seinen kostbarsten Sammlungsstücken gehörte das Autograph des Violinkonzerts von Brahms, den der junge Kreisler noch gut kennengelernt und mit dem er oft zusammen gespielt hatte. In dieser Originalpartitur waren auch Brahms' Spielanweisungen notiert. Zwar gibt es keine Aufnahme vom Brahms-Freund und -Widmungsträger Joachim, wohl aber von Bronisław Huberman, der als Wunderknabe Brahms zu dessen Entzücken das Konzert vorspielte.

Und von Kreisler gleich zwei, einmal 1926 mit Leo Blech und dem Berliner Staatsopernorchester, zehn Jahre später mit dem London Philharmonic Orchestra unter John Barbirolli. Mag die erste geigerisch perfekter sein, die zweite ist geradezu einzigartig. Denn Kreisler spielte dieses Konzert als Symphonie mit obligater Violine, so wie es Brahms konzipiert hatte. Trotz unzulänglicher Aufnahmetechnik gelang eine Aufführung von einer Durchsichtigkeit, einem symphonischen Aufeinanderhören, die einem den Atem nimmt. Nie fiedelt Kreisler die Hauptstimmen in den Holzbläsern mit Umspielungsfiguren nieder, nie vergißt er auf Fragen des Orchesters zu antworten, nirgends will er übertrumpfen. Bei allem Rubato ist er von größter rhythmischer Verläßlichkeit. Und Barbirolli vermochte das Londoner Orchester zu einer Gespanntheit und Aufmerksamkeit sondergleichen zu animieren.

Schließlich die Kadenz: der 61jährige Virtuose Kreisler verwirklicht den feurigen Schwung, die Doppelgriffkaskaden, die himmelstürmenden Arpeggien des 19jährigen Komponisten Kreisler mit einer Kraft, einem Dispositionsgefühl ohnegleichen. Wenn er schließlich wie befreit und beruhigt in das lyrische Hauptthema sinkt, öffnet sich eine unendliche Weite und Ruhe. Vorbildlich, einmalig.

Belgisch-französisches Intermezzo

Arthur Grumiaux, Christian Ferras, Ivry Gitlis

Drei bedeutende Geiger – die ersten beiden waren in ihrer Glanzzeit weltberühmt, der dritte, Ivry Gitlis, ist in Deutschland eher den Spezialisten bekannt. Keiner der drei war und ist ein Athlet des großen Tons, keiner ein Nurvirtuose, dem technische Akrobatik alles wäre. Allen dreien haftet etwas Spezialistentum an: Grumiaux, der Klassizist, einst als bester Mozart-Spieler aller Zeiten gepriesen; Ferras, der romantische Jüngling, in den fünfziger Jahren mit seinem Klavierpartner Pierre Barbizet als idealer Kammermusiker gefeiert; schließlich Gitlis, der besonders in Frankreich als Ritter der klassischen Moderne von Bartók bis Strawinsky gelobt worden ist. Daß Gitlis in diesem belgisch-französischen Intermezzo vorkommt, obwohl er in Haifa geboren wurde, hat mit seinen Studien bei George Enescu und Jacques Thibaud und mit Paris zu tun, wo er seit vielen Jahren lebt und neben seinen Auftritten in populären französischen Fernsehsendungen mitwirkt, in denen Kinder ihre Musikkünste vorführen können.

Alle drei gehören einer Zwischengeneration des Geigenspiels im 20. Jahrhundert an, jener Zeit nach den Heroen à la Kreisler, Huberman, Elman, Busch. Und vor den Helden unserer Tage wie Perlman, Zukerman, Mutter, Zimmermann,

Mintz. Grumiaux und Ferras sind bereits tot, auf Gitlis fällt noch später Ruhm.

Leicht, ohne Forcierung, die Melodielinie nie verdeckend, sondern sie unangestrengt heraushebend, spielte Arthur Grumiaux 1960 in sanft sich wiegendem Rhythmus die Loure aus Bachs E-Dur-Solopartita, einst ein ländlicher Tanz, der am Hof von Versailles bei den großen Balletten zu Ehren des Königs gern der Charakterisierung naturhafter Wesen diente. Grumiaux' klarer, schlanker Ton, dem Verschleierungen oder gar Verdüsterungen genauso fremd waren wie verzehrende Glut oder Klangfarbenextreme, eignete sich für die E-Dur-Partita ausgezeichnet. Im Zyklus der Solosonaten und -partiten steht diese heitere, lichte Partita am Ende, so, als sei sie der besänftigende, erleichternde Ausklang nach den Fugengebirgen der a-Moll- und C-Dur-Sonaten, erst recht nach dem dramatischen Höhepunkt der Ciaccona aus der d-Moll-Partita. Bei aller Souveränität der Doppelgrifftechnik, bei aller selbstverständlichen geigerischen Meisterschaft vermochte Grumiaux bei diesen gewaltigen Sätzen weniger zu überzeugen als bei jenen Stücken des Zyklus, in denen gewissermaßen das Licht der Aufklärung herrscht.

Als Grumiaux 1960 diese Bach-Aufnahmen machte, stand er im Zenit seines Ruhms. Dieser fabelhafte Geiger hatte erst verspätet seine Karriere beginnen können. Er wurde 1921 im Dorf Villers-Perwin in der wallonischen Provinz Brabant geboren. Schon mit fünf Jahren trat er in einem Stummfilmkino auf, der Beifall war groß, die Nationalhymne wurde als Zugabe verlangt. Als die Zuhörer sitzenblieben, verweigerte der kleine Arthur das Weiterspielen, wenn nicht alle aufstünden. Ein Jahr später kam er aufs Konservatorium von Charleroi, wo er mit Geige und Klavier so phantastische Fortschritte machte, daß er die Prüfung in beiden Instrumenten mit Auszeichnung abschloß. In Brüssel jedoch mußte er sich entscheiden, was sein Großvater für ihn tat. Er studierte bei Alfred Dubois, einem Schüler Eugène Ysayes. Mit 18 Jahren errang er den Vieuxtemps-Preis und ging nach Paris zu Meisterkursen von George Enescu, der Grumiaux tief beeindruckte: »Der Kontakt mit diesem großen Meister, das Privileg, ihm vorspielen zu dürfen, und die Atmosphäre, die er in der Klasse schuf, offenbarten mir jene unerläßliche Klarheit, die ein wesentlicher Bestandteil der Werke großer Komponisten ist.«

Der Kriegsbeginn vereitelte den Start der Karriere. Die deutschen Besatzer versuchten Grumiaux zum Konzertmeister der Dresdener Staatskapelle zu pressen. Der patriotische Belgier floh in den Untergrund, um nicht gefangengenommen zu werden. Mit dem Einmarsch der Alliierten begann Grumiaux seine Kriegslaufbahn als konzertierender Truppenunterhalter ähnlich wie Menuhin, Stern, Heifetz, Szeryng oder Gitlis.

Nach dem Krieg verbreitete sich sein Ruf in ganz Europa, 1951 debütierte er in Amerika. Nicht mit einem romantischen Schlachtroß der Violinliteratur, sondern mit Mozarts G-Dur-Konzert, das weltweit sozusagen *sein* Stück wurde. Der Komponist Francis Poulenc hat die Wirkung von Grumiaux' Mozart-Spiel einmal beschrieben: »Einige Sekunden lang erlebte ich das große, ganz seltene Glück, Tränen der Freude zu vergießen.«

Die Reinheit der Linie verlangt Mozart im schwer zu gestaltenden Adagio seines G-Dur-Konzerts. Grumiaux zog diese Linie mit unbeirrbarer Ruhe. Zu hören in einem Live-Mitschnitt von 1959 mit dem NDR-Symphonieorchester unter Hans Schmidt-Isserstedt. Er erlag nicht der Versüßlichung oder Verniedlichung, er übte sich auch nicht in gesuchter Einfachheit. Grumiaux' Mozart bezog seinen Zauber aus fließender Natürlichkeit. Das Geigerische drängt sich nicht vor, es klingt selbstverständlich schön. Mag ihn sein Lehrer Enescu fasziniert haben, in seiner Anlage verkörperte Grumiaux die Noblesse und Leichtigkeit der legendären belgischen Schule, die von Bériot, Vieuxtemps über Wieniawski bis zu Ysaye reicht.

Arthur Grumiaux,
München um 1967

Solche diskrete Klarheit, solche nie auftrumpfende violinistische Sicherheit, der Mangel an Posen und Effekthaschereien haben natürlich auch Grenzen. Dort, wo Ausbruch und Verzweiflung, greller Glanz und stumpfes Brüten gefordert sind, da konnte Grumiaux nicht so überzeugen, auch wenn er dem romantischen und modernen Repertoire technisch nichts schuldig blieb. Aber schon sein relativ gleichbleibendes schnelles, enges Vibrato, die, nennen wir es so, »Gesundheit« seines Tons ließen bei Tschaikowski oder Brahms, bei seinem Landsmann César Franck oder bei Alban Berg wenig Klangfarbenvariationen zu. Grumiaux' stets kluges Spiel bekam dann manchmal etwas Neutrales, Gleichförmiges. Solche Zurückgenommenheit und Beherrschtheit kommt allerdings der Violinsonate des schon mit 24 Jahren 1894 verstorbenen Franck-Schülers Guillaume Lekeu zugute. Lekeu hat trotz seiner kurzen Lebenszeit ein umfangreiches Werk hinterlassen von der großen Chorkantate über Symphonisches bis zu einer Menge Kammermusik. Die Violinsonate G-Dur, klanglich und zeitlich ausladend und etwas redselig, entstand 1891, drei Jahre vor Lekeus Tod. Die Anklänge an den Lehrer Franck sind nicht zu überhören. Insgesamt aber ein originelles Stück in drei Sätzen, zyklisch gebaut.

Grumiaux und Riccardo Castagnone verloren sich bei der Aufnahme 1955 nicht an den Rausch, den der junge Komponist entfacht, sondern hielten bei allem Temperament und Schwung auf Disziplin und Geschmack. Hört man zum Beispiel den ersten Satz dieser Sonate, so seriös und ernst nehmend gespielt, vermittelt sich eine Ahnung, was dieser fulminant begabte junge belgische Komponist noch vermocht hätte.

Das wichtigste Ereignis in Grumiaux' Karriere war das Zusammentreffen mit der legendären rumänischen Pianistin Clara Haskil beim Casals-Festival in Prades. In ganz Europa hat man dieses einzigartige Duo gefeiert, den jungen Geiger, der sich der 26 Jahre älteren Klavierzauberin willig auslieferte.

Clara Haskils Mozart-Spiel war wie das von Grumiaux durch selbstverständlichen Fluß gekennzeichnet. Beiden Künstlern waren Allüren fremd. Allerdings kannte Clara Haskil auch die dunklen Seiten der Musik und verfügte über brennende Expressivität, mit der sie Grumiaux herausforderte. Von dieser Zusammenarbeit existieren immerhin Aufnahmen einiger Mozart-Sonaten, die bei allen Vorzügen ein wenig kühl wirken. Wer das Glück gehabt hat, Grumiaux und Haskil im Konzert zu erleben, wird diesen Eindruck des Kühlen, fast Neutralen nie gehabt haben. Aber die Sterilität des Studios kann auch größte Künstler ernüchtern. 1957 wurden Beethovens zehn Klavier-Violine-Sonaten komplett aufgenommen. Besonders gelangen die frühen Werke, taufrisch etwa das Rondo aus der D-Dur-Sonate op. 12,1. Tatsächlich kann man etwas von der Lust der beiden spüren, miteinander zu musizieren. Nie wieder war Grumiaux so kraftvoll und heiter, so leicht und aufmerksam wie hier, als ihn die alte Magierin ins Reich des frühen Beethoven entführte.

In seinen späteren Jahren hat sich Grumiaux rar gemacht, lehrte als Professor am Brüsseler Konservatorium, haßte es, herumzureisen. Wenn er dann doch auftrat, spielte er fast ausschließlich Sonaten der Vorklassik und des Barocks. Es war, als fühle sich dieser noble, zurückhaltende Mann in der Klarheit barocker Harmoniestrukturen am wohlsten. 1986 ist Grumiaux überraschend in Brüssel gestorben.

Schon im Alter von 49 Jahren ereilte Christian Ferras der Tod. Aus dem einst schlanken Jüngling mit festen schwarzen Locken und untadeliger Haltung war ein erstaunlich korpulenter, fast aufgeschwemmt wirkender Mann geworden, der den großen romantischen Konzerten mit selbstmörderischem Tonvolumen begegnete, mit heftigem Vibrato beunruhigende Nervosität verbreiten konnte.

Ferras, 1933 in Le Touquet-Paris-Plage (Pas-de-Calais) geboren, 1982 in Paris gestorben, errang schon mit zehn Jahren einen Preis der Stadt Nizza und wurde ein Jahr später am Pariser Konservatorium Schüler von René Benedetti und Joseph Calvet. Außerdem studierte auch er noch bei George Enescu. Bereits mit 14 Jahren startete er seine Karriere. Vor allem im Duo mit dem großartigen Pianisten Pierre Barbizet wurde Ferras gleich nach dem Krieg gefeiert. Ein Duo von enormer gegenseitiger Aufmerksamkeit, in dem Barbizet den Part des Architekten übernahm, während Ferras schwärmerisch, mit elastischem, dabei etwas heiserem Ton den romantischen musikalischen Jüngling par excellence gab.

Solches Ausdrucksfeuer, das keine Scheu vor Inbrunst kennt, kommt einem getriebenen Komponisten wie Schumann sehr entgegen. Die beiden späten Violinsonaten op. 105 haben immer zu Ferras/Barbizets Paradestücken gehört. »Mit leidenschaftlichem Ausdruck« soll gespielt werden. Ferras machte in der Aufnahme von 1962 mit Barbizet daraus eine emphatische Elegie in Sonatenform. Anders als der elf Jahre ältere Arthur Grumiaux kannte und suchte Ferras die Verführungskraft des Süßen. So klingt Schumanns Sonatensatz, als gehe es um Absturz und Rettung, um Liebe und Untergang.

Christian Ferras,
München 1965

Ferras hat sich auch immer für die Musik seines Lehrers
Enescu eingesetzt. Enescu gilt in Rumänien etwa soviel wie
Béla Bartók und Zoltán Kodály in Ungarn oder Jean Sibelius in Finnland. Aber während die beiden Ungarn in langen
Reisen durch ihr Land die unglaubliche Vielfalt der Volksmusik studierten und aus diesen Quellen eine genuin ungarische Kunstmusik machten, während Bartók darüber hinaus auch Zwölftontechnik und erweiterte Tonalität benutzte,
um zu einem unverwechselbaren Personalstil zu kommen,
bleibt Enescus Schaffen eher im Mondän-Folkloristischen.
Seine Rhapsodien sind im besten Sinne attraktive, glänzende Salonmusik, seine Kammermusik bestrickt mit exotischen
Klangreizen, wiewohl es an Konstruktion und formaler Stabilität mangelt.

Hört man aber, wie Ferras und Barbizet Enescus berühmteste Violinsonate, die dritte, beschworen als Weg durch ein
faszinierend schillerndes Geigenklanglabyrinth, dann zeigt
sich, daß Enescu ein Experimentator und Sucher nach nie
gehörten Violinklängen war. Vor allem das Andante sostenuto

misterioso verwandelten Ferras und Barbizet 1965 in eine betörende Landschaft, wo sich hinter jeder Wendung ungeahnte Ausblicke auftun. Das Klavier wird als Zimbal behandelt, die Geige schwebt rhapsodisch und wie improvisatorisch darüber. Kurzatmige Motive wechseln mit Zigeunerfuror, eine Musik flüchtiger Reize, der Ferras mit erregter Geigenkunst zu ihrem Recht verhilft. Und Barbizets Anschlagszauber läßt es mal aufrauschen, mal nur Notengirlanden wie zufällig antippen.

In den sechziger Jahren begann Ferras eine längere Zusammenarbeit mit Herbert von Karajan und den Berliner Philharmonikern. Aus dem romantischen Jüngling geigerischer Nervenkunst war ein wuchtiger Mann geworden, der sein Instrument bei Tschaikowski, Brahms, Beethoven oder Sibelius kräftig traktierte, rubatoselig in den Kantilenen. Manchmal entstand dabei unangenehme Violinbrunst mit Schnaufen, Schaben und Vibratoexzessen. Ferras hatte seinen Stil gewandelt. Was im Konzertsaal bei aller Heftigkeit gemildert schien, verstärkte sich bei der Plattenaufnahme fatal. Bei der Produktion vom Sibelius-Konzert 1965 entfaltete Ferras beispielsweise am Anfang des zweiten Satzes nicht die geforderte, sich groß aufschwingende Kantilene, sondern deklamierte mit forciertem Schnellvibrato die Teilstücke dieses einen riesigen Melodie- und Spannungsbogens.

Dieser in seinen besten Momenten hingerissene und hinreißende Geiger interessierte sich auch für zeitgenössische Musik mit einer Vorliebe für Klangexperimente. Aber auch ein eher sprödes Werk wie Honeggers Solosonate oder ein epochales Meisterwerk wie Bergs Violinkonzert hat Ferras vor allem in den fünfziger Jahren großartig aufzuführen vermocht.

Bergs Konzert, »dem Andenken eines Engels« gewidmet – der Engel war Alma Mahlers und Walter Gropius' Tochter Manon, die früh verstarb –, hat Ferras 1958 mit dem Symphonieorchester des Norddeutschen Rundfunks unter Hans Schmidt-Isserstedt in der Hamburger Musikhalle gespielt.

Keineswegs als rabiaten Expressionismus dargeboten, sondern mit genau kalkulierter Klangregie, großer Disziplin in der Durchhörbarkeit und nicht zitternd vor Vibrato. Und beim grandiosen Abgesang des Schlusses erreichte Ferras etwas bei ihm absolut Ungewöhnliches: Ruhe und Erhabenheit.

Auch wenn die Orchesterleistung einiges zu wünschen übrigläßt, Ferras' Konzentration, seine nicht nachlassende Intensität, diesen Schluß auszusingen, führt über orchestrale Unzulänglichkeiten hinweg.

Wenn bei Christian Ferras schon von Hysterie die Rede war, müßte man für Ivry Gitlis' Kunst fast ein neues Wort erfinden, für dessen Ausbrüche von elektrisierendem Vibrato, plötzlich aufheulender Portamenti, für die unerschöpfliche Neugier, aus der Geige nie Gehörtes herauszuholen. In der Attacke stürzt sich Gitlis tollkühn in Abgründe, die er selber durch sein extremes Spiel aufgerissen hat.

1922 in Haifa geboren, begann er seine musikalische Ausbildung mit fünf Jahren, mit neun stand er zum erstenmal auf dem Podium. Bronisław Huberman hörte den Jungen und war so beeindruckt, daß er ihm einen Studienaufenthalt am Pariser Konservatorium ermöglichte. Gitlis wurde wie Grumiaux und Ferras Schüler von George Enescu, studierte aber auch bei Jacques Thibaud und überraschend noch bei Carl Flesch, dem Violinsystematiker. Wenn Gitlis will, kann er jeweils so spielen wie einer seiner berühmten Lehrer, mal mondän-expressiv wie Enescu, mal charmant und elegant wie Thibaud, mal professoral genau wie Flesch. Aber das sind nur Masken. Dieser Geiger orientiert sich an der Unendlichkeit der Klangvielfalt und liebt es, aus dem Kontrast oder der Übertreibung heraus zu musizieren. Bartók wird da zum furiosen Spätromantiker, Brahms zum Vorläufer eines seltsamen Impressionismus. Oder Gitlis bietet Hindemith nicht als gediegenen Kompositionshandwerker, sondern als Entfeßler leuchtender Sinnlichkeit. Die Gefahren solcher Improvisationslust liegen auf der Hand: Mangel an Stabilität des musi-

Ivry Gitlis,
um 1990

kalischen Geschmacks, Neigung zur Verzerrung der Propor-
tionen, Hang zur Selbstherrlichkeit des Virtuosen.

Während des Zweiten Weltkriegs arbeitete Gitlis in einer
Londoner Waffenfabrik, bevor er zur Truppenbetreuung als
Konzertgeiger geschickt wurde. 1951 gewann er den Thi-
baud-Wettbewerb, debütierte mit Riesenerfolg in Paris, reiste
um die ganze Welt und ist doch ein Musiker, der beispielsweise in Deutschland eher unbekannt ist. Erst in den letzten
Jahren wächst dem einst so verwegenen Draufgänger als altem
Herrn der verdiente Ruhm auch hierzulande zu. Dabei hat er
den Höhepunkt seiner Karriere gewiß hinter sich.

1966 nahm Gitlis, der vor allem mit neuer Musik in seiner
Wahlheimat Paris Aufsehen erregte, Hindemiths Violinkon-

zert von 1939 mit den Bamberger Symphonikern unter Sixten Ehrling auf. Besonders im zweiten Satz, »Langsam«, verwandelte Gitlis Hindemiths sittsam-deutschen Tonsatz. Mit grenzenloser Variationsfähigkeit im Färben seines nadelfeinen Tons, der vor sinnlichem Schmelz bebt, erhitzte er Hindemiths Musik und ließ die Spröde gleichsam erröten. Plötzlich wird unter solcher Verzauberung und Verführung aus Hindemiths nüchterner Geigenmusik ein spannungsreiches Stück mit klangfarbensüchtiger Violine.

Gitlis' Fähigkeiten, auf der Geige zu lachen, weinen, scherzen und sozusagen zu sprechen, haben vielleicht dazu beigetragen, daß in der Zeit von Werktreue und Gefühlssparsamkeit, von Neutralität in der Aufführungspraxis, die immense Vielfalt dieses Geigers nicht gleich wahrgenommen wurde. Vor allem im Piano kann Gitlis seiner Geige Unerhörtes entlocken: Abgefeimt und böse, verzehrend süß und leise klagend, pfeifend, säuselnd, ja wehend – nichts ist unmöglich. Im Forte allerdings kann Gitlis' Ton leicht scharf, durch Vibratoausbrüche schrill und exaltiert werden. Aber ohne Risiko keine Kunst.

So wäre Saint-Saëns' »Morceau de concert« e-Moll wohl nur ein Violinstück in Saint-Saëns' Tradition. Doch Gitlis machte aus diesem 1879 komponierten Salonwerk ein furioses Frage-und-Antwort-Spiel. Es wird durch ihn – begleitet vom Orchestre National de l'Opéra de Monte-Carlo unter Edouard Van Remoortel – zu einem geistreichen Konversationsstück.

Etwas vermittelt dieser überraschende Geiger: den Spaß an der Maske, am musikalischen Schabernack, den Spaß, in tausend verschiedenen Tönen spielen zu können. 1989 nahm er in Tokio Zugabestückchen auf, darunter einige von Fritz Kreisler: extrem pointiert, jede Wendung mit Ironie und sogar Sarkasmus servierend. Etwa, wenn Gitlis mit Shuku Iwasaki am Klavier Kreislers kleinen Ragtime »Syncopation« gerissen in ein kesses Taschenspielerstückchen verwandelt.

Ernst und Virtuosität

Viktor Tretjakow, Konstanty Kulka, Wladimir Spiwakow

Daß dynamisches, energiegeladenes, zugleich beherrschtes Spiel Experten und Meister begeistern und in Bann schlagen kann, ist kein Wunder. 1966 spielte Viktor Tretjakow, gerade 20 Jahre alt, Paganinis erstes Violinkonzert D-Dur mit den Moskauer Philharmonikern unter Neeme Järvi so überwältigend präzise, souverän und ohne jeden violinistischen Schlendrian, daß es über den Sieger des Tschaikowski-Wettbewerbs keinen Zweifel mehr gab. Der Jury-Vorsitzende David Oistrach stellte bewundernd fest: »Es scheint, daß es für den Zwanzigjährigen keinerlei Schwierigkeiten gibt.« Und Leonid Kogan fügte staunend hinzu: »Er ist ein großes emotionelles und virtuoses Talent. Ich habe schon lange nicht mehr so viele anziehende Eigenschaften bei einem Geiger beobachtet.«

Schlank, gutaussehend, von der im Eifer des Geigengefechts zerzausten dunkelblonden Haartolle umweht – so trat Tretjakow in den späten sechziger und den siebziger Jahren seinen Siegeszug an. Ein Geiger mit immer ernstem Gesicht, keiner, der sich rampeneitel präsentiert oder für die Galerie spielt. Vielmehr geht es ihm um Musik und ihren jeweiligen Stil. Er liebt außerdem Literatur und Malerei. Tretjakow ist 1946 im sibirischen Krasnojarsk geboren, wo er schon als

Viktor Tretjakow,
München 1991

Siebenjähriger auf seine Begabung aufmerksam machte. In den sieben Jahren vor dem Sieg im Tschaikowski-Wettbewerb studierte er dann bei Juri Jankelewitsch am Moskauer Konservatorium. In jüngster Zeit scheint Tretjakow etwas ins Hintertreffen geraten zu sein. Während seine jüngeren Kollegen aus der ehemaligen Sowjetunion auswanderten und sich im Westen etablierten zwischen München, New York, Lübeck, London und der Schweiz, hat sich Tretjakow nach der Wende offensichtlich schwerer getan. Zur Zeit gibt es keine Neuaufnahmen von ihm, und auf den Konzertprogrammen taucht sein Name seltener auf.

Als er im Winter 1996 Tschaikowskis Konzert in der Münchner Philharmonie spielte, gestaltete der inzwischen gestandene Mann von 50 Jahren meisterlich. Immer achtete Tretjakow auf das Miteinander mit dem Estnischen Staatlichen Symphonieorchester unter Arvo Volmer, nie lieferte er einfach Solostellen ab. Eher gefährdet ihn manchmal sein ausgeprägter Sinn für Verdeutlichung.

Tretjakow, neben Gidon Kremer der wichtigste Geiger der sowjetischen Nachkriegsgeneration, zeichnet sich durch ungewöhnliche Prägnanz und Intensität aus, was seinem Paganini-Spiel die fulminante Exaktheit gab, deren Perfektion manchmal an die Präzision russischer Turnakrobaten erinnerte. Dabei wirkte und wirkt sein Spiel nie leicht oder gar leichtfertig, auch wenn Finger und Bogen in atemraubender Geschwindigkeit über die Saiten tanzen. Negativ ausgedrückt: es gibt bei Tretjakow nichts charmant Hingefegtes, kein Augenzwinkern, kein süffiges Schmachten und Schmelzen. Wie gestochen blitzen Läufe und Triller, scharf und unmißverständlich setzt er die rhythmischen Pointen. Sein Witz ist an Prokofjews Sarkasmus trainiert, sein Cantabile ist von herber Schönheit, geschult an Schostakowitschs elegischer Trauer. Über allem liegt ein angespannter Ernst von unbeirrbarer Konzentration.

Wenn bei vielen seiner Kollegen Prokofjews zweite Violinsonate D-Dur längst wie ein prächtiger Reißer klingt, dann konnte man bei Tretjakow und seinem Klavierpartner Michail Erochin im Konzert und glücklicherweise auch auf der Platte von 1976 plötzlich erfahren, wie bissig, schräg, hintersinnig und raffiniert diese Musik kalkuliert ist. Alle Violinbehäbigkeit verschwindet. Das Eingangs-Moderato bietet er in kristallener Durchsichtigkeit, in jeder Facette scharf ausgeleuchtet und auf den Punkt hin ausartikuliert.

Keine Sentimentalität und Weinerlichkeit, dafür kennt Tretjakow Melancholie, Schmerz und tiefes Sinnieren; niemals naive Raserei, dafür gibt es bei ihm extremes Ausreizen von Geschwindigkeit; niemals haltlose, hemmungslose Ausbrüche, dafür dient er der jeweiligen Musik mit Ausdrucksbesessenheit.

Da verliert Tschaikowski tränenseligen Plüsch, sein Violinkonzert erscheint unter Tretjakows Händen wie ein neu entdecktes und neu zu entdeckendes Stück. Was im Münchner Konzerteindruck 1996 so überzeugte, zeigte sich schon 1979, als Tretjakow mit dem Symphonieorchester des Norddeutschen Rundfunks unter Guido Ajmone-Marsan in Hannover den vertrauten Anfang aushorchte, als spiele er ihn zum erstenmal. Hier wurde nicht ordinär aufgetragen, kein Schmieren und Draufsetzen. Das Hauptthema erklang in der Zucht eines sprechenden Piano, alles war vom Licht nobler Deutlichkeit durchdrungen.

Mißverständnissen spätromantischer Ästhetik ist vor allem das Violinkonzert d-Moll von Sibelius ausgeliefert. Sibelius komponierte die erste Fassung 1903, überarbeitete sie aber, und so fand die Uraufführung der endgültigen Version 1905 in der Berliner Singakademie unter Richard Strauss statt mit dem Solisten Carl Halíř.

Das Violinkonzert steht als Solitär da, nicht als Nachklapp auf Beethoven, Mendelssohn-Bartholdy, Tschaikowski und Brahms. Ein sehr dunkel timbriertes Orchester umgibt, antwortet und bedrängt die Geige in ihrer düsteren Meditation voller rhapsodischer Ausbrüche. Sibelius verlangt schwärmerisches Monologisieren, gewiß höchste Ansprüche an die virtuosen Fähigkeiten, aber nie als Selbstzweck. Sogar das rhythmisch brisante Finale entfaltet nicht Kehrausbrillanz, sondern wurde von Sibelius als verwegener Totentanz gestaltet.

Es hat sich leider eine Aufführungstradition eingebürgert, das Abgründige, Brütende und Bohrende, die Einsamkeit und Abgelegenheit des seltsamen Stückes zu konventionalisieren und klanglich zu domestizieren. Man klagt, schwelgt und jubiliert mit sattem Geigenton, famoser Technik und letztlich naiver Konzeption.

Ganz anders Tretjakow. Er spielt jede Phrase aus, spürt mit verzehrender Intensität bis in die extremsten Pianissimi Sibelius' violinistischem Monodram nach. Allein der Beginn, einer der großen Anfänge der Violinliteratur, wird bei Tretjakow zum magischen Ereignis. Wo in der Einleitungskadenz die Kollegen flott und so schnell wie möglich Passagenwerk herunterfiedeln, zeigt Tretjakow, wieviel Architektur, wieviel Artikulation in diesen sich auftürmenden Sequenzen steckt, wenn man es nicht locker laufen läßt, sondern die Musik nachdrücklich ausagiert. Wo andere Geigensüße verströmen, herrscht bei Tretjakow herbe Wehmut, leben die Zartheit und Behutsamkeit des Starken. Während die großartigen Aufschwünge sonst nur saftig ausgekostet werden, erscheinen sie bei ihm wie wunderbare Lichtungen, erkämpft im Dschungel düster-einsamer Gedanken. Etwas von sich losreißender Leidenschaft klingt mit. So spielte Tretjakow Sibelius' Violinkonzert 1978 im Münchner Herkulessaaal mit den Münchner Philharmonikern unter Yoav Talmi, und die Aufführung geriet außergewöhnlich.

1966 gewann ebenfalls mit einhelliger Bewunderung von Publikum und Fachleuten ein junger Mann aus Polen den ARD-Wettbewerb, nachdem er zwei Jahre zuvor die Siegespalme im Paganini-Wettbewerb von Genua errungen hatte. Konstanty Kulka, 1947 in Danzig geboren, beeindruckte damals nicht so sehr mit Werken des gängigen Repertoires bei aller Sicherheit und Frische des Zugriffs, sondern mehr mit seiner unmittelbaren Freude an Bartóks Solosonate, die der große ungarische Komponist im amerikanischen Exil auf Anregung Yehudi Menuhins geschrieben hatte. Mitte der sechziger Jahre gab es kaum einen Weltklassegeiger, der die Stücke der klassischen Moderne zwischen Bartók und Strawinsky, Bloch und Schönberg aufs Programm setzte.
Und hatten sich auch, Alban Bergs Violinkonzert ausgenommen, wenig um den reichhaltigen Schatz der Violinmusik gerade des 20. Jahrhunderts gekümmert. Die Musiker aus dem Osten hatten da einen direkteren Zugang zu neuer Musik: Schostakowitsch und Prokofjew haben für David Oistrach geschrieben, Karol Szymanowski für Pawel Kochański, Béla Bartók für Joseph Szigeti. Dieser nahezu selbstverständliche

Umgang mit zeitgenössischer Musik prägt heute auch Gidon Kremer, Dmitry Sitkovetsky oder Wladimir Spiwakow, um nur ein paar Namen zu nennen, während manche westlichen Meistergeiger eher konservativ in ihrem Repertoire zu beharren scheinen.

Jedenfalls verblüffte Kulka, der bei seinen Auftritten viel unkomplizierter, entspannter wirkt als Viktor Tretjakow, ohne dabei ein weniger ernster Musiker zu ein, mit der Begeisterung, mit der er sich in die haarsträubenden Schwierigkeiten von Bartóks Solosonate stürzte. Dabei fetzte er nichts perfekt herunter, sondern explodierte geradezu vor Leidenschaftlichkeit und, darin Tretjakow ähnlich, vor Klarheit. Mitreißend, wie Kulka die Macht seines ausgesprochen lyrisch singenden Geigentons und seine Gestaltungsphantasie dem Aufbau der Fuga widmete. Bartóks Vortragsbezeichnung für diesen zweiten Satz lautet: »Resoluto, non troppo vivo«. Kulka drückte nicht aufs Tempo, sondern erfüllte Bartóks Absicht mit vitaler Genauigkeit. Ein Dokument dieses furchtlosen Umgangs mit Bartóks schwieriger Solosonate wurde 1967 erstellt, Kulka war 20 Jahre alt.

Seltsamerweise hielt der Freudentaumel bei Veranstaltern und Publikum nicht an. Obwohl Kulka auch heute nichts von seiner eminenten Begabung eingebüßt hat, weiterhin über einen besonders runden, ausgeglichenen, sehr lyrischen Ton verfügt und als reifer Künstler alle Werke aus dem Geiste der jeweiligen Kompositionen heraus darstellt, ist er auf westlichen Podien und auf dem Plattenmarkt leider kaum präsent.

Kulkas lyrische Qualitäten zeigten sich wunderbar in der Canzonetta aus Tschaikowskis Violinkonzert. Dieser Satz leidet meist unter Tränenseligkeit und Schluchzen bis an die Grenze des Kitsches. Nichts davon bei Kulka. Geradezu rein ließ der junge Pole 1966 beim Abschlußkonzert der ARD-Wettbewerbssieger mit dem Symphonieorchester des Bayerischen Rundfunks unter Robert Wagner Tschaikowskis Violintraum entstehen, keine Zerdehnung, keine outrierten

Konstanty Kulka,
um 1978

Portamenti, kein elektrisches Vibrato, sondern bei allem jugendlichen Überschwang Maß und Ausdruckseinfachheit.

Kulkas Neugier hat sich besonders auf die Violinmusik seiner Heimat Polen gerichtet. So spielt er nicht nur die romantischen Virtuosenkonzerte seines Landsmanns Wieniawski, sondern auch das Violinkonzert A-Dur des hierzulande so gut wie unbekannten Mieczysław Karłowicz, der für die polnische Musikgeschichte eine Übergangsfigur von mondängefälliger Spätromantik zu den Neuerungen des großen Szymanowski darstellt.

Karłowicz wurde 1876 geboren, studierte in Warschau, Berlin und Leipzig. 1904 war er Direktor der Musikgesellschaft in Warschau. In den letzten drei Jahren vor seinem

Tode 1909 arbeitete er als freier Komponist in Zakopane. Das Violinkonzert entstand 1902. Manchmal klingt es wie eine elegante Variante zu Max Bruch, dann wieder tauchen impressionistische Tupfer auf. Aber auch Operettenhaftes und Salonmusik schwingen allzu ungebrochen mit. Kulka verhinderte 1973 mit der Nationalphilharmonie Warschau unter Witold Rowicki das Abgleiten ins Seichte durch seine technische und rhythmische Unbestechlichkeit. Er erlaubte in dem aufgeräumt sprudelnden Finale weder Schmalz noch Süßlichkeit, ihre häßlichen Häupter zu erheben. Mit unerschütterbarem Geschmack blieb er diszipliniert bei sich selbst und gewann so für Karłowicz eine Schlacht.

Sein stets auf Klarheit gerichtetes Interesse kommt neuer Musik besonders zugute. Kulka kalkuliert seine vielfältigen Mittel, um ein Höchstmaß an Verständlichkeit zu erreichen, ohne das Ungewohnte zu buchstabieren. Pendereckis frühe Violinsonate von 1953 zeigt in Kulkas Darstellung sofort ihre Herkunft aus dem kauzigen Witz Schostakowitschs, ihre Bartók-Assoziationen. Manchmal gerät Kulka im konzentrierten Streben nach Deutlichkeit ein bißchen ins Eckige; das ändert nichts an seiner Fähigkeit, diese Musik in ihrer zitatgespickten Bizarrheit genau zu charakterisieren. Waldemar Malicki begleitete Kulka bei der Aufnahme 1993.

Wirkte Penderecki hier noch sehr im Banne großer Vorbilder, so klingen die drei Miniaturen von 1959 wie richtiger Penderecki, allerdings mit der Erinnerung an die ungeheuer verdichtete Musik Anton von Weberns. Diesmal vermag Kulka seinem Ton trotz aller Kürze eine überraschende Farbigkeit abzugewinnen, und das in blitzschnellem Wechsel, wieder mit Malicki am Klavier.

Am aufregendsten und umfassendsten zeigt sich Kulkas Verdeutlichungs- und Charakterisierungskunst in den zwei Violinkonzerten von Szymanowski. Vor allem im zweiten Konzert, das 1933 entstand und nicht mehr den kosmopolitischen, in allen musikalischen Sprachen changierenden Szymanowski der Zeit vor und während des Ersten Weltkriegs zeigt, sondern von Szymanowskis intensiver Beschäftigung mit der Musik der Goralenkapellen zeugt. Das klingt manchmal wie mittlerer Bartók, scharf dissonant und mit vertrackter Synkopierung. Kulka disponierte souverän zwischen volksmusikalischen Elementen und lyrisch-emphatischer Kantilene, er vermittelte unverstellten Genuß an raffinierter Rhythmik und scheute auch harte Akzente nicht. Die ganze Eigenart des späten Szymanowski stellte er faszinierend plastisch dar. Das Symphonieorchester des polnischen Rundfunks unter Jerzy Maksymiuk unterstützte ihn 1979 bei dieser mit dem Grand Prix ausgezeichneten Aufnahme.

Der dritte Protagonist dieses Kapitels ist von ganz anderer Art, ein Virtuose mit ausgeprägtem Sinn für Raffinement, für Grandezza, aber auch für Laszivität und eine gewisse müde Arroganz: Wladimir Spiwakow. Dennoch gehört er in den bisherigen Zusammenhang, denn auch dieser manchmal allzu kühl-brillante Meistergeiger ist neugierig und dort am originellsten, wo nicht die übliche Konzertbetriebkarawane auf breitem Weg dahinzieht. Es gibt allerdings Augenblicke, da haftet Spiwakows feinnervigem Spiel eine gewisse Blasiertheit an, gerade bei den Schlachtrössern von Beethoven bis Brahms. Wie verwandelt aber setzt er seine staunenerregenden Möglichkeiten ein, wenn er Kompositionen von Alfred Schnittke oder Karl Amadeus Hartmann spielt.

Spiwakow wurde 1944 in Ufa am Ural geboren. Seine Mutter, eine ausgebildete Pianistin, erkannte die Begabung, der kleine Wladimir kam auf die zentrale Musikschule in Leningrad. Mit 13 Jahren errang er wegen seiner Jugend außer Konkurrenz den ersten Preis im Wettbewerb »Weiße Nächte«. 1961 wurde er Schüler bei Juri Jankelewitsch, bei dem auch Viktor Tretjakow studiert hat. Spiwakow nahm seit 1965 an den großen europäischen Wettbewerben teil: In Brüssel beim Long-Thibaud-Concours wurde er dritter, 1967 errang er beim Paganini-Wettbewerb in Genua den zweiten, 1969 dann in Montreal den ersten Preis. Zweiter wurde damals Gidon

Kremer, der 1970 den Spieß beim Tschaikowski-Wettbewerb umdrehte und Spiwakow auf Platz zwei verwies.

Spiwakow gehört zu den renommiertesten russischen Musikern, ein fabelhafter Geiger, der schon bald sein Talent als Kammermusiker und Kammerorchesterleiter entdeckte. Heute tritt er meist mit den Moskauer Virtuosen auf, ein von ihm gegründetes Spitzenensemble, in dem Konzertmeister und Solisten der großen Moskauer Orchester sitzen. Ein Ensemble, das über jeden technischen Zweifel erhaben ist, weniger aber über das, was stilistische Vielfalt angeht. Angesichts vieler hervorragender Spezialensembles für historische Aufführungspraxis von Barock und Klassik muten die Moskauer Virtuosen bei allem Glanz manchmal etwas anachronistisch an.

Spiwakow selbst besitzt einen ungemein schlanken, fast dünnen Ton, den er durch häufig allzu schnelles Vibrato nervös erzittern läßt. Im Gegensatz dazu gibt es bei ihm auch vollkommen vibratolose, eisig-gläserne Töne, die auf manche wohlvertraute Melodie plötzlich so etwas wie Rauhreif fallen lassen. Auch Spiwakows Hang zu Drückern, Schwellern und geradezu dekadenten Farbwechseln mag bei Mozart, Beethoven und Schubert stören, bisweilen zerstören, aber niemals kann man ihm ungerührte Gleichförmigkeit vorwerfen gegenüber dem, was er spielt.

Es gibt eine Aufnahme von 1972, bei der Spiwakow zusammen mit dem berühmten Moskauer Kammerorchester unter dem legendären Rudolf Barschai Konzerte aus Spätbarock und Klassik spielt. Am besten und frischesten gelang das Violinkonzert e-Moll op. 8,9 von Giuseppe Torelli. Er wirkte in Bologna als Mitglied des Orchesters der reichen Kirche San Petronio. Sein Konzert lebt vom Gegensatz zwischen der Geläufigkeit der Solovioline und dem ruhigen, meist dreiklangmäßig das thematische Material ausbreitenden Orchester. Spiwakow geigte damals sehr diszipliniert, gestaltete seinen Part als obligates Soloinstrument innerhalb des Concerto-Zusammenhangs, am natürlichsten im letzten Satz, Tempo giusto.

Wladimir Spiwakow und Juri Baschmet,
München 1988

Alles das, was man bei Spiwakow von der Gefahr der
Marotte bedroht sieht, bekommt Sinn, wenn dieser Musiker
sich schwierige Aufgaben vornimmt. In neuer Musik sind
extreme, häufig gegensätzliche Vortragsmittel gefordert, da
muß der Geiger forcieren, flüstern, säuseln oder fremdartig
pfeifen können. Dort, wo sich die Musik in exaltiertes Klagen
und Schreien stürzt, kann Eiseskälte Klarheit schaffen, dort,
wo die Musik in Fahlheit erstarrt, kann ein Hauch Klang-
parfüm alles versinnlichen. Hier ist Spiwakow in seinem
Element, raffiniert und blitzschnell vermag er die Register
zu wechseln, eben noch den Klang seiner Geige als Kristall
von makelloser Reinheit erscheinen lassen, um im nächsten
Moment mit vehementem Vibrato und hitziger Bogen-
attacke schneidend scharfe Töne zu produzieren. Er kann
die trügerische Ruhe vor der Katastrophe in feinstem Pianissimo beschwören, giftige Süße verbreiten und dann wieder wilde Ausbrüche aus seinem Instrument holen. Dabei
verliert Spiwakow weder die Übersicht noch strategische
Kalkulation.

1981 spielte er mit den Münchner Philharmonikern unter Herbert Blomstedt im Herkulessaal Karl Amadeus Hartmanns verzweifelt dunkles, auswegloses »Concerto funebre«, das 1939 entstand, als sich die Deutschen im Gleichschritt des Nazismus in den Zweiten Weltkrieg stürzten. Hartmanns Musik wirkt wie ein todtrauriger, bitterer Kommentar dazu. Wo mancher andere im Ausdrucksfuror dieser wütenden Musik den Kopf verloren hätte, hielt Spiwakow unerschütterlich an Perfektion und Maß fest. So entstand Hartmanns Klage um so deutlicher und direkter. Bewegend und denkwürdig.

Was Spiwakow Tretjakow und Kulka voraus hat, ist sein ausgepichter Spaß an Virtuosenmusik. Da produziert er gehauchte Flautatotöne, jagt in teuflischem Tempo über die Saiten, steckt jede erdenkliche Träne ins Knopfloch, wenn er etwa Fritz-Kreisler-Stücke hyperwienerisch aufzäumt, oder schmachtet elegisch bei Rachmaninow und Tschaikowski. Manche dieser Miniaturen halten so viel Zaumzeug und Artistik nicht aus, andere hingegen entfalten so erst ihren ganzen Esprit.

Spiwakow, ein eleganter schwarzhaariger Mann mit jungem Gesicht, mit dem er mimisch seine Kabinettstückchen geschickt unterstützt, hat zum Beispiel Brahms' Ungarische Tänze aus ihrer etwas rauschebärtigen Fasson befreit. Plötzlich klingen sie sexy, dabei fern jeder Vulgarität. Rhythmisch fast überspitzt, in den Melodieteilen mit sehr schlankem Ton und schnellstem Vibrato entschlackt und erfüllt von federnder Nervosität ertönen diese Ungarischen Tänze, frei von jeder Gemütlichkeit in einem mondän-anzüglichen Klangdesign. Bei der Aufnahme 1979 begleitete Boris Bechterew.

Und noch ein Hinweis auf eine Kuriosität, die typisch ist für Spiwakows Lust, auch Abseitiges aufzuspüren. 1853 verbrachte Brahms einen Sommer in Göttingen zu Besuch bei seinem Freund Joseph Joachim. Zu Joachims Geburtstag schrieb Brahms einen vergnüglichen Walzer für zwei Violinen und Kontrabaß »Hymne zur Verherrlichung des großen Joachim«. Brahms baute absichtlich Fehler, Abbrüche und falsche Stimmungen ein, was Joachim bei der Aufführung hart kommentierte. Diese Bemerkungen hat Brahms später in die Partitur eingetragen. 1992 nahm Spiwakow mit dem Geiger Robert Salter und dem Kontrabassisten Chris West diesen musikalischen Scherz auf. Es klingt gutgelaunt, wie schmunzelnd.

Meister aus Carl Fleschs Schule

Joseph Wolfsthal, Szymon Goldberg, Max Rostal

Unter den zahlreichen Schülern des großen Pädagogen Carl Flesch, der die »Kunst des Geigenspiels« – so auch der Titel seines Grundlagenwerks – zu einem in alle Richtungen stimmigen System entwickelte und dessen Erkenntnisse heute jedem Geigenschüler vermittelt werden, gab es ein Triumvirat, drei Meister, die in kurzer Zeit Berlin eroberten und von da aus die ganze Welt.

Der älteste, Joseph Wolfsthal, 1899 geboren, starb schon mit 31 Jahren. Als Solist hoch gepriesen, als Kammermusiker mit Paul Hindemith und Emanuel Feuermann ein grandioses Streichtrio bildend und als Konzertmeister von Otto Klemperers Berliner Krolloper an der Spitze kompositorischer und musiktheatralischer Avantgarde.

Der zweite, Max Rostal, 1905 geboren, kam nach Wunderkindanfängen zu Flesch, dessen Assistent er wurde. Außerdem berief man ihn mit 24 Jahren als jüngsten Professor an die Berliner Musikhochschule.

1933 emigrierte Rostal vor den Nazis wie auch der jüngste der drei, Szymon Goldberg, Jahrgang 1909. Goldberg kam mit neun Jahren zu Flesch nach Berlin, debütierte mit zwölf Jahren in Warschau und mit vierzehn bei den Berliner Philharmonikern. 1930 wurde er deren Konzertmeister für drei

Jahre. Als Wolfsthal 1931 starb, übernahm Goldberg seinen Platz im Streichtrio mit Hindemith und Feuermann. In gewisser Weise ähnelten sich Wolfsthal und Goldberg in ihrem Spiel, einem auch heute ungewöhnlich modernen, unsentimentalen Geigenspiel der klaren Linien, des federnden Tons, des zuchtvollen Vibratos. Und auch Rostal war trotz seiner üppigeren Tongebung, seinem rubatoreicheren und impulsiveren Spiel ein analytischer Musiker und als Lehrer ein Systematiker.

Alle drei haben nicht jenen alles überstrahlenden Ruhm anderer Flesch-Schüler erreicht, obwohl sie als Begabungen und als Musiker niemandem nachstanden, seien es Ginette Neveu, Henryk Szeryng oder Ida Haendel, um die Berühmtesten zu nennen. Nach Wolfsthals frühem Tod sorgten die Nazis dafür, daß es kein Andenken für den jüdischen Geiger gab. Rostal entdeckte das Lehren als größere Leidenschaft in sich als das Auftreten, trotz seiner Erfolge als Solist. Selbst als Rostal in den fünfziger und sechziger Jahren in Köln Professor war, wurde er als ausübender Musiker nicht seinem Rang entsprechend wahrgenommen. Und sein Ruhm als Lehrer wirkte vor allem bei Violinisten und Fachleuten. Goldberg ist nie wieder nach Deutschland zurückgekehrt. Über England ging er später nach Amerika, ohne den großen Durchbruch zu erleben. Aber immer wurde er als ein Musiker für Musiker gelobt, als Mozart-Spieler verehrt, als Kammermusiker bewundert und in seiner späteren Rolle als Leiter des Niederländischen Kammerorchesters durchaus gefeiert.

Diese drei Virtuosen sind auch überwältigender Beweis für Fleschs Lehrerqualitäten: Keiner mußte seine Individualität opfern, jeder erschien in sozusagen vollplastischer Gestalt, von Flesch zu je eigenem Bewußtsein und je eigener Kenntlichkeit erzogen.

1925 nahm Richard Strauss mit dem Orchester der Berliner Staatsoper seine Suite zu Molières »Der Bürger als Edelmann« auf. Das rumpelt und pumpelt ganz schön, man merkt

Joseph Wolfsthal,
um 1928

dem Orchester die Schwierigkeiten der Partitur an. In der
Nummer sechs, dem Tanz der Schneider, ist ein berühmt-
berüchtigtes Violinsolo, eine gefürchtete Probespielstelle für
Konzertmeister. In der alten Aufnahme wird der Auftritt des
Geigers zur Sensation. Brillanter, zupackender, dabei voller
Charme und Violinlust kann man das nicht spielen. Auch
nicht moderner, denn alles Gründerzeitfett, das so vielen
Kompositionen von Strauss unangenehm anhaftet, schmilzt
weg in dem gebündelten Strahl dieses Violintons. Mitreißend
gespannt, dabei fast lässig mit den Doppelgriffen und rhythmischen Finessen spielend, trat Joseph Wolfsthal auf.

Wie muß Otto Klemperer während der Aufführungen an
der Krolloper die Soli seines Konzertmeisters Wolfsthal ge-
nossen haben! Max Rostal hat seinen Mitschüler als außergewöhnlich bezeichnet, Szymon Goldberg, der bei Wolfsthal
studierte, als dieser Assistent von Carl Flesch war, hat ihn als
staunenerregend beschrieben.

Wolfsthal stammte aus Lemberg, wurde zuerst vom Vater
unterrichtet, der auch den Bruder von Emanuel Feuermann,

Siegmund, und den Geiger Bronislaw Gimpel unter seinen Schülern hatte. 1912 schickte der Vater den 13jährigen zu Flesch nach Berlin. Schon nach drei Jahren ließ der strenge Meister ihn auftreten, fand aber, es wäre gut für Wolfsthal, seinen Horizont zu erweitern. Flesch schickte seinen Schüler ins Orchester. Wolfsthal folgte als Konzertmeister der Bremer Philharmoniker dem bedeutenden Georg Kulenkampff, 1920 arbeitete er in gleicher Position in Schweden. Ab 1921 lehrte er als Fleschs Assistent in Berlin, spielte mit dem großen Cellisten Gregor Piatigorsky und dem Pianisten Karl Szreter Trios und nahm Platten auf. 1928 wurde er dann Klemperers Konzertmeister. Sein Leben komplizierte sich, als er eine Affäre mit der Frau des Dirigenten George Szell hatte. Und auch mit Flesch kam es zur Verstimmung. Wolfsthal soll sehr impulsiv gewesen sein und der große Lehrer schnell gekränkt. Im November 1929 ereilte Wolfsthal eine Influenzainfektion, an deren Folgekomplikationen er schließlich 1931 in Berlin starb.

Es gibt einige Aufnahmen, darunter mindestens zwei von Beethovens Violinkonzert, für das Wolfsthal als Idealbesetzung galt. Die herrlich dichte Tonemission, der disziplinierte Gebrauch des Vibratos und die Fähigkeit, musikalische Prozesse dramatisch zusammenzufassen, das alles machte ihn aber auch zum Mozart-Spieler höchster Qualität. So gestaltete Wolfsthal das Adagio aus dem A-Dur-Konzert als innigen Gesang von tiefer Melancholie und entfaltete den heftigen Ausbruch in der Satzmitte nicht durch exzessive Mittel, sondern aus dem Drama der Musik. Bei der Aufnahme 1928 begleitete das Berliner Staatsopernorchester unter Frieder Weissmann.

Wolfsthal kannte keine Nachlässigkeit, besaß ein unbestechliches Gefühl für die Ausdehnung eines Melodiebogens, den Atem für leidenschaftliche Deklamation, geläutert durch ein bestrickendes, intensives Legatospiel. Alle diese Fähigkeiten brachte Wolfsthal in seine Aufführungen von Beethovens Violinkonzert ein. Dieses musikalisch gewichtigste Werk der

Gattung mit seinem überdimensionalen ersten Satz, Allegro ma non troppo, dem teuflisch schweren Gesang des Larghettos, in dem die Geige ständig höchste Höhen erklimmen muß, getragen von Innigkeit und Espressivomacht. Schließlich das Rondo, das dem Solisten noch einmal neue Kräfte, neue Frische, neuen Glanz und Geist abverlangt.

Dieses Konzert scheint heute viele Künstler einzuschüchtern, ja, zu Demuts- und Andachtshaltung zu zwingen: Um bloß der Bedeutung gerecht zu werden, beginnen sie, jeden Lauf, jede Begleitfigur zu skandieren, häufig gegen den funktionalen Sinn innerhalb des musikalischen Satzes. Die g-Moll-Episode in der Durchführung wird dabei zu einer Art weltlichem Gebet, so sehr breiten sich die Violinisten da aus. Ein Schleier der Beklommenheit und Unfreiheit liegt dann über dem ersten Satz, der doch vor allem eine symphonische Auseinandersetzung zwischen dem lyrischen Hauptthema und den vier Schlägen der Pauke ist. Das soll nicht heißen, daß dieser Satz durchgehechelt und auf Gefühl und Stimmung verzichtet werden soll. Aber es muß eine Balance aller Elemente geben, es müssen die Spontaneität des Spielers spürbar sein, seine Lust am Virtuosen, Rhythmischen und sein Sinn für Beethovens Hochgespanntheit. Wolfsthal wurde deswegen von seinen Zeitgenossen bewundert.

Auch heute klingen seine beiden Aufnahmen – eine 1925 akustisch aufgezeichnet mit dem ziemlich grausam musizierenden Berliner Staatsopernorchester unter Helmut Thierfelder, die andere 1928 elektrisch aufgezeichnet mit den Berliner Philharmonikern unter Manfred Gurlitt – so frisch und selbstbewußt, als herrsche in diesem Geiger nichts anderes als Beethovens Geist. Außerdem kann man hören, wie groß damals der Abstand zwischen Orchesterniveau und höchstem Solistenstandard gewesen ist. Die ältere Aufnahme ist vom Solisten her eine Spur süßer, inniger, aber das orchestrale Umfeld doch schwer erträglich. Daher ist die elektrische Aufzeichnung mit den Berliner Philharmonikern vorzuziehen. Leicht, doch nie leichtgewichtig, souverän, doch nie nur technischvirtuos, steigt Wolfsthal mit Beethovens Eingangsoktaven auf und erfüllt das Wesen dieses grandiosen Allegro ma non troppo.

Szymon Goldberg, zehn Jahre jünger als Wolfsthal, stammte aus Włocławek in Polen. Nach Studien im Kindesalter bei den Geigenlehrern Czapliński und Michałowicz in Warschau kam er zu Carl Flesch, der diesen Schüler besonders schätzte. Wie bei Josef Wolfsthal sorgte Flesch dafür, daß Goldberg nicht nur zum Virtuosen ausgebildet wurde, sondern die Musik von vielen Seiten kennenlernte. 1925 wurde er deshalb Konzertmeister der Dresdener Philharmoniker, seit 1930 saß er in Berlin am ersten Pult von Wilhelm Furtwänglers Orchester. Und er folgte logischerweise Wolfsthal nach im Streichtrio mit Paul Hindemith und Emanuel Feuermann. Von dieser Zusammenarbeit sind einige Tondokumente erhalten.

Auffallend bei allen dreien die Festigkeit des Tons, dabei voller Elastizität. Goldbergs Spiel klingt noch konziser, versammelter als das von Wolfsthal, in späteren Jahren wird es sogar Züge von Rigorosität annehmen. In Hindemiths zweitem Streichtrio, 1933 komponiert, kann man im scherzohaften zweiten Satz wahrnehmen, mit welcher Spiellaune, welchem Spaß am Charakterisieren der verschiedenen Instrumentalfarben und mit welcher Verve diese Musiker loslegen. Die Aufnahme wurde anläßlich eines Konzerts in London 1933 gemacht.

Kammermusikalischer Geist hat Goldbergs Kunst zeitlebens geprägt. In den fünfziger und sechziger Jahren gehörte sein Streichquartett zu den Attraktionen beim Sommerfestival in Aspen (Colorado). Seine späten Aufnahmen mit dem rumänischen Pianisten Radu Lupu sind noch einmal Mozarts Violinsonaten gewidmet. Jenen Sonaten, die er zwischen 1935 und 1937 mit der großartigen Lili Kraus schon einmal eingespielt hatte. Damals eine Sensation. Wie wir von Max Rostal wissen, wurde bei Flesch im Unterricht keine Sonate der Wie-

Szymon Goldberg (Mitte) mit Emanuel Feuermann
und Paul Hindemith, um 1933

ner Klassiker erarbeitet. Dort ging es ausschließlich um die
großen Konzerte und die Virtuosenliteratur. Goldbergs frühe
Mozart-Aufnahmen setzen bis heute einen einsamen Standard. Nichts wird rokokohaft verzärtelt, nichts vertändelt
oder neckisch serviert. Goldberg und Kraus spielen kraftvoll,
ernst und mit einem Finessenreichtum der Phrasierung, der
vorbildlich genannt werden muß.

Nachdem Furtwänglers Versuche, gegen die Nazis die
jüdischen Mitglieder der Berliner Philharmoniker im Orchester zu halten, gescheitert waren, half er Goldberg wie auch
anderen, heil aus Nazideutschland herauszukommen. Nach
Erfolgen in England gab Goldberg 1938 sein Amerikadebüt
in der Carnegie Hall. Aber die US-Kritik hatte wohl auf einen
zweiten Heifetz gewartet, nicht auf einen von unbedingter
künstlerischer Strenge beseelten Musiker. Bei einer Tournee
im Fernen Osten wurden Goldberg und Kraus 1942 von den
Japanern auf Java interniert. Seine Stradivari warf eine Frau,
die mit im Gästehaus lebte, nächtens über den Zaun in den
Garten eines Amateurmusikers, der sie zu einer Schweizer

Familie brachte. Als Bürger eines neutralen Landes konnten sie die Violine behalten und sie Goldberg nach dem Krieg zurückgeben. Im Lager mußte Goldberg schwere Arbeit leisten, auch wenn ihm die holländischen Mithäftlinge soviel wie möglich halfen. Um seine steif und ungelenk werdenden Hände zu trainieren, übte er auf einer geschmuggelten Geige, auf die er Gitarrensaiten aufzog.

1948 stand er wieder mit seiner Stradivari auf dem Podium der Carnegie Hall, im Publikum saß neben vielen anderen Musikern Artur Schnabel. Bis in die achtziger Jahre lebte und lehrte Goldberg abwechselnd in Amerika und London. 1988 heiratete er zum zweitenmal und zog in das Land seiner Frau nach Japan. Er wurde Chefdirigent des New Japan Philharmonic Orchestra. 1993 ist Goldberg im Alter von 84 Jahren in Ôyama-machi gestorben.

Immer hat er sich auch mit zeitgenössischer Musik auseinandergesetzt. Es gibt eine denkwürdige Aufnahme der »Vier Jahreszeiten« des französischen Komponisten Darius Milhaud. Milhaud, der sich nach einem längeren Aufenthalt in Brasilien nach dem Ersten Weltkrieg von der traditionellen Harmonielehre ab- und einer freien Polytonalität zuwandte, schrieb diese »Vier Jahreszeiten« in Form von kleinen Solokonzerten über einen Zeitraum von fast 20 Jahren von 1934 bis 1953. Dem »Frühling« ist ein elegantes Violinkonzert gewidmet voller Samba und Bossa nova, voller Vogelstimmenheiterkeit. Milhaud dirigierte Ende der fünfziger Jahre selbst das Ensemble der Solistes des Concerts Lamoureux, und Goldberg war sein Solist im »Concertino de printemps«. Leichtfüßig, hell timbriert, bei aller Akkuratesse spielerisch eilte Goldberg durch diese sonnenhelle Musik.

Wie Wolfsthal das Beethoven-Konzert gleichsam neu entdeckte und darstellte, so galt Goldberg in seinen Berliner Jahren als der überragende Mozart-Spieler. Man sprach damals von keuscher Tongebung. Keine glückliche Formulierung, denn Goldbergs Qualität war vor allem seine kraftvolle Gradlinigkeit, die Selbstverständlichkeit, mit der er Mozarts Kantilenen auf die natürlichste, zugleich bewußteste Weise vortrug. Sein Ton blieb stets streng konzentriert, es gab keinen Drücker, keine gesuchten Akzente, sondern hinreißend belebte, lebendige Musik etwa im Andante cantabile des vierten Violinkonzerts D-Dur. Er wurde 1951 vom Philharmonia Orchestra London unter Walter Susskind begleitet.

Hört man diese alten Aufnahmen und auf welchem Niveau Künstler wie Goldberg musizierten, wird klar, welchen unersetzlichen Verlust der erzwungene Weggang solcher Meister für das deutsche Musikleben bedeutet hat. Deutschland konnte erst um 1970 an den Standard der Vorkriegszeit anknüpfen.

Max Rostal, der dritte im Bunde der Flesch-Schüler, konnte immerhin als gefeierter Lehrer die Arbeit seines verehrten Meisters Carl Flesch fortsetzen. Und er hat es, trotz Vertreibung durch die Deutschen, auch in Deutschland getan, an der Musikhochschule in Köln, dort, wo in den fünfziger und sechziger Jahren die Avantgarde um Karlheinz Stockhausen ihre Hochburg hatte. Rostal hat sich zeitlebens für die Musik der Zeitgenossen eingesetzt. Gedankt hat es ihm der deutsche Musikbetrieb kaum. Als Solist war Rostal zwar den Spezialisten bekannt, aber die großen Orchester engagierten ihn selten. Als Kammermusiker wurde er wenigstens im Kölner Trio mit seinen Kollegen Heinz Schröter, Klavier, und Siegfried Palm, Violoncello, wahrgenommen. Trotzdem unverzeihlich, daß dieser Geiger nicht zu den maßstabsetzenden Stars in den Nachkriegsjahrzehnten zählte, sondern ein Meister für Kenner blieb.

1905 im damals österreichischen Teschen geboren, gab er schon mit sechs Jahren ein erstes Konzert. Der Knabe wurde auf Reisen so gefeiert, daß er sogar vor dem Kaiser am Wiener Hof auftreten durfte. Er studierte bei dem berühmten Wiener Geiger Arnold Rosé, bevor er mit 13 Jahren bei Flesch in die Lehre ging. Auch Rostal arbeitete eine Zeitlang als Konzertmeister, und zwar bei den Osloer Philharmonikern, dann wurde er 1928 Fleschs Assistent. Nach der Emigration 1933 lebte er in England, konzertierte mit Gerald Moore und baute seit 1943 eine neue britische Violinschule an der Londoner Guildhall School of Music auf. Aus dieser Schule kamen die Musiker des Amadeus-Quartetts. Rostal rief auch den renommierten Carl-Flesch-Wettbewerb ins Leben. 1957 übernahm er in Köln die Meisterklasse für Violine, 1958 auch am Berner Konservatorium, wo er schon seit 1954 Meisterkurse abhielt. Aus diesen Klassen gingen unter anderem hervor: Edith Peinemann, Leon Spierer und Thomas Brandis, beide Konzertmeister der Berliner Philharmoniker, Kurt Guntner, Rudolf Kempes Konzertmeister bei den Münchner Philharmonikern, der jugoslawische Violinist Igor Ozim und der erste nach dem Krieg wieder weltweit erfolgreiche deutsche Geiger, Ulf Hoelscher. Rostal ist 1991 in Bern gestorben.

Rostals Geigenton war üppig-warm, dazu ein Vibrato von größtmöglicher Differenziertheit. Rostal vermochte atemnehmend in Jubelhöhen aufzusteigen, er konnte die tiefen Saiten so sonor klingen lassen, als spiele er Bratsche, die er übrigens meisterhaft beherrschte. Und obwohl dieser Musiker sich die Werke akribisch nach dem Urtext und der jeweiligen Theorie und Praxis der Entstehungszeit erarbeitete, wirkten seine Aufführungen spontan und von unmittelbarer Geigenlust geprägt.

1953 nahm Rostal die Solosonate op. 13 von Benjamin Frankel auf, ein Stück mit Assoziationen an Bartóks Solosonate und Regers Solowerke. Besonders der zerklüftete letzte Satz, »Allegretto, quasi andantino«, gelang Rostal überzeugend, weil sein Gestaltungswille keine Sekunde nachließ.

Obwohl Rostal als Beethoven- und Schubert-Spieler sehr geschätzt wurde, sollen hier seine Freude an und sein Einsatz für die neuere Musik gewürdigt werden. Rostal hat nicht nur die Klassiker Bartók, Berg und Busoni großartig gespielt – mit Bartók stand er auch in Briefwechsel –, sondern auch so-

Max Rostal mit dem Komponisten Bernard Stevens,
um 1948

zusagen abgelegenere Gehöfte der Violinliteratur in diesem
Jahrhundert aufgesucht.

So konnte er mit bebender Inständigkeit und verzehrender
Süße Ottorino Respighis selten gespieltes »Concerto gre-
goriano« verlebendigen. Dieser italienische Komponist, der
noch in Sankt Petersburg bei Nikolai Rimski-Korsakow die
Geheimnisse der Instrumentation erlernte, hat einen höchst
effektvollen Stil aus der Mischung von Richard Strauss, den
Impressionisten und einem ihm eigenen Pathos entwickelt,
man denke an »Pini di Roma« und »Fontane di Roma«, seine
bekannten symphonischen Dichtungen. Das Violinkonzert
entstand 1921, ein manchmal etwas redseliges Stück voll
frommer, aber wirkungsmächtiger Gesten. Am schönsten der
Anfang, wie Sphärenmusik senkt sich der Klang allmählich
aus höchsten Pianissimo-Höhen herab, und die Geige beginnt
ihre Andacht. Bei Rostal 1956 eine sehr sinnliche, irdische
Andacht mit dem NWDR-Symphonieorchester unter Wilhelm Schüchter.

Vermochte Rostal Respighis feinsinnig-kulinarische Partitur blutvoll zu versinnlichen, so verwandelte er Wolfgang Fortners 1947 entstandenes Violinkonzert in ein formidables Virtuosenstück. All die Strawinsky-Haltungen in Fortners rauher, kräftiger Musik, auch ihre Eckigkeit überführte Rostal in gleißendes Geigenspiel: Die Läufe sausen glänzend, das Spiccato rast, Doppelgriffkaskaden und Perpetuum-mobile-Passagen spielt Rostal mit Teufelsgeigerverve. So wuchsen 1961 bei einem Konzert mit dem Symphonieorchester des Norddeutschen Rundfunks unter Hans Schmidt-Isserstedt in der Hamburger Musikhalle Fortners deutschen Klängen plötzlich bengalisch leuchtende Virtuosenflügel.

Rostal war wohl der farbenreichste der drei Meister aus Fleschs Schule. Aus dem Anfang der einsätzigen Violinsonate des Engländers William Walton, einem spätromantischen Stück, das in seinen großbogigen Dimensionen an Francks A-Dur-Sonate erinnert, zauberte Rostal, begleitet von Hans Altmann, 1953 einen ganzen Kosmos irisierender und irritierender Farben, die Waltons romantisierende Ekstasen mit einem impressionistischen Klanggespinst überziehen und glanzvoll verfeinern.

Auch bei einer eigenen Komposition, einer typischen Zugabe und zugleich einem furchterregenden Trainingsstück für Intonationsgenauigkeit und Quintengriffsicherheit, zeigte sich Rostal als feuriger, vor Vergnügen sprühender Geiger. Nichts erinnert da an den gestrengen Professor, den scharfen Theoretiker und Analytiker der Geigerei in den letzten 50 Jahren. Diese Quintenetüde, die Rostal 1950 wiederum mit Altmann aufnahm, ist zugleich ein Dokument musikalischen Scherzes und Schwungs, zugleich nichts anderes als das sinnlich erlebbare Ergebnis von Rostals lebenslanger wissenschaftlicher Auseinandersetzung mit der Kunst des Geigenspiels.

Dimensionen der Ruhe und des Glanzes

Shlomo Mintz, Dmitry Sitkovetsky

Der Gegensatz könnte größer nicht sein: Hier ein kräftiger Mann mit typischer Geigerfigur, mehr breit als hoch, rund sein Gesicht, rund seine Bewegungen, rund der ungemein ausgewogene, volle Ton. Dort der andere, hochgewachsen, mit schwarzem Bart und Haar, lange Arme, lange Finger, schlank und zugleich durchdringend der Ton, das Gesicht beim Spielen verschlossen.

Wenn Shlomo Mintz auftritt, unter dicken roten Locken freundlich lächelnd, strahlt er Offenheit, Kompetenz und Sicherheit aus, nicht die Aura eines Hexenmeisters. Und tatsächlich ist bei diesem phänomenalen Geiger, dessen lntonationsgenauigkeit genauso bewundernswert ist wie seine perfekte Bogenführung, kein Virtuosenzirkus zu erwarten. Er kann alles, aber es fehlen, wollte man Mintz ex negativo charakterisieren, der Flitter und Glamour, das Funkeln und die lässige Artistik, die ungarische Tänze und Rondi capricciosi brauchen, damit sie Ovationen entzünden.

Ganz anders Dmitry Sitkovetsky, dessen elegant-geschmeidige Erscheinung an Magie und mondäne Nonchalance denken läßt. Dabei nimmt er die Verschiedenartigkeit der jeweiligen Musik genauso ernst wie Mintz. Aber wenn er Kreisler-Transkriptionen oder Salonstückchen spielt, vermag er sie wie nebenbei zu servieren, so perfekt, so auf den Punkt getrieben, daß man sekundenlang meint, es röche nach Schwefel. Und etwas Besonderes zeichnet ihn aus: Sitkovetsky kann seinen Ton plötzlich so erkalten lassen, daß über der Musik ein eisiges blaues Licht zu leuchten scheint. Virtuosenmusik aus dem 19. Jahrhundert verliert dann alles Plüschige und Einschmeichelnde. Und Bartók, Debussy, Prokofjew oder Schostakowitsch klingen bei ihm, als handle es sich um scharf geschliffenes Glas, hochglänzenden Edelstahl oder die kühle Glätte polierter Steine.

Beide vermögen im Konzert unvergeßliche Erlebnisse zu vermitteln, beiden stehen, dank perfekter Beherrschung ihres Instruments, alle Landschaften der Violinliteratur offen. Beide arbeiten an der Erweiterung des Repertoires, spüren Abgelegenem nach, lieben es, in Kammermusikensembles zu spielen, und versuchen sich auch als Gelegenheitsdirigenten. Mintz und Sitkovetsky beweisen, daß die Zeiten reisender Nurvirtuosen vorbei sind. Startum interessiert diese selbstbewußten Musiker nicht.

Shlomo Mintz wurde 1957 in Moskau geboren, aber schon zwei Jahre später wanderte die Familie nach Israel aus. Der kleine Shlomo wurde schnell als grandiose Begabung erkannt und zu Ilona Feher geschickt, Israels bedeutendster Lehrmeisterin, bei der auch Pinchas Zukerman studiert hat. Mit elf Jahren debütierte Mintz beim Israel Philharmonic Orchestra unter Zubin Mehta. Isaac Stern beobachtete das Riesentalent und sorgte dafür, daß Mintz an die Juilliard School nach New York kam zu Dorothy DeLay, der ehemaligen Assistentin des Geigenpapstes Ivan Galamian. Seit dessen Tod ist Dorothy DeLay *die* New Yorker Instanz in Sachen Geigenunterricht. Midori und die blutjunge Sarah Chang studierten bei ihr neben vielen anderen Ausnahmebegabungen.

Mintz trat mit 16 Jahren in der Carnegie Hall auf zusammen mit dem Pittsburgh Symphony Orchestra unter seinem altersweisen Dirigenten William Steinberg. (Vor 1933 war Hans Wilhelm Steinberg in Köln einer der begabtesten deutschen Nachwuchsdirigenten.) Trotz des Riesenerfolgs hielt sich Mintz mit Auftritten zurück und wurde weiter sorgsam aufgebaut und nicht im gefräßigen Betrieb verschlissen, was den neuen Wunderkindern durchaus blühen kann.

Bei seinen ersten Konzerten Ende der siebziger Jahre lag über seinem Spiel bei allem Können ein Hauch von Schüchternheit. Der riesige Schatten seines Mentors und Vorbilds Stern schien den jungen Mann in der Spontaneität zu lähmen. Aber wie er Musik ruhig entfaltete, sich nicht in falsche Dramatik stürzte oder Empfindungen vorgaukelte, die er nicht hatte, begeisterte sofort.

1982 spielte Mintz die 24 Capricci von Paganini ein. Wollte er sich jetzt auch als überragender Techniker beweisen? Parallel dazu nahm er noch Bachs Solosonaten und -partiten auf: zweifellos Demonstrationen absoluter geigerischer Potenz. Das Wunderbare war, daß Mintz sich keine Gewalt antat, sondern nach dem Gesetz seines Musizierens, nämlich aus Ruhe und Sorgfalt heraus, die beiden Violingebirge bestieg. Die violinistische Vollkommenheit bei Paganini macht sprachlos. Man hat das Gefühl, Mintz spiele nicht an der Grenze zum Unrealisierbaren, sondern habe unendliche Reserven. Es gibt keine Aufnahme der Capricci, die unaufgeregter und sicherer ist. Schwierigkeiten und Kunststücke präsentierte Mintz nicht als Trapezakt, sondern als selbstverständliches Können, ohne das nicht Musik gemacht werden kann.

Aber es ist gerade diese Unerschütterlichkeit, die Paganini nicht ganz bekommt. Es fehlen die Gefahr des Absturzes, das Zaubern, das blendende Licht enthemmter Virtuosität, mit einem Wort, es fehlt der Teufel. Deshalb gelang Mintz das formal komplizierte, gefürchtete vierte Capriccio c-Moll besonders eindringlich. Hier mischte Paganini elegische Klage mit kapriziöser, etwas aufgesetzter Heiterkeit. Der Spieler muß die Gegensätzlichkeit beider Haltungen herausbringen und zugleich zu einem Ganzen formen. Mintz baute das Stück so großräumig wie detailgenau auf.

Shlomo Mintz und Sergiu Celibidache,
München 1992

Der runde Wohllaut seines Geigentons, die Eigenschaft, Musik in Ruhe erblühen zu lassen, weder im Forte zu forcieren noch im Piano zu verdorren, seine Vibratokultur und seine Geschmackssicherheit machen Mintz zu einem idealen Solisten der großen Konzerte. Die Studioaufnahmen vermitteln allerdings nicht die Aufmerksamkeit, mit der sich Mintz auf dem Podium ins symphonische Geschehen eingliedert, mit dem jeweiligen Orchester musiziert und die Musik nicht an Solisteneitelkeiten verrät.

Denkwürdig gelang 1989 Mendelssohns Violinkonzert in der Münchner Philharmonie mit den Philharmonikern unter Sergiu Celibidache. Die Kritiker glaubten, dieses Meisterwerk zum erstenmal zu hören, und der alte Dirigentenlöwe war

hingerissen: »Shlomo Mintz ist der beste Geiger der Welt!«
Der damals intern entstandene Mitschnitt ist leider bisher
nicht im Zuge der verschiedenen Celibidache-Editionen herausgekommen.

Daß Mintz einen unmittelbaren Zugang zu Mendelssohn-
Bartholdys Melos und Rhythmik hat, belegt eine Einspielung
von 1987 der beiden Violinsonaten. Die erste Sonate f-Moll
komponierte der 14jährige Felix 1823. Beethoven und Mozart
klingen durch diese noch sparsame Partitur. Dennoch funktioniert die Sonate, weil Mendelssohn über ein untrügliches
Formgefühl verfügte und Kontraste geschickt aufzubauen
wußte. Mintz und Paul Ostrovsky musizierten dieses Werk
nicht als Kompositionsversuch eines genial begabten 14jäh-
rigen, sondern setzen das Frühwerk dem ganzen Ernst und
der vollen Wucht ihrer Darstellungskunst aus. Und siehe, die
f-Moll-Sonate des Knaben Felix hält das nicht nur aus, sondern wird zum faszinierenden Werk eines jungen Genies.

Mintz ist seit 1989 künstlerischer Berater des Israel Chamber Orchestra, dem er sich zwölf Wochen im Jahr auch als
Dirigent widmet. In den letzten Jahren hat er sich um viele aus
der ehemaligen Sowjetunion eingewanderte Musiker gekümmert. Und er hat sich mit dem kammermusikalischen Spät-
werk von Schostakowitsch beschäftigt. 1969 schrieb Schostakowitsch zwischen der Arbeit an Streichquartetten eine
Sonate für Violine und Klavier, die er David Oistrach widmete, der sie auch uraufführte. Das düstere Eingangs-Andante
beginnt mit einer Zwölftonreihe im Klavier. Die Geige steigt
kontrapunktisch ein, und allmählich entwickelt sich daraus
ein dramatischer Dialog. Der zweite Satz ist klassischer
Schostakowitsch, ein sarkastisches, rhythmisch vertracktes
Allegretto, das Herbheit der Kantilene und Rauheit der
Attacke fordert. Mintz zeichnete diese Sonate 1991 in Metz
mit Wiktorija Postnikowa auf. Vorbei die frühere Schüchternheit, hier trat ein 34jähriger Mann auf, dessen Gestaltungs-
fähigkeiten keinen Zweifel dulden. Schostakowitschs manchmal brutale Härte geriet bei Mintz in expressive Glut, die das

Allegretto aus seiner eher düsteren Farbigkeit ins herrisch Grelle holt.

Niemand kann so ohne Schmalz und Schmiere schwelgen, üppigen Geigensang ertönen lassen wie Mintz, wenn er spätromantische Musik aufführt. Mühelos kann er mächtige Melodiebögen ausphrasieren, in der Höhe sieghaft jubilieren, in der Tiefe beruhigend sonor den Raum füllen. Vorausgesetzt, die Musik verlangt es.

1988 gab Mintz mit Ostrovsky einen Violinabend im Rahmen des Schleswig-Holstein-Festivals in der Reithalle des Herrenhauses von Wotersen. Am Ende stand Faurés erste Violinsonate A-Dur auf dem Programm, die er 1876 noch unter dem Eindruck seines Lehrers Saint-Saëns komponiert hatte. Eine schwärmerische Musik von schumanneskem Schwung. Der erste Satz strömt als feurig animierendes Allegro molto dahin. Mintz machte daraus ein berauschendes Geigenfest.

Dmitry Sitkovetsky ist drei Jahre älter als Shlomo Mintz, er wurde 1954 in Baku geboren. Sein Vater war eines der größten Geigentalente der Sowjetunion. Aber Julian Sitkowezki starb 1958 nach strahlendem Karrierebeginn 33 jährig an Lungenkrebs. Die Mutter Dmitrys ist die Pianistin Bella Dawidowitsch. Als Sitkovetsky im Westen bekannt wurde, mußte er immer wieder Fragen nach seinem Vater beantworten, den er als großes Vorbild pries. Aber der Sohn hat sich schnell aus dessen Schatten entfernt. Der Knabe studierte am Moskauer Konservatorium, wo er schließlich bei Juri Jankelewitsch lernte wie vor ihm Viktor Tretjakow und Wladimir Spiwakow. 1977 konnte Sitkovetsky trotz erheblicher Schwierigkeiten in die USA ausreisen. Mstislaw Rostropowitsch empfahl ihn an die Juilliard School. Aber das Schreiben an den Präsidenten ging verloren, Dmitry mußte ein Probespiel absolvieren. Danach brauchte er keinen Dollar für das Studium zu bezahlen. Sitkovetsky wurde in die legendäre Meisterklasse Ivan Galamians aufgenommen. Seinen Lebensunterhalt verdiente er sich auf Hochzeiten, mit kleinen Konzerten und als Einspringer.

1979 der Durchbruch, Sitkovetsky gewann in Wien den erstmals ausgeschriebenen Fritz-Kreisler-Wettbewerb, obwohl die Jury geteilter Meinung war. Dmitry hat die Konzertsäle der Welt erobert. 1980 debütierte er bei den Berliner Philharmonikern, 1983 in Chicago mit dem ersten Violinkonzert von Schostakowitsch. 1986 trat er endlich in der Carnegie Hall auf, da war sein Name bereits ein fester Begriff.

Bella Dawidowitsch hatte übrigens 1979 auch die Sowjetunion verlassen. Mutter und Sohn haben mehrfach miteinander konzertiert, auch Platten gemacht. Die schönsten Dokumente dieser Zusammenarbeit sind die drei Violinsonaten von Edvard Grieg, 1982 aufgenommen.

Grieg hat seine Violinsonaten in der Hoffnung auf einen der berühmtesten Geiger des 19. Jahrhunderts geschrieben, auf seinen Landsmann Ole Bull, den »Paganini des Nordens«. Am bekanntesten ist die dritte Sonate, aus Griegs reifer Zeit. Die zweite in G-Dur hat er 1868 25 jährig geschrieben kurz vor dem berühmten Klavierkonzert. Die Sonate beginnt mit einem Lento doloroso, aus dem sich ein Allegro vivace entwickelt. Rhapsodische Musik mit vielen Anklängen an norwegische Volksmusikmotivik. Sitkovetsky vertrieb jede Behaglichkeit aus dieser Sonate, sein schlanker, schmal durchdringender Ton gab Griegs eher freundlicher Melodik einen irisierenden Glanz, der plötzlich ins Fahle umschlagen konnte, auch leere Töne scheute er nicht. So wurde aus einem zu Unrecht abgelegenen Stück plötzlich eine Entdeckung. Auch weil Sitkovetsky mit kalt glühender Intensität spielte, die seinem Ton das im besten Sinne Schneidende gibt.

Das Metallische von Sitkovetskys Ton eignet sich natürlich außergewöhnlich gut für Musik des 20. Jahrhunderts. Debussy und Ravel glitzern als vielfarbiges Glasperlenspiel, Bartók und Berg bekommen rhythmisch federnde Prägnanz, manchmal glaubt man das Sausen von Peitschenhieben zu hören. Besonders liegen diesem analysierenden, seine Möglichkeiten der Verfremdung, Abtönung und des kalten Feuers klug dosierenden Künstler Prokofjew und Schostakowitsch. Mit dessen erstem Violinkonzert siegte er in Chicago. Das seltener gespielte zweite Konzert, 1967 für David Oistrach komponiert, vermag Sitkovetsky im Eingangs-Moderato gefährlich glühen zu lassen. Nur langsam und schwerblütig kommt der Satz aus räsonierenden, grimmigen Tiefen heraus. Sitkovetsky kann diesen Ingrimm drohend verwirklichen, ohne zu röhren. Seine Geige klingt nie stumpf, sondern leuchtet auch in den gedecktesten Farben. Und wenn der Satz Tempo und Angriffsgeist annimmt und sich zu unwirschen Ausbrüchen steigert, dann wirkt Sitkovetsky wie ein Dompteur seines drängenden Temperaments: modernes Geigenspiel höchster Qualität. Die Aufnahme von 1989 mit dem BBC Symphony Orchestra unter Andrew Davis gehört zu den seltenen Studioproduktionen, die etwas vom erregenden Geist eines Konzerts atmen.

Schillernder und funkelnder präsentiert Sitkovetsky Prokofjews neoklassizistischen Witz. Auch hier ist es ein selten aufgeführtes, eher als Auftragsarbeit abgetanes Stück, die 1947 geschriebene Solosonate D-Dur. Nach einem melodienreichen Moderato und einem Variationssatz über ein schlicht gehaltenes Thema beschwört Prokofjew im Con brio des letzten Satzes einen variantenreichen furiosen Tanz, allerdings nur wahrzunehmen, wenn man das so geistreich und raffiniert in Szene setzt wie Sitkovetsky 1990. Statt Schostakowitschs Grimm jetzt Elastizität und Geschmeidigkeit, um Eleganz und Ironie zu erzeugen.

Abenteuerlich anders klingt Musik des späten 19. Jahrhunderts bei diesem zu Ironie neigenden Violinisten. Die musikalische Haltung von Dvořáks vier »Romantischen Stücken« op. 75 ist liebenswürdig, anschmiegend, dem Geiger schönste Gelegenheit zu Kantilenenseligkeit und rhythmischem Pfeffer gebend. Bei Sitkovetsky jedoch entsteht keine heimelige, wohlige Welt, sondern Böhmens Hain und Flur sind mit einemmal in fahles Licht getaucht, als lauere hinter der Idylle

Dmitry Sitkovetsky mit den Münchner Philharmonikern
unter Václav Neumann, 1990

Dämonisches. Sitkovetsky erreicht diesen Eindruck allein durch sein abgestuftes Piano und die Kühle vibratoloser Töne. Das zweite Stück, Allegro maestoso, geht er überraschend heftig an, Dvořáks vitale Kraftgesten verschwinden zugunsten eines fast bösen Zorns, der sich in diesen scheinbar harmlosen Stücken versteckt. So stellte Sitkovetsky mit Pawel Gililow als Begleiter diese Musik auf dem Schleswig-Holstein-Festival 1989 in der Stadthalle Neumünster dar.

Am Ende dieses Konzerts gab Sitkovetsky dem Beifall des Publikums nach mit einer Zugabe von abgefeimter Finesse, William Krolls »Banjo and Fiddle«. Der Gag, die Geige zuerst wie ein Banjo zu schlagen, um diesem Effekt dann Salongeigenschmelz entgegenzusetzen, kann leicht danebengehen. Sitkovetsky übertrieb um genau jene Spur in beide Richtungen, die dem Stück plötzlich ironische, aufreizende Noblesse gibt.

1989 trat Sitkovetsky in der Münchner Philharmonie auf. Für einen Violinabend ist dieser Saal mit seinen knapp 2500 Plätzen gewiß zu groß. Aber der schwarzbärtige Zauberer

197

durchdrang mit seinem Ton auch diese Raumtiefen und riß das Publikum zu Begeisterungsstürmen hin. Auch hier gab es eine Zugabe, allerdings ganz anderer Art. Sitkovetsky spielte das Largo aus Bachs dritter Solosonate C-Dur. Diesem Largo geht die gewaltigste Fuge voraus, die je für ein Streichinstrument geschrieben wurde. Das Largo nimmt sich hinter den Akkordtürmen dieser Fuge wie ein Entspannungstal aus. Meistens ist die Kraft des Spielers schon so strapaziert, daß dieser stille Satz etwas beiläufig geraten kann. Sitkovetsky spielt Bachs Solowerke mit enormem Nachdruck, manchmal überdeutlich und auf Kosten des natürlichen Flusses. Aber mit großem Ernst und heller Wachsamkeit. Die Plattenaufnahme des Zyklus geriet ziemlich starr und überkontrolliert. Das Largo aber, das er an diesem Abend zugab, schwebte wie ein Vogel in dem Riesenraum der Philharmonie, und alle lauschten gebannt, wie Sitkovetsky mit wenigen Tönen eine andere Welt herbeizauberte.

Leidenschaft und Noblesse

Gioconda De Vito, Erica Morini, Ida Haendel

1961 verabschiedete sich eine Künstlerin von den Konzert-
podien, die in Nazideutschland und Mussolini-Italien große
Erfolge gefeiert hatte. Gioconda De Vito (1907 im apulischen
Martina Franca geboren, 1994 in Rom gestorben, seit den
späten vierziger Jahren in England lebend) wurde dieser
Umstand eine Zeitlang vorgehalten. Aber auch Wilhelm
Backhaus und Wilhelm Kempff, Georg Kulenkampff und
Alfred Cortot, Pierre Fournier, Gaspar Cassadò und Enrico
Mainardi traten in den Ländern des Faschismus auf. Man
solidarisierte sich mit den Verfolgten und Verfemten, nicht
mit den jüdischen Künstlern, nicht mit den unbestechlichen
Adolf und Fritz Busch oder dem kompromißlosen Pablo
Casals. Auch unter Künstlern und Musikern sind die meisten
Opportunisten und die wenigsten tapfer, kühn und helden-
haft. Jedenfalls setzten alle jene Virtuosen ihre Karrieren
nach dem Krieg ohne Zögern fort.

 Musik ist kein Massenphänomen. Nicht umsonst hat sich
Joseph Goebbels über den widerspenstigen, stets querständi-
gen Wilhelm Furtwängler lustig gemacht, weil der Dirigent
glaubte, er könne als Held unversehrter deutscher und euro-
päischer Kunst das Naziregime herausfordern: »Was will
denn dieser Furtwängler mit seinen lächerlichen zweitausend

Zuhörern in der Philharmonie. Was wir brauchen, sind die Millionen ...«

Von dieser Einschätzung des Musiklebens und seiner möglichen Wirkung aus wird verständlich, um wieviel mehr sich Schriftsteller, Regisseure und Schauspieler den Machthabern auslieferten. Pianisten, Geiger oder Cellisten mußten keine Ergebenheitsadressen abgeben. Solange sie allein ihrem Beruf nachgingen, konnten sie ungestört konzertieren wie übrigens auch deutsche Künstler im europäischen Ausland.

Was Gioconda De Vito für die Alte Welt bedeutet hat, war in gewisser Weise für Amerika die 1904 in Wien geborene und 1995 in den USA verstorbene Erica Morini. Beide galten als Meisterinnen eines lyrisch-kantablen Stils aus dem Geiste harmonischer Gediegenheit. Ganz anders die dritte Heldin, die aus Polen stammende Ida Haendel, die zu den überragenden Instrumentalisten des Jahrhunderts gehört. Feurig-brillant als Virtuosin, umfassend neugierig gegenüber neuer Musik, eigenständig beim klassisch-romantischen Repertoire.

Als Achtjährige brachte sich Gioconda De Vito, Tochter einer musikliebenden, begüterten Familie, das Geigen selbst bei, wurde mit elf Jahren aufs Konservatorium in Pesaro geschickt, das sie schon nach zwei Jahren mit Diplom abschloß. Es folgte noch eine Studienzeit an der Accademia di Santa Cecilia in Rom bei Remy Principe. Im Alter von 16 Jahren debütierte sie mit dem Tschaikowski-Konzert. 1932 gewann sie in Wien den internationalen Wettbewerb, zwei Jahre später wurde sie in Rom Professorin. Benito Mussolini war so begeistert von ihrem Spiel, daß er ihr eine Stradivari schenken wollte, aber Giocondas Mutter ermahnte die Tochter in großbürgerlichem Stil: »Du kannst nicht etwas so Wertvolles von einem Mann annehmen.«

1948 erschien sie erstmals in London beim London Philharmonic Orchestra unter Victor De Sabata. Sie heiratete den Schallplattenproduzenten David Bicknell und blieb in England. Aus diesen und den folgenden Jahren stammen die meisten Plattenaufnahmen von Gioconda De Vito, die niemals in Amerika aufgetreten ist, aber bis nach Moskau und Leningrad als Brahms-Spielerin gefeiert wurde. Als sie sich 1961 vom Konzertbetrieb zurückzog, sagte sie: »Ich habe den Höhepunkt meines Könnens erreicht.« Vielleicht schwang dabei auch die Erkenntnis mit, daß eine Musikerin des 20. Jahrhunderts die Musik dieser Epoche nicht mehr so negieren könne, wie es Gioconda De Vito in vollem Bewußtsein getan hat. Selbst den Konzerten von Edward Elgar und Jean Sibelius verweigerte sie sich.

Gioconda De Vito verfügte über einen großvolumigen Ton und weites Vibrato. Sie spielte immer mit Emphase, in gewissem Sinne opernhaft ausdrucksvoll. Sehr überzeugend in Tommaso Antonio Vitalis berühmter Ciaccona g-Moll. Vitali, 1663 in Bologna geboren und bis fast zur Mitte des 18. Jahrhunderts in Modena tätig, hat nicht so sehr ein Virtuosenstück komponiert als vielmehr kühn und weiträumig die musikarchitektonischen Möglichkeiten der Geige ausgenutzt. Seine Ciaccona kennt Pomp und Pathos. Erst in den fünfziger Jahren wurde die Authentizität des Stückes nachgewiesen. Es ist mehrfach bearbeitet worden, die letzte Version hat Hans Werner Henze für Gidon Kremer geschrieben.

Gioconda De Vito spielte in der Aufnahme von 1948 mit dem Philharmonia Orchestra London unter Alberto Erede das Stück in der neobarocken Instrumentation von Ottorino Respighi. Die Ciaccona ist ein Variationssatz über einer sich alle acht Takte wiederholenden Baßfigur. Was im Original allein der Geige zugute kommt, wird bei Respighi vergrößert und verstärkt. Aus einem formal genau kalkulierten Satz wird so ein etwas ausuferndes Konzertstück in Pseudobarock. Gioconda De Vitos Elan förderte diesen Eindruck noch.

Es fällt auf, daß die Geigerin zu einer gewissen Gleichförmigkeit der Tongebung neigte und auf großen Bogen setzte. Das gibt diesem aufgezäumten Barock einen Zug ins Theatralische. Ein Zug, der den Aufführungen Gioconda De

Gioconda De Vito,
1956

Vitos von Brahms-Kompositionen etwas Überschwengliches, manchmal sogar Jubilierendes verliehen hatte. Das Introvertierte, bei aller Dramatik und Virtuosität Melancholische von Brahms löste diese vitale Musikerin in sehnsuchtsvolle Kantilenen auf. Ihr leuchtender, weicher Ton hellte Brahmssche Schatten auf, verklärte das Schwermütige und vermochte das herbe Pathos schwärmerisch zu sentimentalisieren. Besonders gelang ihr 1956 das Adagio des Violinkonzerts D-Dur. Bei dem Konzert im Herkulessaal zusammen mit dem Symphonieorchester des Bayerischen Rundfunks unter Eugen Jochum sang sich Gioconda De Vito sozusagen auf der Geige die Seele aus dem Leib.

Ebenfalls kantabel fließend, lyrisch und edel im Ausdruck klang das Geigenspiel von Erica Morini. Aber geschmeidiger, virtuoser, geigerisch makelloser als bei Gioconda De Vito. Erica Morini, 1904 in Triest geboren, war technisch gründlicher ausgebildet und wohl auch begabter. Mit acht Jahren wurde sie vom legendären böhmischen Geigenpädagogen Otakar Ševčík in seine Wiener Meisterklasse aufgenommen. Von ihr wissen wir einiges über die Methodik des großen Lehrers: »Wenn ein Schüler einen besonders schwierigen Lauf üben mußte, ließ Ševčík ihn den Lauf erst einmal rückwärts spielen, danach ging es viel leichter.« 1913 trat das Mädchen mit den großen dunklen Augen zum erstenmal auf. Wenig später gab sie ihr deutsches Debüt beim Leipziger Gewandhausorchester unter Arthur Nikisch, der bewundernd sagte: »Das ist kein Wunderkind, das ist ein Wunder – und ein Kind.« 1917 brachte Vater Morini unter dem Eindruck des Ersten Weltkriegs und der Veränderungen für ganz Europa seine Familie nach Amerika. 1921 debütierte Erica Morini in New York mit den dortigen Philharmonikern. Vorher hatte sie schon mehrere Tourneen durch die USA gemacht. Seit diesem New Yorker Auftritt galt sie als Meisterin des klassisch-romantischen Repertoires, das sie mit Innerlichkeit und lyrischem Empfinden erfüllte.

Wie ihre Zeitgenossin Gioconda De Vito hat sich Erica Morini nicht auf neue Musik eingelassen. Konzertiert hat sie aber bis tief in die siebziger Jahre auf der ganzen Welt, besonders gefeiert in ihrer Wahlheimat USA und von ihren Kollegen hoch geschätzt. Fritz Kreisler lobte sie begeistert: »Niemand spielt Kreisler wie Morini!«

Die Eleganz und Feinheit ihres Tons während ihrer Glanzzeit zwischen den Kriegen kann man eindringlich wahrnehmen bei einer typischen Zugabe, dem Menuett D-Dur von Mozart. Am Flügel der berühmteste Begleiter jener Tage, Michael Raucheisen: Schlank, untheatralisch, emotional gezügelt klingt Erica Morinis Kunst, form- und klangbewußt. Die Diskretion ihres Vibratos, das nie stört oder als Spezialität ausgestellt wird, ist bewunderungswürdig.

Erica Morini,
um 1955

Erica Morini hat seltsamerweise Jascha Heifetz als violinistisches Vorbild genannt. Seltsamerweise deshalb, weil diese Geigerin trotz ihres überragenden technischen Könnens weder
an die geschliffene Perfektion von Heifetz erinnert noch an
dessen spezifischen Glamour. Auch seine stets sehr raschen
Tempi waren Erica Morinis Sache nicht. Ihr Spiel blieb immer
nobel, eher introvertiert und fern von Exhibitionismus. Bei
aller Elastizität, aller Kraft der Bogenführung, die Erica
Morini vom Pianissimohauch bis zu strahlendem Fortissimo
alle nur denkbaren dynamischen Nuancierungen gestattete,
vermitteln zumindest die Aufnahmen aus den fünfziger und
sechziger Jahren den Eindruck, über ihrem Spiel liege eine
Patina des Zart-Altmodischen, oder wie es ein Kritiker anläßlich ihres Auftritts bei den Salzburger Festspielen 1959 formulierte: »Mit energischem Strich, erstaunlicher Technik und
viel Gefühl zeigte sich Erica Morini als Virtuosin alten Stils.«
    Von diesem Salzburger Konzert gibt es einen Mitschnitt,
sie spielt Mozarts bedeutendstes Violinkonzert, das fünfte in
A-Dur, mit dem Orchestre National de la Radio Télévision

Française unter George Szell. Der Abend fing unglücklich an, Erica Morini mußte abbrechen, weil ihre Geige die Stimmung nicht gehalten hatte. Nach neuerlichem Einstimmen aber erklang Mozarts A-Dur-Konzert mit unaufwendigen Akzenten und feiner Artikulation. Vor allem der letzte Satz, »Rondeau. Tempo di menuetto«, gelang der damals 55 jährigen mit leisem Charme und einem Hauch virtuoser Koketterie.

In jüngster Zeit sind einige Live-Mitschnitte aus den sechziger Jahren bekannt geworden, die beweisen, daß Erica Morini auch jenseits der Grenze zwischen 60 und 70, hinter der bei vielen Streichinstrumentalisten das Nachlassen der tonlichen, virtuosen und damit der gestalterischen Kräfte unüberhörbar wird, über ihre geigerischen und musikalischen Mittel souverän verfügte. Nicht nur die Programme führen zurück ins 19. Jahrhundert – Louis Spohrs so gut wie vergessenes neuntes Violinkonzert d-Moll, Max Bruchs g-Moll-Konzert, Henri Wieniawskis zweites Konzert d-Moll –, sondern auch Erica Morinis Kunst. Es ist, als sähe man in ein Photoalbum aus alten Tagen, auf dessen Porträts die Menschen in gesammeltem Ernst und untadeliger Fasson einen anschauen. Technisch geigt Erica Morini glanzvoll, nahezu perfekt, kein vulgärer Rutscher, kein aufdringlicher Schluchzer, keine Vibratoeitelkeit beschädigen und verunstalten diesen zuchtvollen, stets auf Klangschönheit und Phrasierungsdeutlichkeit gerichteten Geigengesang. Es dürfte heute niemanden geben, der das berühmt-berüchtigte Adagio aus Bruchs g-Moll-Konzert so einfach und nobel spielen kann, wie es Erica Morini 1966 tat. Weil diese große Künstlerin noch an die Kraft und den Adel der romantischen Klanggesten der Spohr, Wieniawski und Bruch vorbehaltlos glaubte, konnte sie diese Musik gleichsam in ihrer historisch wahren Gestalt darstellen.

Erica Morini, die sich 1976 vom Konzertpodium mit Trauer verabschiedete und danach bis zu ihrem Tod 1995 die Geige nicht wieder angerührt haben soll, hat in späteren Jahren bitter darüber geklagt, daß ihre Karriere sehr unter bornierten Managern gelitten habe, die letztlich keine Künstlerinnen vermitteln wollten, seien sie ihren männlichen Konkurrenten noch so überlegen: »Keiner will Violinistinnen.« Daß am Ende auch noch ihre Stradivari gestohlen und ihr unersetzlicher Nachlaß – Partituren mit Fingersätzen und Anmerkungen, Tonaufnahmen, Photos, Briefe und Wertgegenstände – geplündert und rettungslos verstreut worden ist, wirft ein tragisches Licht auf diese großartig Unzeitgemäße.

Wenn Gioconda De Vito und Erica Morini als Protagonistinnen einer antimodernen, rückwärts gewandten Geisteshaltung der dreißiger und vierziger Jahre und eines romantisierenden Musikideals gelten können, dann stellt Ida Haendel, eine Generation jünger, um 1925 geboren, das Datum changiert zwischen 1923 und 1928, die Gegenfigur dar. Diese fulminante Musikerin kennt keine Grenzen musikalischen Interesses. Sie gräbt Verschollenes und Halbvergessenes wie die Violinkonzerte und -sonaten von Saint-Saëns genauso engagiert aus, wie sie sich in die schwersten Partituren neuester Musik stürzt. Sie liebt das Feuer des Virtuosen und läßt die Funken stieben, sie kann sich versenken und die berühmten großen Konzerte und Sonaten zwischen Bach und Sibelius weiträumig und mit tiefem Ernst disponieren. Und sie kann ihren Ton der jeweiligen Musik faszinierend anverwandeln, ohne etwas von ihrer fesselnden Persönlichkeit aufzugeben.

Ida Haendel wurde im polnischen Cholm (bei Lublin) geboren als Tochter einer armen jüdischen Familie. Schon mit drei Jahren versuchte sie auf der Geige ihrer Schwester, sich Melodien selbst beizubringen. Ein Jahr später brachte sie der ehrgeizige Vater auf die Warschauer Chopin-Musikschule, wo sie bei Michałowicz Unterricht nahm, einem ehemaligen Schüler Leopold von Auers. Nach ersten Preisen zogen die Haendels 1935 nach Paris. Die kleine Ida sollte bei Joseph Szigeti weiterstudieren. Doch statt dessen landete sie bei Carl Flesch, der von diesem Talent so beeindruckt war, daß er Ida kostenlos zu unterrichten begann.

1935 gewann die gerade 16jährige Flesch-Schülerin Ginette Neveu in Warschau den Wieniawski-Wettbewerb vor niemand Geringerem als David Oistrach. Aber die wohl zehnjährige Ida Haendel hatte sich als Jüngste bis ins Finale gespielt, was ihr eine Einladung zum Tee beim polnischen Staatspräsidenten Ignacy Mościcki einbrachte. Zu diesem Zeitpunkt hatte sie auch eine Schwierigkeit ihrer Anfängerjahre überwunden: Flesch war der gewitzten kleinen Ida nämlich auf die Schliche gekommen, daß sie die Stücke allein nach Gehör einstudierte und gar keine Noten lesen konnte!

1937 erlebte Ida Haendel, die auf Betreiben von Flesch mit der ganzen Familie nach England gezogen war, ihren Durchbruch in London mit dem Brahms-Konzert unter dem Dirigenten Henry Wood. In jenem Jahr nahm sie in Paris noch ein paar Stunden bei George Enescu, sehr zum Mißfallen von Flesch. Den hat Ida Haendel als eine Art Chirurg beim Unterricht beschrieben, während Enescu vorspielte und so der Schülerin klarmachte, worum es ihm ging. 1939 ließ sie sich mit der Familie in England nieder und nahm ein Jahr später die britische Staatsbürgerschaft an.

Aus dieser Zeit sind einige Kammermusikaufnahmen erhalten, darunter auch die Malaguena von Isaac Albéniz in Fritz Kreislers Bearbeitung mit Noel Mewton-Wood am Klavier. Ida Haendel, etwa 16 Jahre alt, läßt ein feuriges Flirren hören, ihr Ton bebt von nervöser Hitze, ihre Läufe scheinen zu brennen vor Intensität. Nicht einer der Lautstärke, sondern der sensationellen Vielfarbigkeit und Reaktionsschnelligkeit. Kein Zweifel, daß diese Musik aus dem heißen Süden kommt, wo die Sonne brüten kann und Melancholie und Ausbruch dicht beieinander liegen.

Während der Kriegsjahre konzertierte die Geigerin vor englischen Soldaten, in Fabriken und immer wieder bei den legendären Londoner »Proms« ihres Mentors Wood. Nach dem Krieg folgten Tourneen zuerst in die USA, dann nach Israel und durch die ganze Welt. 1952 zog sie mit ihren Eltern nach Kanada, ohne ihre britische Basis aufzugeben. Überall ist sie als Prophetin englischer Musik aufgetreten.

Vor allem Benjamin Brittens Violinkonzert hat sie wahrhaft durchgesetzt. Britten begann mit der Komposition 1938 und beendete sie am 29. September 1939. Während dieser Zeit okkupierte Nazideutschland die Tschechoslowakei und begann am 1. September den Zweiten Weltkrieg mit dem Einmarsch in Polen. Britten schrieb das Konzert in Verbindung mit dem spanischen Geiger Antonio Brosa, den er 1936 in Barcelona kennengelernt hatte. Brosa war auch der Solist der Uraufführung in der New Yorker Carnegie Hall unter John Barbirolli 1940. In den fünfziger Jahren arbeitete Britten das Konzert noch zweimal um.

1998 betrat Ida Haendel die Bühne des Münchner Nationaltheaters mit kleinen Schritten, stimmte kurz ihr Instrument und setzte es etwa so an, wie es von Paganini überliefert ist: Nicht hoch erhoben gespannt wie die meisten Virtuosen, sondern gewissermaßen entspannt ein bißchen nach unten geneigt. Und dann spielte sie Brittens Konzert, vom Bayerischen Staatsorchester unter Paavo Berglund begleitet, mit unerhört facettenreichem Geigenklang, der vom gehauchten Irisieren bis zur scharfen, ja, höhnischen Attacke alle nur denkbaren Nuancen der Charakterisierung und Abtönung kennt. Und immer birgt er Hitze und Glut in sich, wie sie schon die Ida Haendel von 1940 zeigte.

Den melancholisch-düsteren Klagegesang des Moderato con moto, in dem ein prägnantes Paukenmotiv unerschütterlich und unheimlich den ganzen Satz, ja, das ganze Konzert grundiert, entfaltete Ida Haendel leidenschaftlich mit glanzvollen Spitzentönen, staunenswert durchsichtigem Akkordspiel und Intonationsdeutlichkeit sondergleichen. Vor allem im zweiten Satz, Vivace, wechselte Ida Haendel blitzschnell die Klangmasken vom grimmigen Totentanz mit schriller Geigenbrillanz bis zu zarten Lyrismen im trioartigen Mittelteil. Und nach der Wiederkehr des bösen Tanzes verlor sie sich in einer sich immer höher und ferner schraubenden

Ida Haendel,
München 1989

Kadenz. Längst hielt man bei dieser klanglichen Gratwanderung den Atem an, um nicht schwindelig zu werden. Von dort war es dann nur ein Schritt in die abschließende Passacaglia, deren große Dimension sie bewegend ausmaß. Und das alles trotz der strohigen Nationaltheater-Akustik, die bei Instrumentalmusik jeden Klangfarbenreichtum austrocknet. Für die Ovationen bedankte sich Ida Haendel mit einer glänzend hingefegten Solobearbeitung des Russischen Tanzes aus Tschaikowskis »Schwanensee«. 1977 hatte Ida Haendel Brittens faszinierendes Stück zusammen mit dem Bournemouth Symphony Orchestra ebenfalls unter Berglund aufgenommen, ein für eine Studioproduktion erstaunliches Dokument hingebungsvollen Einsatzes.

Ein so wenig beachtetes Konzert wie das von Max Reger hat in Ida Haendel eine genauso engagierte Anwältin wie die »Tartiniana seconda« von Luigi Dallapiccola, die sie 1957 in Turin uraufführte. In den letzten Jahren hat sie sich vor allem für die Musik des Schweden Allan Pettersson eingesetzt. Pettersson, der zeitlebens unter schweren Krankheiten litt, ist für

Ida Haendel »der vielleicht umstrittenste Komponist dieses Jahrhunderts, für mich aber der interessanteste, dem ich je begegnet bin«. In letzter Zeit erlebt Pettersson, der 1980 im Alter von 68 Jahren starb, eine Entdeckungsphase durch Dirigenten, Solisten und Orchester.

1989 fand im Münchner Herkulessaal in der Reihe »musica viva« die deutsche Erstaufführung seines für Ida Haendel geschriebenen zweiten Violinkonzerts statt. Ida Haendel wurde vom Symphonieorchester des Bayerischen Rundfunks unter Georg Schmöhe begleitet. Aber das ist ein falscher Ausdruck für das gewaltige wilde, mehr als eine dreiviertel Stunde dauernde Geschehen, in dem die Violine in einen ständigen Kampf mit dem Orchester verwickelt ist und darin unterzugehen droht. In dieser chaotischen und erregenden Musik der Drangsale und Zusammenbrüche spielte Ida Haendel mit absoluter Meisterschaft und hielt durch alle Fährnisse hindurch Kurs.

Aber auch die sogenannten Schlachtrösser des Repertoires hat Ida Haendel denkwürdig vorgeführt: Mendelssohn-Bartholdy mit leichtem, fliegendem Ton, virtuos und lyrisch zugleich, Tschaikowski mit verzehrender Hingabe, als könne sie sich ganz in die Musik auflösen. Besonders wurde sie in den vierziger und fünfziger Jahren für Aufführungen des Brahms-Konzerts gefeiert. Ihr siedendes Temperament, ihre analytischen Fähigkeiten, die souveräne Beherrschung der geigerischen Mittel und die Glut ihres Tons lassen die Brahmsschen Düsternisse und Grübeleien erglühen. Es war die Beziehung zu einem Dirigenten, der ihr die Musik von Brahms so nahebrachte: 1951 entdeckte Ida Haendel in einem englischen Musikmagazin das Bild dieses Mannes: »Ein ungewöhnlich aussehender Typ mit einer zerzausten Mähne langer schwarzer Haare, die teilweise über seinem Gesicht hingen, mit einem Taktstock in der Hand und mit einer Ausstrahlung wie die Inkarnation des Satans.« So hat die Geigerin in ihren Memoiren den ersten Blick auf Sergiu Celibidache beschrieben. Ein Jahr später lernte sie ihn kennen, und mit Charme und Begeisterung konnte sie Celibidache davon überzeugen, mit ihr zu musizieren. Es erwuchs daraus nicht nur eine dramatische Affäre, sondern eine einzigartige musikalische Zusammenarbeit, die einzige, um derentwillen der erklärte Schallplattengegner Celibidache 1953 in ein Studio ging mit dem London Symphony Orchestra. Ida Haendel hat die Bedeutung dieses Zusammentreffens im Zeichen von Brahms festgehalten: »Celibidache brachte eine unvergleichliche Größe und Weiträumigkeit in die Musik. Damals begann ich, Brahms aufrichtig zu verehren. Bei den lyrischen Stellen fühlte ich mich angerührt wie von keinem anderen Komponisten, und der Aufbau seiner atemraubend grandiosen musikalischen Strukturen ließ meinen Puls schneller schlagen, machte mich geradezu schwindlig.«

Tatsächlich entstand das Zeugnis eines zugleich fulminanten und doch symphonischen Miteinanders. Faszinierend, wie Ida Haendel, das London Symphony Orchestra und Celibidache den letzten Satz, »Allegro giocoso, ma non troppo vivace«, in ein mitreißendes Federn versetzen. Kraftvoller, rhythmisch ausgereizter und elastischer kann man das nicht musizieren, und in aller Dynamik und Ekstase der Begeisterung auch nicht durchsichtiger.

Unbestechlich nah der Musik

Adolf Busch

Zart, aber nicht schwach, ruhig, aber nicht schleppend, singend, aber nicht exhibitionistisch spielte Adolf Busch mit Rudolf Serkin 1929 das Eingangs-Adagio von Bachs sechster Sonate G-Dur für Violine und Klavier. Da war der bedeutendste deutsche Geiger schon in die Schweiz gezogen, voraussehend, was sich in der Weimarer Republik zusammenbraute. Als 1933 der 100. Geburtstag von Brahms gefeiert wurde, verzichtete Busch auf Teilnahme und Auftritt in Nazideutschland. Denn man hatte seinen ständigen Partner, den Juden Serkin, mit Konzertverbot belegt. Erst 1949 kehrte Busch für ein paar Konzerte zurück. Da aber hatte dieser unbestechliche, stolze Künstler seinen Zenit schon durchschritten.

1891 wurde Adolf Busch in Siegen (Westfalen) geboren. Sein Vater Wilhelm war ein begabter Amateurmusiker, von Haus aus aber Kunsttischler, der sich autodidaktisch zu einem passablen Instrumentenbauer ausgebildet hatte. Er hat es damit so weit gebracht, daß er seinem Sohn eine Geige baute, auf der Adolf erste Erfolge feierte und die er spielte, bis er sich eine Stradivari leisten konnte.

Von den vielen Kindern der Familie Busch sind drei Musiker von Weltformat geworden: Der älteste Sohn Fritz wurde einer der wichtigsten Dirigenten der ersten Hälfte des 20. Jahrhunderts, Opernchef in Stuttgart, später elf legendäre Jahre lang Generalmusikdirektor der Dresdener Semperoper. Dann vertrieben ihn die Nazis, die er wie sein Bruder Adolf von Beginn an verabscheut hatte. New York, Buenos Aires, Kopenhagen – vor allem die Festspiele im englischen Glyndebourne hat Fritz Busch denkwürdig geprägt.

Es gibt eine aufschlußreiche Photographie der Knaben Fritz und Adolf: beide im Matrosenanzug, der Ältere schüchtern, ernst und in sich gekehrt. Der Jüngere, der spätere Geiger, mit kühnem Blick, den Daumen der rechten Hand herausfordernd in die Jackentasche gehängt. Ungeduld und Hingabe sind auf diesem Bubengesicht zu sehen, Temperament und etwas Herrisches. Der jüngere Bruder Hermann wurde später im weltberühmten Streichquartett von Adolf Cellist. Bruder Willi entwickelte sich zum Schauspieler. Auch da ist eine Photographie interessant. Sie wurde 1951 in Deutschland nach der Wiederkehr der Musiker aufgenommen. Fritz Busch schaut fast väterlich als der Älteste auf seine in ein heiteres Gespräch vertieften Brüder Adolf und Willi, während der zurückhaltende Hermann die Impulsivität des Geigers und des Schauspielers lächelnd beobachtet. Ein Jahr später war er der einzige der vier, der noch am Leben war.

Die ärmlichen Verhältnisse der immer zahlreicher werdenden Familie wurden mit dem Salär aus Tanzbodenauftritten, Aufspielen bei Hochzeiten, Taufen und Begräbnissen kaum gebessert. Aber Vater Busch lebte in der Musik. Fritz hat in seinen Erinnerungen mitgeteilt, daß seine Brüder und er über zehn Jahre lang an jedem Wochenende über Land fuhren von Kneipe zu Kneipe, von Festivität zu Festivität. Eine ungemein harte Schule musikalischer Ertüchtigung.

Mit elf Jahren wurde Adolf am Kölner Konservatorium in die Meisterklassen von Willy Heß und Bram Eldering aufgenommen. Heß war lange Zeit Konzertmeister beim Boston Symphony Orchestra gewesen, Eldering, aus Holland stammend, hatte bei Jenő Hubay in Brüssel und Budapest studiert und ließ sich später in Berlin auch noch bei Joseph Joachim unterrichten. Trotz der jetzt professionellen Unterweisung zog Adolf weiterhin mit Vater und Brüdern zum Aufspielen durchs Land. Nebenbei ging er aufs Gymnasium und half in Köln beim Gürzenich-Orchester aus. Kaum ein anderer Geiger hat eine vergleichbare Erfahrungsvielfalt mit dem Musikerberuf gehabt wie Adolf Busch. Und kaum einem ist es wie ihm gelungen, diese Vielfalt ein Leben lang zu bewahren und auszuüben – als Quartettprimarius, als Kammermusiker und als Solist. 1909 jedenfalls schlossen die Brüder Fritz und Adolf ihre Studien mit einem Konzert im Kölner Gürzenich mit Werken von Brahms ab. Adolf war 18 Jahre alt.

Schon ein Jahr später trat Busch in Berlin mit den Konzerten von Brahms, Reger und eigenen Variationen über ein Schubert-Thema auf. Der Kritiker der Musikzeitschrift »Signale« staunte und schätzte den jungen Musiker richtig ein: »Adolf Busch ist einer jener Frühreifen, die geboren sind, um entweder große Diener der Kunst zu werden, oder an ihrer unheimlichen Begabung zugrunde zu gehen. Ihm wird die inhaltlich schwere Musik gehören, für die er jetzt schon das ganze Rüstzeug besitzt: einen außerordentlich kräftigen, vieler Abstufungen fähigen Ton voll Reiz und herber Schönheit sowie eine absolut sichere Technik, die auch im polyphonischen Spiel nicht unrein wird.«

1912 debütierte er in London mit dem Brahms-Konzert. Auch der Kritiker des »Strad« erkannte das Unverwechselbare und Besondere: »Keiner außer Kreisler vermag in der Reinheit seines Stils und in der Schönheit des Ausdrucks an ihn heranzureichen.« Reinheit, herbe Schönheit des Tons, Diener der Kunst, Ernst und Ausdruckstiefe, der sich das Geigentechnische unterzuordnen hat, das alles sind die Charakteristika, mit denen Busch zu einer musikalischen Instanz wurde. Mochten andere virtuoser, brillanter, technisch sogar überlegen sein, die emotionale und spirituelle Kraft, sozusagen das Geistige in der Musik, konnte niemand so verdeutlichen und weitergeben wie Busch. Gerade weil er in seiner

Adolf Busch,
1919

Jugend genug zum Tanz aufgespielt hatte, genug Schmachtfetzen und Schlager hatte servieren müssen, interessierte ihn
nun die gewichtige, anspruchsvolle Musik.

Trotz seiner Soloerfolge wurde Busch 1913 Konzertmeister in Wien. Dort gründete er sein erstes Quartett, dessen
Ruf sich so schnell entwickelte, wie er wieder dahinschwand,
weil der Erste Weltkrieg zwei Mitglieder raubte. 1917 war
Busch schon so berühmt und etabliert, daß man ihn an die
Berliner Musikhochschule auf die Professur von Joachim und
dessen Nachfolger Henri Marteau berief.

Neben den Klassikern engagierte sich Busch durchaus
auch für Musik seiner Zeit. Kompositionen von Max Reger,
der Busch bewunderte für die Darstellung seines Violinkon-

215

zerts, spielten Busch und Serkin ihr Leben lang. In dessen fünfter Sonate für Violine und Klavier fis-Moll von 1905 gibt es als zweiten Satz ein scherzohaftes Allegretto, dessen hintersinnigen Charme, seltsam verzogene Kantilene Busch und Serkin 1931 wunderbar ausführten. Dabei ging es den beiden Musikern nicht um das Herausheben der harmonischen Kühnheiten, sondern gerade um musikalische Selbstverständlichkeit. Die Geige beginnt ihre Melodie, die ein bißchen an Hanns Eisler erinnert, ausgesprochen liedhaft und zugleich ironisch, mit Dämpfer. Dadurch wirkt Buschs Ton in der Höhe wie ein flüsterndes Einschmeicheln, in der Tiefe wie wohliges Schnurren. Serkin setzt mit glockenspielartigen Effekten die scheinhafte Naivität raffiniert um: feinsinnige, delikate Musik.

Mit Ferruccio Busoni verband Busch eine bis zum Tod des großen italienischen Pianisten, Musikrevolutionärs und Komponisten im Jahr 1924 dauernde Freundschaft. Busch hatte Busoni während des Ersten Weltkriegs in der Schweiz kennengelernt. Die Bekanntschaft vertieften sie dann in Berlin, wo Busoni legendäre Kaffeeklatsch-Nachmittage abhielt, an denen alle teilnahmen, die in Berlin in der Musik- und Intellektuellenszene Rang und Namen hatten. Ein Jahr vor seinem Tod schrieb Busoni Busch, er wolle für ihn etwas ganz Spezielles komponieren, ein Streichquartett mit Solovioline. Doch aus dem Projekt wurde nichts mehr.

Von Buschs lebenslangem Einsatz für die Musik seines Freundes Busoni, der auch Buschs eigene Kompositionen beeinflußte, ist eine großartige Aufführung des Violinkonzerts als Tondokument erhalten. Das Konzert entstand 1896/97, Busoni hielt es lange Zeit für verunglückt, bis ihm 1912 Joseph Szigeti das vermeintlich mißlungene Stück so meisterhaft vorspielte, daß sich Busoni von den Qualitäten seines Werkes überzeugen ließ.

Szigeti und Busch wurden denn auch die Propheten dieses Konzerts, das einen janusköpfigen Eindruck macht. Es schwärmt spätromantisch und verabschiedet sich zugleich

von trügerischer Süße, es ist virtuos, ohne jedoch Virtuosenmusik voll Kabinettstückchen zu sein.

Am 12. März 1936 bot Busch Busonis Violinkonzert in
Amsterdam mit dem Concertgebouw Orkest. Am Pult stand
einer jener bedeutenden Dirigenten, die Nazideutschland ver-
femt und vertrieben hatte: Bruno Walter. Busch spielte mit
großem Ton, den ein geradezu singendes Vibrato auszeich-
nete. Aber auch mit einer virtuosen Leidenschaft, die Busonis
Konzert hell leuchten ließ.

Die entscheidende Begegnung zwischen dem hochberühmten
deutschen Geigenprofessor und dem unbekannten, damals
15 jährigen jüdischen Pianisten Serkin aus dem böhmischen
Eger gehört zu den schönsten Musikeranekdoten. Nach Fritz
Buschs Aufzeichnungen geschah folgendes: »Adolf befand
sich [1919] in Wien auf Umschau nach Ersatz [für seinen bisherigen Klavierbegleiter], als ihn Freunde auf den blutjungen,
hochbegabten Serkin [...] aufmerksam machten. Man suchte
ihn zuhause. Zum Schrecken der Abgesandten stellte sich
heraus, daß Rudi zur gleichen Stunde, zusammen mit einer
Gruppe anderer unterernährter Kinder von einer Wohlfahrts-
vereinigung zur Erholung fortgeschickt, auf dem Wege nach
Frankreich war. Adolfs Freunde holten ihn beinahe aus dem
Zuge heraus zurück, einen schmächtigen, ernsthaft-scheuen
fünfzehnjährigen Jungen mit borstigem schwarzem Haar und
gescheiten Augen [...] Hätte der Zug auf dem Wiener West-
bahnhof früher zur Abfahrt gepfiffen, so wären sie vielleicht
aneinander vorbeigegangen.«

Aus dieser Begegnung entstand eine einzigartige menschliche und künstlerische Beziehung. Serkin heiratete 1935
Adolf Buschs Tochter Irene, er wurde von seinem Entdecker
und Mentor nach allen Kräften in seiner Solokarriere unterstützt. Die beiden revolutionierten den Umgang mit der
Kammermusik. In den zwanziger und dreißiger Jahren muß
die Strenge ihrer Programme mit Sonaten von Bach, Mozart,
Schubert, Beethoven, Brahms oder Reger erschreckt haben.

217

Adolf Busch und Rudolf Serkin,
um 1935

Es muß dem Publikum wie Schuppen von den Ohren gefallen sein, daß Violinsonaten nicht Anlaß zu geigerischer Schaustellung mit begleitendem Klavier sind, sondern dramatische, dialogisierende, in diesem Sinne symphonische Musik gleichberechtigter Partner. Was Busch von Jugend auf praktiziert hatte im familiären Kreis, wurde jetzt zusammen mit dem einmaligen Serkin öffentlich und vorbildlich.

Unerreicht war die Fähigkeit dieser beiden Ausdrucksbesessenen, Musik extrem auszuphrasieren. Nichts wurde effekthascherisch demonstriert, sondern alles in den musikalischen Prozeß integriert. So kann ein einziger, das ganze Werk überwölbender Bogen entstehen. Die Dramatik war keine der persönlichen Eitelkeiten der Spieler, sondern allein

218

die des musikalischen Geschehens. Gegenseitige Aufmerksamkeit, das Sich-ineinander-Versenken zeichnet selbst weniger gelungene Aufnahmen von Busch und Serkin aus. Eines
der bewunderungswürdigen Dokumente dieser Fähigkeit, die
Spannung musikalischer Architektur bis zum Äußersten zu
dehnen, ist die 1931 entstandene Aufnahme von Beethovens
früher Es-Dur-Sonate op. 12,3. Nach einem feurig-raschen
Allegro con spirito folgt ein riesige Dimensionen entfaltendes
Adagio con molt'espressione. Es nimmt den Atem, mit welcher Ruhe Busch und Serkin sich hier in fernste und höchste
Gefilde melodiöser und harmonischer Ausarbeitung begeben.
Ein Lauern, ein Beben liegt über Beethovens Kantilenen.
Busch und Serkin vermochten diese Weite und Ergiebigkeit
des musikalischen Satzes voll auszukosten.

1931 hatte Busch Deutschland schon verlassen und war in die
Schweiz gezogen. Mit Beginn des Zweiten Weltkriegs ging er
mit seiner Familie nach Amerika, wo er 1931 in New York
debütiert hatte. Mit den Philharmonikern unter Arturo Toscanini spielte er ein Bach- und das Beethoven-Konzert. Auch
hier setzte sich Buschs überragende Persönlichkeit durch,
vermißte niemand vordergründige Technik und aufgesetzte
Geigenseligkeit. Toscanini lud ihn zu einer Tournee durch die
Vereinigten Staaten ein. 1933 brachte Busch auch seinen
Schwiegersohn mit nach Amerika, sie traten in der Library of
Congress in Washington auf. 1936 debütierte Serkin als Solist,
ebenfalls mit den New Yorker Philharmonikern unter Toscanini. Und 1937 spielten Busch und Serkin sämtliche Beethoven-Sonaten in der New Yorker Town Hall.
    Aus diesem Jahr gibt es einige Aufnahmen der beiden, dar-
unter Mozarts Sonate F-Dur KV 377. Busch und Serkin ver-
tändeln oder verniedlichen Mozart nicht. Kraftvoll und zugleich delikat, zart und mit draufgängerischem rhythmischem
Witz verwirklichen sie Mozarts Partitur. Das wirkt leicht,
geschwind ohne Hudelei und hellwach in Phrasierungs-
genauigkeit und Deutlichkeit.

»Vom ersten Mal an spielten wir zusammen, als wären wir eins, obwohl er natürlich viel älter als ich war. Aber er war wundervoll zu mir«, hat Serkin die Atmosphäre zwischen ihm und Busch beschrieben. Dieser Ensemblegeist entstand aber nicht durch Harmonisierung, sondern aus der Diskussion. Busch war sich sicher, daß aus ihrer gegenseitigen Inspiration eine größere Nähe zum Willen des Komponisten erreichbar sei: »Eine solche Erfahrung kann man nicht als alleiniger Solist machen, wo man notwendigerweise nur auf sich selbst gestellt ist.« Der kanadische Geiger Frederick Grinke, ein Schüler Buschs, hat über Serkins Klavierstil bemerkt: »Er spielte Klavier wie ein Streicher, er strich gleichsam auf dem Klavier mit einem Bogen.« Als weiterer Aspekt dieser Intensität des Zusammenspiels kam hinzu, daß Busch/Serkin die Sonaten auswendig vortrugen. Das allerdings begrenzte ihr Repertoire.

In den späteren amerikanischen Jahren mußte Busch manch herbe Kritik hinnehmen, weil sein deutscher Stil den amerikanischen Kritikern fremd war und blieb. Sie hatten sich auf den Stil der Auer-Schule eingeschworen, wie ihn vor allem Jascha Heifetz zelebrierte. Schon Ende der dreißiger Jahre deutete sich bei Busch ein Herzleiden an, 1940 mußte er wegen einer Attacke sogar einen Sonatenabend abbrechen, Serkin spielte dafür nach der Pause Beethovens »Appassionata«.

Sehr viele ihrer Konzerte absolvierten sie im Coolidge Auditorium der Library of Congress. Ein Saal mit topfiger Akustik, aber sehr sympathischer Atmosphäre. Einige dieser Konzerte sind mitgeschnitten worden, zum Teil in bedauerlich schlechter Qualität. Aber die Leidenschaftlichkeit, der Ausdrucksfuror, die Macht riesiger Adagiobögen und die Kraft, komplexe und problematische Werke mit dem Ernst und der Wucht zweier überragender Musiker zu erfüllen, läßt über die akustisch-technischen Mängel leicht hinweghören.

Im April 1943 spielten sie unter anderem Schuberts Rondo h-Moll, 1826 entstanden. In seinen Knabentagen hatte sich Schubert intensiver mit dem Geigenspiel beschäftigt, so daß der relativ vielfältige Schatz von Violinwerken in seinem Schaffen nicht verwunderlich ist. Das Rondo beginnt mit einem düster-sehnsüchtigen Andante, das in ein rhythmisch und melodisch vertracktes Allegro übergeht, das dem Geiger einiges an Schwierigkeiten bietet. Was sonst gern als Nebenwerk abgetan wird, erfuhr in Buschs und Serkins Darstellung ungeahnte Dimensionen von Dramatik und rhythmischer Vitalität. Buschs Ton klingt hier auffallend hell und von erregender Impulsivität.

Eine der besten Aufnahmen aus den Konzerten in der Library of Congress gelang bei der Aufführung von Beethovens Sonate G-Dur op. 30,3. Witz, Temperament, Dramatik und die Weite großer Kantilenenkunst waren da versammelt, einzigartig beseelt durch Buschs singendes Vibrato, als er und Serkin am 27. April 1943 Beethoven ihre Reverenz erwiesen und das Publikum mitrissen.

Busch war ein umfassender Musiker. Neben seiner solistischen Tätigkeit und seiner Streichquartettkarriere komponierte er: Orchestermusik, natürlich diverse Violinsonaten, von denen die zweite in a-Moll op. 56 deutlich Einflüsse von Reger und Busoni zeigt, und viele Stücke für verschiedene Kammermusikbesetzungen. Als Lehrer wirkte er vor allem durch seine inspirierende Persönlichkeit und musikalische Unbestechlichkeit. Neben vielen Kammermusikern waren es drei herausragende Talente, die eine Zeitlang mit Busch zu tun hatten: die Ungarin Stefi Geyer, die mit Béla Bartók eine unglücklich ausgehende Liebesgeschichte hatte, Erica Morini, die in Amerika als *die* Vertreterin des klassisch-romantischen europäischen Stils galt, und *das* Wunderkind des 20. Jahrhunderts: Yehudi Menuhin.

Busch begann nach dem Weltkrieg wieder in Europa zu konzertieren. Vielleicht hatte ihm das lange Exil mehr zugesetzt, als er selbst zugeben mochte, gewiß schwächten ihn zunehmende Herzbeschwerden, jedenfalls konnte Busch die großen Erwartungen nicht mehr erfüllen. Sein Ton hatte an

Konsistenz eingebüßt, das Technische beherrschte er nicht mehr mit der Souveränität seiner besten Jahre. In England, Italien und der Schweiz feierte man ihn. Als er 1949 endlich wieder in Deutschland auftrat, in Bonn und Berlin mit dem Beethoven-Konzert, verbarg das Publikum die schmerzliche Enttäuschung nur mühsam.

Auch mit dem Quartett und als Sonatenspieler tourte er durch Deutschland. Mit Serkin besuchte er Mexiko und mit seinem Quartett Südamerika. Eine geplante Quartettournee durch Deutschland 1952 konnte er nicht mehr unternehmen. Adolf Busch starb in jenem Jahr in seinem Haus in Guildford (Vermont).

Seine Bedeutung als überragender Kammermusiker, als Reformator des Sonatenabends und als einzigartiger Duopartner von Serkin ist unbestritten. Angesichts der Häppchenmusikkultur unserer Tage und des hemmungslosen Verschleißes auch größter Talente im Betrieb erscheinen Busch und Serkin wie aus einer anderen Welt. Einer Welt, die der Musik nahe war und in der man sich selbst treu blieb, um der Musik gerecht werden zu können.

Zwischen den Zeiten

Igor Oistrach, Julian Sitkowezki, Leonid Kogan

Als Sohn denselben Beruf wie der Vater auszuüben macht schon im Normalfall Schwierigkeiten genug, was Selbstwertgefühl, Eifersucht und Erwachsenwerden betrifft. Wie sehr man aber im künstlerischen Bereich zu kämpfen hat, läßt sich an Igor Oistrach ermessen, dem Sohn des großen David Oistrach. Ein hervorragender Geiger, ein Musiker von Rang. Und doch fiel in der Öffentlichkeit immer der Schatten des Vaters auf ihn. Aber böse Nachrede, Igor hätte ohne seinen Vater nie Karriere gemacht, muß zurückgewiesen werden. Dieser manchmal hypernervöse, manchmal sogar verkrampft wirkende Violinist ist in seinen besten Momenten dennoch ein eigenständiger Meister seines Fachs.

Dmitry Sitkovetsky, einer der Stars der jüngeren Generation, hätte vielleicht Igor Oistrachs Schicksal teilen müssen, wäre sein Vater Julian nicht so tragisch früh mit 32 Jahren 1958 gestorben. Bis dahin galt Julian Sitkowezki als eine der großen Hoffnungen der russischen Geigenkunst. Aufgrund weniger Aufnahmen ist es schwer zu sagen, ob sich hier die Oistrach-Problematik nicht auch hätte umgekehrt sehen lassen, daß nämlich ein zweifellos großartiger Geiger sich vom eigenen Sohn hätte übertreffen lassen müssen. Doch sind das müßige Spekulationen. Die musikalische Eigenart und geigerische Potenz Sitkowezkis stehen genauso außer Frage wie die seines Sohnes Dmitry.

Der dritte Held ist der wichtigste Violinist der ehemaligen UdSSR neben David Oistrach: Leonid Kogan, begabt mit einem einzigartig dunklen, ja düsteren Geigentimbre, ein Musiker, fähig zu den wildesten Ausbrüchen, die je auf einer Violine zu hören waren, fähig zu abgrundtiefen Verschattungen, zu knirschendem Grimm, aber auch zum nuancenreichen Farbenrausch. Auch Kogan starb überraschend früh 1982, 58 Jahre alt.

Vital und üppig klang Mozarts Duo für Violine und Viola G-Dur KV 423, wenn es Igor Oistrach und sein Vater David als Bratscher vortrugen. Eine Aufnahme, die dieses kraftvolle Streicherspiel relativ gut festgehalten hat, stammt aus den frühen sechziger Jahren. Damals reisten die beiden als gefeiertes Duo um die Welt. Solange Vater und Sohn zusammen auftraten, wurde das fabelhafte Zusammenspiel gelobt, die perfekte Harmonie zwischen beiden. Erst wenn Igor allein auf dem Podium erschien, begannen jene unseligen Vergleiche mit dem Vater, die Igor belasteten. Viele Zuhörer erwarteten einfach einen jüngeren Oistrach, der dennoch dem alten bei musikalischen Dingen in allem zu gleichen habe. Bei dem Mozart-Duo kann man die grundlegenden Unterschiede hören: Igor verfügt über einen eher hell gefärbten, angespannt wirkenden Ton, der manchmal aggressiv glänzen kann. Es klingt bei ihm entschieden virtuoser, gewissermaßen exhibitionistischer als bei seinem Vater, der die Bratsche wie ein kleines Cello zu spielen scheint, so dunkel und klangsatt ertönt das tiefere Streichinstrument. Auch dort, wo beide gemeinsam phrasieren, wirkt Igors Spiel auftrumpfender, auch eleganter.

Igor Oistrach wurde 1931 in Odessa geboren. Vater David wollte unbedingt einen Geiger aus seinem Sohn machen. Aber der Sechsjährige wich nach kurzer Zeit auf das Klavier aus. Erst Pjotr Stoljarski, der Lehrer seines Vaters, vermochte den

*Igor Oistrach,
München 1970*

inzwischen Elfjährigen zur Geige zurückzuführen. Während
des Krieges unterrichtete ihn dann Walerija Merenbljum.
Diese Frau konnte den sehr temperamentvollen, aufbrausen-
den Schüler zügeln und ihm eine solide technische Grundlage
geben. Mit 18 Jahren siegte Igor beim internationalen Wettbewerb in Budapest. Längst trainierte ihn jetzt sein Vater,
der erst um 1945 an das Talent des Sohnes zu glauben begann
und immer besonders hohe Ansprüche an ihn stellte. Ein Jahr
nach dem Budapester Sieg gewann Igor auch beim Wieniawski-Wettbewerb in Warschau.

Danach begann die Karriere, zuerst im Schlepptau des
Vaters. Mal spielten sie Duos und Doppelkonzerte, mal spielte Igor Violinkonzerte, und sein Vater dirigierte berühmte
Orchester wie die Wiener Philharmoniker. Aber die Gegensätzlichkeit der Temperamente verlangte nach entschiedenerer
Trennung. Seitdem muß Igor gegen den Vater in den Köpfen
des Publikums ankämpfen mit wechselndem Erfolg. Er ist der
bedenkenlosere Virtuose, ein Geiger, dessen Ton mit viel mehr
Druck erzeugt wird als das ruhige Strömen seines Vaters.

Obwohl Igor Oistrach, dessen Sohn Waleri ebenfalls wieder ein begabter Streicher ist, sich intensiv mit Beethoven und Mozart beschäftigt hat – mehrfach hat er alle Sonaten der beiden Komponisten komplett in Konzertzyklen achtunggebietend dargeboten –, obwohl er die Schlachtrösser von Bach bis Bartók und Strawinsky mit Erfolg vorgeführt hat, liegt seine besondere Stärke in der spätromantischen Virtuosenmusik. Sein schnelles, manchmal aggressives Vibrato, seine Freude an unverhohlener Zurschaustellung geben Wieniawskis Polonaise brillante Nr. 1 D-Dur – in einer Aufnahme von 1989 mit Oistrachs Gattin Natalija Serzalowa am Flügel – eine gewisse metallische Unmittelbarkeit, die allerdings den liebenswürdig altmodischen Charme des Stückes zugunsten athletischer Geigenkunst vertreibt.

Igor Oistrach und seine nur wenig älteren Landsleute Julian Sitkowezki und Leonid Kogan sind eine Zwischengeneration. Sie gehören nicht mehr zu den Geigenkönigen aus romantischem Geist und subjektiver Tonbildung. Als sie ihre Karrieren nach dem Zweiten Weltkrieg begannen, hatte sich die ästhetische Situation geändert. Werktreue, Originalfassungen, Abkehr vom solistischen Firlefanz hin zu Ernst und Genauigkeit lauteten die neuen Direktiven. Dazu schränkten die rapide zunehmende Bedeutung der Schallplattenproduktionen und ihres Ideals einer sterilen Perfektion ungewollt die Möglichkeiten ein, sich ruhig zu entwickeln und unverwechselbar zu werden. Erst seit Ende der sechziger Jahre treten neue Generationen auf den Plan, die die Errungenschaften modernen Geigenspiels mit den unvergessenen Qualitäten der Kreisler, Huberman, Busch und Co. zu verbinden suchen. Durch die Perlman, Zukerman, Kremer und Mintz, durch Anne-Sophie Mutter, Christian Tetzlaff oder Kyung-Wha Chung sind die Meister der Nachkriegszeit ein wenig verblaßt. Wenn man aber die Kraft und Intensität eines Sitkowezki hört, kommen Zweifel an solcher Wertung.

Julian Sitkowezki wurde 1925, sechs Jahre vor Igor Oistrach, in Kiew geboren. Sein Vater gab ersten Unterricht, als Julian vier Jahre alt war. Vier Jahre später, inzwischen ging der Knabe auf die zentrale Musikschule seiner Heimatstadt, wurde er ausgewählt, um dem berühmten französischen Violinisten Jacques Thibaud vorzuspielen, der 1933 gerade eine Tournee durch die Sowjetunion machte. Als 1939 ein Festkonzert zum 25 jährigen Jubiläum der Kiewer Musikschule in Moskau stattfand, wurde wieder Dawid Bertjes Meisterschüler aufs Podium geschickt mit Tschaikowskis Violinkonzert. Noch in jenem Jahr wurde er in die Meisterklasse von Abram Jampolski aufgenommen, aus der auch Igor Besrodny und der Primarius des legendären Borodin-Quartetts, Rostislaw Dubinski, hervorgingen. Und der bedeutendste von allen: Leonid Kogan.

Während des Krieges wurde die Moskauer Musikschule nach Perm am Ural verlegt. 1945, nach der Rückkehr nach Moskau, fand der Allunionswettbewerb für Klavier, Cello und Violine statt. Die Sieger waren: Swjatoslaw Richter, Mstislaw Rostropowitsch und Julian Sitkowezki. Wieder zwei Jahre später teilte sich Sitkowezki den ersten Preis beim »Prager Frühling« mit seinen Mitstudenten Kogan und Besrodny. Weitere Preise dann in Warschau und in Brüssel beim Königin-Elisabeth-Wettbewerb, in dessen Jury Yehudi Menuhin und David Oistrach saßen. Erste Konzertreisen führten ihn in die Hauptstädte des Ostblocks von Ost-Berlin bis nach Sofia.

Sitkowezki gründete das Tschaikowski-Quartett und gab viele Sonatenabende mit seiner Frau Bella Dawidowitsch, die als jüngste Teilnehmerin 1949 den Chopin-Wettbewerb in Warschau gewonnen hatte. Nach dem Brüsseler Erfolg debütierte er in Amsterdam beim Concertgebouw Orkest unter Eduard van Beinum mit Tschaikowski. Doch 1956 wurde Lungenkrebs bei Sitkowezki entdeckt. Obwohl man sich weltweit, von der belgischen Königin bis zu Isaac Stern, um alle erdenkliche medizinische Hilfe bemühte, war das

Unheil nicht aufzuhalten: Sitkowezki starb 1958 in Moskau, 32 Jahre alt.

Triumphales Geigenspiel von großer Klarheit und berückender Wärme umfängt einen, wenn man Sitkowezkis Aufnahme der Étude-caprice f-Moll op. 10,7 aus Wieniawskis Etüdenwerk für die höchsten Ansprüche »L'École moderne« hört. Wieniawskis Kompositionen haben bei allem Sinn für violinistische Effekte einen eigentümlichen Charakter von eleganter Melancholie und vorbehaltloser Geigengrandezza. Sitkowezki vermochte diesen Charakter überlegen zu entfalten.

In diesem Jahr nahm Sitkowezki auch Bachs d-Moll-Partita auf. Hier bestechen die enorme Genauigkeit und rhythmische Standfestigkeit. Die Ciaccona geriet Sitkowezki noch angestrengt und sozusagen überakkurat. Davon waren auch die ersten drei Sätze nicht frei. Aber in der Gigue, unmittelbar vor dem »Berg«, wurden aus etwas unfreier Sorgfalt plötzlich motorische Präzision und Unbeirrbarkeit, es eilt dahin, ohne zu stolpern oder zu stürzen.

Bei allen Musikern der Sowjetunion zählte die Beschäftigung mit der zeitgenössischen Musik zum Selbstverständlichen in der Ausbildung. 1954 trat Sitkowezki in Bukarest mit dem rumänischen Rundfunkorchester unter dem Dirigenten Nyazi auf und spielte Chatschaturjans Violinkonzert d-Moll, das der armenische Komponist 1940 für David Oistrach geschrieben hatte. Das Stück ist ausladend und in seine kaukasischen Effekte verliebt, aber ein dankbarer Reißer. Der damals 29jährige Sitkowezki bot den Drive und die Akrobatik in begeisternder Bravour, ohne zu übertreiben. Brillanz, Dramatik, alles Elegische verstand Sitkowezki souverän seiner künstlerischen Disziplin zu unterwerfen. So wahrgenommen kommen Chatschaturjans Ideenreichtum, sein Kolorit nicht verschmiert und überzogen zum Vorschein, sondern in ihrer gekonnten und verführerischen Attraktivität.

1924, also ein Jahr vor Julian Sitkowezki, erblickte Leonid Kogan in Dnjepropetrowsk das Licht der Welt. Sein Vater war Photograph und ein guter Amateurgeiger, der den Sohn mit sieben Jahren ins Geigenspiel einführte. Die Begabung war so unwiderstehlich, daß die Eltern mit dem Zehnjährigen nach Moskau zogen, wo er erst an der zentralen Musikschule und dann ab 1943 am Moskauer Konservatorium bei Abram Jampolski studierte. Dabei galt der 17jährige Kogan bereits als fertiger Geiger. Aber der deutsche Überfall auf die Sowjetunion verhinderte vorerst die Karriere. Erst 1948 verließ er mit glanzvollem Examen das Konservatorium.

Zuvor hatte er in Prag mit seinen Konservatoriumskameraden Sitkowezki und Igor Besrodny den dortigen Jugendwettbewerb gewonnen. Und seit einem Konzert im Moskauer Konservatorium 1941 war der Student schon als Solist in der ganzen Sowjetunion unterwegs gewesen.

Aus diesen Jahren vor dem internationalen Ruhm existieren einige Aufnahmen mit Virtuosenmusik und seltener Romantik, die die enorme violinistische Potenz dieses in seiner Erscheinung düster-verhangen wirkenden Musikers belegen. Sein eher knochiges Gesicht wurde von einer finsteren Augenpartie mit mächtigen schwarzen Brauen beherrscht, dazu das herrische Kinn und der breite Mund. Von Gestalt war er mehr klein und schlank mit ausgesprochen großen, langfingrigen Händen.

Unter anderem nahm Kogan 1948 mit Grigori Ginsburg vier kleine Sonaten von Weber auf, die dieser 1811 innerhalb eines Korpus von »Six Sonates progressives« veröffentlicht hatte. Technisch waren diese Stücke für einen Kogan sicher kinderleicht, aber musikalisch stecken Webers Violine-Klavier-Miniaturen voller Tücken. Auf engem Raum entfalten sich melodiöse und rhythmische Figuren, die blitzschnell und pointensicher erfaßt werden müssen.

Kogan gelang die Scheinnaivität dieser Musik mit präziser Leichtigkeit. Sein stets nerviger, dabei nicht ausladender Ton, sein raffiniert dosiertes Vibrato und seine Fähigkeit, Musik vehement, aber nie grob artikulieren zu können, machten aus diesen romantischen Miszellen ein Vergnügen mit einem Hauch von Ironie.

Drei Jahre später stand Kogan mit einemmal im Licht der Weltöffentlichkeit, als er in Brüssel den Königin-Elisabeth-Wettbewerb triumphal gewann. In der Jury saß der Gewinner von 1937, David Oistrach. Dabei war Kogans Tonvorstellung Oistrachs Klangstrom durchaus entgegengesetzt: Federnd, fast lauernd ließ Kogan die Violine klingen, auch in strahlenden, sieghaften Momenten erglühte sein Ton in dunklen Farben. Während Oistrach aus der Fülle seines Tonvolumens heraus steigerte und gestaltete, gab es bei Kogan abrupte Farbwechsel, wilde Ausbrüche und Abstürze in tiefe Verzweiflung. Gerade die Flitterstücke von Geigenjongleuren wie Wieniawski, Vieuxtemps oder Sarasate verwandelte Kogan durch Schatten, Fahlheit und melancholisches Dämmern. Die Aufschwünge aber durchbrachen bei ihm die glatte Oberfläche, es wurden Aufschreie, rauschhafte Ekstasen daraus, in denen nicht selten das Entsetzen nistete. Zugleich aber nahm Kogan alle Mittel des reinen Geigenzirkus wie Portamenti, heftiges Vibrato, Schluchzer und hemmungsloses Rubato zurück. Da disziplinierte einer mögliche Violinunarten zugunsten eines sowohl transparenten wie intensivierten Expressionismus aus dem Geist der Werke.

1955 debütierte Kogan in London und Paris, 1958 in den USA, Anfang der sechziger Jahre auch in Deutschland, überall gefeiert als ein neuer Stern am Violinhimmel. Seit 1952 gehörte er zu den Lehrern des Moskauer Konservatoriums. Seine bekannteste Schülerin ist Viktoria Mullova. Mit seinem Schwager Emil Gilels und Mstislaw Rostropowitsch bildete er ein sensationelles Klaviertrio, mit dem großen russischen Bratscher Rudolf Barschai und Rostropowitsch musizierte er die Streichtrioliteratur.

Und Kogan interessierte sich sehr für zeitgenössische Musik. Er war es, der zum erstenmal in der Sowjetunion Alban Bergs Violinkonzert aufführte, der zum Tode des amerikani-

Leonid Kogan,
München 1972

schen Komponisten Samuel Barber 1981 dessen Violinkonzert in Kiew aufs Programm setzte. Sowjetische Komponisten wie Chrennikow, Wainberg und Karajew schrieben für ihn; und bei Zugaben liebte er Verfremdung und ironische Brechung mehr als Eins-zu-eins-Akrobatik.

Einen besonderen Zugang hatte Kogan zu spanischer oder spanisch sich gebender Musik. Lalos berühmte »Symphonie espagnole«, 1875 von Pablo de Sarasate in Paris uraufgeführt, zog Kogan nicht brillant ab wie viele seiner Kollegen und Nachfahren, denen diese präimpressionistische Musik nicht mehr zu sagen schien und scheint als sozusagen mit dem Zaumzeug des Virtuosen zu klingeln und zu scheppern. Bei Kogan kam etwas von spanischer Härte und Trockenheit in die Musik, ein unbarmherziges Licht, das tiefschwarze Schatten warf. Am schönsten zu hören in dem häufig weggelassenen Intermezzo der fünfsätzigen Symphonie. Dieses Allegro non troppo ist fern jeder Süße und jeder Rampenpose. Bei Kogan war es ein bitteres Nachtstück, im Dunkel angesiedelt und dahin verschwindend. So hat er Lalos spanisches Intermezzo mit dem Philharmonia Orchestra London unter Kirill Kondraschin 1959 dargestellt.

Folgerichtig, daß eine so geartete musikalische Einbildungskraft der sarkastisch-lakonischen Prokofjews besonders entgegenkam. Wenn Kogan den letzten Satz, Allegro con brio, aus der zweiten Sonate D-Dur vortrug, wurde daraus ein martialisch auftrumpfender, zugleich schräger Marsch, der daran erinnerte, daß Prokofjew bei seinen Auftritten im Paris der zwanziger Jahre als genialer, allerdings barbarischer Bürgerschreck angesehen wurde. Bei Kogan erschrak man vor so viel Violingewalt (aber nicht Gewalttätigkeit!), so viel Lust am grellen Scherz dieser Musik, der man, so machte Kogan klar, nur als Hasardeur gerecht werden konnte. Leider existiert nur ein mangelhafter Konzertmitschnitt mit Klirrgeräuschen aus Moskau 1963. Der Partner am Klavier war Andrei Mytnik. Trotz dieser Einschränkungen vermittelt sich Kogans bedingungsloser Einsatz, der Prokofjews wüste Aggressivität und Modernität freisetzt.

Auch für Manuel de Fallas »Suite populaire espagnole« hatte Kogan scharfe Kontraste, plötzliche Lichtwechsel, die klangliche Härte des Flamencos. Das war nicht mehr Impressionismus in spanischem Kolorit, sondern umgekehrt Spanisches in impressionistischer Manier. Rauh und grimmig begann er auch den Anfangsmonolog von Ravels »Tzigane«, damit jeden falschen Zigeunerflitter austreibend. Das klang aufrührerisch, drohend, unversöhnlich und stolz.

In den siebziger Jahren erschien der düstere Mann als Bach- und Mozart-Spieler, so, als ob er jenseits von Ironie, Expressionismus und virtuoser Dunkelheit etwas anderes, Heiles suche. Das Publikum reagierte auf Bach-Abende mit

Karl Richter reserviert und befremdet. Kogan, der unermüdlich die Welt bereist hatte, schien in einer Krise zu stecken, wirkte erschöpft und nicht ganz bei der Sache. 1982 ist er plötzlich während einer Konzerttour in der russischen Bahnstation Mytrischtscha gestorben.

Eine von Kogans Lieblingszugaben war die schaurig schwere Paraphrase über die Figaro-Arie aus Rossinis »Barbiere di Siviglia«. Geschrieben hat sie der 1939 in die USA ausgewanderte italienische Komponist Mario Castelnuovo-Tedesco. Auch er war ein Ironiker und Parodist. Die Paraphrase ist daher vielmehr ein spöttischer Kommentar zu Rossinis Bravourarie als eine flotte Ausstellung geigerischer Kunststückchen. Genau für dieserart Brechungen hatte Kogan untrüglichen Sinn. Und natürlich seine eminenten violinistischen Mittel. Seit seinem Tod gibt es niemanden, der auf der Violine grimmigen Humor, Scharfzüngigkeit und Abgrundschwärze so verlebendigen kann wie einst Leonid Kogan.

Im Geigenhimmel

Itzhak Perlman

Paganinis 24. Capriccio ist die Krönung des ganzen Zyklus. Als der Komponist diese zwei Dutzend Stücke 1820 als sein Opus 1 herausgab, hofften die Violinisten seiner Zeit den Geheimnissen des phänomenalen Genuesen auf die Schliche zu kommen. Aber sie erschraken vor den Anforderungen: Ein Musiker, der das spielen könne, müsse mit dem Teufel im Bunde sein. Paganinis Capricci sind aber nicht einfach eine Anhäufung von technischen Schwierigkeiten, sondern Charakterstücke, die pointiertesten Ausdruck und höchste musikalische Artikulationskraft fordern. Und das, ohne von Anstrengung und Mühsal der geigerischen Verwirklichung gestört zu sein. Was den Geigern der Paganini-Zeit unspielbar schien und auch noch von den Meistern der ersten Hälfte des 20. Jahrhunderts im Konzert oder bei Aufnahmen gemieden wurde, auch wenn sie sich mit Paganini auseinandergesetzt haben, gehört heute zu den Voraussetzungen modernen Violinspiels. Paganinis op. 1 setzt den Maßstab, an dem sich die technische Versiertheit, die Virtuosität eines Geigers zu beweisen haben.

Es grenzt aber ans Wunderbare, wenn ein Geiger diese Herausforderung so lustvoll und souverän annimmt, wie es Itzhak Perlman Anfang der siebziger Jahre im Konzert und

auf der mit vielen Preisen überhäuften Schallplatte tat. Und
das 24. Capriccio, dieses Kompendium geigerischer Klang-
möglichkeiten, dessen Thema Komponisten von Liszt bis
Lutosławski zu Variationszyklen angeregt hat, vermag niemand so leicht und doch intensiv, so vital, doch niemals grob,
so elegant und doch nie oberflächlich zu spielen wie Perlman:
Geigenspiel in höchster Vollendung.

Zu diesem Zeitpunkt war der 1945 in Tel Aviv geborene
Perlman schon weltberühmt, galt – und er gilt noch immer –
als Jahrhundertgeiger.

Perlman ist mit einem einzigartigen Ton begabt, dessen
Wärme, Leuchtkraft und Farbenreichtum geradezu süchtig
machen können. Damit nicht genug, Perlman kann chamäleonartig abtönen, ist zu heftigster Attacke genauso fähig wie
zu großvolumig sich verströmender Kantilene. Wenn nötig,
kann er seinen Ton extrem verschlanken, kann abgefeimt
schmeicheln, sentimental schluchzen, ironisch karikieren oder
kammermusikalisch diskret sein. Es gibt keine Klangmaske,
in die Perlman nicht schlüpfen kann, wenn es die jeweilige
Musik fordert.

In den letzten Jahren allerdings gibt es bei ihm die Tendenz, allzuviel zu konzertieren und aufzunehmen. Da wirkt
manches nur noch routiniert schön, gibt es Sentimentalitäten,
kokette Marotten, schleichen sich Drücker und Rutscher ein,
gibt der Meister seinen Affen zuviel Zucker und Schmalz –
bei immer neuen Zugabestückchen, Ausflügen ins Folkloristische oder in die U-Musik. Und das leider zunehmend ohne
jenen für Perlman sonst typischen Humor. Ohne Zweifel ist
Perlman in Gefahr, sein einmaliges Talent dem Markt willig
auszuliefern, auf Kosten der Musik, zugunsten eines Startums, das aus ihm eine Art Violin-Pavarotti zu machen droht.
Schlimmes Beispiel dieser Entwicklung ist eine CD, auf der
Perlman bekannte Filmmelodien etwa aus Sidney Pollacks
»Out of Africa« oder Steven Spielbergs »Schindler's List« so
rührselig und schmalzig serviert, als habe er vor, mit Kitsch-

Itzhak Perlman,
München 1988

geigern à la André Rieu zu konkurrieren. Zugleich vermitteln
Ausflüge in Klezmer-Gefälligkeiten und Populärgefilde den
Eindruck, als sei Perlman müde geworden, sich mit immer
neuer Aufmerksamkeit und Neugierde den großen Werken
der Musik zu stellen. Anzeichen von Stagnation?

Mit drei Jahren hörte Perlman zum erstenmal im Radio
einen Geiger – und war fasziniert. Das Spielzeuginstrument,
das er daraufhin bekam, warf er allerdings frustriert unters
Bett. Zwei Jahre später traf ihn der Schicksalsschlag, der ihn
seither prägt: Perlman ist schwer von einer Kinderlähmungs-
erkrankung gezeichnet, muß seitdem an Krücken gehen und
im Sitzen spielen. Wer Perlman zum erstenmal sieht, kann
sich kaum vorstellen, daß diesem schwerbehinderten Mann

eine Virtuosität zur Verfügung steht, die höchste Reaktionsschnelligkeit, größte Koordinationsfähigkeit von linker und
rechter Hand voraussetzt. Darüber hinaus besitzt er voll-
kommene Freiheit des Ausdrucks und spontane geistige Unmittelbarkeit.

Die Behinderung bewahrte ihn allerdings vor zu schnellem
Ruhm: »Sicherlich bin ich in frühem Alter schon aufgetreten,
aber ich habe nicht in öffentlichen Konzertsälen gespielt und
bin nicht auf Weltreisen gegangen. Ich bin mir bewußt, daß
meine Entwicklung sehr allmählich verlief.« Mit 13 Jahren
wurde er durch zwei Fernsehsendungen auch in Amerika
bekannt. Mit Hilfe eines Stipendiums konnte er an der New
Yorker Juilliard School beim legendären Ivan Galamian und
bei Dorothy DeLay studieren. In fünf Jahren erarbeitete er
sich seine einzigartige Instrumentalbeherrschung. 1963 debütierte er mit Wieniawskis fis-Moll-Konzert in der Carnegie
Hall, ein Jahr später gewann er überlegen den ersten Preis
beim amerikanischen Lewentritt-Wettbewerb. Ab da gab es
kein Halten mehr. Perlman triumphierte als Solist bei verschiedenen amerikanischen Spitzenorchestern, sein Name
drang über den Ozean.

1968 trat er – mit dem Tschaikowski-Konzert – zum erstenmal in Europa, bei den Wiener Festwochen, auf. Eine
Aufführung, deren einmalige Frische und kraftvolle Direktheit sich auch im Mitschnitt dramatisch mitteilt. Zu welcher
eminenten Geschmeidigkeit, Tonfülle und -schönheit Perlman damals fähig war, kann man in Francks A-Dur-Sonate
hören, die er zusammen mit Vladimir Ashkenazy 1968 aufgezeichnet hat.

Franck schrieb diese Sonate 1886 im Alter von 64 Jahren
für seinen Freund, den großen Eugène Ysaye, der für sein
mächtiges, jubilierendes Spiel berühmt war. Die viersätzige
Sonate ist zyklisch gebaut und verlangt enormes Dispositionsvermögen, um die riesigen Kantilenenbögen überhaupt
spannen zu können. Dabei beginnt der erste Satz, Allegretto
ben moderato, fast improvisatorisch, wie hingeweht, um sich

dann machtvoll und strahlend zu entfalten. Perlman und Ash-kenazy musizieren stets kammermusikalisch, ohne Forcie-rung, Größe und Pracht entstehen aus genauer Phrasierung und einer weiträumigen Dynamik. Perlmans Variabilität in der Dichte des Bogenstrichs, die raffiniert eingesetzte Vielfalt des Vibratos und die staunenerregende Nuancierung der Ton-farben sind überwältigend.

Etwa acht Monate ist Perlman, der mit seiner Frau Toby Lynn, ebenfalls einer Geigerin, und seinen Kindern in New York lebt, konzertierend unterwegs und unterrichtet an der Juilliard School. Trotz der Behinderung strahlt dieser zum Rundlichen neigende, leidenschaftlich gern kochende, mit Lockenkopf und Brille an Franz Schubert erinnernde Mann impulsive Kraft, Gelassenheit und eine direkte Freude an der Musik aus. Auf das Instrument schaut er beim Spielen so gut wie nie, so sicher ist er sich seiner Mittel. Die Breite seiner linken Hand ermöglicht es ihm, mühelos Dezimen zu greifen, das Gewicht seines Bogenarms setzt er so entspannt ein, als sei Geigen die natürlichste Sache der Welt.

Dieser auffallende Mangel an Hysterie und Extravaganz kommt Perlmans Beschäftigung mit Bachs Solosonaten und -partiten zugute, die bei ihm selbstverständlich nicht wie bei den Barockmusik-Spezialisten klingen. Bei allem Sinn für das Tänzerische und Motorische versteht Perlman diese Stücke als letztlich monumentale Musik. Dabei neigt er nicht zu falschem Pathos oder zur Violinandacht, auch wenn er manchmal die Satzschlüsse mit allzu großem Ritardando unterstreicht. Stets geht es ihm um die Transparenz des Stimmengeflechts, um die Vitalisierung des jeweiligen Stückcharakters.

Besonders eindringlich gelingen Perlman die langsamen Eingangssätze der Sonaten und die folgenden Fugen, deren horrende Doppelgriffschwierigkeiten wie für Perlmans mäch-tige linke Hand komponiert scheinen. Was aber jenseits des Violinistischen beeindruckt, ist der architektonische Geist, mit dem Perlman Bachs riesige Fugengebäude errichtet: Ruhig, fast beiläufig beginnend läßt er einen musikalischen

Raum entstehen, in dem die Polyphonie dieser Musik mit einer Präsenz und Macht erklingt, als seien der Violine keine Grenzen gesetzt. Die Fuge der dritten Sonate C-Dur, mit 354 Takten das längste Solostück, das Bach für die Geige komponiert hat – nicht oft im Konzert zu hören, weil den meisten Solisten leicht die physische und psychische Gestaltungsluft ausgeht –, durchmißt Perlman in der Aufnahme von 1986 mit klar disponierender Steigerungslust, als sei die Weite dieser Musik gerade recht, um endlich die eigene musikalische Vergegenwärtigungskraft voll auszuschöpfen, ohne sie zu erschöpfen. Im Konzert beeindruckte diese Vergegenwärtigungskraft noch mehr, weil Perlman hier alles auf die Karte des Gelingenmüssens setzte, als er an zwei Abenden den ganzen Zyklus vortrug.

Die Mühelosigkeit der Tonemission, die häufig betörende Schönheit des Perlmanschen Geigenklangs, die Makellosigkeit des Technischen und die sinnliche Kraft dieses Spiels haben Perlman auch den Ruf eines Samt-und-Seide-Geigers eingetragen, besonders wegen seines Spaßes an Schmachtfetzen und Akrobatik aller Art. Perlman bietet in seinen Violinabenden eigentlich Programme ganz altmodischer Art. Vor der Pause Barock, Klassik oder frühes 20. Jahrhundert – sein ausgeprägter Humor macht ihn zum blendenden Prokofjew-Spieler –, nach der Pause virtuose Romantik und ein Zugabenreigen wie zu Zeiten Sarasates oder Kreislers.

Perlman zaubert diese Musik hin mit einer Lässigkeit, einer überlegenen Ironie, die einerseits das pure Vergnügen an der Geigerei vermittelt, andrerseits so gut wie nie außer acht läßt, daß diese spanischen und ungarischen Tänze, diese Nocturnes, Melodien und Dreingaben aus einer anderen Epoche stammen. Was viele Violinisten mit grimmiger Emphase unter Aufbietung ihres ganzen Könnens vorführen oder nur bewältigen, Perlman bietet es mit Augenzwinkern. Nie denunziert er diese zarte Musik als Kitsch, beraubt sie nicht ihrer Patina, macht aus ihr keine Hochleistungsdemonstration. Bei ihm werden dagegen wie bei keinem anderen die Poesie, der Einfallsreichtum und die Vielfarbigkeit hörbar. Er erweist dem manchmal plüschigen, manchmal eleganten, manchmal avantgardistischen Interieur dieser musikalischen Salons genießerisch lächend die Ehre. Außer Kreisler selber vermag niemand dessen legendäre Miniaturen so zu verlebendigen, so mit delikater Wehmut und edlem Sentiment zu erfüllen wie Perlman.

Noch etwas: Wenn Perlman etwa Kreislers »Allegretto im Stile Boccherinis« oder »La Gitana« spielt, Kreislers mondäne Beschwörung eines arabisch-spanischen Zigeunerlieds, dann zaubert er die Wirklichkeit dieser Musik sozusagen im Stil Kreislers herbei. Diese Stücke geben sich nicht angestrengt echt, sind nicht stilistisch oder folkloristisch ausgewalzt, vielmehr hat Kreisler die Assoziation an Boccherini oder Spanisches auskomponiert, deren Charakter genau getroffen. Nicht Nachahmung, sondern assoziative Andeutung war Kreislers Geheimnis, sozusagen Musik aus erster Distanz, er selbst spielte das wie improvisiert. Für den heutigen Violinisten ein Problem: Er muß gewissermaßen eine zweite Distanz herstellen, nämlich den historischen Abstand zu Kreislers eigenen Aufführungen vergegenwärtigen, also im Stil Kreislers antreten, ohne ihn zu imitieren. Kreislers geistvolle, stets mit höchstem Kunstverstand komponierte Miniaturen verraten mehr über Jahrhundertwende, Konzertbetrieb und Virtuosentum als manche rationale Analyse: Sie erzählen in ironischen Aphorismen und wehmütigen Abbreviaturen von Vergangenem und Imaginiertem, das so in Wirklichkeit nicht gewesen ist. Die Aufnahmen Perlmans mit Samuel Sanders entstanden 1975.

Perlmans Neugier dringt auch in abgelegene Bezirke des Repertoires vor, ob er nun Bruchs zweites Violinkonzert wieder ausgräbt, das noch Jascha Heifetz interessiert hat, ob er »Rêverie et caprice« spielt, das einzige Stück konzertierender Musik von Hector Berlioz, ob er sich für die Konzerte von Karl Goldmark und Erich Wolfgang Korngold engagiert oder Violinmusik von Bedřich Smetana oder Christian Sinding ans Licht holt. Gegenüber zeitgenössischer Musik bleibt er leider eher skeptisch: »Ein Großteil der gegenwärtig für die Violine komponierten Musik ist eher perkussiv als geigerisch, was die Spieler insgesamt nicht lieben. Doch wenn heutzutage ein Komponist in einem lyrischen Stil schriebe, der zur Violine paßt, würde er als altmodisch angesehen. Das halte ich für einen Teufelskreis.«

Béla Bartók, Alban Berg und Igor Strawinsky sind allerdings längst Klassiker für Perlman. Und die amerikanischen Komponisten Samuel Barber, Leonard Bernstein und Lukas Foss präsentiert er mit ganzer Autorität.

Am weitesten in Neuland hat er sich vorgewagt bei dem Violinkonzert des 1920 geborenen Earl Kim. Kim, Amerikaner koreanischer Abstammung, lehrt an der Harvard University und ist vor allem Vokalkomponist. Auch sein Perlman gewidmetes, Anfang der achtziger Jahre entstandenes Violinkonzert versteht er nach seinen Worten »in vokaldramatischer Tradition«. Die Geige ersetzt hier die Stimme als Trägerin einer Erzählung voller Erinnerungen an Asiatisches. Perlman realisierte, begleitet vom Boston Symphony Orchestra unter Seiji Ozawa, in der Aufnahme von 1983 das Assoziative, Meditative dieser eher filigranen, gleichsam spätestimpressionistischen Musik mit großer Klangsensibilität.

Seit vielen Jahren beschäftigt sich Perlman mit Jazz. Auch da bleibt er dem Melodiösen, sanft Swingenden verpflichtet. So hat ihm der Dirigent und Komponist André Previn einige Stücke geschrieben, in denen zu Klavier, Gitarre, Schlagzeug und Baß die Geige hinzukommt. Mit Oscar Peterson hat er witzige Versionen von »Mackie Messer« und »Heut' geh' ich ins Maxim« aufgenommen. Ausgangspunkt waren zweifellos Perlmans Erfahrungen mit den Ragtimes Scott Joplins, die als Filmmusik in George Roy Hills brillanter Gaunerkomödie »Sting – Der Clou« (1973) wieder ins Bewußtsein eines großen Publikums drangen.

Joplin, 1868 in Texas geboren und 1917 in New York gestorben, erhob den Ragtime, eigentlich Unterhaltungsmusik in

Kneipen und Bordellen und eine der Urzellen des Jazz, zu einer Kunstform, die auf amerikanische Komponisten wie Charles Ives und Gunther Schuller genausoviel Einfluß ausübte wie auf die Europäer Debussy, Ravel, Strawinsky und Hindemith. Joplins Ragtimes sind für Klavier geschrieben. Perlman bearbeitete einige der schönsten für Violine und Klavier und spielt sie seither im Konzert. Und das mit der ernsthaftesten Leichtigkeit seines musikalischen Genies. Nichts bleibt er dem rhythmischen Pfiff, den Melodieeinfällen, der harmonischen Raffinesse und dem Formenreichtum dieser hinreißenden Musik schuldig. Und man denkt: Hätte Joplin seine Ragtimes so gehört, dann hätte er gewiß nur noch für Perlman geschrieben. Auf der Schallplatte von 1974 mit Previn »fetzen« besonders »Elite Syncopations« und »Pine Apple Rag«.

Bei aller Tonfülle, bei allem Solistenglanz und aller Virtuosenperfektion, mit denen Perlman die großen Konzerte der Violinliteratur darzustellen weiß, getragen von seiner souveränen Musikalität – übrigens im Konzert wesentlich tiefer und fulminanter zu erleben als von den diversen Studioproduktionen, die vor der Gefahr unerschütterlicher Selbstverständlichkeit nicht gefeit sind –, beeindruckt dieser Wundergeiger vielleicht noch mehr durch seine Diskretion, seine Innigkeit, seine Wachheit im kammermusikalischen Zusammenspiel. Vor allem mit Ashkenazy gelangte Perlman in den siebziger Jahren zu einer selten erreichten Dichte des musikalischen Miteinanders.

Beethovens zehn Sonaten für Klavier und Violine werden manchmal als Nebenwerke unterschätzt, ausgenommen »Kreutzer-« und »Frühlingssonate«. Aber schon in der ersten Sonate D-Dur, 1797/98 komponiert, findet Beethoven einen spezifischen Tonfall für die beiden Instrumente. Zwar steht unangefochten das Klavier an erster Stelle, aber die Violine bildet mit melodiösen Kantilenen und blitzschnellen Einwürfen ein originelles, überraschendes Pendant. Der zweite Satz, Tema con variazioni, ist ein Andante con moto. Perlman und

Ashkenazy verstehen diese Vortragsbezeichnung zum Glück nicht als Aufforderung zu falscher Zügigkeit, sondern vielmehr als Möglichkeit, Beethovens Reichtum an lyrischen und zarten Einfällen auszuspielen, nie demonstrativ oder auftrumpfend, sondern als wunderbar vernetzten intimen Dialog.

Vielleicht lassen sich Perlmans Spielwitz, seine Darstellungsfähigkeit besonders gut an Paganini zeigen. Dabei geht es nicht nur um den Artisten und fulminanten Solisten Perlman, sondern um jenen Musiker, der mit unverschämter Nonchalance Akrobatik und Charme, Schmelz ohne Schmalz, Cantabile und scharf gepfefferte Rhythmik bietet.

Paganinis erstes Violinkonzert D-Dur endet mit einem geistreichen, technisch mit Höchstschwierigkeiten gespickten »Rondo. Allegro spirituoso«. Wer das nur perfekt abliefert, hat nichts vom Geist dieser Musik begriffen. Meistens wird dieser Satz zu schnell gespielt. Ganz anders Perlman. Seine phänomenale Instrumentalbeherrschung gibt ihm die musikalische Freiheit, zu verweilen, auszuspielen, zu charakterisieren, zu pointieren. Was bei vielen seiner Kollegen zur ermüdenden Technikschau ausartet, bleibt bei ihm in jedem Takt Musik. Eine gestische, szenische Musik, als verberge sich in diesem Rondo eine kleine Rossini-Oper mit alten Herren und schönen Damen, mit jungen Kavalieren und frechen Barbieren. Perlmans Fähigkeit zu ausdrucksvoller Phrasierung auch auf engem Raum, zu differenzierter Tongebung und -färbung, seine Lust, keinen Scherz, keine Andeutung dieser gestaltenreichen Musik auszulassen, und der unvergleichlich in allen Lagen und Facetten glänzende Geigenklang machen die Aufnahme von 1971 mit dem Royal Philharmonic Orchestra unter Lawrence Foster zu einem besonderen Dokument seiner Kunst. Perlman ist trotz der Gefahr, dem Musikbetrieb allzu gefällig zu sein und in seinem musikalischen Anspruch und Ernst zu verflachen, alles in allem – mit dem berühmten Körnchen Salz der Unvergleichbarkeit sei's gesagt – der Fritz Kreisler unsere Tage.

Italiener aus Frankreich und Amerika

Zino Francescatti, Ruggiero Ricci

Daß Beethoven keineswegs nur Misanthrop und grimmiges, von Taubheit geschlagenes »Titanengenie« gewesen ist, sondern auch ein glanzvoller Virtuose, ein eleganter junger Wilder, der bei der Damenwelt gut ankam, das kann man zum Beispiel aus dem Korpus seiner zehn Klavier-Violine-Sonaten lernen. Denn bis auf die zehnte Sonate G-Dur gehören diese Sonaten zur frühen und mittleren Phase Beethovens, in denen er – gerade in diesem Werkzyklus – auf höchster Ebene alle Facetten musikalischer Konversation ausprobierte und -formulierte. Vom geistreichen Frage-und-Antwort-Spiel bis zum erregten und erregenden Dialog, vom träumerischen Sinnieren bis zu pathetischen Apellen, vom Minidrama bis zur lyrischen Herzensergießung.

Zino Francescatti, italienischer Abstammung, aber in Frankreich geboren, hat in einer Aufnahme von 1961 zusammen mit dem großen französischen Pianisten Robert Casadesus diese weltmännischen und kommunikativen Seiten in den Sonaten Beethovens auf ungemein funkelnde, geistvolle Weise zum Leben erweckt. Selbst die düsteren und dramatischen Sätze gerieten nie falsch expressionistisch, auch sie behielten immer noble Form und Beherrschung des Ausdrucks. Dabei geht es ausgesprochen virtuos und selbstbewußt zu, keiner der beiden feinen Herren stellte sein Licht unter den Scheffel. Tatsächlich, in diesem Spiel leuchtet ein ungewohnt helles, präsentes Licht. Um das Klischee zu bedienen: ein mediterranes Licht. »Andante scherzoso, più allegretto« hat Beethoven über den zweiten Satz seiner a-Moll-Sonate geschrieben. Francescatti und Casadesus wußten genau, welchen hintersinnig parlierenden Ton sie anschlagen mußten, um daraus ein Konversationsstück voller Charme und Lebensfreude zu machen.

Francescatti und Ricci könnten kaum gegensätzlicher sein. Der eine ließ in seiner Glanzzeit die Geige leuchten, immer klang sein Spiel erfüllt von der Freude am Wohllaut, war geprägt von der Lust, sein Können genießerisch auszustellen. Dazu ein eminent bewegtes, ausdrucksstarkes Vibrato, alles gebündelt in einem hell strahlenden Ton: Zino Francescatti. Der andere ein fast grimmiger Violinmeister, besessen von der Auskundschaftung der technischen Möglichkeiten, die ihm seine breite linke Hand, seine Reaktionsschnelligkeit und sein bebender, manchmal sich gleichsam selbst verzehrender, geradezu knurrender Ton bieten: Ruggiero Ricci.

Francescatti, wahrscheinlich 1902, manche sagen 1905, in Marseille geboren, gestorben 1991 in La Ciotat (bei Marseille), hatte von Haus aus eigentlich keine andere Wahl, als Geiger zu werden. Seine Eltern waren Berufsmusiker auf diesem Instrument, sein Vater konnte sich sogar Enkelschüler Paganinis nennen. Denn sein Lehrer Camille Sivori gilt als der einzige bedeutende und legitime Schüler des genialen Genuesen.

Schon mit fünf Jahren bekam Zino seine erste Geige, auf der er offenbar zum Erstaunen des Vaters sogleich passabel zu spielen verstand. Ein Elternhaus ganz im Zeichen der Violine, wenn man Francescattis Worten glauben will: »In jedem Raum [...] war eine Geige. Ich schlief mit meiner Geige. Meine Mutter übte täglich sechs Stunden auf der Geige. Bevor ich überhaupt lesen konnte, kannte ich fast die gesamte Violinliteratur.« Jener Tage, muß man hinzufügen: also die klassisch-romantischen Konzerte, zahllose Zugaben, das virtuose Repertoire zwischen Spohr, Bériot, Vieuxtemps und Wieniawski. Und Paganini. Mit dessen erstem Violinkonzert machte der junge Zino Furore. Trotzdem ließ ihn der Vater auch Jura studieren, weil er dem Geigentalent des Sohnes nicht ganz traute. Völlig unnötig, mit zehn Jahren spielte Zino das Beethoven-Konzert, mit 15 Jahren debütierte er in Marseille mit dem großen französischen Organisten Marcel Dupré. Mit 20 ging er nach Paris und wurde mit Paganinis »Erstem« bekannt. Als er zwei Jahre später Jacques Thibaud vorspielte, war sich Frankreichs berühmtester Geiger sicher: »Ein junger Mann, noch nicht sehr bekannt, aber eines Tages wird er der bekannteste von allen sein ...« Mit solchem Lob im Gepäck siegte Francescatti mit dem Mendelssohn-Konzert in London, wenig später in Wien.

Bedeutsamer als diese Erstauftritte aber war die Bekanntschaft mit einem der größten Komponisten des 20. Jahrhunderts, mit Maurice Ravel. Ravel nahm den jungen Virtuosen mit auf eine Englandtournee, auf der er mit Francescatti immer wieder seine Violinsonate und seine ironisch-melancholische Version einer Zigeunerrhapsodie, »Tzigane«, aufführte. Dieses technisch, vor allem aber klanglich äußerst schwierige Stück pflegen heute nahezu alle Geiger als brünstige Zigeunerorgie zu inszenieren mit röhrender G-Saite, wüster Akkordik und rasendem Spiccato-Perpetuum-mobile am Schluß. Gewiß ist das ein Aspekt von Ravels Komposition. Aber diesem Meister des musikalischen Scheins, der Vorspiegelung, diesem unergründlichen Forscher im Universum der Klänge, ihrer Mischung, ihrer Einsamkeiten und ihrer rauschhaften Triumphe geht es nicht um eine Übertrumpfung des Zigeunerhaften, noch weniger um eine mondäne Nachahmung, sondern um die Entfaltung eines bestimmten Instrumentalstils und um ein Ausreizen des Geigerischen auf der Basis ebendieses Stils. Theodor W. Adorno hat bei Ravel von Maskierung gesprochen, hinter der sich die Leere und der Abgrund einer dem Untergang geweihten Zeit verberge. Das scheint denn doch etwas viel der »symbolic action«, um es mit einem Wort von Kenneth Burke zu sagen.

Aber wie die musikalische Gestalt der Zigeunerrhapsodie mit deren eigenem Vokabular so beschrieben und ihre Ästhetik und Attitüde so zugespitzt erscheinen, daß sie gerade in ihrer Künstlichkeit wie die sinnliche Quintessenz aller Rhapsodien wirken muß – es ist in jeder Note und Phrase dieser genialen Partitur hör- und erfahrbar. Niemand hat das in den zwanziger und dreißiger Jahren besser und öfter vermittelt als Francescatti. Wenn überhaupt, ist er der authentische Solist dieses Stückes, das er zusammen mit dem Komponisten erarbeitete.

»Als erstes sagte er: ›Sie müssen meine Werke genauso spielen, wie sie in den Noten vorgeschrieben stehen!‹ So Francescattis Erinnerungen an Ravels Angaben. Bei Francescatti erklingt die »Tzigane«, hört man die Einspielung von 1933, ohne falsches Keuchen, ohne Pseudohysterie. Hier weiß ein Instrumentalist um seine Mittel, um die Qualität seines stets lichtvollen, tragenden Tons. Und er kann ohne »Muskelschmalz« disponieren, steigern und beschleunigen. Bei Francescatti hat jedes Flageolett, jedes Stakkato, jedes Spiccato Resonanz.

Professor an der Pariser École Normale, 1938 Buenos Aires, 1939 New York: aus dem südfranzösischen Italiener war ein Weltstar geworden, vielleicht nicht ganz so, wie es Thibaud prophezeit hatte, aber in seiner einzelgängerischen Eigenart mit niemandem zu vergleichen. Als in Europa Hitler mit dem Zweiten Weltkrieg begann, blieb Francescatti in Amerika. Er siedelte sich in Massachusetts an und lebte gut bürgerlich mit Briefmarkensammlung und Gartenpflege. Erst 1973 kehrte er nach Südfrankreich zurück. Dort unterrichtete er französische Nachwuchstalente wie Régis Pasquier, Gérard Poulet und Nina Bodnar. 1987 war er Präsident des nach ihm benannten ersten Wettbewerbs in Aix-en-Provence.

Über den Rang von Francescatti hat es nie Zweifel gegeben. Er selbst, ein eher kleiner, drahtiger, gleichwohl kräftiger

Zino Francescatti,
München 1963

Herr mit streng nach hinten gekämmtem Haar, trat ohne
Allüren auf. Aber stets selbstbewußt und kompetent ohne
herrscherliche Pose. Die Leuchtkraft seines Tons, die sinnliche Qualität seines kräftigen, nie übertriebenen Vibratos, die
fast beiläufig servierte Virtuosität machten Francescattis Auftritte zu Sensationen, ohne sensationell zu sein. Von ihm
Beethoven, Brahms oder Mendelssohn gehört zu haben, ließ
einen zuerst den Komponisten bewundern, erst später den
distinguierten Herrn im Frack. Francescatti ist ein besonderer
Meister französischer Musik gewesen, weil er Vieuxtemps,
Debussy oder Ravel nicht parfümierte, wie viele seiner Kollegen, sondern die jeweilige Struktur, Dramatik und Klang-
eigenart gelassen und von ihrem Rang überzeugt darbot.

Aus den fünfziger Jahren existiert eine Aufnahme von Saint-Saëns' drittem Violinkonzert. Saint-Saëns schrieb dieses furiose, geigerisch dankbare Stück für den großen Pablo de Sarasate, der zusammen mit ihm studiert hatte. Da mag heute manches Saloncharakter haben, manche technische Kapriole etwas abgestanden wirken, von den Melodien des zweiten Satzes gar nicht zu reden. Aber Francescatti holte nahezu mühelos wieder die Qualität dieser eigentümlichen Musik hervor. Nicht durch irgendwelches lehrhafte Entdecken oder durch aufgeplusterte Wichtigkeit, obwohl die Aufnahmetechnik dieser Studioproduktion aus den fünfziger Jahren den Geigenton unverhältnismäßig aufblähte und das New York Philharmonic Orchestra unter Dimitri Mitropoulos manchmal allzu ruppig zu Werke ging. Francescatti musizierte makellos und jeden Zweifel abweisend mit Lust, Geschmack und Witz. Und siehe da, Saint-Saëns' drittes Violinkonzert h-Moll wirkt unabgenutzt, einfallsreich und blendend gut komponiert. Besonders im letzten Satz, »Molto moderato e maestoso – Allegro non troppo«, herrscht jene kraftvolle Eleganz, die eher an Degen- als an Florettfechten denken läßt.

Eine besondere Beziehung verband diesen unerschütterlichen Meister mit dem Dirigenten Bruno Walter. Neben einer bemerkenswerten Wiedergabe des Beethoven-Violinkonzerts, bei der Francescatti nichts von falschem Tiefsinn hielt, sondern Beethovens Noblesse und Helligkeit feierte, existiert auch eine Aufnahme von 1958 mit Mozarts drittem Violinkonzert G-Dur. Wunderbar, mit welcher Gelassenheit und Ruhe Francescatti, das Columbia Symphony Orchestra und Walter den letzten Satz, »Rondeau. Allegro«, artikulierten. Keine Pointe bleibt unterbelichtet, keine Kadenz unausgeschöpft. Solist und Orchester musizierten aus einem symphonischen Geist. Und Walters Schwäche für etwas nachgiebige Ritardandi hört man nur als liebenswürdige Eigenheit eines Dirigenten, der in Francescatti genau den Solisten getroffen hatte, der keinerlei Prätention und Spezialität brauchte, um Mozart sozusagen aufzupeppen. Bei Francescatti klingt Mozart verständlich und selbstverständlich zugleich.

Begann für Zino Francescatti das Geigenspiel mit fünf Jahren, mußte der 1918 in San Francisco geborene Ruggiero Ricci mit sieben Jahren auf einem geschenkten Instrument anfangen. Mit zehn Jahren debütierte er in seiner Heimatstadt, ein Jahr später in New York. Trotz aller Armut der Einwandererfamilie hatten die Eltern, der Vater von Beruf Posaunist, das Talent des Sohnes – drittes von sieben Kindern – sofort erkannt und ihn zum besten Pädagogen in San Francisco gebracht, zu Louis Persinger. Er war Lehrer und Entdecker von Yehudi Menuhin gewesen, der kurz zuvor Aufsehen erregt hatte.

Der kleine Ruggiero zog, als Wunderkind gefeiert, durch die USA und Europa. Fritz Kreisler glaubte sogar, »den größten musikalischen Genius seit Mozart« gehört zu haben. Ricci selbst hat die Zwänge dieses Wunderkindlebens nie vergessen und einen bösen Reim darauf gemacht: »Zuerst sollte man die Eltern aller Wunderkinder erschießen und dann das Kind an die Wand stellen und Schluß machen.«

Es ist anders gekommen, Ricci konzertierte mit solchem Erfolg mehr als 14 Jahre lang, daß er ein höheres Jahreseinkommen als der amerikanische Präsident erzielte. Wie geschickt, dabei immer nervig-expressiv der 20jährige gespielt hat, vermitteln Aufnahmen von 1938, in Nazideutschland aufgezeichnet. Ricci und sein Lehrmeister Persinger wurden offenbar nicht von den Nazis bedrängt.

Besonders eindringlich geriet das Preludio aus Bachs dritter Partita E-Dur für Violine solo. Riccis später so typisch rauher, fast knurriger Ton klingt hier noch trotz allen Nachdrucks frei, frisch und wunderbar durchartikuliert. Das Preludio schnurrt nicht etüdenmäßig ab, sondern fließt gleichsam wie ein glasklarer Bach dahin. Transparenz des harmonischen Geflechts, bogentechnische Präzision und Griffsicherheit der linken Hand, Aufmerksamkeit für die Linienführung diesseits sentimentaler Drücker, all das läßt Bachs Preludio in seiner übermütigen Motorik meisterhaft leicht entstehen.

Vier Jahre nach dieser Aufnahme wurde Ricci zur amerikanischen Luftwaffe einberufen. Dabei spielte er oft für die Armee, in Krankenhäusern und auf Truppenbetreuungsveranstaltungen. Meistens gab es kein Begleitinstrument, und so wurde Ricci gewissermaßen der totale Solist. Wie kein anderer hat er seit 1945 weltweit reine Soloprogramme gespielt mit Werken von Bach bis Prokofjew, von Paganini bis Ysaye und Hindemith. Vor allem gilt Ricci als *der* Paganini-Spezialist. Er hat als erster alle 24 Capricci in einem Konzert gespielt und die erste Gesamtaufnahme gemacht.

Obwohl Riccis Repertoire ungemein weit gefaßt ist, hat es mit »seinem« Paganini eine besondere Bewandtnis. Als Wunderknabe nannte man ihn anfangs einen zweiten Menuhin. Aber schon bald zog man Menuhin als Beethoven-, Mozart- und Brahms-Spieler vor. Dem kleinen Ruggiero wurde phantastisches geigerisches Können attestiert, weniger aber darstellerische Kraft und geistige Durchdringung der großen Musik. Ricci reagierte auf seine Weise: »Da war mir klar: Das einzige, das ich tun konnte, war: artistischer zu spielen als der andere. Deshalb habe ich mich auf Technik konzentriert, und das hat mich immer mehr interessiert. Alles habe ich ausprobiert, ich hielt die Geige an das eine, dann an das andere Ohr, ich übte im Liegen, im Sitzen, sogar auf der Toilette. Auch mit Handschuhen habe ich es probiert. Das meiste habe ich mir selber beigebracht. Ich war von Paganini fasziniert, und ich versuchte herauszubekommen, ob er wirklich ein Geheimnis hatte. Ich studierte alle Stücke und Variationen von ihm, und ich entdeckte ein paar Grundprinzipien. Eins war, daß man sozusagen ein Bein auf dem Boden behielt. Wichtig war ein enger Kontakt, ein sehr enger Kontakt mit dem Instrument. Eine Ökonomie der Bewegungen. Denn Paganini war nicht der waghalsigste Geiger, sondern der umsichtigste. Jedenfalls habe ich über Technik von Paganini mehr gelernt als von allen meinen Lehrern.«

Riccis Paganini klingt sehr verschieden von dem anderer Geiger: nicht einfach brillant, glatt, die Schwierigkeiten sozusagen beiläufig überwindend. Bei Ricci hört man das Material, das Streichen des Bogens auf der Saite, spürt die Kompliziertheit der Griffe der linken Hand, bekommt den Eindruck einer rauhen, eher abweisenden als einladenden Klanglandschaft. Nicht an den Flitter von Akrobaten und Jongleuren denkt man, sondern an die Einsamkeit des Forschers, an Paganinis düstere Erscheinung, seine Vorliebe für die späten Streichquartette des tauben Beethoven. Bei Ricci ist Paganini sarkastisch, nie schmeichelnd, knorrig, nie elegant, bitter, nie süß, schwermütig, nie sentimental. Das sechste Capriccio g-Moll wird so in der Aufnahme von 1959 zu einer kargen Trillerhochebene, über die herbe Klangwinde wehen.

Der gern als Nurvirtuose bezeichnete Ricci hat sich zeitlebens auch für zeitgenössische Musik eingesetzt. Als erster Geiger führte er in New York Prokofjews Solosonate auf, trat mit Programmen für Violine und Gitarre auf, spielte Kompositionen des Brasilianers Heitor Villa-Lobos, bot Uraufführungen der Komponisten Gottfried von Einem, Alexander Goehr und Joseph White.

Das interessanteste Stück aus Riccis neuerem Repertoire ist zweifellos das Konzert des Argentiniers Alberto Ginastera. Er wurde 1916 in Buenos Aires geboren. Ausbildung und Karriere fanden nahezu ausschließlich in seiner Heimat statt. Seine Werke hatten in den fünfziger und sechziger Jahren weltweit Erfolg. 1983 ist er in Buenos Aires gestorben. Die New Yorker Philharmoniker und ihr damaliger Chefdirigent Leonard Bernstein hatten das Violinkonzert für die Eröffnungssaison des neu erbauten Lincoln Center in New York 1963 in Auftrag gegeben. Ricci war der Solist der Uraufführung. Ihm hat es Ginastera gewidmet, ein Komponist, der Folkloristisches seiner argentinischen Heimat mit Neoklassizistischem raffiniert mischt. Das klingt keineswegs gefällig, die Mittel werden sparsam und originell eingesetzt.

Ruggiero Ricci,
um 1978

Die drei Sätze des Violinkonzerts leben sozusagen von der
Verkehrung der traditionellen Formverhältnisse: Im ersten
Satz beginnt der Solist sogleich mit einer mächtigen Kadenz.
Später folgen dann symphonische Variationen zum Themen-
material dieser Solokadenz. Das Adagio wird zu einem lyrischen Auftritt für 22 Orchestersolisten mit obligater Geige.
Und im letzten Satz, »Scherzo pianissimo e perpetuum mobile«, läßt Ginastera Riccis Hausheiligen Paganini mit An-
spielungen auf die Capricci erscheinen. In den Worten des
Komponisten, »so als ob der Schatten dieses großen Violinisten durchs Orchester schreite«. Ginastera hat diese Musik
Ricci auf den Leib und in die breite linke Hand geschrieben,
die mühelos Dezimen greifen kann. Die kämpferische Klang-
gestik, das energisch schnelle Vibrato und die charakteristische Schroffheit des Ricci-Tons entsprechen genau Ginasteras
in gewisser Weise heiserer, aufgerauhter Musik, am eindringlichsten im letzten Satz. In den siebziger Jahren entstand ein
Live-Mitschnitt in Mexiko-Stadt mit dem Orquestra de las
Americas unter Luis Herrera de la Fuente, der Riccis stu-

pende Beherrschung dieser charakteristischen Heiserkeit und Rauheit von Ginasteras Musiksprache und den Witz der Paganini-Assoziationen fulminant zeigt.

Ricci, der heute in Salzburg lebt und am Mozarteum unterrichtet, sitzt häufig in Wettbewerbsjurys. Nach seiner Ansicht kann man den Charakter, das Potential eines Geigers erst richtig wahrnehmen, wenn er allein spielt. Er selbst hat wahrscheinlich mehr Soloabende gegeben als jeder andere Violinist. Und Bachs Solosonaten und -partiten hat er sehr viel häufiger gespielt als die Musik Paganinis: stets sorgfältig, kraftvoll und technisch souverän.

Am schönsten aber, weil vollkommen überraschend, gestaltete er Hindemiths zwei Solosonaten von 1924. In dieser keineswegs Geigenschmelz und -kantilene verströmenden Musik entdeckt Ricci etwas bei sich und für Hindemith sehr Seltenes: Poesie und Charme. Besonders die zweite Sonate, deren letzter Satz Mozarts »Komm, lieber Mai« mit fünf Variationen ehrt, läßt in der Aufnahme aus den fünfziger Jahren einen Ricci hören, der eine Vielfalt des Zarten produziert, die den Atem nimmt. Das klingt immer leicht, aber nicht leichtgewichtig, manchmal spröde, aber ohne Trockenheit, lakonisch, aber ohne musikalische Kalauer. Mitreißendes, treffendes und treffliches Geigenspiel von hoher Eigenart.

Pathos und Energie

Bronisław Huberman

Beethovens berühmteste Klavier-Violine-Sonate, die »Kreutzersonate« in A-Dur, beginnt für den Geiger mit einem »Alptraum«, so Max Rostal. Ein sehr langsamer Adagio-Prolog, mit einer feierlichen Doppelgriffpassage der Sologeige über vier Takte anfangend. Dann setzt das Klavier mit gleicher Figur ein. Es wird eine enorme, geradezu gefährliche Spannung aufgebaut, die mit äußerster Konzentration von der ersten bis zur letzten Note des Prologs aufrechterhalten werden muß. Sonst zerfällt dieser Anfang, das Presto erscheint dann nur noch beiläufig. Sind Violinist und Pianist nicht ebenbürtig in Versenkungsfähigkeit, Gestaltungswillen und Klangvorstellung, werden die instrumentalen und vor allem geistigen Anforderungen dieser Sonate nicht bewältigt, geschweige denn erfüllt werden können.

Nur der Violinist Bronisław Huberman und der Pianist Ignacy Friedman gestalteten im wahren Sinn des Wortes diese 18 Takte der Adagio-sostenuto-Introduktion als bedrohliche Sammlung der Kräfte, als sich gegenseitig belauerndes Frage-und-Antwort-Spiel. Hubermans Geigenton klingt fahl und dennoch energiegeladen gerade durch das sehr sparsam eingesetzte Vibrato. Ausgesprochen charakteristisch sind das

Metallische dieses Tons und das Deklamierende bis hin zum Schrei.

Huberman könnte man den Expressionisten unter den Geigenmeistern des 20. Jahrhunderts nennen. Dieser unvergleichliche Musiker kannte keine Kompromisse, immer fand er extreme Lösungen, musizierte um Leben und Tod. Bei Huberman gab es Heulen und Zähneklappern, namenlose Freudenschreie und Schmerzensgellen, aber auch nachtschwarze Laszivität, wuchtigen Stolz, gleißende Hybris. Manchmal gefährdete Hubermans pathetische Klangrede die Musik, erdrückte sie mit Bedeutung, wenn sie nur Virtuosenschmankerl sein wollte oder kleiner sentimentaler Seufzer. Huberman dramatisierte, drang auf Entscheidung, erzwang manchmal Heroisches selbst da, wo nur Harmloses gemeint war. Wo Musik aber Ernst, Tiefsinn und Kühnheit verlangt, war Huberman unübertrefflich. In diesem Sinne herausgefordert wuchs sein Geigenspiel ins sozusagen Überdimensionale.

Das Besondere Hubermans entspringt nicht nur einer phänomenalen Instrumentalbeherrschung, sondern einem durch das Rauschen und Knistern der alten Aufnahmen hindurch fühlbaren Gestaltungswillen gewaltigen Ausmaßes. Dieser Musiker ist auch eines der großen moralischen Vorbilder des Jahrhunderts: unbestechlich, politisch für die Überwindung nationaler Grenzen werbend, chauvinistische und rassistische Vorurteile bekämpfend, jederzeit hilfsbereit gegenüber den Mühseligen und Beladenen. Huberman wurde in den zwanziger Jahren von manchen belächelt, heute muß er als ein Vordenker eines vereinigten Europa gefeiert werden. In einem Vortrag, den er 1926 in Wien hielt, sprach er Sätze, deren Aktualität geradezu erschreckt: »Es bedeutet ein Heraustreten aus dem Circulus vitiosus von nationaler Verhetzung, Krieg und Verwüstung, Kriegsschulden, Zöllen, Steuerdruck, Lohnelend und das Hinaustreten in einen Circulus virtuosus von nationaler Eintracht, Frieden, Freundschaft, Massenproduktion für ein zollfreies Massenabsatzgebiet usw. Das bedeutet

Bronisław Huberman,
um 1931

aber ebensoviel Probleme, und zwar europäische Zollunion, Währungsunion, Abrüstung der nationalen Armeen, Aufrüstung einer übernationalen Armee, wirklichen Minderheitenschutz, Unsichtbarmachung der Grenzen und, als Krönung des Ganzen: politische Union.«

So Huberman als Propagandist eines Paneuropa. Es wäre an der Zeit, ihn weltweit zu ehren, nach ihm Plätze und Straßen zu benennen und einen europäischen Kulturpreis auszuloben, der den Namen dieses politischen Visionärs trägt.

Huberman besaß die Energie, seine Visionen umzusetzen. Sein bleibendes Denkmal ist das heutige Israel Philharmonic Orchestra, das er 1936 als Palestine Orchestra für jene Musiker gründete, die der rasant gewalttätiger werdenden rassistischen Unterdrückungspolitik der Nazis entfliehen konnten. Und die Straße neben dem Mann-Auditorium in Tel Aviv, dem Sitz des Orchesters, ist nach Huberman benannt.

Daß sich ein solcher Mann als Musiker dem Stil und dem Wesen Beethovens besonders verwandt fühlte, liegt auf der Hand. Huberman gilt zu Recht als einer der bedeutendsten Beethoven-Spieler. Es gibt heute niemanden, der mit solcher Bedingungslosigkeit, solcher geistigen Präsenz den Furor und das Pathos Beethovens erfüllen könnte. Nur bei Huberman/ Friedman wird aus der »Kreutzersonate« dieses Drama einer wilden Auseinandersetzung, nur Huberman und sein polnischer Landsmann setzen Beethovens programmatische Anweisung so vehement um, daß es einem den Atem verschlägt: »Sonata per il Pian-forte ed un Violino obligato, scritta in uno stilo molto concertante, quasi come d'un concerto«, das heißt Sonate für Klavier und obligate Violine, in einem sehr konzertanten Stil geschrieben, quasi wie ein Konzert.

Auch in den zwanziger Jahren wurde das extreme Espressivo der beiden Musiker rückhaltlos bewundert, staunte man über den herrischen Anspruch dieser Musik, dem Huberman/Friedman so einzigartig gerecht wurden. In unserer Zeit kühler Glätte und schöner, aber auch schnöder Perfektion wirkt der Einsatz von Huberman und Friedman geradezu skandalös befremdend und bar jeglicher Liebenswürdigkeit. Hubermans furchterregendes Engagement erinnert, wenn überhaupt, an die bühnen- und leinwandsprengende Ausdrucksintensität eines Fritz Kortner. Ob Triller oder Portamenti, ob Spiccato oder Akkordik, Hubermans phantastische Technik diente einzig und allein dazu, Beethovens Musik zu einer Grenzerfahrung zu machen. Die denkwürdige, bis heute unvergleichliche Aufnahme von Huberman/Friedman entstand 1930.

Huberman wurde 1882 in Tschenstochau geboren als Sohn eines Advokaten. Auslöser für die Laufbahn des kleinen

Bronisław war ein Besuch des Schahs von Persien in Polen. In Warschau wurde ihm bei einem Empfang ein klavierspielendes Wunderkind präsentiert, das den persischen Herrscher so begeisterte, daß er ihm einen Orden, einen Titel und eine Rente verlieh. Von kühnen Hoffnungen auf ähnliches erfüllt, konnten die Hubermans aus Geldmangel zwar kein Klavier, aber für ihren offensichtlich begabten Bronisław eine Geige kaufen. Mit sechs brachten sie ihn ins Warschauer Konservatorium, mit neun trat er bereits auf. Vater Huberman wollte aber für seinen Sohn die beste Ausbildung, verkaufte Hab und Gut und zog mit der Familie nach Berlin, um Bronisław bei dem großen Joseph Joachim studieren zu lassen.

Der alte Geigenpapst mochte Wunderkinder nicht, aber als Vater Huberman sich nach vielen Bemühungen endlich durchgekämpft und Bronisław vorgespielt hatte, liefen Joachim die Tränen über die Wangen. Huberman hat diese Tränen später pathetisch das »Weihwasser meiner künstlerischen Taufe« genannt. Joachim erwirkte ein Stipendium, hatte aber wenig Zeit zum Unterrichten. Heimlich ging Bronisław deshalb zu Charles Gregorowitsch, den er später als seinen wichtigsten Lehrer bezeichnet hat. Aber lange dauerte es nicht, schon nach neun Monaten verließen die Hubermans Berlin, hielten sich für ein paar Unterrichtsstunden bei Hugo Heermann in Frankfurt am Main auf, dann ebenso kurz bei Martin Marsick in Paris. Letztlich kann man bei Huberman tatsächlich von einem Autodidakten sprechen.

1895 jedenfalls erlebte der inzwischen schon tourneeerfahrene Bronisław, gerade zwölf Jahre alt, seinen Durchbruch. Die legendäre Sängerin Adelina Patti gab eines ihrer Abschiedskonzerte in Wien und nahm, wie es in der Ankündigung hieß, aus Sympathie und Kalkül »Herrn Huberman« in ihr Programm auf. Bronisław muß brillant gewesen sein, denn der Kritiker des »Wiener Fremdenblattes« schrieb: »Wir waren gekommen, um einem untergehenden Stern Lebewohl zu sagen, und hatten die Freude, einen aufgehenden zu begrüßen.« Herr Huberman war mit einem Schlage berühmt.

Ein Jahr später spielte er das Brahms-Konzert in Anwesenheit des Komponisten so bezwingend, daß Brahms dem Jungen versprach, extra für ihn eine Fantasie zu komponieren. Leider gibt es derzeit keine befriedigende Rekonstruktion einer Aufnahme des Brahms-Konzerts, das Huberman mit fanatischer Intensität gespielt habe muß. Es existieren in Amerika zwar Rundfunkmitschnitte aus den dreißiger und vierziger Jahren, aber deren Wiederherstellung scheint bisher nicht zufriedenstellend gelungen.

Wie Huberman 1899 gespielt hat, also drei Jahre nach der Begegnung mit Brahms, davon kann man zumindest eine Anmutung bekommen. Denn es gibt zwei ehrwürdige, über 100 Jahre alte Aufnahmen, eine Sarasate-Bearbeitung des berühmten Es-Dur-Nocturnes von Chopin und eine Auer-Transkription von Schuberts Moment musical Nr. 3. Während der 17jährige Huberman das Chopin-Nocturne in Gefühl und aggressiven Portamenti fast erstickt, kann man bei der Schubert-Bearbeitung immerhin hören, daß Huberman nahezu alles übertreibt, ob Crescendo oder Diminuendo, ob Accellerando oder Ritardando, alles ist überzogen, aber – und das ist das für Huberman Entscheidende – nichts klingt gleichgültig, gefällig, neutral oder langweilig. So wird aus einer hübschen Zugabe eine Zerreißprobe.

Hubermans Ruhm wuchs besonders in Kontinentaleuropa. England und Amerika konnten sich bei allem bewundernden Respekt mit diesem gänzlich anderen, extrem persönlichen Stil nicht so anfreunden. Der New Yorker Kritiker Richard Aldrich bemerkte: »Sein Ton ist kraftvoll, zeichnet sich aber nicht durch Wärme oder gefälligen Klang aus.« 1936 beschrieb Alexander Ruppa in »The Strad« die Andersartigkeit zutreffend und zugleich irritiert: »Er hat die seltene Gabe, die ganze Skala menschlicher Gefühle von der erlesensten Zartheit bis zur brutalsten Heftigkeit zu porträtieren.«

Auch Carl Flesch hat zu diesem Befremdetsein durch Hubermans Spiel beigetragen. Ob aus Aversion, aus Neid, schwer zu sagen, warum Flesch Huberman säuerlich nur als faszinierenden Außenseiter gelten lassen wollte, dessen individuelle Marotten und Schwächen keinerlei Nachfolger finden dürften. Flesch warf Huberman vor, mit veralteter Bogenhaltung entweder zu säuseln oder zu kratzen, nur Fingervibrato zu benutzen, Halbtöne wohltemperiert wie auf dem Klavier zu greifen. Doch Flesch hatte den Konkurrenten nur nach Konzerteindrücken vom Anfang des 20. Jahrhunderts beurteilt. Hans Keller aber, der englische Herausgeber von Fleschs Memoiren, hat die Verhältnisse zurechtgerückt: »Huberman war einer der größten Musiker, die mir je begegneten. Wenn er in Form war, zeigte sein Spiel geradezu unheimliches Feuer, zeigte er eine virtuose Technik von äußerster Brillanz. Was seine Tongebung angeht, kenne ich keinen anderen Geiger, der sie so stilsicher den harmonischen und melodischen Gegebenheiten anpaßte.«

Ein grandioses Beispiel für Kellers Einschätzung ist Sarasates berühmte Fantasie über Themen aus Bizets Oper »Carmen«. Sarasate hat effektvoll lyrische Emphase, laszive Erotik und rasante Virtuosität gemischt bei seiner Paraphrase von »Carmen«-Melodien.

Daß aber in Bizets Oper ein Drama stattfindet, daß die handelnden Personen musikalisch spezifisch charakterisiert sind, daß es also auf Verdeutlichung und Profilierung ankommt, auf Gesten und Haltungen, die der Geiger gleichsam szenisch auf seinem Instrument gestalten muß, ist nur bei Huberman zu hören. Was andere als vergnüglichen Geigenzirkus »al espagnole« abschnurren lassen, wurde bei Huberman zu einer Minioper. Carmens erotische Faszination, der immer rasendere Tanz der Zigeuner, dazu das Brüten, die Ausbrüche, dafür setzte Huberman eine unglaubliche Virtuosität ein, exzessives Geigenspiel von höchstem Risiko. Bei der Aufnahme von 1926 begleitete Siegfried Schultze.

Huberman hat den Musiker immer als Nachschöpfer verstanden, gleichsam als Propheten des Komponisten. Nur so kann das Publikum aus der Passivität zum Miterleben gebracht werden: Der Künstler solle dem Zuhörer die inneren Stürme und Geburtsschmerzen bewußt machen, die den Komponisten beim Schöpfungsakt durchschüttelten. Um das zu erreichen, müsse der Spieler jede Einzelheit von Tempo, Dynamik, Harmonik und Instrumentierung studieren.

»Ich muß das Werk durchleben, bevor ich es richtig spielen kann. Dieser Augenblick kann kommen, wenn ich es zum ersten, fünften oder zehnten Mal auf dem Podium spiele: Kommt er aber nicht, so spiele ich diese Komposition nie wieder, egal, wieviel Kraft mich die Beherrschung dieses Stücks auch gekostet haben mag.«

Als 1933 Hitler an die Macht kommt, boykottieren viele der bedeutendsten Musiker sofort Nazideutschland. Arturo Toscanini sagt seine Mitwirkung in Bayreuth ab, Pablo Casals, Jascha Heifetz, Mischa Elman, Yehudi Menuhin treten nicht mehr auf, auch Huberman nicht. Wilhelm Furtwängler meint, gegen die Machthaber wenigstens eine Lizenz für die Größten durchsetzen zu können in der Hoffnung, so die Rassenpolitik im künstlerischen Bereich ad absurdum zu führen. Tatsächlich glaubt er sich am Ziel, als er seinem Freund Huberman schreibt: »Einliegendes Exposé wurde gestern von der Regierung veröffentlicht, und damit ist, wie Sie zugeben müssen, deutlich ausgesprochen, daß jeder Künstler, gleich welcher Rasse und Nation, in Deutschland tätig sein wird und muß! Ich bitte Sie, alle die Punkte zu bedenken, die wir seinerzeit durchgesprochen haben. Einer muß ja den Anfang machen.«

Huberman durchschaute im Gegensatz zu Furtwängler sofort die Feigenblattfunktion der Künstler in dieser Konstruktion der Nazis. Seine Antwort war bei aller Verehrung und Freundschaft eindeutig und ist denkwürdig: »Sie versuchen mich mit dem Satz zu überzeugen, daß einer den Anfang machen muß, um die trennende Wand zu durchbrechen. Ja, wenn es sich nur um eine Wand im Konzertsaal handeln würde! Aber diese Frage einer mehr oder minder berufenen Interpretation eines Violinkonzertes ist nur einer der mannigfachen Aspekte – und weiß Gott, nicht der wichtigste –, unter denen sich das eigentliche Problem verbirgt. In Wahrheit geht es um die elementaren Voraussetzungen unserer europäischen Kultur: die Freiheit der Persönlichkeit und ihre vorbehaltlose Selbstverantwortlichkeit!«

1936 verschärfte Huberman im »Manchester Guardian« den Ton zur Anklage in einem »Offenen Brief an die deutschen Intellektuellen«:

»Seit der Veröffentlichung der Durchführungsbestimmungen zu den Nürnberger Gesetzen, diesem Dokument der Barbarei, warte ich auf ein Wort der Empörung, eine Tat der Befreiung von Ihnen. Müßte doch so mancher von Ihnen zu dem Geschehenen etwas zu bemerken haben, wenn frühere Bekenntnisse von Ihnen bestehen bleiben sollen. Ich warte vergebens. Angesichts dieses Schweigens kann ich nicht länger stumm bleiben.

Vor der ganzen Welt klage ich Sie, die deutschen Intellektuellen, die Nichtnazis, an als die wahren Schuldigen an all diesen nazistischen Verbrechen, an diesem jammervollen, unsere ganze weiße Rasse beschämenden und gefährdenden Niedergang eines hochstehenden Volkes. Es ist nicht das erstemal in der Geschichte, daß Instinkte der Gosse nach der Macht greifen, aber es blieb den deutschen Intellektuellen vorbehalten, ihnen zum Sieg zu verhelfen [...] Wo sind in Deutschland die Zolas, Clemenceau, Painlevés, Picquarts in diesem Monstre-Dreyfus-Prozeß gegen eine wehrlose Volksminorität? [...] Es ist ein wahrhaft erschütterndes Schauspiel, das sich der staunenden Welt bietet: Deutsche Geistesführer von der internationalen Bewegungsfreiheit und Bedeutung eines Richard Strauss, Wilhelm Furtwängler, Gerhart Hauptmann, Werner Krauß, Georg Kolbe, Ferdinand Sauerbruch, Eugen Fischer, Max Planck und anderen, noch bis gestern das deutsche Gewissen, den deutschen Genius darstellend, zur

Führung des Volkes durch Beispiel und Tat berufen, finden von allem Anfang an keine andere Reaktion auf diesen Anschlag gegen die heiligsten Güter der Menschheit als Kokettieren, Paktieren, Kooperieren. Und zum Schluß, als ihnen Usurpation und Halbbildung ihre ureigensten Begriffe aus ihrer geistigen Werkstatt raubt, um dieser Verkörperung von Terror und Feigheit, Unmoral und Geschichtsfälschung, innerer und äußerer Volksaufwiegelung auch noch die Gloriole von Freiheit und Heroismus, Ethik und Wissenschaftlichkeit, Mystizismus und Pazifismus zu verleihen, da treiben sie ihren Verrat auf die Spitze: ducken sich und schweigen!

Deutschland, Volk der Dichter und Philosophen, die Welt, nicht nur die feindliche, Eure Freunde warten in Bestürzung auf ein Wort der Befreiung!«

Schon Ende der zwanziger Jahre war Huberman in Palästina gewesen, weil er die kulturellen Bindungen zwischen Europa und Palästina stärken wollte. Nach 1933 begann er sich intensiv um die vertriebenen und geflohenen jüdischen Musiker zu kümmern. Er gab zahlreiche Benefizkonzerte, die dem Palestine Philharmonic Orchestra zugute kamen. Die Dirigenten Issai Dobrowen und Hans Wilhelm Steinberg, der spätere William Steinberg, halfen ihm dabei. Am 26. Dezember 1936 hatten es Huberman und seine Mitstreiter geschafft: das erste Konzert des Orchesters. Und niemand anderes als Toscanini dirigierte. Huberman hat diesen Sieg später ironisch kommentiert: »Ich hatte keinen besseren Helfer als Herrn Hitler. Er stattete mich aus mit der Creme der zentraleuropäischen Orchester.«

1937 stürzte Huberman bei einer Asientournee über Sumatra ab, brach sich den linken Arm und quetschte sich zwei Finger der rechten Hand. Mit der gleichen Unbedingtheit wie in all seinen Aktivitäten trainierte er unermüdlich, bis seine alten Fähigkeiten wieder erworben hatte. In einem Brief an George Szell schrieb er, die Geige sei für ihn dabei »mehr ein orthopädisches als ein musikalisches Instrument« geworden. Mit Beginn des Zweiten Weltkriegs siedelte sich Huberman in

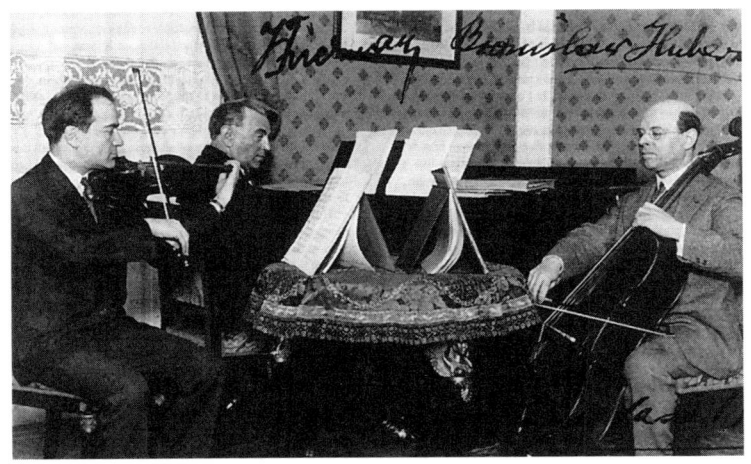

Bronisław Huberman, Ignacy Friedman,
Pablo Casals, Bonn 1927

den USA an, kehrte aber nach Kriegsende 1945 sofort nach
Europa zurück. 1947 ist er in Nant-sur-Corsier (bei Vevey in
der Schweiz) gestorben. So konnte er die Gründung des
Staates Israel 1948 und die Verwandlung seines Palestine Philharmonic in das Israel Philharmonic Orchestra nicht mehr
miterleben.

Für die jeweilige Musik hat Huberman immer nach spezifischen Lösungen gesucht, auch stilistisch. Daß Barockmusik
nicht verschluchzt werden darf, war ihm natürlich bewußt.
Eine Aufnahme von 1934 zeigt, wie energisch, doch unpathetisch, ausdrucksvoll, doch diszipliniert Huberman die Sarabande und das Double aus Bachs erster Solopartita h-Moll
gespielt hat. Auffallend, mit wie wenig Vibrato Huberman
auskommt, auffallend der arpeggienartige Schwung, mit dem
er die Akkorde bricht und ins Melodiöse zieht, auffallend,
wie selbstverständlich und unangestrengt diese technisch
schwierige Musik klingt, wie klar die konstruktive Präzision
Bachs wird.

Um so größer der Gegensatz bei ausgesprochen romantischer Musik. Hier sind Portamenti angebracht, Beschleunigungen, traumverlorene Ritardandi, Süße und Schmelz des Tons, Vielfalt des Vibratos, um romantische Gefühlskunst und ihre Schattierungen zu verlebendigen.

Entsprechend seinem epochalen Beethoven-Spiel hat Huberman auch als Tschaikowski-Spieler Maßstäbe gesetzt. Der langsame Satz des Violinkonzerts D-Dur ist eine lyrisch-hingebungsvolle Canzonetta. Huberman spielte die Sehnsucht, das Verzehrende mit allen Mitteln seiner expressionistischen Möglichkeiten aus. Dabei verstand er aber Tschaikowskis Ansatz symphonisch und nicht bloß solistisch. Schön zu hören, wie 1929 Steinberg mit dem Orchester der Berliner Staatsoper in dieses vielfältige musikalische Gespräch einsteigt. Das berühmte Finale verwandelte Huberman dann in ein einzigartig wildes Rasen, dabei immer artikuliert und rhythmisch äußerst pointiert. Von einem Konzert 1946 in Amerika unter Eugene Ormandy (wahrscheinlich mit dem Philadelphia Orchestra) gibt es eine Aufzeichnung, die den Eindruck der Berliner Plattenproduktion souverän bestätigt. Allerdings wirkt Hubermans Unbedingtheit, seine Entschlossenheit zum Ausdrucksextrem, hier in der einmaligen Live-Situation noch zwingender, atemraubender.

Rückkehr zu Beethoven. Die große polnische Geigerin Ida Haendel hatte als kleines Wundermädchen die Ehre, Huberman vorspielen zu dürfen. Ein für sie unvergeßliches Erlebnis: »Ich sah ihn an, das Idol von Tausenden, und ich konnte es kaum glauben. Er lächelte mir freundlich zu, und ich fand ihn schön. Ich sah keine seiner Unvollkommenheiten – das berühmte Schielen, die vorstehende Unterlippe und den übergroßen Kopf. Ich sah nur den großen Geist, der in diesem kraftvollen, entschlossenen Gesicht aufleuchtete und mich einen Augenblick an Beethoven erinnerte.«

Hört man Huberman mit Beethovens Violinkonzert in der Aufnahme von 1934 mit den Wiener Philharmonikern unter

Szell, dann ist all das da, was Ida Haendel einst in diesem Gesicht entdeckt hat: Freundlichkeit und Geist, Kraft und Entschlossenheit. Das Larghetto wird meistens zu einer etwas mühsamen Weihestunde für Geige und großes Orchester. Huberman hingegen phrasierte extrem genau nach Beethovens Vortragsbezeichnungen, jeden Bogen, jeden Stakkatopunkt, jeden Détachéstrich befolgte er. Und gewann gerade damit die Freiheit der Gestaltung. Frei von jedem Schwulst, von falscher Andacht entsteht das Larghetto als lichtes, schwebendes Gebilde in großer Höhe. Dagegen dann sehr irdisch, tänzerisch und pointiert das Rondo. Meisterhaft in dem von Huberman geforderten Sinn, daß die rein violinistische Perfektion »dem Herrn dienen muß, dem Geist, und der Herrin, der Seele. Wehe, wenn dieser Sklave seine Fesseln löst!«

Übrigens ist neuerdings der Rundfunkmitschnitt eines Live-Auftritts vom 17. Dezember 1944 in New York mit dem Beethoven-Konzert aufgetaucht. Er wurde begleitet von der National Orchestral Association unter Leon Barzin. Was die Plattenproduktion mit Szell andeutete, wird hier zehn Jahre später grandios bestätigt. Mögen Orchester und Dirigent nicht wirklich ebenbürtig sein, Huberman reißt alle mit in den bezwingenden, unaufhaltsamen Sog seines Spiels, das das ganze Konzert geistesgegenwärtig zusammenfaßt und nicht in interessante Details zerfleddern läßt.

Hubermans unvergleichbares Geigenspiel wirkt in seiner persönlichen Ausrichtung, in seiner Besessenheit, die Ausdrucksdimensionen der jeweiligen Musik zur Gänze auszuschöpfen, radikal. Hubermans Ton vermag Dunkelheiten, Fahlheiten, namenlose Trauer zu beschwören, in die nie ein Lichtstrahl dringen wird, dieser Ton kann glühen und brennen bis zum Exzeß, er kann metallisch strahlen und pathetisch jubilieren. Hört man dieses Violinspiel, glaubt man sich in gewisser Weise auf einem anderen Planeten. Gewiß gibt es in diesem Spiel Spuren des Zeitgeistes, des persönlichen Geschmacks, etwa die keineswegs häufigen, dafür ziemlich exzessiven Portamenti und Rutscher oder das weit schwingende, aber nie mechanische, bewußt eingesetzte Vibrato. Hier gibt es nichts Nettes, Nivelliertes, Glattes, hier geht es letztlich um Leben und Tod. Kann man heute bei vielen jungen Virtuosen den Eindruck haben, ein Instrument zu spielen habe mehr mit gut trainierter Geschicklichkeit, mehr mit Sport zu tun als mit Musik als Ausdrucksform menschlichen Geistes, so geht es bei Huberman nur um den, man erlaube das altmodische Wort, Gehalt eines Stückes. Seine ungeheuerlichen violinistischen Mittel dienen ausschließlich dem Prozeß der Vermenschlichung. Das heißt, Huberman spielt so, daß man jedes »Wort« der Musik versteht.

1997 erschien eine CD mit Rundfunkmitschnitten einiger Konzerte, die Huberman in New York zwischen 1936 und 1944 gegeben hat. Bislang gab es an Kammermusikaufnahmen nur die maßstabsetzende »Kreutzersonate« mit Friedman. Zu den nun veröffentlichten Fundstücken gehören die G-Dur-Sonate von Brahms, die zweite Solopartita d-Moll von Bach und die C-Dur-Fantasie von Schubert.

Bis auf die Bach-Partita konnten die Aufnahmen bravourös restauriert werden. Sie hatten auf zerbrechlichen, auf Glas basierenden Acetatplatten bei einem Sammler überdauert. Zusammen mit dem großartigen Pianisten Boris Roubakine entfaltete Huberman die sonst gern in sanftes Geigengrau getauchte »Regensonate« von Brahms als melancholisch-wildes Drama mit drängenden Rubati und expressiven Steigerungen. Zugleich aber fand er zu einer nie gehörten Phrasierungsintensität des Leisen, Schwermütigen, Intimen dieser Musik.

Ganz anders die Schubert-Fantasie, deren meditativ-somnambulen Anfang Huberman mit ungemein schlankem Ton zu einem nicht enden wollenden Bogen spannte. In den schnellen Passagen demonstrierte er mit akzentuierender Virtuosität, welche Vitalität in diesem in jeder Hinsicht schwer zu verlebendigenden Stück steckt.

Bei Bachs d-Moll-Partita schließlich zeigt sich, was so vielen fehlt, wenn sie sich an die Ciaccona wagen: Größe.

Huberman disponierte dieses Nonplusultra der Violinliteratur in einer Intonationssouveränität, mit einem Artikulationsernst, einem architektonischen Willen ohnegleichen.

Als letztes Stück auf dieser sensationellen CD spielte Huberman eine typische Zugabe, die »Romanza andaluza« op. 22,1 von Pablo de Sarasate. Im allgemeinen bekommt man dieses Stück als lässig-elegante Folklore in unwiderstehlichem Zigeunermoll mit sattem Ton und geigerischem Wohlbehagen serviert. Huberman machte aus der scheinbaren Nichtigkeit eine Demonstration für die Musik. In geradezu lasziv schleppender Langsamkeit reizte er jede rhythmische Finesse Sarasates aus, er entdeckte das Szenische und Rhetorische dieser keineswegs knochen- und marklosen Musik. Allmählich nur befreit sich der Ton aus den schweren Schatten, die über dem Anfang liegen. Dann folgt ein leidenschaftlicher Aufschrei, die Geige schluchzt, singt und tanzt sich aus, um dann wieder in die Schatten des Anfangs zurückzusinken. In einem New Yorker Konzert 1936 mit (vermutlich) Siegfried Schultze verwandelte Huberman Sarasates andalusische Romanze in das Mysterium eines düster leuchtenden, leidenschaftlich glühenden Violinspaniens.

Von Größe und Leiden des Geigens

Yehudi Menuhin

»Blochs ›Abodah‹ war das erste Stück, das mir je gewidmet wurde. Als ich sieben war, kam Bloch mit diesem Stück in das Haus meiner Eltern in San Francisco. Ich hatte ihn nur drei oder vier Tage davor bei einem Musikertreffen kennengelernt. Ich bin sehr stolz auf das Werk und habe es sehr oft gespielt.«

So Yehudi Menuhin in einem Interview 1996 über die Entstehung und seine Beziehung zu Ernest Blochs »Abodah«, das er 1929 zum erstenmal einspielte.

Damals war Menuhin 13 Jahre alt und galt als das aufsehenerregendste Wunderkind des Jahrhunderts. Zu Recht, denn der Knabe Menuhin brillierte nicht einfach als perfekte Geigenmaschine oder als »dressierter Affe«, wie der bedeutende Cellist János Starker Wunderkinder sarkastisch bezeichnet hat, sondern das Verblüffende, Begeisternde waren Menuhins gestalterische Fähigkeiten, die vergessen ließen, daß da ein pausbäckiger Junge in Samthosen stand. Und so erklingt Blochs »Abodah« voller Leidenschaft, mit staunenerregendem Sinn für die glühenden Farben dieser ruhelosen Musik.

Menuhins Ton hat bis zuletzt trotz aller Veränderungen durch Krisen und Alterung dieses unverwechselbare helle Flirren behalten. Dieser Ton konnte ungeahnt süß klingen, aber niemals glatt. Er war ausdruckshungrig, nie ausdrucks-

satt. Er war nie indifferent schön, sondern anrührend, manchmal sogar schmerzhaft. Selbst in Momenten des Mißglückens
blieb Menuhins Spiel gezeichnet von der Intensität musikalischer Vermittlung. Unter den Violinriesen des 20. Jahrhunderts ist er der Verletzliche, Empfindliche, Erregbare,
Seismographische, sogar Hysterische. In seinen großen Au-
genblicken vermochte er zu erschüttern, weil er selbst so
erschütterbar war. Deswegen ist seine Gestalt über die Geigerei hinausgewachsen, ist er eine humanistische Instanz, ein
Menschheitslehrer geworden.

Ein Leben, das geradezu märchenhaft gleich auf dem Höhepunkt beginnt: mit genialer Begabung, schnellstem Aufstieg
zu absolutem Weltruhm und der freundschaftlichen Verehrung durch größte Zeitgenossen. Selbstverständlich mit
finanziellem Erfolg. Rund 20 Jahre, von 1924 bis in die letzten
Jahre des Zweiten Weltkriegs, reicht diese Phase, dann beginnen Krisen und ihre Überwindung Menuhin zu quälen und
zu prägen. Niemand hat so bitter, fast grausam Abschied nehmen müssen aus dem Wunderkindparadies glücklichen Gelin-
gens und emphatischer Anerkennung wie Menuhin. Niemand
aber hat sich auch so sehr neue Legitimität erkämpft, einer der
Ersten zu sein. Er ist der Musiker, der seine Verwundbarkeit
nicht versteckte, sondern zeigte. Gezeichnet, aber nicht ver-
finstert vom Wissen um die Unerreichbarkeit der vergangenen eigenen Vollkommenheit strahlte Menuhin bis zu seinem
Tod 1999 bei seinen zahlreichen Auftritten als Redner, Lehrer
oder Dirigent eine liebenswürdige Heiterkeit und hellwache
Freundlichkeit aus, der nichts Menschliches fremd war.
Hinzu kamen seine unlöschbare Neugier auf Musik in all
ihren Spielarten, seine Lust, selbst zu experimentieren mit
Jazz und Außereuropäischem. Und zeitgenössische Komponisten konnten keinen besseren Anwalt als ihn finden.
    Einer seiner Hausgötter ist immer Bach gewesen. Schon
bei seinem ersten Soloabend in der New Yorker Carnegie
Hall 1927 stand die Ciaccona aus der d-Moll-Partita auf dem

Yehudi Menuhin,
1989

Programm. Menuhin war elf Jahre alt. Die riesige Fuge aus
der C-Dur-Sonate spielte er als sein erstes Stück von Bach
1929 ein. Mitte der dreißiger Jahre nahm er den ganzen Korpus der sechs Solosonaten und -partiten auf.

Schöner, freier, unbeschwerter als die Auseinandersetzung
mit dem Anspruch und der Einsamkeit dieses Zyklus gelang
ihm 1933 Bachs Violinkonzert E-Dur. Vor allem das Adagio
erscheint in nahezu reiner Gestalt. Menuhin schwang sich ohne Bogendruck, nur seinem Cantabile vertrauend, in diesen
langsamen, tiefsinnigen Satz ein. Und der Bogen Bachscher
Melancholie spannt sich leicht und weit. Menuhin wurde bei
dieser Aufnahme vom Orchestre Symphonique de Paris unter
der Leitung seines verehrten Lehrers George Enescu begleitet.

Menuhin wurde 1916 in New York geboren, wuchs aber in Kalifornien auf. Seine Eltern waren russisch-jüdische Einwanderer, der Vater von Beruf Lehrer. Beide Eltern haben die Musik geliebt: »Mein Vater sang die ganze Zeit, er kannte eine Menge Melodien aus seinem chassidischen Hintergrund. Als Junge wollte er Geiger werden, aber mein Großvater sagte: ›Wie kannst du dich mit so etwas Frivolem beschäftigen?‹«

Mit vier Jahren jedenfalls bekam Yehudi seine ersten Geigenstunden. Ein Jahr später waren die Fortschritte so überzeugend, daß der Lehrer gewechselt wurde, Menuhin wurde zu Louis Persinger geschickt, dem Konzertmeister des San Francisco Symphony Orchestra. Eine Position, die er früher in Berlin beim Blüthner-Orchester innegehabt hatte. Persinger war ein gefragter Lehrer, der neben vielen anderen auch noch Ruggiero Ricci entdeckte und auf den Weg zum Ruhm brachte. Persinger selbst hatte beim großen Eugène Ysaye in Brüssel studiert. Yehudi entwickelte unglaubliches Talent im intuitiven Erfassen musikalischer Zusammenhänge. Daher konnte er sich die Geigenliteratur mühelos aneignen, so mühelos, daß sein Lehrer Schwierigkeiten hatte, die Neugier und den Wissensdurst seines Schülers zu bändigen.

Am 29. Februar 1924 debütierte der siebenjährige Menuhin mit seinem Lehrer am Klavier im Oakland Auditorium von San Francisco, ein Jahr später mit dem San Francisco Symphony Orchestra. Auf dem Programm Lalos »Symphonie espagnole«. 1926 folgte New York. Im Manhattan Opera House saßen im Publikum auch drei berühmte Herren: Jascha Heifetz, Mischa Elman und Max Rosen. Die Nachricht vom kalifornischen Wunderknaben hatte sich in Fachkreisen schon herumgesprochen.

Im Herbst desselben Jahres reiste die Familie Menuhin nach Europa, und Yehudi wurde in Paris beim Orchestre Lamoureux unter Paul Paray gefeiert für Lalo und das Tschaikowski-Konzert. Auf Anraten Persingers reisten die Menuhins nach Brüssel zum legendären Ysaye.

Es sollte eine denkwürdige, nicht nur Menuhins einseitig auf musikalischen Ausdruck gerichtete Ausbildung, sondern sein ganzes Leben beleuchtende Begegnung werden. Denn nachdem der Junge dem alten Löwen Lalos »Symphonie espagnole« vorgeführt hatte, lobte Ysaye ihn kurz, bat Yehudi dann aber, er möge ihm einen A-Dur-Dreiklang durch vier Oktaven spielen. Menuhin hat seinen Schock selbst beschrieben: »Ich tappte auf dem Griffbrett herum wie eine blinde Maus. ›Du tätest gut daran, Yehudi‹, sagte er lakonisch, ›Tonleitern und Arpeggien zu üben.‹«

Die Menuhins verließen verwirrt den Meister, der die fundamentalen Schwächen des Wunderkindes in der Geigentechnik sofort aufgedeckt hatte. Sein Angebot, den Knaben zu unterrichten, schlug man leider aus. Auch Menuhin hat später gemeint, eine solche systematische Schulung in der Beherrschung des Instruments hätte seine geigerischen Krisen und Leiden mindestens gemildert, wenn nicht sogar vermieden. Statt dessen wurde er Schüler des rumänischen Violinisten, Komponisten und Dirigenten Enescu in Paris. Wie schon Persinger arbeitete Enescu ausschließlich an der Vertiefung von Menuhins musikalischen Fähigkeiten. Und auch sein dritter Lehrer, der Deutsche Adolf Busch, lehrte ihn Bach, Beethoven, Brahms und Mozart richtig zu phrasieren, nicht aber die Grundlagen des Geigerischen.

So täuschte das Talent des Knaben nicht nur Menuhin selbst, sondern auch seine Lehrer. Denn Menuhin konnte ja alles spielen mit berauschend süßem Ton, höchster musikalischer Empfindsamkeit und innerhalb des jeweiligen Stückes ohne technische Probleme.

»Musik war für mich völlig lebendig, ein ursprüngliches Ausdrucksmittel. Endloses Erarbeiten von totem Material hätte vielleicht mein Spiel stumpf gemacht, statt ihm Glanz zu verleihen.«

Erste Plattenaufnahmen entstanden 1928, ein Jahr nach seinem triumphalen Carnegie-Hall-Debüt mit den New Yorker Philharmonikern unter Fritz Busch. Der deutsche Diri-

Yehudi Menuhin,
Paris 1927

gent wollte zuerst das Beethoven-Konzert nicht akzeptieren
mit den Worten: »Man läßt ja auch Jackie Coogan nicht den
Hamlet spielen.« Aber nachdem er Yehudi gehört hatte, war
er hingerissen und umarmte den Jungen nach dem Konzert
vor 3000 gerührten Zuhörern. Zwar verbot man in Boston
Menuhins Auftritt wegen Minderjährigkeit, dafür bot die
Sowjetunion 6000 Dollar für einen Abend.

Die New Yorker Erfolgsgeschichte wiederholte sich in
noch spektakulärerer Form 1929 in Berlin. Diesmal mußte er
Bruno Walter und die Berliner Philharmoniker überzeugen,
gleich mit den drei Riesen Bach, Beethoven und Brahms.
Walter hat in seinen Erinnerungen notiert: »Das Erstaunliche
war nicht, daß Menuhin die Musik technisch bewältigte, sondern daß er sie auch geistig beherrschte, daß er eine reife Leistung bot. Darin lag das Wunder.« Albert Einstein verkün-
dete: »Nun weiß ich, daß es einen Gott im Himmel gibt.« Im
übrigen mußte die Polizei einschreiten, um in der Philharmonie den Enthusiasmus des Publikums in geordnete Bahnen zu
lenken.

Dabei ist Menuhin immer ein echter Virtuose gewesen, der mit rasenden Tempi, süffigen Portamenti und Draufgänger-vibrato spanische Tänze von Sarasate, Polonaisen und Souvenirs von Wieniawski oder Paganini-Halsbrechereien mit Lust und Laune geboten hat. Zu den frühen Aufnahmen von 1930 gehört Antonio Bazzinis – einer der Virtuosen der Nachpaganinizeit – unverwüstliche »Ronde des lutins«, der »Gnomenreigen«. Menuhin, etwa 14, 15 Jahre alt, genoß zusammen mit Marcel Gazelle mit nervösem, girrendem Ton die Pointen und Tricks dieses leichtsinnigen Stücks. Das klingt nie gläsern, nie abgefeimt oder ironisch perfekt, dafür von spontaner Freude am Geigen erfüllt.

Berlin, dann London, im Sommer Studien bei Adolf Busch in Basel, der Deutschland angesichts der marschierenden braunen Horden verlassen hatte. Und Unterricht bei dem über alles verehrten Lehrer Enescu in Paris. Von Beginn an hat sich Menuhin für zeitgenössische Musik interessiert. Als der Plattenmanager Frederick Gaisberg ihn fragte, ob er das Elgar-Violinkonzert unter der Leitung des Komponisten aufnehmen wolle, willigte er sofort ein. Edward Elgar war 70 Jahre alt, sein Violinkonzert h-Moll hatte er 1910 geschrieben für Fritz Kreisler. Eine lang geplante Aufzeichnung mit Kreisler kam nicht zustande. Dafür die Begegnung zwischen Englands bedeutendstem Komponisten der Zeit und dem Shooting-star am Geigenhimmel. Eine glückliche Begegnung.

Besonders der erste Satz, Allegro, ist bei diesem Zusammentreffen sehr eindringlich geraten. Weil weder Elgar an seiner manchmal auch ein wenig geschwätzigen, spätromantisch schwärmenden Musik zweifelte noch der 15jährige Menuhin, erscheint dieses Violinschlachtroß in schönstem Zaumzeug und bester Fasson. Menuhin spielte mit hinreißender Frische und Spontaneität. Ungemein biegsam in den Phrasierungen, unerschöpflich in der Vielfalt des dynamischen Abtönens und neugierig überraschende Klangfarben findend, entfaltete Menuhin eine verzaubernde Sehnsucht nach Schönheit. Und Sir Edward dirigierte das London Symphony Orchestra mit einer Begeisterung, als sei dies die Uraufführung. Zwingender kann man den Rang dieses Werkes nicht darstellen. Die zu Recht legendäre Aufnahme entstand im Juli 1932.

Menuhins Ruhm wuchs unaufhaltsam und weltweit. Er produzierte Platten am laufenden Band und konzertierte rund um den Globus. Doch langsam tauchten erste Anzeichen des Zweifels auf. Mit 20 Jahren zog er sich für zwölf Monate vom Musikbetrieb zurück, der ihm mehr als ein Jahrzehnt gleichsam Heimat gewesen war. Menuhin spürte, daß das Potential seiner kreativen Frische abnahm, daß er in zahllosen Auftritten die Unmittelbarkeit und Spontaneität seines Zugangs zur Musik anfing zu verlieren. Außerdem wünschte er sich ein Privatleben. Zwar trat er ab 1937 wieder auf, gab während des Krieges über 500 Konzerte bei den alliierten Truppen und fürs Rote Kreuz, er hatte auch geheiratet, allerdings mit wenig Glück.

Aber die so vorbehaltlos bewunderte Unbefangenheit seines Musizierens, die kindlich-selbstverständliche Sicherheit seines Geigenspiels waren dahin. Menuhin, der begnadete Finder, das sozusagen göttliche Kind, war ein unruhiger, grüblerischer Sucher des verlorenen Schatzes geworden. Lakonisch und grausam knapp faßte er seine Situation zusammen: »Ich hatte Nola geheiratet, ohne auf die Ehe vorbereitet zu sein. Ich hatte die Geige gespielt, ohne sie technisch zu beherrschen.« Die Konsequenz hieß: »Ich mußte die technischen Grundlagen begreifen, ehe ich jene Leichtigkeit zurückgewann, die mir früher eigen gewesen war und die mich jetzt zu verlassen drohte. Ich merkte auch, daß ich schlechte Gewohnheiten angenommen hatte. [Ich ging] daran, die Grundprinzipien zu erforschen, was jahrelang dauerte. Im Grunde bin ich noch heute nicht damit fertig, und jeder Tag beschert mir neue Erkenntnisse [...]«

Jetzt studierte Menuhin die geigerische Systematik von Carl Flesch, er nahm wieder Unterricht, diskutierte und fand doch nicht ins Paradies absoluter Zweifellosigkeit zurück.

Zum Glück hat Menuhin nie resigniert, weil er wußte, daß sich der göttliche Funke der Inspiration nicht erzwingen läßt, daß er aber unvermutet zünden kann. Und so hat man in den Nachkriegsjahrzehnten manche Konzerte Menuhins erlebt, die geprägt waren vom Leiden an den Unvollkommenheiten des eigenen Spiels. Dann hat Menuhin verkrampft attackiert, wurde der Ton brüchig oder scharf aus Not, gerieten Sinn und Sinnlichkeit der Musik in Gefahr durch den Kampf mit den mentalen und physischen Schwierigkeiten des Geigers. Genauso aber hat Menuhin auch plötzlich zu sich selbst finden können, dann klang es auf einmal rein, groß und ruhig. Und nichts als die Musik war im Zentrum.

Wäre er nur ein Virtuose gewesen, der seinen Zenit schon früh überschritt, er hätte nie seine in vielen Facetten leuchtende weltweite Bedeutung erreicht, er hätte auch nie ein Genie wie Béla Bartók animieren können, die grandiose Solosonate für ihn zu schreiben. Es war der ungarische Dirigent Antal Doráti, der die beiden miteinander bekannt machte, nachdem sich Menuhin mit Enthusiasmus der ersten Violinsonate und dem großen zweiten Violinkonzert gewidmet hatte. Diese Sonate spielte Menuhin Bartók vor, der bewundernd und ironisch zugleich sagte: »Ich dachte, so könne man einen Komponisten erst spielen, wenn er längst tot ist.«

Es entstand eine intensive Zusammenarbeit, deren Ergebnis die Solosonate von 1943/44 ist, das sicher wichtigste Werk für Violine allein seit Bachs, Paganinis und Ysayes Tagen. Menuhin führte sie am 26. November 1944 in der vollbesetzten Carnegie Hall auf. 1947 hat er sie in London eingespielt. Die Emphase dieser Musik, ihren unverwechselbaren Charakter, ihre Farbigkeit, ihre harmonische Kühnheit und ihre Architektur hat Menuhin maßstabsetzend getroffen. Aber auch die Tiefe ihrer Melancholie ausgelotet wie kein anderer. Mögen Jüngere die technischen Schwierigkeiten der ersten beiden Sätze souveräner lösen, das Presto des letzten Satzes perfekter runterrasen, bei keinem von ihnen entfalten sich die Trauer, das Untröstliche, das Leidende dieser Musik. Von diesen Finsternissen, diesen Ausweglosigkeiten wußte Menuhin allemal mehr, denn die Erfahrung des Scheiterns gehörte zu den Fundamenten seines Künstlertums. Die »Melodia«, den dritten Satz, hat Menuhin in all ihrer Verletztheit und Verletzlichkeit bewegend ausgesungen.

Schon früh hat sich in Menuhin, der seit 1959 in England lebte, der Gedanke verfestigt, daß er nicht nur Geiger sein könne, sondern seine herausgehobene Existenz ihn zu einem Botschafter des Humanen verpflichte. Er war es, der als erster jüdischer Musiker von Weltrang wieder in Deutschland spielte gleich nach dem Krieg. Er schloß mit Wilhelm Furtwängler Freundschaft, konzertierte unter schweren Anfeindungen aus seiner Heimat Amerika in der Sowjetunion, begrüßte ostentativ seinen Freund David Oistrach bei dessen erstem Auftreten in den USA. Festivals in Gstaad, Bath und Windsor hat er initiiert. Er beschäftigte sich mit Yoga, Psychologie und Philosophie.

1969 nannte er in einer Rede des Musikrats der Unesco, der ihn einstimmig zum Präsidenten wählte, in Moskau die Namen der verfemten Alexandr Solschenizyn und Mstislaw Rostropowitsch. Er kümmerte sich intensiv um den musikalischen Ost-West-Dialog. Auch im arabischen Raum war er trotz erbitterter Kritik aus Israel aufgetreten, lange bevor die Politiker eine Annäherung versucht haben. Er ist zum Ritter geschlagen und später in den höheren Adelsstand erhoben worden. Und er hat 1963 eine Musikschule besonderer Art in Surrey gegründet, an der nicht nur nach alter Weise Solisten, sondern gewissermaßen Musiker fürs Leben ausgebildet werden, die manchmal auch Karriere machen können, wenn sie es wollen.

Unermüdlich setzte er sich auch für weniger Bekanntes und Neues ein, überschritt gern die Grenzen in andere musikalische Welten. So hat er mit dem großen indischen Sitarspieler Ravi Shankar zusammengearbeitet und mit dem legendären Jazzgeiger Stéphane Grappelli einige animierende Jam Sessions eingespielt.

1952 nahm Menuhin mit dem Dänischen Staatsrundfunk-Symphonieorchester unter Mogens Wöldike das Violinkonzert von Carl Nielsen auf. Nielsen hat für Dänemark die gleiche Bedeutung wie Sibelius für Finnland oder Elgar für England. Nielsen, selbst ausgezeichneter Geiger, schrieb sein Violinkonzert 1911, ein formal unkonventionelles, dabei spätromantisches Konzert. Die zwei Sätze beginnen beide mit langsamer, meditativ kadenzartiger Einleitung. Nielsen hat harmonisch verblüffende Wendungen gefunden, außerdem endet das Konzert in anderer Tonart, als es beginnt. Vor allem der erste Satz beeindruckt mit Kraft der Erfindung und Frische der Empfindung. Menuhin spielte dieses Konzert mit dem ganzen Gewicht seiner Persönlichkeit und hörbarer Freude an überraschender Musik. Das einleitende Praeludium weitete er zu einem musikalischen Raum von imponierender Größe. Sein Ton klingt nie glatt, immer ausdrucksintensiv und konzentriert auf verständlichste Artikulation.

Der Mann, der ihn musikalisch am meisten beeinflußt habe, sei Enescu gewesen, hat Menuhin gesagt: Jede Unterrichtsstunde »war eine Inspiration, keine Instruktionsstunde. Es wurde dabei musiziert, als sei ich das Orchester, das unter seiner Leitung spielte [...] Was Enesco mich lehrte [...] war die in lebendige Botschaft verwandelte Note, die gestochen scharfe, bedeutungsbeladene Phrase, die zum Leben erweckte Musikstruktur [...]«

Enescus Kompositionen leben von der Fähigkeit, die vielen koloristischen Schichten und Effekte zum Aufleuchten zu bringen. Besonders seine dritte Violinsonate a-Moll ist ein Meisterwerk vielfältigster Klangfunde. Menuhin hat beklagt: »Heutzutage höre ich nur schlechte Aufführungen davon, weil sich niemand die Mühe macht, genau zu lesen, was er geschrieben hat.« Die Idee des Stückes ist es, das Improvisatorische, Naturlaute Nachahmende von Zigeunermusik ein-

zufangen, wie Enescu es seinem Schüler 1927 in Rumänien
zeigte: »Da gab es ein kleines Gasthaus, wo ein bestimmter
Zigeunergeiger spielte. Es war das erste Mal, daß ich einen
Fiedler Vögel, Ächzen, alle natürlichen Geräusche mit der-
artiger Hingabe imitieren hörte, einen Fiedler im Naturzustand.«

Enescus Sonate ist allerdings denkbar weit von irgend-
einem Naturzustand entfernt. Vielmehr ist ihre Klangnatur
raffiniert ausgereizt. Wer dem mit rhapsodischem Rubatospiel
und Zigeunerimitation beikommen will, verrät die feinsinnig
dekadente Exotik und Erotik dieser Musik an falsche Affekte
und banale Virtuosität. Menuhin hingegen erfüllte 1936 zusammen mit seiner Schwester Hephzibah am Klavier Enescus
genaue Notation mit leidenschaftlicher Glut. Gerade weil er
Temperament, Erregung und Klangphantasie im Zaum zu
halten vermochte, erreichte er einen einzigartigen Reichtum
an Tönen. Da flötet, saust, schmeichelt und zischt es, weht
und peitscht es im Moderato malinconico wie nie gehört. Es
entsteht die klangsüchtige Fata Morgana einer fernen Welt.
Menuhin war bei dieser Aufnahme 19 Jahre alt und auf dem
Gipel seiner Jugendphase. Feuriger, farbenreicher, schöner,
musikalischer kann man nicht spielen.

Einzelgänger und Kometen

George Enescu, Jan Kubelík,
Franz von Vecsey

Die Stars dieses Kapitels sind heute entweder nur noch Spezialisten bekannt wie Franz von Vecsey und Florizel von Reuter, oder ihr Name wird mit anderem als ihrem geigerischen Genie in Zusammenhang gebracht wie bei George Enescu und Jan Kubelík. Der Rumäne Enescu ist in seinem Heimatland *der* Nationalkomponist, etwa Bartók und Kodály in Ungarn vergleichbar. Geigenfans denken vielleicht auch noch daran, daß Enescu der wichtigste Lehrer Yehudi Menuhins gewesen ist. Doch begann dieser faszinierende kosmopolitische Musiker, der acht Sprachen beherrschte, als gefeierter Violinist.

Kubelíks Stern ging um die Jahrhundertwende auf, er eroberte in kurzer Zeit die Konzertpodien der Welt für die damals höchsten Gagen, mit denen er sich mehrere Schlösser und eine stattliche Sammlung kostbarer Geigen kaufte. Doch schon nach dem Ersten Weltkrieg verblaßte sein Ruhm. Der Name behielt aber einen guten Klang, denn sein jüngster Sohn wurde ein maßstabsetzender Dirigent: Rafael Kubelik, der 1996 starb.

Vecsey, obwohl gut zehn Jahre jünger als Enescu und Kubelík, verschwand nach blitzartigem Aufstrahlen noch schneller im Dunkel der Musikgeschichte als Kubelík. Und Reuter starb zwar erst 1985, aber daß er überhaupt noch lebte, wußte kaum jemand. Daß ihn der große Geigenmeister Eugène Ysaye einst ein Genie genannt hatte, daß er in Wien und München zwischen den Kriegen Meisterklassen unterrichtete, war nur noch wenigen bekannt.

Die existierenden Aufnahmen vermitteln im großen und ganzen eher Schemenhaftes von Glanz und Glorie dieser Musiker. Enescu hatte wie sein Landsmann Sergiu Celibidache für die Schallplatte wenig übrig, Kubelík ist nahezu ausschließlich mit Zugaben und Geigenakrobatik dokumentiert worden. Ähnlich ist es bei Vecsey, der die meisten Aufnahmen in der Phase seines nachlassenden Rufs gemacht hat, darunter wenigstens eine Beethoven-Sonate. Von Reuter existieren nur wenige kurze Stücke.

Mit nervösem Vibrato, ungemein elastischer Bogenführung und einschmeichelnder Süße konnte George Enescu mit dem Pianisten Edward C. Harris die elegante »Caféhaus-Serenade« von Alfredo D'Ambrosio veredeln. Die Aufnahme entstand 1924, Enescu war 43 Jahre alt. Ein für heutige Verhältnisse eher kleines Tonvolumen fällt auf, dafür verfügte Enescu über eine außergewöhnliche Fülle an Nuancen und Schattierungen für jeden Ton und jede Phrase dieser Miniatur, deren Gestik er mit betörendem Charme abrundete.

Enescu wurde 1881 im nordrumänischen Liveni, das heute seinen Namen trägt, geboren. Als der Vierjährige den bekannten Zigeunergeiger Nicolas Chioru hörte, gab es nur noch den Wunsch: eine Violine. Schon nach wenigen Monaten konnte er die Volksmusikmelodien nach Gehör spielen. Mit fünf komponierte er sein erstes Stück, Titel: »Das rumänische Land«. Nach ersten Unterweisungen von Chioru wird er Schüler des renommierten Violinpädagogen Eduard Caudella in Jassy, der den Siebenjährigen bald ans Wiener Konservatorium empfiehlt. Enescu studiert Geige bei Joseph Hellmesberger jun., bei dem er auch wohnt, bei Ernst Ludwig Klavier, Harmonie- und Kompositionslehre bei Robert Fuchs und Kammermusik

283

George Enescu,
Amsterdam 1907

bei Hellmesberger sen. Abend für Abend schmuggelte Hellmesberger jun. Enescu in den Orchestergraben der Wiener
Hofoper, wo er tief von Richard Wagners Musik beeindruckt
wurde. In seinen eigenen späteren Worten: »Ich wollte nicht
zum Himmel blicken, denn ich hatte gesehen, daß alle seine
Sterne in Wagners Musik waren.«

Der Zwölfjährige holte mit Mendelssohn-Bartholdys Violinkonzert die höchste Auszeichnung des Konservatoriums
und debütierte ein Jahr später im Bukarester Athenäum, Hellmesberger begleitete ihn. Dann ging es nach Paris zu Martin
Marsick, bei dem zu der Zeit auch Carl Flesch und Jacques
Thibaud studierten. Seine Kompositionsstudien vervollstän-
digte er bei Jules Massenet, André Gédalge und Gabriel

Fauré. Mit dem dritten Violinkonzert von Saint-Saëns gewann er 1899 auch in Paris den ersten Preis.

Aber Enescu konzertierte nur zum Geldverdienen. Seine Leidenschaft gehörte dem Komponieren: »Ich war versessen darauf und geizte mit jeder Minute, die ich meiner Geige widmen mußte [...] Das Selbst-schöpferisch-Sein bedeutete mir weit mehr als ein Instrument, das mich für mein beharrliches Üben nicht eben reichlich belohnte. Oft habe ich die Geige in ihrem Kasten angeschaut und mir gesagt: Du bist zu klein, meine Freundin, viel zu klein.«

Als Enescu 1955 in Paris starb, hinterließ er acht Symphonien, seine bekannten Rumänischen Rhapsodien und andere Orchester- und Kammermusikwerke, die Oper »Oedipe«, eine Menge für Klavier und natürlich für die Violine: ein Konzert, drei Sonaten und viele kleine Stücke.

Enescus Musik ist keineswegs erschreckend modern, sondern bei aller Originalität eher epigonal, in der Frühphase stark von Wagner und deutscher Spätromantik beeinflußt. Später entwickelte Enescu einen farbenreichen, mondänen, an Fauré geschulten Stil, der am besten wirkt, wenn rumänische Volksmusik anklingt.

Schönstes Beispiel ist seine dritte Violinsonate von 1926, »in caracter popular romanese«. Enescu fand hier ungeahnte Geigenklänge, eine Art künstlichen Naturton von bestrickendem Reiz und improvisatorischem Feuer. Der letzte Satz, Allegro con brio, ist ein mitreißender, rauschhafter Tanz, in dem Enescu die ihn schon als Kind faszinierende Zigeunervitalität verherrlichte, ohne je in plumpen Folklorismus zu verfallen. Eine Art rumänischer Impressionismus von besonderer rhythmischer und koloristischer Feinheit.

Diese und seine zweite Sonate hat der erklärte Schallplattenverächter Enescu mit einem anderen legendären rumänischen Musiker, dem Pianisten Dinu Lipatti, in den vierziger Jahren eingespielt. Mit hell vibrierendem und kaleidoskopisch changierendem Ton beschwor Enescu eine fiebrig erhitzte Zigeuner-Fata-Morgana, und Lipatti verzauberte den Flügel in ein Instrument aus Zimbal, Hackbrett und Harfe. Es scheint, als wehe über diesen elektrisierenden Klangspielen ein heißer Steppenwind.

Seit 1899 wohnte Enescu in Paris, baute sich aber auch eine herrliche Jugendstilvilla in Bukarest und hatte ein Landgut in seiner Heimat. Um 1900 galt er schon als Nationalheld, stand unter dem persönlichen Schutz der rumänischen Königin Carmen Sylva und sorgte durch seine Liebesgeschichte mit der Prinzessin Cantacuzène für eine von ganz Rumänien verfolgte Romanze. Nach dem Tod ihres Gemahls hat der mit einem markanten Künstlerkopf gesegnete Enescu die Prinzessin geheiratet. 1902 debütierte er in Berlin, 1903 in London. Er gründete ein Trio, dann ein Quartett. 1912 stiftete er einen Preis für rumänische Komponisten, 1917 gründete er in Bukarest ein Orchester seines Namens. Außerdem betrieb er mit Erfolg den Bau der Bukarester Oper. 1923 trat er zum erstenmal in den USA auf, 14 weitere Tourneen folgten, die letzte 1950, bei der er seine von Zeitgenossen, Freunden und Schülern so bewunderte Mehrfachbegabung noch einmal vorführte: als Geiger in Bachs Doppelkonzert zusammen mit Yehudi Menuhin, als Pianist und Komponist in seiner dritten Violinsonate mit Menuhin als Geiger, schließlich als Dirigent seiner eigenen Rumänischen Rhapsodie.

Das flimmernde, manchmal auflodernde Feuer in Enescus Spiel, das Sehnsüchtig-Rauschhafte seines Tons kommt einer einst hochberühmten Komposition zugute, dem »Poème« Es-Dur für Violine und Orchester von Ernest Chausson. Chausson schrieb es 1896, drei Jahre vor seinem unglücklichen frühen Tod. Der Komponist stürzte beim Radfahren so schwer, daß sein Schädel zerschmettert wurde. Chausson, der wie Enescu bei Jules Massenet studiert hatte, sich aber dann ganz in den Bann von César Franck begab, ist besonders als Liedkomponist in Frankreich bekannt. Seine Musik hat, bei allen Anklängen an den verehrten Lehrer Franck und an Wagners Harmonik, einen eigentümlich parfümierten Charakter. Es ist, als gebe es nur Künstliches, Pastellfarben, Musik im

Dämmerlicht der damals üblichen Gasbeleuchtung, Musik der symbolischen Posen, der gesuchten Gefühle.

Chaussons »Poème«, Eugène Ysaye gewidmet, gehört nicht mehr zu den Paradestücken der Violinisten. Über all die leicht blasierten Haltungen und überfeinerten Erregungen hat sich eine Patina des Altmodischen gelegt. Enescu vermochte die Lyrik dieser Musik zu verlebendigen, den Grauschleier mit feurigem Elan, aber ohne Gewalt, ohne falsches Pathos oder gewollte Ekstase wegzureißen. Indem er Chausson gleichsam in helles, südliches, heißes Licht tauchte, erscheinen die Reize des Stückes in ihrer zartbitteren Melancholie. Die Aufnahme mit Sanford Schlüssel am Klavier entstand 1929.

In diesem Jahr nahm Enescu – er war inzwischen auch ein bedeutender Lehrer, bei dem man weniger Geigenhandwerk als vielmehr den Geist der Musik kennenlernte – Corellis zwölfte Violinsonate aus op. 5 von 1700 auf, die berühmten Variationen über »La follia«, wieder mit Schlüssel am Klavier. Das Thema geht zurück auf eine Tanzmelodie im Sarabanden-rhythmus aus dem Spanien des 14. Jahrhunderts. Im Gegen-satz zum Zigeunergestus bei seiner eigenen Sonate oder der Saloneleganz bei D'Ambrosios »Serenade« erscheint Enescu hier streng auf barocken Duktus bedacht. Das Vibrato ist be-ruhigt, der Bogen wird ungemein weich und geschmeidig ge-führt, auch den kleinen Notenwerten größte Aufmerksamkeit geschenkt. Zugleich aber belebte Enescu diese sozusagen klassische Barockmusik, romantisch arrangiert von Ferdinand David, mit der Raffinesse feiner Rubati und vielfach abgestuf-ter Dynamik. Das Besondere aber ist Enescus Fähigkeit, dem Ganzen einen unmittelbar rührenden, fast klagenden, dabei stolzen Charakter zu geben.

Enescus leidenschaftliche Hingabe an die Musik – er be-schäftigte sich zeitlebens intensiv mit Bach und soll 120 Kan-taten des Thomaskantors auswendig beherrscht haben – ha-ben Schüler wie Menuhin, Christian Ferras und Ida Haen-del tief geprägt. Er war der – abgesehen von Fritz Kreis-ler – letzte Virtuose, der wie in früheren Jahrhunderten noch einmal Komponist und Spieler in einer Person vereinigte. Und er war damit zugleich Antipode und Überwinder reiner Violinakrobatik.

Sein um ein Jahr älterer Zeitgenosse Jan Kubelík machte dagegen fast ausschließlich wegen seiner Spieltechnik Furore. Als zweiter Paganini wurde er weltweit gefeiert. Kubelík, zweiter Sohn eines Gärtners in Michle bei Prag, begann mit fünf Jahren Geige zu spielen. Nach Unterricht bei Karel Weber und František Ondříček debütierte er, acht Jahre alt, mit einem Vieuxtemps-Konzert. Vier Jahre später kam er ans Prager Konservatorium zu einem der Väter des modernen Geigenspiels: zu Otakar Ševčík.

Nach sechs Jahren harten Studierens erschien Kubelík kometengleich auf den Konzertpodien der Welt: 1898 Wien, 1900 London. In der Kritik der »Musical Times« tauchte allerdings schon ein erster Verdacht auf: »Was vermag tiefgründige Deutung der Klassiker bei einem Londoner Publikum auszurichten gegen einen Geiger mit phänomenal entwickelter Technik, todsicherer Intonation, einem schönen Ton und einer geradezu unheimlichen Art, auch die größten Schwierigkeiten zu bewältigen.«

1902 begeisterte er Amerika, obwohl manche Kritiker ihm tiefere Empfindung absprachen. Aus dieser Zeit gibt es tatsächlich einige Aufnahmen mit dem Prager Zaubergeiger. Darunter eine Transkription der Gartenszene aus Gounods »Faust« von Henri Wieniawski. Kubelíks Ton wirkt ruhig, durch langsames Vibrato kaum in seiner seltsam unsinnlichen Klarheit bewegt. Die Doppelgriffe erklingen in bestechender Deutlichkeit. Abgesehen von den kräftig hörbaren Rutschern beim Lagenwechsel erscheint Wieniawskis Miniatur nicht süffig-sentimental, sondern herb und akkurat dargeboten. Übrigens ist diese ehrwürdige Aufnahme ein echter Live-Mitschnitt, denn am Ende brechen begeisterte Zuhörer, die damals das Studio besuchten, in Bravorufe aus und klatschen hingerissen.

Jan Kubelík,
um 1900

Seine erste Amerikatournee brachte Kubelík 160000
Dollar ein, von denen er sich ein Schloß kaufte. Solches lockt
nicht nur heute die Yellow Press an. Kubelík wurde als arroganter neureicher Star bekrittelt, der seine Finger hoch ver-
sichern lasse, Beziehungen zum Adel unterhalte und von
einem betrügerischen Sekretär hypnotisiert werde. Kubelík
ließ dementieren. 1903 heiratete er die ungarische Gräfin
Csáky-Széll, mit der er fünf Töchter und drei Söhne hatte.
Der jüngste wurde der Dirigent Rafael Kubelik.

Auch 1903 stellte sich Kubelík vor den großen Aufnahmetrichter und zeigte, daß Virtuosität neben Tonschönheit, Temperament und einwandfreier Koordination von Greif- und
Bogenhand vor allem Präzision und Gleichmäßigkeit braucht,

um wirken zu können. Man höre die aus damaligen technischen Gründen gekürzte Fassung von Paganinis teuflisch schweren Variationen über »Nel cor più non mi sento« für Violine solo; das ist geigerische Perfektion par excellence.

Kubelík, eine elegante, schlanke Erscheinung mit stets ernstem Gesicht und prachtvoller dunkler Mähne, hatte sich seine Perfektion in härtestem Training erarbeitet. Zwölf Stunden Üben waren keine Seltenheit, manchmal bluteten seine Fingerkuppen. Daß er nur mit Virtuosenmusik reüssierte, stimmt nicht ganz. Denn immerhin schrieb er Kadenzen für die großen Konzerte, führte Beethoven, Brahms, Mozart und Tschaikowski in Wien, Prag und Budapest auf.

Von 1912 stammt eine Aufnahme der Canzonetta aus Tschaikowskis Konzert D-Dur. Das Stück ist aus damaligen plattentechnischen Gründen gekürzt und nur vom Klavier begleitet. Kubelík spielte diesen sonst gern bis an die Grenze der Tränenseligkeit ausgereizten Satz überraschend geradlinig mit zuchtvollem, unhysterischem Ton. Trotz manchem pathetischen Portamento krankt Tschaikowskis Musik nicht an pseudorussischer Sentimentalität, weil Kubelík ein strenges, ruhiges Vibrato anwendet, das die Kantilene nicht erzittern läßt.

Doch schon zu dieser Zeit schwand seine Magie. Kubelíks Ton geriet ins Dürre, seine Technik verlor ihren Glanz zugunsten reinen Funktionierens. Carl Flesch hat davon gesprochen, Kubelíks Spiel »schien schließlich aus versteinerten Gebilden zusammengesetzt«. Außerdem waren mit Franz von Vecsey und Mischa Elman neue Wunderspieler aufgetaucht.

Zwischen 1915 und 1920 zog er sich ganz zurück und komponierte, wenig erfolgreich. Als er seine Karriere wiederaufnahm, erntete er zwar nicht mehr Sensationstriumphe, aber immerhin lockte er 1920 ins New Yorker Hippodrome 6000 und 1926 7000 Zuhörer in die Londoner Royal Albert Hall. Bis 1938 konzertierte er in Mitteleuropa, England und Amerika, obwohl Intonationsreinheit und Tonqualität wegen zunehmender Gehörprobleme deutlich nachließen. 1940 starb

Kubelík in Prag. Auf einer seiner Violinen, einer Guarneri del Gesù, spielt heute die Koreanerin Kyung-Wha Chung.

1900 staunte London über einen gerade zehn Jahre alten blondlockigen Geigenknaben aus Amerika mit deutschem Namen: Florizel von Reuter. Dieses Kind, 1890 in Davenport (Iowa) geboren, war zweifellos ein Ereignis: absolutes Gehör mit zwei Jahren, Notenlesen mit drei, Violine lernen mit vier. Ein Jahr später spielte er bereits Konzerte, studierte bei Émile Sauret in London und Henri Marteau in Genf. Reuter wurde in jungen Jahren Direktor der Zürcher Musikakademie, übernahm 1932 die Violinmeisterklasse in Wien, zwei Jahre später wechselte er an die Münchner Hochschule. Er war auch ein glänzender Pianist und Komponist der zeitweise erfolgreichen Opern »Die Brauteiche«, »Hypathia« und »Des Zufalls kecke Gabe«. 1985 ist er gestorben.

1928 nahm Reuter das neunte Capriccio von Paganini auf, »La caccia«, die Jagd. Reuter, damals schon jenseits seiner Violinkarriere, machte daraus ein Echospiel mit kontrastreichem, kräftigem Ton und einer Virtuosität, die sich sogar noch über Paganini hinaus zusätzliche Schwierigkeiten leisten konnte.

Drei Jahre jünger und ebenso gefeiert, verschwand auch Franz von Vecsey nach kurzer Zeit. In Budapest 1893 geboren, unterrichtete ihn sein Vater, bis Vecsey mit acht Jahren zum berühmten Geigenprofessor Jenő Hubay kam. Schon zwei Jahre später spielte Vecsey in Berlin Joseph Joachim vor, der so begeistert war, daß er 1904 Vecseys Debüt mit dem Beethoven-Konzert dirigierte. Vecsey reiste dann durch ganz Europa und war mit einem Schlage weltberühmt.

Er muß faszinierend gewesen sein, dieser schlaksige, etwas adlig-müd wirkende Junge, sonst hätte ihm 1905 nicht Jean Sibelius sein Violinkonzert gewidmet. Aber der frühe Wunderkinddrill muß sich ungut ausgewirkt haben. Béla Bartók, der 1906 in Portugal mit Vecsey konzertierte, notierte: »Solche musikalische Zwangsarbeit ist scheußlich. Das viele Üben ist die eigentliche Ursache, daß er von der Welt fast nichts sieht.« Der Erste Weltkrieg unterbrach Vecseys Karriere abrupt, er wurde zur Armee eingezogen, verwundet und entlassen. In den frühen zwanziger Jahren tauchte er wieder in der Berliner Philharmonie auf mit einem sehr kurzen Programm, bei dem er zur allgemeinen Verwunderung lange Pausen einlegte. Man munkelte, er leide unter seinen Verwundungen.

1925 trat Vecsey vors Mikrophon und nahm mit Guido Agosti unter anderem Fritz Kreislers »Grave im Stil von Bach« auf. Zu hören ist ein Violinspiel von großer Gediegenheit, über dem ein Schleier untilgbarer Melancholie zu liegen scheint. Jedenfalls sind Carl Fleschs abfällige Bemerkungen, Vecsey sei musikalisch-inhaltlich »primitiv und uninteressant« gewesen, nicht nachzuvollziehen.

Alle Tonaufzeichnungen dieses Geigers vermitteln eine traurige Noblesse. Schluchzer und Rutscher verstärken den Eindruck vornehmer Antiquiertheit. Zugleich aber klingt etwas Unerlöstes mit, das Vecsey nicht in Ausdruck verwandeln konnte. Diesem Musiker fehlte die Lust am Expressiven, er konnte und wollte sich nicht hemmungslos aussingen, wie es seine ihn damit bald in den Schatten stellenden Rivalen Elman, Heifetz und Huberman taten. Obwohl er bei seinen sporadischen Auftritten immer wieder Erfolg hatte, wurde Vecsey schon zu Lebzeiten eine Erscheinung aus der Vergangenheit des Violinspiels.

In den frühen dreißiger Jahren nahm er mit Agosti ein Nocturne von Sibelius auf. Vecseys Melancholie fand in diesem Komponisten eine verwandte Seele. So wie Sibelius nach dem Ersten Weltkrieg als Komponist verzweifelte und schließlich verstummte, zog sich auch der Virtuose mehr und mehr zurück. Sibelius' Nocturne wird bei Vecsey zu eines langen Tages Reise in die Nacht. 1935 starb Vecsey nach einer Routineoperation in Rom. Er war 42 Jahre alt.

Gegen den Vorwurf, Vecsey sei ein altmodischer Nurvirtuose gewesen, ein zu spät Geborener, ein Wiedergänger aus dem 19. Jahrhundert, spricht immerhin die für damalige Verhältnisse ungewöhnliche Tatsache der Aufnahme einer Beethoven-Violinsonate, wieder mit Agosti, aus den dreißiger Jahren. Auch hier verliert Vecsey nicht die Verhangenheit und noble Tristesse seines Tons. Aber niemals auf Kosten Beethovens. Das Es-Dur der Violinsonate op. 12,3, 1797/98 komponiert und Antonio Salieri gewidmet, klingt bei ihm nicht einfach kraftvoll-dramatisch und festlich, sondern verschattet und merkwürdig, so als unterwerfe Vecsey sich selbst und seine fremd erscheinende Geigenkunst letztlich der Beethovenschen Tyrannis.

Abkehr vom Bekannten

Ulf Hoelscher, Ingolf Turban,
Thomas Zehetmair

Kraftvoll legt sich der Geiger ins Zeug und muß es, denn das
Stück, zu dessen Auftakt er dieses hitzige Totalsolo spielt,
trägt den Titel »Paganini«. 1925 komponierte Franz Lehár
seine Operette und erfand diesen effektvollen Violinauftritt.
Der Paganini einer Aufnahme von 1978 heißt Ulf Hoelscher,
das Bayerische Symphonieorchester unter Willi Boskovsky
begleitete.

Hoelscher riskierte beim Streben nach solistischem Glanz,
seinen Ton zu überdrücken. Sogar eine Tendenz zur Schärfe
ist nicht zu überhören. Das Ganze klingt nicht sehr charmant
und luftig. Aber Hoelscher ist gewiß der einzige Geiger von
Weltrang, der Lehárs Paganini-Erfindung so ernst nimmt. Es
gibt kaum einen Pfad der Violinliteratur, und sei er noch so
abgelegen und überwachsen, den Hoelscher nicht gegangen
ist und geht.

Hoelscher, 1942 in Kitzingen geboren, war der erste deutsche Violinist, der nach dem Hitlerreich eine dauerhafte
Weltkarriere gemacht hat. Mit sieben Jahren begann er mit der
Geige, vom Vater, einem Musiklehrer, unterrichtet. Mit zehn
trat Hoelscher öffentlich mit Mozarts A-Dur-Konzert auf.
Doch die Zeiten hatten nichts für Wunderkindkarrieren
übrig. So konnte Hoelscher in geradezu weltumspannender

Systematik sein Instrument und dessen Musik studieren. Er begann bei Bruno Masurat in Heidelberg, wechselte dann zum europäischen Geigenguru Max Rostal nach Köln. Entscheidend aber war sein Schritt nach Amerika zu den großen Lehrmeistern von Michael Rabin, Itzhak Perlman, Kyung-Wha Chung und anderen. Hoelscher lernte bei Josef Gingold, einem Schüler Eugène Ysayes, an der Indiana University in Bloomington, ging dann zu Paul Makanowitzky und landete schließlich am Curtis Institute in Philadelphia beim sagenumwobenen Ivan Galamian, dem Lehrer mit den meisten erfolgreichen Schülern. Sogar Jascha Heifetz hat Hoelscher sein belehrendes Wohlwollen geschenkt.

Hoelscher hat über seine amerikanischen Erfahrungen von einer »heilsamen Tretmühle« gesprochen: »In Deutschland sind viele Studenten zu faul, und selbst anerkannte Lehrer haben keine Ahnung, was an amerikanischen Musikinstituten verlangt und geleistet wird«, Hoelscher-Worte von 1968.

Der zornige junge Mann sprach da indirekt jene Lücke an, für die Nazideutschland durch die rassistische Vertreibung und Vernichtung gesorgt hatte. Ob Komponisten, Dirigenten oder Pianisten, ob Violinisten oder Cellisten, ob Sänger, Regisseure, Schauspieler, Schriftsteller – ihr Fehlen im Nachkriegsdeutschland war durch die Dagebliebenen und Nutznießer in keiner Weise zu ersetzen. Der Skandal, daß in den fünfziger Jahren, von wenigen Ausnahmen abgesehen, brave Mitläufer und ehemalige NSDAP-Mitglieder jene Positionen bezogen, die eigentlich den großen Vertriebenen zustanden, dieser Skandal wurde noch übertroffen durch die Unfähigkeit der Regierenden, die Verjagten um Rückkehr zu bitten und zurückzuholen, jene, die tatsächlich in den Hitlerjahren für die ganze Welt die wahre deutsche Kultur repräsentierten. Es war also kein Wunder, daß das technische und künstlerische Niveau der Musikausbildung nach dem Krieg mittelmäßig war, da die großen Meister deutsche Podien mieden und so, außer auf Platten, die Maßstäbe kaum zurechtrücken konnten.

Indem Hoelscher und andere junge Musiker in den sechziger Jahren zur Solistenausbildung nach Amerika gingen,
stellten sie den Kontakt zu jener vertriebenen Welt höchster
Qualität wieder her. Und ihr Erfolg gab ihnen mehr als recht.
1966 gewann er den internationalen Wettbewerb von Montreal und gab dann Konzerte rund um die Welt.

1968 stand er auch auf dem »Podium der Jungen« im
Norddeutschen Rundfunk und spielte mit Richard Beckmann
am Klavier die zweite Violinsonate A-Dur von Brahms, die
»Meistersingersonate«, so genannt, weil das erste Thema von
ferne an Stolzings Preislied aus Wagners »Meistersingern«
erinnert, meist sanft im Ton und auf lyrische Kantilene hin
gespielt. Hoelscher griff anders zu, dramatisch, impulsiv, mit
manchmal stürmischem Vibrato und herrischer Attitüde.
Plötzlich waren alle Idyllik und liebenswürdige Beschaulich-
keit verflogen. Besonders überzeugend im Allegro amabile,
das er packend, fast unwirsch darstellte.

Aber erst 1971, in London, gelang der Durchbruch, dem
Tourneen zu allen großen Orchestern folgten, Sonatenabende
und zahlreiche Schallplattenaufnahmen. Hoelscher hat von
Beginn an die Repertoireautobahnen gemieden und sich ins
Dickicht des Übersehenen, noch nicht Entdeckten und
Neuen geschlagen. Außerdem widmet er sich ausführlich der
Kammermusik, unter anderem dem Triospiel mit dem Celli-
sten Heinrich Schiff und dem Pianisten Christian Zacharias.

Eine seiner Expeditionen ins Unbekannte führte zu den
Kompositionen für Violine und Violoncello. Für diese im
Konzert leider selten zu hörende Kombination haben Maurice Ravel, Zoltán Kodály, Bohuslav Martinů und andere
geschrieben. Auch der Schönberg-Schüler Hanns Eisler, der
aus dem amerikanischen Exil in die DDR ging, wo er hochge-
ehrt die Rolle eines Staatskomponisten spielen sollte. Dafür
wurde Eisler diesseits des Eisernen Vorhangs törichterweise
mißachtet und so gut wie nicht aufgeführt.

Sein Duo op. 7,1 entstand 1925, Musik ironisch-hinter-
sinniger Art, die Hoelscher zusammen mit dem Solocellisten

der Berliner Philharmoniker, Wolfgang Boettcher, 1985 voller Delikatesse und klanglicher Differenzierungskunst darstellte. Boettcher hat zwar den schöneren, selbstverständlicheren Ton, aber Hoelschers energische Variabilität in Vibrato und Tonanlage traf die absichtsvolle Sprödigkeit dieser Musik ausgezeichnet.

Hoelschers Sache ist nicht das absichtslose Sichverströmen. Dazu ist sein Ton, sein geigerischer Gestus zu sehr Ergebnis eines harschen Gestaltungswillens, der auch Verlorenes, Vergessenes wiederbeleben will. Manchmal knarren und knirschen Stakkati und Spiccati, ächzt die Geige unter dem Bogendruck ihres Herrn, der auch in der spätesten Spätromantik Dramatisches findet. Sehnsuchtsvolle Nostalgie, süßer Schmelz, elegisches Cantabile – so etwas sucht man bei Hoelscher vergebens. Dafür entschädigen Dispositions- und Phrasierungsklugheit.

So hat Hoelscher auch das violinistische Werk von Camille Saint-Saëns durchforstet, hat die Konzerte des romantischen Geigenvirtuosen und Komponisten Louis Spohr wieder ins musikalische Bewußtsein zu heben versucht und mit dem Violinkonzert des Streichquartettgründers Karl Klingler einen überraschenden Fund gemacht, der mehr eigentümlichen Charakter besitzt als so manches von Max Bruch.

Richard Strauss, Siegfried Wagner, schließlich der Schweizer Komponist Othmar Schoeck haben Violinkonzerte geschrieben, von deren Existenz man eigentlich erst durch Hoelscher weiß. Schoeck ist vor allem als Liedkomponist in der Nachfolge Hugo Wolfs bekannt. Sein Violinkonzert »quasi una fantasia« von 1911/12 widmete er der brillanten ungarischen Geigerin Stefi Geyer, für die auch Béla Bartók sein erst nach seinem Tod veröffentlichtes erstes Violinkonzert geschrieben hatte. Hoelscher spielte – in einer Aufnahme von 1990 – das Improvisatorische und die melodiösen Gesangsbögen dieser harmonisch reizvoll schillernden Musik aus, aber er vermochte darüber hinaus die insgesamt eher lieblich-lyrische Gestalt des Konzerts in Räume von herber

Ulf Hoelscher,
München 1990

Emphase zu überführen. Es begleitete das English Chamber Orchestra unter Howard Griffiths.

Hoelschers Neugier richtet sich auch auf Zeitgenössisches. Sein Debüt bei den Berliner Philharmonikern gab er 1972 nicht mit Beethoven, Brahms oder Tschaikowski, sondern mit Hans Werner Henzes zweitem Violinkonzert. Eine Komposition mit Tonband, Stimmen und 33 Instrumentalisten. Dem Solisten ist außerdem die Kostümierung als Baron Münchhausen vorgeschrieben. Seit den achtziger Jahren engagiert sich Hoelscher für den Münchner Komponisten Franz Hummel, Jahrgang 1939, der als pianistischer Wunderknabe begann, doch seit Mitte der siebziger Jahre nur noch komponiert und inzwischen mit der hintersinnig-ironischen Musik zum Musical »Ludwig II.« fast schon populär geworden ist.

Hummels erstes Violinkonzert von 1987 trägt den Namen des Urvogels »Archäopteryx«, eine hitzig-expressionistische, auch exaltiert-redselige, dabei kantilenenreiche Musik, die in weit ausholenden Geigenmonologen klagt, zürnt und resigniert. Hoelscher verwirklichte das 1988 im Konzert mit dem

Symphonieorchester des Bayerischen Rundfunks unter Dennis Russell Davies mit hingebungsvollem Einsatz und unmittelbarem Ernst.

Neues und Unbekanntes erwecken Hoelschers Geigenlust und sein Engagement offensichtlich stärker als die Pflicht, immer wieder die trotz aller Herrlichkeiten allzu gewohnten Meisterwerke abzuliefern. 1993 nahm er mit dem Mandelring-Quartett das erste Violinkonzert des Schweden Allan Pettersson auf. Pettersson, der sich aus zerrütteten Familienverhältnissen zur Musik durchkämpfte, zeitlebens unter schweren Krankheiten litt und 1980 starb, wird in letzter Zeit weltweit entdeckt von Dirigenten, Orchestern und Solisten. Seine Musik ist manisch, düster, expressiv bis zur Qual. Das erste Violinkonzert von 1949 hat noch nicht den ungeheuren Verzweiflungston seines reifen symphonischen Werkes, aber Zorn und Trauer erscheinen auch hier – packend, manchmal schrill, manchmal brütend und lastend. Trotz kammermusikalischer Besetzung ein Konzert, dessen Solopart Hoelscher mit Verve gestaltete. Jeder Ton wirkt frisch, erregt und erregend. In jüngster Zeit arbeitet Hoelscher intensiv mit dem Komponisten Wolfgang Rihm zusammen.

Einer, der eine Art Archäologie in der Geschichte des Geigenspiels betreibt, indem er Vergessenes oder Übersehenes zutage fördert, ist der Münchner Ingolf Turban. 1964 geboren, hat er zuerst bei Gerhard Hetzel, dann an der Juilliard School in New York bei Dorothy DeLay und Jens Ellerman studiert. Mit 21 Jahren wurde er Konzertmeister der Münchner Philharmoniker bei Sergiu Celibidache. Nach drei Jahren verließ er das Orchester, um sich ganz dem Solistendasein zu widmen, das ihn inzwischen zu den besten Orchestern und Dirigenten geführt hat. Turban verfügt über einen schlanken, ungemein wandlungsfähigen, lichten Ton von animierender Nervigkeit.

Eine seiner Expeditionen in unbekanntes Terrain galt dem Zeitgenossen und zeitweiligen Konkurrenten Niccolò Paganinis, Heinrich Wilhelm Ernst, der 1814 in Brünn geboren wurde. Schon mit neun Jahren machte Ernst Furore, studierte dann am Wiener Konservatorium bei Joseph Böhm. 1828 hörte und begegnete er Paganini, der das enorme Talent anerkannte. Ab 1829 Reisen durch ganz Europa, immer wieder Begegnungen mit Paganini. Ernst ließ sich 1855 in London nieder und spielte mit den berühmtesten Kollegen wie Joseph Joachim, Henri Wieniawski und dem Cellisten Alfredo Piatti Kammermusik in der Beethoven Quartet Society. 1862 erkrankte er schwer und zog deswegen nach Nizza. Zwei Jahre später veranstaltete Joachim ein Benefizkonzert für den verarmten Ernst, der 1865 wie sein Vorbild Paganini in Nizza starb.

Die Werke von Ernst gehören zum Schwersten, was man auf der Geige spielen kann. Es ist aber nicht nur die halsbrecherische Akrobatik, die dieser Musik ihren eigentümlichen Charakter verleiht. Was bei Paganini von herrischem Stolz, aber auch bizarr, phantastisch bis zur Groteske ist, wird hier schmieg- und biegsamer. Ernst vermag auch den aberwitzigsten Kunststücken romantischen Charme zu verleihen. Seine Musik klingt freundlicher, weicher als die des Genuesen, bei dem es opernhaft tragisch zugehen kann.

Turban hat in seinem Spiel genau diesen romantischen Schimmer, der die Gefahr bannt, nur mit der Lösung trockener Geigenrätselaufgaben befaßt zu sein. 1996 nahm er die sechs »Polyphonen Etüden« von Ernst auf. Jede dieser Etüden ist einem anderen Violinisten zugeeignet, eine Geste, die 1927 Eugène Ysaye mit seinen sechs Solosonaten wiederholte. Für die sechste Etüde G-Dur, Introduktion mit Variationen, nahm Ernst die Melodie des damals beliebten irischen Liedes »Die letzte Rose« zum Thema. Sie ist dem italienischen Meistergeiger Antonio Bazzini gewidmet. Das ist Violinistik auf dem Hochseil ohne Netz und doppelten Boden, die Turban mit erhellender Souveränität verlebendigte, ohne den Charme dieser extremen Musik zu vernachlässigen.

Ingolf Turban,
München 1986

Einen ganz anderen Fund machte Turban, als er sich mit
den vier Solosuiten und -sonaten von Karl Amadeus Hartmann beschäftigte, die dieser in seiner Frühphase 1927 komponiert hatte. Hartmann, der als Symphoniker und als Gründer der legendären Münchner Konzertreihe »musica viva« in
die Musikgeschichte eingegangen ist, war damals 22 Jahre alt
und schrieb viel – für den Ofen, wie er selbst gesagt hat. Doch
diese vier Violinsolowerke hat er offensichtlich anerkannt,
er hat das Entstehungsdatum selbst auf die Partitur notiert.
Dieser Zyklus wurde erst 1986 und 1988 veröffentlicht. Die
erste Suite und die erste Sonate sind fünfsätzig, die beiden
anderen haben vier Sätze und sind insgesamt knapper, kom-
pakter in Form und Ausdruck.

Bei der Aufnahme von 1995 gelang Turban vor allem die erste Sonate, weil er sich Zeit ließ, Hartmanns kühne Aufschwünge, seine meditativen Polyphonien genauso wie seine verwegenen Attacken auszuspielen. Erstaunlich, wie der Komponist, der damals Posaune studierte, die Möglichkeiten der Geige ausnutzte. Kern der Sonate sind die drei Mittelsätze: Zwischen zwei ruhigen Cantabiles findet im dritten Satz eine Art Explosion statt, »verrückt schnell, unschön spielen!« verlangt Hartmann mit Ausrufezeichen. Danach »Breit!! Mit viel Ausdruck«. Turban vermochte seinen Ton zu härten und in den meditativen Sätzen ins Intime abzudunkeln, ohne es an Klarheit und Präzision mangeln zu lassen.

Will man die Instrumentalkonzerte von Richard Strauss aufführen – die er entweder als Jugendsünden oder als Gelenkigkeitsübungen auffaßte, »damit das vom Taktstock befreite rechte Handgelenk nicht vorzeitig einschläft« –, dann mit rückhaltlosem Einsatz, sonst entsteht der Eindruck lästiger Pflichtaufgaben. Sein Violinkonzert von 1881/82, in dem noch Schumann- und Brahms-Reminiszenzen stecken, fand Strauss später »unerträglich«. Aber Turban hat 1999 – begleitet vom Symphonieorchester des Bayerischen Rundfunks unter Lorin Maazel – mit solchem Ernst und solcher Leidenschaft, mit solcher Freude an den Kantilenen und der Virtuosität in dieser verschwärmt jungen, talentierten Musik gespielt, daß sie unmittelbar packte.

Hat Ulf Hoelschers Spiel bei aller Meisterschaft immer etwas Erkämpftes, Angespanntes, so besitzt der rund 20 Jahre jüngere Thomas Zehetmair, geboren 1961 in Salzburg, technisch wie musikalisch die leichtere Hand. Dabei ähnelt er dem Älteren in seinen unentwegten Bemühungen, das Violinrepertoire in alle Richtungen zu erkunden und zu erweitern. Zehetmair wurde schon als Kind von seinem Vater, einem Lehrer am Mozarteum, ins Geigenspiel eingewiesen. Neben dem Studium am Mozarteum besuchte er die Meisterkurse von Franz Samohyl, Max Rostal und Nathan Milstein.

1975 gewann er seinen ersten Preis bei »Jugend musiziert«. Der 16jährige debütierte bei den Salzburger Festspielen, 1978 siegte er im Internationalen Mozart-Wettbewerb und galt als Mozart-Spezialist. Ein Musiker mit beschwingtem, süßem Ton, dem die Kantilenen Mozarts mühelos natürlich gelangen. Aber Zehetmair hat den Ruf des Spezialisten ganz schnell abgestreift. Schon auf seiner zweiten Schallplatte zeigte der damals 19jährige seine Freude am Klangfarbenspiel, an unverstellter Virtuosität und an stilistischer Vielfalt vom Barock bis ins 20. Jahrhundert.

Zwischen 1923 und 1927 arbeitete Maurice Ravel an seiner dreisätzigen Violinsonate, in der er einerseits die Unvereinbarkeit von Geige und Klavier betonen wollte, andrerseits dennoch eine Einheit aus der Verschiedenartigkeit der beiden Instrumente anstrebte. Der erste Satz, Allegretto, beginnt leicht improvisatorisch, steigert sich dann in glühende Farben hinein, die in einem rasenden Tremolo der Violine zusammensinken. Zehetmair und sein Pianist David Levine entwickeln diese hinreißende Musik mit fiebrigem Glanz. Hohe Flexibilität des Vibratos, blitzschnelle Farbwechsel und ein, von wenigen Forcierungen abgesehen, leuchtend-leichtes Geigenspiel schlagen in den Bann dieser genialen Komposition.

Ein Jahr später begegnete Zehetmair dem Cellisten und Dirigenten Nikolaus Harnoncourt, mit nachhaltiger Wirkung: »Immer wieder fühle ich mich von Harnoncourt bestärkt, daß keine Musik distanziert gespielt werden soll, sondern bis zum Extrem engagiert, emotionell gespannt«, so Zehetmair in einem Interview 1983. Was Harnoncourt mit seinem auf historischen Instrumenten spielendem Concentus Musicus bei Monteverdi, Bach und anderen vorführte, nämlich Musik als Klangrede zu artikulieren fern jeden Abspulens oder braven Heruntermusizierens, nahm Zehetmair in sein sowieso nach Farb- und Ausdrucksvielfalt suchendes Geigenspiel auf. Zehetmair ist heute einer der abwechslungsreichsten und aufregendsten Musiker nicht nur seiner Generation.

Diese Orientierung auch zum Improvisieren hin kommt gerade neuer und neuester Musik zugute. 1995 gab Zehetmair im Rahmen des Oleg-Kagan-Festivals in Wildbad Kreuth einen Soloabend, der in jeder Hinsicht zu einer Demonstration modernen Geigenspiels geriet. Die Solosonate des 1970 verstorbenen Bernd Alois Zimmermann hört den Klangraum der Violine weit aus. Den Ingrimm dieser Komposition von 1951 bot Zehetmair nicht als selbstquälerische Kasteiung, sondern in überlegener Klarheit. Plötzlich klang Zimmermanns gezackte Sonate selbstverständlich.

Dieser freie, unideologische, stets nach Intensität, Ausdruck und spiritueller Macht suchende Umgang mit Musik und die meisterhafte Beherrschung des Instruments zeitigen auch bei scheinbar reiner Virtuosenmusik ungeahnte Ergebnisse. 1992 nahm Zehetmair Paganinis Opus 1 auf, die 24 Capricci für Violine solo. Zehetmair spielte dieses Grundbuch des zu sich selbst gekommenen Geigenklangs in all seinen Auffächerungen von Technik, Ausdrucksgestik, dynamischen und klangexperimentellen Valeurs unter dem Eindruck von Harnoncourts Klangrede. Nichts Etüdenhaftes oder nur Funktionierendes, sondern kühne Steigerungen, plötzliche Tonfallwechsel, sprechendes Phrasieren und kluge Improvisationlust machten Paganinis Vermessungen des Kontinents der Violinmöglichkeiten zu einem musikalischen Abenteuer.

»Charakterstücke, die Witz und Geist in diabolischer Virtuosität glitzernd verpacken«, so hat Zehetmair Paganinis Capricci beschrieben, und so hat er beispielsweise das sonst eher trocken heruntergegeigte zweite Capriccio b-Moll hingezaubert.

Zehetmairs sehr variabler Ton, der voluminös, süß, aber auch spitz, sogar scharf und grell klingen kann je nach musikalischem Bedarf, ist in seiner Grundstruktur nervös-empfindsam. Die stetige, ruhige, runde Tonemission gibt es nicht bei ihm, auch nicht üppigen Wohlklang. Immer geht es diesem Musiker um Charakter, Kontur, Figur. Auch ein geige-

Thomas Zehetmair,
Lockenhaus 1989

risch nicht sehr anspruchsvolles Werk wie das B-Dur-Violin-
konzert von Michael Haydn, dem jüngeren Bruder des genialen Joseph, nimmt Zehetmair mit allen Fibern seines Gestaltungswillens wahr. Das Konzert entstand etwa 1760, bevor
Haydn 1763 »Hofmusicus und Conzertmeister« in Salzburg
wurde. Zehetmair verwirklichte zusammen mit dem Franz-
Liszt-Kammerorchester 1983 nicht einfach die Liebenswürdigkeit dieser Musik, sondern verdeutlichte, manchmal mit
zu großem Überschwang, auch die Intensität und den Aus-
drucksanspruch.

Neben Harnoncourt gehört Gidon Kremer zu Zehetmairs
Orientierungsfiguren. Seit vielen Jahren tritt er bei dessen
Festival im burgenländischen Lockenhaus auf, spielt dort
spontan mit anderen Kammermusik jeglicher Art. Auch ver-
sucht Zehetmair ab und zu von der Geige aus, wie bei dem
Haydn-Konzert, Orchester zu leiten.

Daß Zehetmair, der als typischer Salzburger Mozart-Spieler startete und gefeiert wurde, darüber hinaus tonliche Rauheit, rhythmische Aggressivität und düstere Farben zur Ver-

fügung hat, zeigte seine Aufführung der zweiten Solosonate von Karl Amadeus Hartmann während des Oleg-Kagan-Festivals 1995. Hartmanns Musik setzt auf harte Kontraste zwischen lyrisch weichem Ausschwingen und rabiater Berserkerei. Zehetmair intensivierte die manchmal spröden, brüchigen Klänge Hartmanns durch viefältige Wandlungen seines Vibratos. Und er vermochte dennoch Ruhe herzustellen. Hartmanns Spielanweisungen für die letzten beiden Sätze hören sich an wie eine Beschreibung der Wesensart des Solisten Zehetmair: »Mit viel Empfindung, sehr wild und roh im Vortrag, frei im Rhythmus, sehr lebhaft«.

Zehetmair begann diesen denkwürdigen Violinsoloabend, von dem im Bayerischen Rundfunk ein Mitschnitt existiert, mit einem Werk des Barockviolinmeisters Heinrich Ignaz Franz Biber, der 1644 im böhmischen Wartenberg geboren wurde und 1704 in Salzburg starb, wo er seit 1670 am fürstbischöflichen Hof tätig war und es als Vizekapellmeister, Kapellmeister und Truchseß so weit brachte, daß ihn der Kaiser 1690 adelte. Biber revolutionierte die Violinmusik und -technik der Italiener. Doppelgriffe, hohe Lagen und Saitenumstimmungen, sogenannte Skordaturen, erweiterten die Möglichkeiten der Geige in bisher ungeahnte Bereiche. Berühmt wurden die 16 Violinsonaten zur »Verherrlichung von 15 Mysterien aus dem Leben Mariae«, die »Rosenkranzsonaten«. Biber spielte sie wahrscheinlich zum erstenmal 1678 im Salzburger Dom.

Die Nr. 16 g-Moll ist eine mächtig sich ausdehnende Passacaglia, die »Schutzengel-Sonate«, weil ihr ein Kupferstich zum Schutzengelfest am 2. Oktober vorangestellt ist. Zehetmair romantisierte diese affektgeladene Musik nicht, sondern spielte auf der modernen Geige mit Wissen um die barocke Aufführungspraxis; er setzte auf Artikulation durch feinste Abstufung der Dynamik, er benutzte kein Vibrato, die Töne hatten, bildlich gesprochen, Spindelform, also eine Art Schweller in der Mitte. So erschien Bibers Passacaglia nicht nur als strenger Schreittanz, sondern auch als Auftrittsfolge verschiedener Charaktere. Zehetmair verwirklichte das 1995 grandios.

Seit 1996 beschäftigt sich Zehetmair neben seiner Solisten-karriere intensiv mit dem Quartettspiel zusammen mit Alexander Hohenthal (früher Ulf Schneider), zweite Violine, Ruth Killius, Viola, und Françoise Groben, Violoncello. Das heißt: Aushören der schwierigen Balance zwischen den Instrumenten, Angleichung der individuellen Auffassungsunterschiede, Suche nach den richtigen, für alle vier verbindlichen Phrasierungen, Experimentieren mit den Klangfarbenmöglichkeiten für die jeweilige Musik. Alles mit dem Ziel, aus vier Musikerpersönlichkeiten eine Einheit zu schaffen, zwar musikalisch vielgestaltig, aber doch ein Wesen. Ihr Streben nach intensivem innerem Kontakt haben sie so weit getrieben, daß sie wie weiland das legendäre Janáček-Quartett auswendig spielen.

Was für den Solisten Zehetmair gilt, kann man auch in diesem Ensemble hören: ein leichter Klanggestus, dem es manchmal etwas an sonorer Kraft und Fülle fehlt. Besonders eindringlich gelang beim Debüt im Münchner Prinzregententheater Hartmanns erstes Streichquartett, 1933 geschrieben, 1945 überarbeitet. Die Musiker vermochten nicht nur die expressive, manchmal geradezu rabiate Gestik dieser weit ausholenden, dabei nie weitschweifigen Komposition zu vergegenwärtigen, sondern konnten sich auch in die sehnsuchtsvolle Lyrik, das leise Lauern, die zarte Ruhe mit unhysterischer Aufmerksamkeit versenken.

Bei Bartóks zweitem Violinkonzert, zwischen 1936 und 1938 für den Geiger Zoltán Székely entstanden, betonte Zehetmair 1999 in einer Aufführung mit den Münchner Philharmonikern unter Iván Fischer mit Vibratovielfalt, schnellen Farbwechseln, Phrasierungsspontaneität, mit leuchtendhellem Ton, aber auch mit rauhen Fortissimoattacken das Nervös-Rhapsodische der genialen Partitur. Das Orchester begleitete wachsam, auch wenn Fischer die Fülle der symphonischen Möglichkeiten keineswegs auslotete. Insgesamt fehlten etwas die großen Legatobögen – am Anfang oder im zweiten Satz, wo sie den Kontrast zum raschen Mittelteil bilden. Da wünschte man sich von Zehetmair mehr Breite, Ruhe und Inständigkeit, die unbedingt zu Bartóks Kosmos gehören.

Stars aus Leopold von Auers Manege

Mischa Elman, Toscha Seidel, Efrem Zimbalist

Dieser Geigenton war die Sensation im ersten Jahrzehnt des 20. Jahrhunderts: diese Fülle des Wohllauts, diese Glut der Empfindung, diese unvergleichlich dunkle Sonorität, diese weiche Kraft und dieser strömende Gesang – dergleichen hatte man auf der Violine in der Welt noch nicht gehört. Man verehrte damals den musikalischen Ernst und die professorale Autorität des alten Joseph Joachim, man bewunderte die Grandezza und überlegene Virtuosität eines Pablo de Sarasate, man bestaunte die Leuchtkraft und violinistische Macht eines Eugène Ysaye und rannte Wunderkindern und kindlichen Artisten wie Franz von Vecsey oder Jan Kubelík nach. Aber einen solchen Ton, ein solches Naturereignis hatte man noch nie erlebt.

Der Meister dieses Tons hieß Mischa Elman, war 1891 im ukrainischen Talnoje geboren worden als Sohn des Dorfschullehrers Saul Elman. Der brachte ihm das Geigespielen bei. Ein Jahr später, mit sechs Jahren, kam er zu Alexander Fiedelmann in Odessa und machte so gewaltige Fortschritte, daß er bald öffentlich auftrat. 1902 hörte Sarasate den kleinen Mischa und schrieb eine begeisterte Empfehlung für dieses Talent. In diesem Jahr wurde Elman dann Student beim berühmtesten Geigenpädagogen Rußlands, bei Leopold von Auer am Konservatorium in Sankt Petersburg. Auer mußte allerdings erst mit seinem Rücktritt drohen, damit Elman in die Stadt durfte. Denn Juden war der Zuzug in die zaristische Hauptstadt verboten. Aus Talnoje hatten die Elmans einst schon wegen eines Pogroms nach Odessa flüchten müssen.

Schon nach wenigen Monaten präsentierte Auer seinen Lieblingsschüler dem Petersburger Publikum – mit einem Trick. Er schützte kurzfristig Krankheit für einen eigenen Auftritt vor und schob dafür Elman aufs Podium. Mit überwältigendem Erfolg, der 13 jährige in Kniehosen und Matrosenhemd mußte ein halbes Dutzend Zugaben geben.

Am 14. Oktober 1904 debütierte Elman in Berlin. Und die größten Musiker feierten ihn genauso wie die hingerissene Menge: Geigenpapst Joachim, die Dirigenten Arthur Nikisch und Hans Richter priesen ihn in den höchsten Tönen. Die anschließende Tournee führte durch ganz Europa. 1905 bot er in London Tschaikowskis Violinkonzert, von dem sein Lehrmeister Auer, dem es gewidmet war, gemeint hatte, es sei unspielbar. Die Londoner Zeitung »The Strad« schrieb, Elman habe die Schwierigkeiten gemeistert, als seien sie »eine reine Bagatelle«. Als Elman 1908 zum erstenmal in Amerika auftrat, in der New Yorker Carnegie Hall, wieder mit Tschaikowskis Violinkonzert, galt dieser untersetzte Jüngling mit dem freundlich-selbstbewußten breiten, fast bäurischen Gesicht als einer der größten Geiger der Welt, wenn nicht als der größte. Übrigens war man in New York zuerst skeptisch, arrangierte aber nach der Sensation Hals über Kopf sage und schreibe 22 weitere Konzerttermine.

Das Geheimnis dieses weltweiten Enthusiasmus lag in Elmans anrührendem, jeden Widerstand schmelzendem Ton, wie er etwa durch alles Schellackrauschen hindurch in Dvořáks bekannter Humoreske zu hören ist. Dieses Stück stammt aus einer Sammlung von Klavierhumoresken op. 101, die Dvořák 1894 komponierte. Elman hatte es für Violine und Klavier bearbeitet. Die Aufnahme entstand 1910, eine von

Elmans ersten Platten überhaupt. In den nächsten zehn Jahren spielte er eine Menge Glitzerstückchen und Salonpiecen in den Trichter, darunter viele Transkriptionen. Zum Beispiel August Wilhelmjs Arrangement von Stolzings Preislied aus Wagners »Meistersingern«, nichts für Puristen. Aber der Geist jener Zeit ist leicht zu vergessen, wenn man vernimmt, wie Elman als Violin-Stolzing mit leidenschaftlicher Hingabe Wagners Melodiebogen spannt, als solle er nie enden. Mit einer Tonkonzentration, einem Klang, der süchtig macht (am Klavier Walter Golde). Aufnahmen, die zum eisernen Bestand jedes damaligen Grammophonbesitzers gehörten wie sonst nur noch die Platten des göttlichen Enrico Caruso. Den hatte Elman 1905 in London bei einem Extrakonzert für König Eduard VII. im Buckingham Palace kennengelernt. Daraus wurde eine wunderbare Freundschaft.

1913 und 1915 sind die beiden ins Studio gegangen und haben vier Stücke aufgezeichnet, darunter Jules Massenets »Élégie« mit dem Pianisten Percy Kahn. Hier kann man wahrnehmen, was es heißt, auf der Geige zu singen, das Instrumentale, Materielle zu transzendieren, zu vermenschlichen. Denn neben Elman stand der wohl größte Tenor aller Zeiten. Wie betörend, unglaublich versammelt Elmans Spiel klingt! In diesen elegischen Kantilenen liegt eine schmerzliche Wehmut, die weit über Massenets Stück hinausgeht. Und wenn Caruso die Stimme erhebt, dann scheint es wie eine Fortsetzung des Geigengesangs mit anderen Mitteln. Ein einzigartiges Dokument.

Elman geriet ab 1920 ein wenig in den Schatten anderer Stars: Fritz Kreisler, Bronisław Huberman und vor allem Jascha Heifetz, dessen geigerische Perfektion alles bisher Dagewesene überstrahlte. Elman hatte keine sehr großen Hände und kurze Finger. Für extreme Virtuosität ungute Voraussetzungen. Hinzu kamen Elmans bürgerlich-bäuerliche Statur und der Verlust des Haars. Er sah einfach nicht wie ein genialer Künstler aus. Aber von Beginn seiner Karriere an ging es diesem Meister nicht um Schneller, Lauter, Blitzender, sondern um Musik als Gefühlssprache, als Seelenausdruck. Das verwandelte selbst geigerische Seiltänze in anrührende Genreszenen.

Etwa Wieniawskis »Souvenir de Moscou«, mit Kahn am Klavier. Zwar zeigte der bei dieser Aufnahme 19jährige Elman, über welch außergewöhnliches technisches Rüstzeug er verfügte, über welche Präzision und klangliche Pointierung, aber selbst im wilden Krakowiak vergaß er nie das Cantabile, artikulierte und phrasierte er gesanglich. Und das klagende Lied zu Beginn bot er gewiß sentimental, aber berauschend schön.

Das Jahrhundert war erst zwei Jahrzehnte jung, aber Elman hatte schon 20 Jahre Konzertkarriere hinter sich und war 30 Jahre alt. Bei Beginn des Ersten Weltkriegs war er von Europa nach Amerika übersiedelt, 1923 wurde er US-Bürger. Als Heifetz 1917 das Herz des amerikanischen Publikums mit makelloser Brillanz durchbohrte und geradezu Hysterie auslöste, erschienen Elmans rubatoreiches Spiel, sein Verharren auf Höhepunkten im Stil des Belcantos und sein lyrisch-unheldisches Temperament plötzlich altmodisch und an das vergangene Jahrhundert erinnernd.

Es gibt eine berühmte Anekdote vom Heifetz-Debüt: Der Pianist Leopold Godowsky und Elman sitzen im Publikum. Elman rutscht unruhig auf seinem Stuhl herum: »Ziemlich heiß hier drin.« Godowsky antwortet: »Nicht für Pianisten!«

Elman aber näherte sich einem neuen musikalischen Terrain, der Kammermusik. Zwischen 1916 und 1918 hatte er mit Musikern aus dem Boston Symphony Orchestra ein Streichquartett gebildet. Er spielte in Europa mit Ysaye Duos und tourte durch den Fernen Osten. 1926 gründete er zum zweitenmal ein Streichquartett und hatte auch in London einen Kammermusikzirkel mit jungen Musikern. Durch Hitlers »Machtergreifung« wurde Europa für Elman ein schrumpfender Kontinent, er mußte sich auf England und Amerika konzentrieren. Doch erst 1943, mit der Uraufführung von Bohuslav Martinůs zweitem Violinkonzert in der Carnegie Hall, für Elman geschrieben, galt er wieder als einer der Größten seines Fachs.

Plötzlich war er der bewunderte Zeuge einer vergangenen Epoche spätromantischen Instrumentalspiels. Dabei hatte er sich, wie an seinem Engagement für Martinů zu sehen oder an seinem Interesse für Chatschaturjans Violinkonzert, durchaus Zeitgenössischem gewidmet.

Wie melodiös, fein nuancierend und immer die menschliche Stimme als Orientierung für das eigene Spiel im Sinn Elman in den vierziger Jahren Musik machte, zeigt eine Aufnahme des E-Dur-Violinkonzerts von Bach. Das Orchester unter dem Dirigenten Lawrence Collingwood mochte den Generalbaß manchmal rauh und ruppig grunzen, Elman spielte dafür mit einer Weichheit und Intimität, die der heute von manchen Barockspezialisten propagierten kurzatmigen Stakkatoästhetik, aber auch dem stählernen Hochglanz der fünfziger und sechziger Jahre mit sanfter Liebenswürdigkeit widerspricht. So entsteht das Allegro als Gesangsszene mit großem Atem.

Elman kehrte in den fünfziger Jahren nach Europa zurück und bereiste 1963, 1964 und 1965 sogar wieder Deutschland. Eine leibhaftige Legende: der erste jener russisch-jüdischen Geiger aus Auers Schule, die die Violinwelt des 20. Jahrhunderts erobert und mehr geprägt hatten als alle anderen. Sarasate und Joachim hatten ihn gelobt; Hans Richter, der Uraufführungsdirigent von Brahms und Bruckner, riet ihm, niemals seine Natürlichkeit und die Reinheit seines Empfindens zu verlieren; Caruso war sein Freund. Wer in den sechziger Jahren Elmans Auftritte in Deutschland miterlebt hat, sah sich dem Glanz und dem Schmerz dieses Jahrhunderts gegenüber, hatte jemanden vor sich, der die scheinbar unüberbrückbaren Zeitsprungschluchten der Weltkriege und des Holocaust doch überbrückte mit der Präsenz seiner ehrwürdigen Gestalt, mit seinem unvergleichlich persönlichen Spiel.

Mischa Elman,
um 1960

Das Wiedererscheinen des untersetzten, kahlköpfigen alten Meisters durchbrach die schwarze Wand, die Nazideutschland errichtet hatte und die auch in den Nachkriegsjahren unselig fortwirkte. Elmans Rückkehr war die Rückkehr einer vertriebenen, verfemten und vernichteten Welt. Yehudi Menuhin war der erste gewesen, der die deutsche Wüste nach 1945 wieder betrat. Doch mit Elman kam jemand als Zeuge und gleichsam als Beweis, daß die großen Musiker der Epochen vor den Nazis nicht nur in der Phantomwelt der Schallplatten existierten, sondern in Wirklichkeit.

Ein persönliches Wort: Ich habe die drei Auftritte Elmans in den sechziger Jahren erlebt. Zwar hatte die Technik des über 70jährigen nachgelassen, erschien seine Kunst im Zeitalter von Werktreue und nüchterner Objektivität anachronistisch und dinosaurierhaft. Aber das Wunder des Elman-Tons stellte sich in aller Natürlichkeit und Souveränität ein, die Kunst reinen Violingesangs, die Ruhe des Ausphrasierens und Ausspielens, die Fähigkeit, Musik als großen, sich steigernden Prozeß darzubieten. Dazu das Charisma seiner monumentalen, gelassenen Persönlichkeit.

Elman setzte an den jeweiligen Abenden – damals eigentlich schon und heute erst recht unvorstellbar – trotz Klavierbegleitung die Violinkonzerte von Mendelssohn, Tschaikowski und die »Symphonie espagnole« von Lalo aufs Programm, begann weit ausholend mit groß dimensionierten Händel-Sonaten und endete im enthusiastischen Beifall mit einer Fülle all jener Kabinettstückchen aus dem 19. Jahrhundert, die man sonst kaum mehr zu hören bekam. Mit der historischen Bedeutung dieser Konzerte war nur noch die Wiederkehr des alten Löwen Vladimir Horowitz in den achtziger Jahren vergleichbar.

1955 nahm Elman mit dem Wiener Staatsopern-Orchester unter Vladimir Golschmann Lalos »Symphonie espagnole« noch einmal auf, die 1875 komponiert wurde und Sarasate gewidmet ist. Elman war 64, und kleine Ungenauigkeiten, Brüchigkeiten sind unüberhörbar, doch unwesentlich. Denn während spätestens seit Heifetz alle Violinisten darin wetteifern, diese geistreiche, lustvoll im spanischen Kolorit daherkommende, manchmal schon vorimpressionistische Musik virtuos zu pfeffern und mit aufgesetzter Sentimentalität zu überwürzen, zeigte Elman das Leise, Schmeichelnde, den Charme, die Sanftheit und Heiterkeit. Während das übliche elektrische Dauervibrato Lalos Kantilenen-Auf-und-Ab zerzittert, vom Geschwindigkeitsrausch, der die Musik ins Flachgraue einebnet, ganz zu schweigen, artikulierte Elman mit Vibratovariabilität und ließ sich Zeit, der Musik zuzuhören. In Interviews hat er betont: »Ich verwende Vibrato nur auf jenen Noten, auf die ich einen gefühlsmäßigen Akzent setzen möchte. Permanentes Vibrato wirkt monoton und ist sinnlos. Man sollte es stets nur diskret verwenden. Auch sozusagen leblos gespielte Töne haben ihren Stellenwert als Kontrast.« Und an anderer Stelle: »Ich bedaure zutiefst, daß sich die jungen Geiger von der Romantik so bewußt abkehren. Wir leben in einem Zeitalter der Geschwindigkeit, einem mechanischen Zeitalter. Aber sollten wir deshalb auch die Werke der Romantik im Stil der heutigen Zeit musizieren?«

Die zarten Pointen des Scherzando aus Lalos »Symphonie espagnole«, die Momente improvisatorischen Glücks in dieser leichtblütigen Musik hat der 64jährige Elman damals ausgekostet. Mit unermüdlicher Kraft konzertierte Elman bis zu seinem Tod 1967, der ihn in New York beim Üben für einen Auftritt ereilte.

Mischa Elmans früher Triumph machte Leopold von Auer endgültig zum legendären Pädagogen, aus dessen Händen ständig neue Geigenzauberer hervorgingen, deren absoluter Höhepunkt Jascha Heifetz sein sollte. Dabei hat Elman später betont, Auer habe nur letzten Schliff angesetzt, die Grundlagen, seine geigerische Ausbildung und seine Tongebung, hätte er dem Vater und seinem Lehrer in Odessa, Alexander Fiedelmann, zu verdanken. Odessa erwies sich geradezu als Schatzinsel für sensationelle Musiktalente.

1899 oder 1900, die genaue Jahreszahl ist nicht festzustellen, wurde dort Toscha Seidel geboren, der von einem Onkel mütterlicherseits schon mit drei Jahren eine Geige unters Kinderkinn geschoben bekam. Das Talent zeigte sich sofort, und der kleine Toscha wurde 1909 Schüler von Max Fiedelmann, dem Bruder des Elman-Lehrers Alexander. Die Brüder waren beide Auer-Zöglinge. Max war so entzückt von der Begabung Toschas, daß er den Jungen nach Berlin aufs Stern-Konservatorium schickte zum Bruder Alexander. Von dort kam Seidel dann 1912 zurück nach Rußland in die Meisterklasse aller Meisterklassen, zu Auer nach Sankt Petersburg. Er und Heifetz waren die Stars dieser Klasse. Auer präsentierte die beiden im Konzert, Heifetz als den »Engel der Violine«, Seidel als den »Teufel«.

In seinen späten Jahren hat Seidel mit bitterem Sarkasmus auf die Frage geantwortet, ein wie großartiger Lehrer Auer für ihn als Wunderkind gewesen sei: »Eines Tages hatte ich

wieder Unterricht bei Professor Auer. Als wir zu der Stak-
katopassage der Polonaise brillante A-Dur von Wieniawski
kamen, konnte ich sie nicht spielen. ›Wie kannst du es wagen,
mir das ohne Stakkato vorzuspielen!‹ schrie Auer. Er warf
mich raus. Zu Hause fragte Mama mich, warum ich so früh
zurückgekommen sei. Als ich es ihr erzählte, schlug sie mich
und schickte mich in mein Zimmer. Dann kam Papa und sah,
daß Mama ärgerlich war. Als er hörte, warum, schlug auch er
mich. Eine Woche darauf konnte ich Auer ein perfektes Stakkato vorspielen, und um die Frage zu beantworten: Er war ein
großartiger Lehrer.«

1915 debütierte Seidel mit dem Tschaikowski-Konzert in
Oslo, damals noch Kristiania. Der Erfolg war durchschlagend. Genauso wie ein Jahr später in Petersburg. Es folgte
eine große Tournee, auch in die USA, wo Seidel am 14. April
1918 in der Carnegie Hall auf dem Podium stand. Die Begeisterung war grenzenlos und trug den stämmigen jungen Virtuosen mit dem wilden Haarschopf und dem glühenden Blick
aus tiefliegenden, von kräftigen Brauen überschatteten Augen
durchs ganze Land. Er galt jetzt als einer der besten seiner
Generation. Seidel ließ sich in New York nieder und gab die
zwanziger Jahre hindurch auch Rundfunkkonzerte neben seinen öffentlichen Auftritten rund um die Welt. Ob in Australien und Neuseeland, ob in Manchester mit Richard Strauss
als Dirigenten, ob in Skandinavien oder in Paris – überall ste-
hende Ovationen für einen, der nur mit den Allergrößten ver-
glichen wurde.

Von Seidels Kunst aus jener Zeit existieren vor allem Zu-
gabeschmankerln. Eins davon ist César Cuis »Oriental« aus
dem »Kaleidoskop« op. 50. Cui gehörte zum »mächtigen
Häuflein«, einer Gruppe russischer Komponisten, die sich
einer original russischen Musik verschrieben hatten. Nikolai
Rimski-Korsakow, Alexandr Borodin und Modest Mussorg-
ski gehörten zu dieser Gruppe, in der Cui zu den schwäche-
ren Persönlichkeiten zählte. Eigentlich hält nur diese kleine
Geigentranskription »Oriental« seinen Namen im Gedächt-

Toscha Seidel,
um 1920

nis. Seidel entfaltete 1924 vor einem undeutlich grummelnden Orchester diesen musikalischen Salonorient mit erregtem Vibrato, kühnen Portamenti und einem schlanken, federnden Ton, in dem laszive Erotik brütet.

Drei Jahre später nahm er aus Rimski-Korsakows symphonischer Dichtung »Scheherazade« das arabische Lied auf, eines der großen Violinsoli in dieser märchenhaft instrumentierten Partitur. Diesmal begleitete Emmanuel Bay am Klavier. Wieder fallen die Erregtheit, das Glimmern und die Schlankheit des Tons auf, mit denen Seidel emphatisch und rubatoreich in Tausendundeine Nacht lockte.

Ende der dreißiger Jahre übersiedelte Seidel nach Los Angeles. Er gründete dort ein Streichtrio und setzte seine Karriere als Studiomusiker fort. In einigen Hollywood-Filmproduktionen kann man Seidels leidenschaftlichen, bestrickenden Geigenton hören, am bekanntesten wurde »Intermezzo« von Gregory Ratoff (mit Leslie Howard und Ingrid Bergman, 1939). Er war Mitglied in vielen Musikorganisationen wie der Beethoven-Gesellschaft und Ehrenmitglied der Musiklehrer von New York. 1942 ging er freiwillig zur US-Navy, wo er als Konzertmeister eines der Dienstorchester fungierte. Außerdem mußte er in einer Marschkapelle die Becken schlagen. Er hat das später lakonisch kommentiert: »Es vermittelt einen guten Sinn für Rhythmus, und man bekommt dabei starke Arme!« Warum dieser Meisterviolinist seine internationale Reputation nicht erneuerte und heute nur noch Spezialisten bekannt ist, bleibt ein Rätsel. Nach dem Krieg verschwand sein Name allmählich aus der großen Öffentlichkeit. Als Heifetz in den fünfziger Jahren mit dem Plattenorchester der RCA Aufnahmen machte, fand er dort seinen einstigen Mitschüler und Rivalen im Orchester spielend.

Zu jener Zeit hatte Seidel Francks große A-Dur-Sonate zusammen mit Harry Kaufman aufgenommen. Diese Aufnahme blieb damals unveröffentlicht. Gewiß, Seidels linke Hand besaß nicht mehr die Präzision der früheren Jahre, manchmal scheint das Brennende im Spiel dieses grandiosen Geigers in nervöses Flackern zu geraten. Dennoch immer noch Musizieren mit obsessivem Ernst. Carl Flesch jedenfalls hat es für »eine Ungerechtigkeit des Schicksals« gehalten, »daß er nicht als der dritte in einem Triumvirat mit Elman und Heifetz gilt«. Seidel ist 1962, als er bei einem Showorchester in Las Vegas engagiert war, in Rosemead (Kalifornien) gestorben.

Immerhin hat er in seiner Glanzzeit zwischen 1926 und 1931 zwei Brahms-Sonaten und die dritte Sonate von Grieg mit dem Pianisten Arthur Loesser eingespielt. Seidel heizte die Musik mit schnellem, manchmal heftigem Vibrato und agogisch sehr freiem Vortrag mehr auf, als ihr vielleicht guttut. Aber Brahms' G-Dur-Sonate wurde zum flammenden Ereignis und Griegs c-Moll-Sonate nicht minder. Am besten und wahrlich beeindruckend gelang die sonst so idyllischfreundliche A-Dur-Sonate von Brahms. Da riskierte Seidel im zweiten Satz, Andante tranquillo, eine feurige Intensität und einen Mut zu strukturierender Langsamkeit, daß sich dieses Brahms-Andante plötzlich in die Dimensionen einer gewaltigen Ekstase weitet. »Ich liebe Brahms über alles, weil seine Musik unmittelbar etwas in mir anspricht. Ich bin absolut glücklich, wenn ich Brahms spiele«, hat er im Interview geäußert.

In den Spekulationen über das allmähliche Verschwinden Seidels tauchen auch Überlegungen zu seinem unattraktiven Auftreten auf. Er war mehr breit als hoch und soll aufs Podium geschlurft sein mit schlenkernden Armen. Kaum glaublich aber, daß solches nach dem ersten Bogenstrich Seidels noch eine Rolle gespielt haben könnte. Wie anzündend dieser Musiker auch öffentlich gewirkt haben muß, läßt der Rundfunkmitschnitt eines Auftritts am 22. Juli 1945 mit dem Hollywood Bowl Orchestra unter Leopold Stokowski ahnen. Das Orchestervorspiel von Chaussons »Poème« versetzte Stokowski in einen schillernden Klangfarbenrausch, bevor Seidel sich wie somnambul in dieses raffinierte Klangreich mit dunkelsten Tönen hineintastete. Dann begann er zu brennen bis zum verzehrenden, rückhaltlosen Lodern. Aus einem elegant dekadenten Violinmonolog mit Orchester wird ein feuriges Melodram bis zur Erschöpfung. Geigenspiel von irritierender Intensität und vibrierender Sinnlichkeit.

Vier Jahre zuvor hatte Seidel zusammen mit Erich Wolfgang Korngold eine Violine-Klavier-Bearbeitung von dessen Orchestersuite zu William Shakespeares »Much Ado About Nothing« eingespielt. Korngold machte zu dieser Zeit, nach seinen sensationellen Anfängen in Wien, Europa und Erfolgen in den USA, mit Auftragsarbeiten von Filmmusiken Furore, verstand sich aber weiterhin als ernsthafter Komponist. Die vier Stücke der Shakespeare-Suite zeigen nicht nur, wie souverän Korngold als Pianist agierte, sondern auch Seidel im Zenit. Sein zehrender, emphatischer Ton, von sonorer Wärme in der Tiefe, von leidenschaftlicher Süße in der Höhe, seine unmittelbare Identifikation mit Korngolds reich entfalteter Sehnsucht nach musikalischem Witz und sich aussingender Schönheit, die die Gefahr von seligem Kitsch nicht fürchtet, verführt und packt unmittelbar. Übrigens war Arnold Steinhardt, der Primarius des Guarneri-Quartetts, Schüler von Seidel.

Zehn oder elf Jahre älter als Toscha Seidel und zwei älter als Mischa Elman war Efrem Zimbalist, eine Zeitlang ebenso berühmt wie sein Kollegen Mischa und Toscha. Zimbalist wurde 1889 in Rostow am Don geboren als Sohn des dortigen Operndirigenten. Der Vater gab die ersten Unterrichtsstunden, und schon mit neun Jahren saß Efrem als Konzertmeister am ersten Pult des Opernorchesters. 1903 wurde er Schüler Leopold von Auers in Sankt Petersburg. 1907 schloß er dort mit der Goldmedaille ab und gewann zusätzlich das Rubinstein-Stipendium von 1200 Rubel. Noch im selben Jahr debütierte er in Berlin und London mit Brahms, Tschaikowski und Lalo. Und der 18jährige galt sofort als Künstler ersten Ranges. 1911 erschien er in den USA und spielte die amerikanische Erstaufführung von Glasunows Violinkonzert. Zimbalist blieb in den Vereinigten Staaten, heiratete 1914 die rumänische Sopranistin Alma Gluck und trat rund um die Welt als Geiger und auch als Pianist auf. Der Sohn aus dieser Ehe wurde der Schauspieler Efrem Zimbalist jun., bekannt aus den Fernsehserien »77 Sunset Strip« und »FBI«. Zimbalist sen. hat außerdem vom Zugabestück bis zur Broadway-Operette in alle Richtungen komponiert und auch ein paarmal dirigiert.

1928 wurde er Chef der Violinklasse am Curtis Institute in Philadelphia, 1941 dessen Direktor. Zu seinen Schülern gehören Oscar Shumsky – einst erster Geiger im Quartett des weltbekannten Bratschers William Primrose, an dem noch der gloriose Cellist Harvey Shapiro und der legendäre Geigenpädagoge Josef Gingold beteiligt waren – und Shmuel Ashkenasi, der langjährige Primarius des Vermeer-Quartetts.

Im Gegensatz zu Elman und Seidel war Zimbalist, der hochbetagt 1985 in Rheno (Nevada) gestorben ist, eine schlanke, elegante, gutaussehende Erscheinung. Dem entsprach auch sein gediegenes, nie aufdringliches Geigenspiel: eine ungemein ebenmäßige Tonemission, eine differenzierte Vibratokunst des Langsamen und ein erlesenes, in allen Lagen außergewöhnlich frei klingendes tenorales, in der Höhe silberhelles Timbre. Von Beginn seiner Karriere wurde betont, daß er beim Spielen nicht schwitzte, die Locken nicht schmiß und ruhig und konzentriert dastand. Carl Flesch hat zwar das langsame und breite Vibrato moniert und Zimbalist zu dem für ihn am wenigsten interessanten Auer-Schüler erklärt, aber auch zugegeben, daß er vielleicht die schlechteren Tage des Virtuosen erwischt haben könnte.

Von Zimbalist, der zwar bis 1955 konzertiert hat und in den USA als einer der großen Meister aus Auers Manege galt, in Europa aber schon im Laufe der zwanziger Jahre aus dem Blickfeld geriet – abgesehen von seiner Teilnahme in Jurys des Moskauer Tschaikowski-Wettbewerbs 1962 und 1966 –, sind relativ wenige Aufnahmen in Umlauf. In Kritiken seiner Konzerte hieß es wiederholt, daß sich Zimbalist nicht vor das Werk dränge. So schrieb William James Henderson 1937: »Er hat die Meisterwerke zu deren Ruhm gespielt, nicht so sehr zu seinem eigenen. Begabt mit einzigartiger Musikalität, untrüglichem Geschmack und einem seltenen Talent für die Violine, hat Zimbalist natürlich die berühmten Werke des Violinrepertoires gespielt, aber unbestechlich in der Absicht, ihre Schönheit herauszustellen und ihren Gehalt zu exponieren, dabei für sich selbst nur den Lohn beanspruchend, der einem guten und verläßlichen Diener gebührt.« Es wäre zu wünschen, daß von den vielen Rundfunkmitschnitten seiner Auftritte noch einige digitalisiert auf den Markt kommen, um sich von der außerordentlichen Statur dieses noblen Musikers einen umfassenderen Eindruck machen zu können.

Die ersten Aufnahmen entstanden 1911, wie damals üblich mit kleinen Reißern, Salonstückchen und virtuosem Feuerwerk. In den zwanziger und dreißiger Jahren tauchte neben eigenen Kompositionen Ausgefallenes und damals Modernes wie das Andantino aus Regers Solosonate A-Dur op. 42,2 auf. Diese heute unbegreiflicherweise sehr selten öffentlich gespielten Stücke sind in jeder Beziehung wirkungsvoll und für den Geiger dankbar. Kantilenenselig, virtuos, doppelgrifftechnisch und harmonisch ambitioniert. Zimbalist vertrieb mit dem leicht aufgerauhten Korn seines wunderbar warmen, dichten Tons jede Sprödigkeit aus Regers jugendstiliger Musiksprache.

Leopold von Auer, der Erfinder des Petersburger Bogengriffs, der alle seine Schüler zum Geigesingen anhielt, der aber wohl zuerst vom Naturereignis Elman diesen neuen sonoren, der menschlichen Stimme so ungeheuer angenäherten Ton erfuhr, Auer also hielt Zimbalist für seinen intelligentesten Schüler. Nicht nur in seiner sehr bewußten Art, Violine zu spielen, sondern auch wegen seiner Aufgeschlossenheit und Neugierde über das Instrumentale hinaus. Zimbalist hat sich auch um die Erweiterung des Repertoires verdient gemacht, hat Frühbarock und Vorklassik genauso untersucht, wie er sich mit Zeitgenössischem beschäftigte. 1939 nahm er Ysayes Solosonate g-Moll auf, die Joseph Szigeti gewidmet ist, ein Stück, das vertrackt barockisierende und quasi improvisierende Elemente mischt. Zimbalist spielte Ysayes Hommage an Szigeti bei aller Neugier auf neue Töne und aller violinistischen Sicherheit vielleicht zu unaufgeregt.

Auch in Brahms' dramatischer d-Moll-Sonate – aufgenommen 1930 mit Harry Kaufman – entdeckte Zimbalist introvertierte Ruhe. Sein manchmal fast unmerkliches Vibrato, sein fabelhaft gleichmäßiges Legato, sein jeder Gewalttätigkeit abholdes, stets maßvolles Spiel machte diese Sonate zu einem Werk intimer Exaltationen.

Daß Zimbalist aber auch siegreicher, vitaler Geigenheld sein konnte, läßt sich auf einem Live-Mitschnitt mit dem Boston Symphony Orchestra unter Serge Koussevitzky vom 30. März 1946 hören. Unglaublich, wie weit das reale Auftreten vor Publikum jeder Studioaufnahme an Lebendigkeit und musikalischer Notwendigkeit überlegen ist. Das »hic Rhodos hic salta« zwang das Beste hervor, das Publikum spürte es und klatschte ergriffen nach jedem Satz. Das Violin-

Efrem Zimbalist,
um 1945

konzert von Brahms entstand vorbildlich aus symphonischem
Geist: Koussevitzky arbeitete liebevoll jedes Orchesterdetail
heraus, dabei stets auf ein raumgreifendes Cantabile achtend.
Zimbalist behielt souverän die mächtigen Dimensionen des
ersten Satzes im Blick und ließ weder in der Dringlichkeit
noch in der Konzentration nach. Im Adagio stieg er nicht
als gefälliger Solist ein, sondern er verstand seinen Part als
»violino obligato«, der den betörend schön musizierenden
Bostoner Bläsern gleichsam errötend folgt. Dabei entfaltete
Zimbalist mit mächtigem Atem Ruhe und Weite.

Doch in seinen Anfängen war dieser für das amerikanische
Musikleben so wichtige, hochverehrte Künstler, diese viel-
seitige Musikinstanz, auch ein fabelhafter Geigenjongleur, der
seinem Instrument Töne entlocken konnte, als tiriliere und
flöte dort ein Vogel. Bei kaum einem anderen war eine so frei
schwingende Höhe zu erleben wie bei Zimbalist. Was sonst
gefährlich quietschen, schrillen oder gar kreischen kann,
klingt bei ihm wie Natur und so, daß einem die Tränen kommen vor der unmittelbaren Schönheit dieses Geigenklangs. Es

existiert eine Aufnahme (mit Emmanuel Bay von 1925) des persischen Liedes aus Michail Glinkas russischer National-oper »Ruslan i Ljudmila«. Zimbalist transkribierte dieses Lied für Violine und Klavier. Fast möchte man meinen, nicht nur die beiden Instrumente zu hören, denn mittendrin läßt Zim-balist eine Nachtigall singen, die nur er gefunden hat.

Im Universum der Musik

Oleg Kagan, Gidon Kremer

»Seid bestrebt, mehr zu wissen, Beschränktheit des Horizonts, Enge der Interessen führen zur Verkümmerung selbst eines starken Talents. Vermeidet eine Einschränkung des Repertoires. Möge die Brillanz virtuoser Stücke euch nicht den Blick auf viele Schätze des musikalischen Gedankens nehmen, die mitunter in ein weniger reizvolles Gewand gekleidet sind.«

Das sind die Worte, die David Oistrach seinen Schülern mit auf den Weg zu geben pflegte. Worte, die der tragisch früh verstorbene Oleg Kagan und der fast allgegenwärtige Gidon Kremer von den vielen Studenten Oistrachs wohl am umfassendsten umgesetzt haben. Beide sind nicht nur glänzende Solisten, versierte Kammermusiker, Anreger und Neugierige, die keine Scheu kennen vor der Musik unserer Zeit, sondern auch interessiert an bildender Kunst, Literatur, Film und Musikformen und -arten, die nicht der sogenannten klassischen Musik angehören. Kurz: zwei Universalisten.

Die Unterschiede aber zwischen Kagan und Kremer können größer kaum sein: bei Kagan ein vitales, manchmal robustes, dennoch stets empfindungs- und geistreiches Geigenspiel, bei Kremer Nervenkunst, Erkundungen ins Improvisatorische, Experimentelle, ja Violinklang-Fremde. Während Kremer seit mehr als 20 Jahren keine noch so fremdartige Gegend der Geigenwelt ausläßt und Klischees vom Zigeuner-, Salon- oder Teufelsgeiger als längst vergangen in den Orkus verbannte, hatte Kagan nur bis 1990 die Möglichkeit, Musik welcher Epoche und Art auch immer zu verlebendigen.

Oleg Kagan wurde 1946 auf der Insel Sachalin im äußersten Osten der damaligen Sowjetunion geboren. Da der Vater, Chirurg an einem Militärkrankenhaus, nach Lettland versetzt wurde, wuchs Oleg in Riga auf und lernte an der Musikschule des Konservatoriums Geige. Den 13jährigen entdeckte bei einem Vorspiel der Moskauer Violinpädagoge Boris Kusnezow und nahm ihn mit. Der junge Oleg wohnte im Hause seines Lehrers, der ihn in technischer Hinsicht grundlegend ausbildete. 1965 durfte Kagan nach Helsinki zum Sibelius-Wettbewerb, den er gewann. Nach dem plötzlichen Tod Kusnezows übernahm David Oistrach den verwaisten Studenten. 1966 beim dritten Tschaikowski-Wettbewerb mußte sich Kagan nur Viktor Tretjakow beugen. Zwei Jahre später siegte Kagan beim Leipziger Bach-Wettbewerb.

Oistrach schätzte an diesem kräftigen jungen Mann mit den blonden Kräusellocken Frische und Reinheit der musikalischen Eingebung gerade beim Schwersten, bei Mozart. Kagan durfte daher unter dem Dirigat seines verehrten Lehrers alle Violinkonzerte Mozarts einspielen. Aber auch der große Swjatoslaw Richter war von diesem stets klaren, unsentimentalen, zugleich sinnlich-kraftvoll artikulierenden Mozart-Spiel beeindruckt. Man lernte sich kennen. Der alte Meister und der junge Violinist wurden nicht nur ein phantastisches Duo, sondern auch Freunde. Richter und Kagan haben an allen möglichen Orten der Sowjetunion konzertiert, ob in sibirischen Arbeiterklubs, Kolchosen Weißrußlands oder in Musikschulen Mittelasiens. Und so wurde Kagan Mitte der siebziger Jahre auch im Westen eingeführt, als sei er ein Protegé Richters. Aber die Furchtlosigkeit vor Mozarts Anspruch, musikantische Freude und der konzentrierte Ernst Kagans

Oleg Kagan,
München 1976

machten sofort klar, daß Richter einen ebenbürtigen Partner
mitgebracht hatte. Selten war eine solche sich gegenseitig
anfeuernde Lust am musikalischen Miteinander zu erleben
wie bei diesem äußerlich so gegensätzlichen Paar.

Welche explosive Lebenslust in Mozarts Klavier-Violine-
Sonaten steckt, können einige Live-Mitschnitte aus den Sälen
des Moskauer Konservatoriums vermitteln. Die zweisätzige
A-Dur-Sonate KV 305 spielten Richter und Kagan 1975 mit
dem Furor puren Vergnügens. Die Satzbezeichnung »Allegro
molto« nahmen sie extrem. Aber trotz sehr schnellem Tempo
gelangen alle Pointen, Geistesblitze und Phrasierungsan-
sprüche Mozarts so knapp und präzise, daß man das Atmen
vergißt. Das Andante grazioso, ein »tema con variazioni«,

erklingt frei von irgendwelchen Künsteleien und so sinnfällig phrasiert und liebevoll ausmusiziert, daß sich das Schwerste wie selbstverständlich einstellt: Einfachheit. Kagan setzte seine Mittel schnörkellos und unbeirrt ein, als gäbe es keine andere Gegenwart als Mozarts Musik.

Kagan war kein Schönspieler. Das schnelle, kleine, nicht eben flexible Vibrato, der energische, auch im Pianissimo direkte Bogenstrich verliehen seinem Spiel paradoxerweise Erregtheit und Nüchternheit in einem. Glamour und geigerischer Exhibitionismus fehlten vollkommen, so als habe dieser hochkonzentrierte Musiker keine Zeit für derlei Kinkerlitzchen. Kagan – wie Kremer – gehörte zur sogenannten »Tauwetter«-Generation, als unter Nikita Chruschtschow eine Liberalisierung in Kunst und Kultur einsetzte. Jetzt konnte man lange verbotene und vergessene Musik spielen, sich mit Pablo Picasso, Kasimir Malewitsch und moderner Kunst auseinandersetzen.

1978 traten Richter und Kagan im Großen Saal des Moskauer Konservatoriums auf mit allen Sonaten, die Paul Hindemith zwischen 1918 und 1939 komponiert hat. Musik, die in großer psychischer Not und physischer Gefahr entstanden ist. Die frühen Sonaten des Opus 11 schrieb Hindemith im Ersten Weltkrieg an der Elsässer Front in den Nachtstunden trotz heftigen Trommelfeuers. Die beiden späteren Sonaten stammen von 1935 und 1939, als Hindemith prominentester musikalischer Buhmann der Nazis war. In dieser Zeit bedrohlicher Isolation und schmähender Hetze nahm Hindemith das Komponieren als eine Art Schutzschild gegen den Würgegriff des Gewaltregimes und schrieb Lieder und Duos für vielerlei Besetzungen.

Gleich die erste Sonate Es-Dur op. 11,1 packten Kagan und Richter so selbstverständlich und kampfeslustig an, daß Hindemith neu und lebendig wie am ersten Tag wirkt. Wieder setzten Kagan und Richter allein auf die Kraft des musikalischen Gehalts und ließen violinistisches und pianistisches Glänzen und Vorzeigen entschieden beiseite.

»Frisch« und »Im Zeitmaß eines langsamen, feierlichen Tanzes« lauten die Anweisungen für die beiden Sätze von Hindemiths Es-Dur-Sonate. Genau das vergegenwärtigten Kagan und Richter unmißverständlich.

Kagan stürzte sich auch auf die Zweite Wiener Schule, führte Schönberg, Berg und Webern auf, kämpfte für die in den siebziger Jahren wieder von ideologischer Gängelei drangsalierten neuen sowjetischen Komponisten Edisson Denissow, Sofija Gubaidulina und vor allem Alfred Schnittke, der Kagan 1978 sein drittes Violinkonzert widmete.

Kagan heiratete die Cellistin Natalija Gutman, mit der er nach Aufhebung des Reiseverbots, das seine Karriere schwer behindert hatte, Anfang der achtziger Jahre in zahlreichen Konzerten auftrat. Schon im russischen Swenigorod gründeten Kagan und Gutman ein privates Festival für sich und den Freundeskreis, wo Kammermusik gespielt und sogar Opern und Theaterstücke aufgeführt wurden.

1989 erkrankte der Geiger an Leukämie. Kagan setzte gegen den unausweichlichen Tod das Musizieren, solange er irgend konnte. In dieser letzten Zeit planten Kagan und Gutman ein intimes Kammermusik-Festival in Wildbad Kreuth, das heute seinen Namen trägt. Kurz vor seinem Tod 1990 probte Kagan noch Beethovens Violinkonzert mit den Münchner Philharmonikern unter Sergiu Celibidache. Es schien, als sauge der jetzt schmale, durch die Chemotherapie kahlköpfige, vom Tode gezeichnete Mann aus jedem Ton, jeder Phrase Kraft, als könne er, solange er spiele, das Schicksal aufhalten. Es war aber nicht der Heroismus, sondern Kagans musikalische Phantasie und Kraft, die diese Probe zum Ereignis für alle machte. Danach wurde er ins Krankenhaus eingeliefert, es kam nie zum Konzert.

Alfred Schnittke komponierte nach dem Tod des Freundes eine finstere, wüste, zornige Trauermusik in memoriam Oleg Kagan, die er »Madrigal« genannt hat. 1995 spielte es der Geiger in der Hamburger Musikhalle, der den Namen und das Werk Schnittkes weltweit berühmt gemacht hat: Gidon Kremer.

Kremer ist seit seinen Auftritten im Westen Mitte der siebziger Jahre nicht nur eine geigerische, sondern überhaupt eine Instanz des Musiklebens unserer Tage. Rastlos konzertiert er rund um die Erde, betreibt das Werkstatt-Festival im burgenländischen Lockenhaus und hat wahrscheinlich mehr Plattenaufnahmen gemacht als alle Kollegen. Vor allem von unbekannter, unterschätzter oder neuer Musik. Kremers Appetit auf die Klangwelten dieser Zeit ist grenzenlos. Ob Minimal music von Glass oder rauschhafte Expressivität bei Henze, ob große Violinmeditation von Nono oder eben alle Neueren aus dem russischen Sprachraum von Denissow, Gubaidulina, Pärt bis Schnittke – in Kremer finden sie den engagiertesten und besten Anwalt, der wünschbar ist.

Denn Kremer vermag diese Musiken mit unheimlicher Intensität zu erfüllen, sein Geigenstil kommt in den besten Momenten einem Schöpfungsakt gleich. Kremer findet auf seiner Geige Klänge, die keiner vor ihm fand, manchmal tönt es, als sei das Instrument neu erfunden. Dieser Wille zur Entdeckung des Noch-nie-Gehörten wischt auch bei den Standardwerken der Vergangenheit alles Traditionelle, Bekannte weg. An einem gelungenen Kremer-Abend sind Mozart, Beethoven, Brahms, Prokofjew oder Paganini so neu und gegenwärtig, daß man vor ihren Kühnheiten, ihren Experimenten, ihrer Originalität erschrickt. Und Virtuosenmusik verwandelt Kremer in Balanceakte auf Hochspannungsdrähten. Zum Beispiel wenn Kremer mit Oleg Maisenberg in einer Aufnahme von 1993 eine doppelte Transkription von Schuberts Valse noble Nr. 9 spielt, die Liszt frei bearbeitete und deren Fassung Kremers Lehrer, der große David Oistrach, wiederum für Geige und Klavier umschrieb.

Kremer wurde 1947 in Riga geboren. Sein Großvater war der Violinvirtuose Karl Brückner, der aus Nazideutschland 1935 nach Moskau floh und nach dem Krieg Professor am Rigaer Konservatorium wurde. Schon mit vier Jahren begann

Kremers Ausbildung. Auch seine Eltern, der Vater aus dem Baltikum, die Mutter aus Karlsruhe, sind Geiger gewesen, lange Jahre im Rigaer Symphonieorchester. Bei Woldemar Sturestep in Riga wurde Kremer technisch ausgebildet. Der 16jährige gewann den ersten Preis der Lettischen Republik. 1965 kam Kremer dann in die Meisterklasse Oistrachs nach Moskau. Der Meister bedeutete dem eigenwilligen Kremer, daß er sich an seine Vorgaben zu halten habe, bevor er experimentieren könne. Kremer blieb acht Jahre bei Oistrach.

»Behutsam fördernd hat Oistrach es verstanden, mich in wenigen Jahren dahin zu bringen, meine Ideen und Vorstellungen zu verwirklichen, mich musikalisch zu artikulieren und so zu mir selbst zu finden.« Oistrach führte Kremer zu aufsehenerregenden Erfolgen: 1967 dritter Preis beim Concours Reine Élisabeth in Brüssel, zweiter Preis beim Internationalen Wettbewerb in Montreal, den ersten Preis holte sich Wladimir Spiwakow, der dann 1970 beim vierten Tschaikowski-Wettbewerb hinter Kremer zweiter wurde.

Durch solche Siege ließ Kremer den Blätterwald schon ein bißchen aufrauschen. Als er dann mit Maisenberg 1975 in der Bundesrepublik debütierte – mit einem typischen Kremer-Programm: Strawinskys »Elegy«, eine wenig bekannte Violine-Klavier-Sonate von Reger, Bachs Ciaccona und Ernsts Variationen über »Die letzte Rose« –, wurde aus diesem Debüt ein Sensationssturm. Seitdem ist Kremer einer der richtungweisenden Musiker unserer Zeit.

Wie absolut faszinierend, neuartig und schwindelerregend virtuos Kremers Einbruch in die so sicher geglaubten Bezirke des Musiklebens gewesen ist, was für kategorial andere Violinklänge da ertönten und viele verstörten, läßt die Aufnahme von 1976 der sechs Solosonaten von Eugène Ysaye ahnen. Ysaye, einer der größten Violinisten aller Zeiten, war mit den bedeutendsten Komponisten und Musikern befreundet. Debussy hat ihm sein Streichquartett gewidmet, Franck seine Violinsonate, Chausson sein »Poème«. Ysaye, der leider schon früh Probleme mit dem Bogenarm bekam, unterrichtete, hatte ein Streichquartett, dirigierte, unter anderem war er Chef des Cincinnati Symphony Orchestra, und komponierte neben Violinwerken auch eine Oper in wallonischer Mundart. Der Korpus der sechs 1924 entstandenen Solosonaten ist zweifellos sein bestes Werk. Jede der Sonaten ist einem Geiger und seiner spezifischen Wesensart gewidmet: die erste Joseph Szigeti, die zweite Jacques Thibaud, die dritte George Enescu, die vierte Fritz Kreisler, die fünfte Ysayes Lieblingsschüler und Quartettpartner Mathieu Crickboom, die letzte der spanischen Violinhoffnung Manuel Quiroga.

Die Crickboom dedizierte fünfte Sonate G-Dur ist zweisätzig und von impressionistischer Klangfarbenmalerei erfüllt. Kremer löste alle erdenschwere Instrumentalanstrengung auf zu einem luftigen, in allen Regenbogenfarben schillernden Spiel mit Skalen, Klängen und Rhythmen.

War Kremer hier leichtfüßiger Tänzer und Produzent zerbrechlichster Jonglierklänge, so klingt es bei Strawinskys Ballett »L'Histoire du soldat« von 1918, als Suite für Violine, Klarinette und Klavier vom Komponisten 1933 eingerichtet, plötzlich metallisch gehärtet. Zusammen mit Karl Leister, Klarinette, und Aloys Kontarsky, Klavier, entwickelte Kremer 1979 Strawinskys genial knappe Komposition in ihrer ganzen lakonischen, bösen Schärfe. Die Geige als Sezierskalpell.

Nach ununterbrochenen Konzertreisen und Schallplattenterminen in der ganzen Welt sehnte sich Kremer danach, dem gängigen Betrieb, nicht aber der Musik, wenigstens zeitweilig zu entfliehen. Im burgenländischen Lockenhaus gründete er eine kammermusikalische Werkstatt, zu der Kollegen von überallher strömen, um selten oder nie Gespieltes in allen möglichen Besetzungen miteinander aufzuführen, solange man Lust hat. Das kann mitunter ganze Tage beanspruchen. Und darunter sind auch musikalische Scherze wie Charles Gounods Meditation für Luftpumpe und Klavier. Daß dieses Festival seinen besonderen offenen, improvisatorischen, lustbetonten Charakter bis heute behalten hat, ist Kremers unversieglicher Neugier zu verdanken. Auch, daß etwas vom

Gidon Kremer,
München 1995

Lockenhaus-Geist in die Konzertsäle und Plattenstudios mitgenommen wurde.

Zugleich aber kündigt sich in Kremers Rastlosigkeit und
Unersättlichkeit Gefahr an. Sein Spiel ist heute durchaus von
Manierismen, violinistischen Mängeln und Kleinteiligkeit bedroht. Manchmal kratzt und scheppert es ganz ungewollt,
manche eigentlich hauchfein gedachten Töne brechen unter
fahriger Bogenführung und klingen dann bloß tonlos, manches Virtuose knirscht und klappert wie Edelsteine in aus-
geschlagenen Fassungen. Und Abwege wie Kremers neueste
Beschäftigung mit der Tangomusik Astor Piazzollas sind eher
modische Ärgernisse als aufregende Musik. Ebenso seine
Ausflüge in Filmmusik von Charles Chaplin, Nino Rota,
Dmitri Schostakowitsch und anderen, 1998 aufgezeichnet.
Seine im Booklet beteuerte Liebe zum Kino erscheint in der
klanglichen Realisierung eher wie ein beiläufiges modisches
Aperçu.

Wenn sich der vielbeschäftigte und getriebene Meister allerdings konzentriert und besinnt, dann ist Kremer so sensatio-

nell wie vor 20 Jahren bei seinem Beginn. Man höre etwa den Mitschnitt des Norddeutschen Rundfunks, wie er 1995 in der Lübecker Musik- und Konzerthalle die Paganini-Variationen des amerikanischen Komponisten George Rochberg, 1918 geboren, hinpfeift, -hustet, -keucht, -tupft und in Doppelgriffkaskaden dahinstürzen läßt. Kremer ist im Konzert viel gespannter, nerviger und risikoreicher und damit der Musik näher als im Studio. Virtuosität, die einen schaudern läßt.

1994 nahm er zwei Werke Arnold Schönbergs auf, gewissermaßen Anfang und Ende des Gründers der Zweiten Wiener Schule. Denn Schönbergs 1949 entstandene Fantasie für Violine und Klavier ist das letzte Werk des Komponisten. Eine freie, herrlich weit ausschwingende Rhapsodie, bei der jeder Geiger seine Klangimagination genauso wie seine virtuose Präzision vorführen könnte. Man muß dieses Werk nur spielen und sich nicht vorm bösen Zwölftonmann fürchten. Kremer und sein Freund Maisenberg verwirklichten Schönbergs leidenschaftlichen Abgesang souverän und bewegend.

Was aber niemand glauben möchte, auch eine von Schönbergs allerersten Kompositionen überhaupt ist für Violine und Klavier. Dieses d-Moll-Stück fand sich niedergeschrieben auf der letzten Seite eines vergilbten Bogens Notenpapier, auf dem sonst drei frühe Lieder Schönbergs stehen. Das Stück ist undatiert, aber die einfache Machart bei gleichzeitiger Unausgewogenheit der experimentierfreudigen Harmonik läßt vermuten, daß dieser verfremdete kleine Ländler etwa 1893/94 an den Beginn von Schönbergs Kompositionstätigkeit zu stellen ist. Kremer machte daraus eine wienerische Vorahnung auf jene Luft von anderen Planeten, die Schönberg später zum Schrecken aller Abonnenten und vieler furchtsamer Musiker unüberhörbar über die Erde blies.

Unter den vielen Werken, die Kremer von seinen russischen Komponistenfreunden aufgeführt hat, ragt eines besonders heraus, das 1980 für ihn geschriebene »Offertorium« für

Violine und Orchester von Sofija Gubaidulina. Die 1931 in Tschistopol an der Wolga geborene Komponistin studierte bei Schostakowitschs Assistenten Nikolai Peiko. Bis Ende der siebziger Jahre wurde sie unterdrückt und diffamiert. Aber sie hielt durch, ermuntert von Schostakowitsch selbst, doch »auf ihrem falschen Wege weiterzukomponieren«. Durch Kremers Einsatz für sie auf den Konzertpodien wuchs ihr Ruf unaufhaltsam als eine der originellsten zeitgenössischen Komponisten.

Das »Offertorium« hat als Hauptthema jenes aus Bachs »Musikalischem Opfer«. Dieses Thema bekam Bach bei seinem Besuch in Berlin der Legende nach von Friedrich dem Großen vorgelegt. Sofija Gubaidulina nun setzt dieses königliche Thema allen Härten und Stürmen ihrer eminenten Klangphantasie aus, in der Erinnerungen an György Ligeti und Krzysztof Penderecki genauso wach werden wie an Alban Berg und Luigi Nono. Diese Stilzitate schmilzt Sofija Gubaidulina aber in ihre eruptive und expressive Musik ein, die unmittelbar zu treffen und zu erschüttern vermag. Kremer entfaltete 1988 hingebungsvoll den großen Reigen dieser Musik mit dem Boston Symphony Orchestra unter Charles Dutoit. Vor allem den ungeheuren Abgesang gestaltete er als riesige, unendlich traurige Meditation ins Nichts.

Im Banne technischer Vollkommenheit

Jascha Heifetz

Jascha Heifetz 1951 im Zenit seines Könnens: absolute Magie des Geigenklangs, der Ton glüht in berauschender Süße, schmiegt sich unwiderstehlich in den Habanera-Rhythmus von Saint-Saëns' »Havanaise« ein, verführerisch, schmeichelnd, in südlichen Farben leuchtend. Über dem Ganzen liegt ein Hauch von untilgbarer, süchtig machender Wehmut.

Mit Schönheit des Tons, Wärme der Kantilene und Eleganz der Phrasierung vermögen auch andere Violinisten zu locken, aber keiner entfaltete so hypnotische Macht wie Heifetz. Geigenklang als Narkotikum. Keiner, der nicht wenigstens phasenweise dem Heifetz-Fieber verfiele, dieser Sehnsucht nach makelloser Schönheit, nach reiner Virtuosität, nach sinnlicher Intensität, mit einem Wort: nach Vollkommenheit.

Wie in der »Havanaise«, 1887 von Saint-Saëns komponiert in Erinnerung an seine musikalische Spanienreisen. Heifetz machte diese Aufnahme mit dem RCA-Victor Symphoy Orchestra unter William Steinberg.

Für viele war Heifetz *der* Geiger des 20. Jahrhunderts. Seine scheinbar mühelose Beherrschung des Instruments, seine unglaubliche Präzision im Koordinieren von linker und rechter Hand auch bei rasendstem Tempo, die überwältigende

Stringenz und Biegsamkeit seines Tons, die Souveränität seines Zugriffs, die Schlackenlosigkeit seiner Intonation, die Flexibilität in den Klangfarben sind von Beginn an bewundert und anerkannt worden. Als dieser immer etwas herablassend wirkende, aber scheue, sein Privatleben vor der Öffentlichkeit schützende Künstler, der sich auf dem Podium kaum bewegte und sein Gesicht in starrer Maske konzentrierte, 1917 in der Carnegie Hall debütierte, hatte er schon in Europa Sensation gemacht. Er hatte 1912 als Zwölfjähriger Arthur Nikisch, den Chefdirigenten des Berliner Philharmonischen Orchesters und ausgebildeten Geiger, in so maßloses Staunen versetzt, daß der meinte, noch nie jemanden gehört zu haben, dessen Spiel dem des Knaben gleichkäme. Ein Jahr davor hatte der kleine Jascha bei den 25 000 Besuchern eines Freiluftkonzerts in Odessa eine solche Ekstase entfacht, daß es zu Tumulten kam, die erst durch die Polizei beruhigt werden konnten.

Heifetz wurde 1901 im litauischen Wilna geboren. Sein Vater spielte im städtischen Orchester und gab dem Dreijährigen eine Viertelgeige für erste Versuche, die schon nach wenigen Wochen die Intonationsgenauigkeit und den Klangsinn des kleinen Burschen offenbarten. Nach zwei Jahren Unterricht beim Vater wurde Jascha an der heimatlichen Musikschule bei Ilja Malkin aufgenommen. Wieder zwei Jahre später trat er zum erstenmal öffentlich auf mit Mendelssohn-Bartholdys Violinkonzert. Schon in dieser Zeit hatte Leopold von Auer bei einem Besuch in Wilna den Knaben bei Malkin gehört, 1910 nahm er ihn nach heftigen Bemühungen des Vaters in seine Sankt Petersburger Klasse auf. Jascha war der Jüngste, der je am Petersburger Konservatorium zugelassen worden war. Vater Heifetz hatte für die Ausbildung seines Sohnes Stellung und Wohnung in Wilna aufgegeben. Da aber Juden der Aufenthalt in der russischen Hauptstadt nur unter bestimmten Bedingungen erlaubt war, nahm Auer den Vater pro forma auch in seine Klasse auf, um so dessen Aufenthaltsgenehmigung zu ermöglichen.

Heifetz hat später erklärt, er habe bei Auer nicht mehr viel gelernt. Ähnliches hat auch Mischa Elman behauptet, der berühmte Vorgänger von Heifetz in Auers Klasse. Das bezieht sich aber vermutlich auf das rein Instrumentalistische, denn Auer nahm nur bereits technisch fertige Schüler an. Andrerseits hat Heifetz nämlich geschwärmt: »Ich glaube nicht, daß es einen Lehrer auf der Welt gegeben hat, der an ihn heranreichte. Fragen Sie mich nicht, wie er es gemacht hat; ich wüßte nämlich nicht, wie ich es Ihnen erklären sollte, denn er verhielt sich jedem Schüler gegenüber vollkommen anders.«

In den sechs Jahren jedenfalls, die er bei Auer studierte, lernte er Klavier und Viola bis zur Konzertreife, erwarb sich Kenntnisse über alle Orchesterinstrumente, im Komponieren, aber auch in Geschichte, Geographie und in mehreren Sprachen. Daneben Konzerte: 1911 Debüt in Petersburg, 1912 Berlin, 1913 Leipzig. Dort hörten ihn zwei andere weltberühmte Geiger: Fritz Kreisler und Efrem Zimbalist. Und Kreisler soll zu Zimbalist gesagt haben: »Sie und ich könnten genausogut unsere Fiedeln nehmen und über den Knien zerbrechen.«

1917 floh die Familie Heifetz vor der Revolution durch Sibirien und über den Pazifik nach Amerika. Am 27. Oktober dieses Jahres trat der 17jährige in der New Yorker Carnegie Hall auf, und die Sensation war perfekt. Der Kritiker der »New York Times« war beeindruckt von der Sicherheit und Faxenlosigkeit des Auftritts. Und dann folgten alle typischen Heifetz-Qualifikationen: Schönheit und Reinheit des Tons, Kraft, Eleganz, Ausgeglichenheit, Vitalität des Bogenstrichs bis in jedes Detail hinein, Exaktheit der linken Hand. Fazit: »Die technischen Fähigkeiten von Mr. Heifetz sind ungewöhnlich.«

Zwei Wochen später stellte sich Heifetz mit dem Pianisten André Benoist vor den Schalltrichter und nahm seine ersten Platten auf. Unter den fünf Stücken dieses Aufnahmetags ist auch das »Scherzo tarantelle« von Henri Wieniawski, dem

Jascha Heifetz,
um 1912

polnischen Geigenmeister in der Mitte des 19. Jahrhunderts. Musik, die sich Wieniawski auf den Leib geschrieben hatte, deren Virtuosität sich aber nicht in leerer Geläufigkeit und Sentimentalität erschöpft, sondern einen eigenen Charme entfaltet, originelle Melodieerfindung und Temperament zeigt. Der 17 jährige Heifetz trieb die Koketterie, vor allem aber die geigerische Equilibristik ins Extreme, das »Scherzo tarantelle« explodiert geradezu unter Heifetz' rhythmischer Unerbittlichkeit, der Unmißverständlichkeit seiner Phrasierung. Solche niederschmetternde Überlegenheit gegenüber den Anforderungen des Stückes hatte es bis dahin noch nicht gegeben – phänomenal.

Dem New Yorker Triumph folgten weitere Konzerte und eine erste Amerikatournee. Bereits 1919 erhielt Heifetz 2250 Dollar pro Abend, das bis dahin höchste Honorar für einen Musiker. Als er 1920 in London debütierte, war er längst ein Begriff durch seine Aufnahmen. 70000 Stück waren vor seiner Ankunft in England verkauft worden, und er wurde als die »bisher größte Sensation der musikalischen Welt« angekündigt. Der Erfolg war durchschlagend wie überall. George Bernard Shaw, der noch Joseph Joachim, Pablo de Sarasate und Eugène Ysaye erlebt hatte, war geradezu erschrocken über diese Perfektion. Er schrieb Heifetz: »Wenn Sie einen eifersüchtigen Gott herausfordern, indem Sie mit solch übermenschlicher Vollkommenheit spielen, werden Sie jung sterben. Ich rate Ihnen dringend, jeden Abend, bevor Sie zu Bett gehen, ein paar falsche Töne zu spielen, statt zu beten. Kein Sterblicher sollte es wagen, so makellos zu spielen.«

1921 besuchte Heifetz Australien, 1923 tourte er durch Asien und spielte dabei für die Überlebenden der Erdbebenkatastrophe von Tokio. 1925 wurde er amerikanischer Staatsbürger. 1934 kehrte er ein einziges Mal nach Rußland zurück für 13 Konzerte in 17 Tagen.

Über 200 Konzerte gab Heifetz pro Jahr mit dem klassisch-romantischen Standardrepertoire, das er seit 1927 bis zu seinem Lebensende um über 100 Transkriptionen bereichert hat, in dieser Hinsicht ganz altmodischer Virtuose.

Trotz aller Bewunderung mischten sich von Beginn an auch kritische Stimmen ein. Heifetz fehle es an Seele, er sei der Meister der »neuen Schule der kalten Tonschönheit«, seine stupende Fingerfertigkeit erreiche nur Oberflächenglanz, aber keine Tiefe. Daß in diesem Gerede neben Neid und Ressentiments gegen Virtuosität auch antisemitische Töne mitschwangen, ist unüberhörbar. Für Nazideutschland war Heifetz, der nach 1933 nie wieder in Deutschland aufgetreten ist, natürlich das Paradebeispiel für die Hetzthese, ein Jude sei aus rassischen Gründen unfähig zu echter Rührung und könne nur empfindungslos blenden.

1934 nahm Heifetz zum erstenmal ein ganzes Violinkonzert auf, weil die Plattentechnik verbessert, der Umfang der einzelnen Platte vergrößert worden war. Heifetz spielte aber nicht Virtuosenmusik – übrigens hat er um Paganini bis auf drei bearbeitete Capricci und das »Perpetuum mobile« seltsamerweise stets einen Bogen gemacht –, er nahm für seine erste Einspielung eines ganzen Konzerts nichts Spätromantisches oder Nurvirtuoses auf, sondern Mozarts A-Dur-Konzert zusammen mit dem London Symphony Orchestra unter John Barbirolli.

Die improvisatorische Zartheit des Anfangs, wenn die Geige nach dem Orchestervorspiel gleichsam versonnen, fast schlafwandlerisch erscheint, traf Heifetz unnachahmlich. Wo andere hilflos mit diesen wenigen Noten kämpfen, breitete er ganz sacht mit leise bebendem Vibrato die Schwingen zu einem weiten Traumflug aus, der fast unhörbar sanft endet. Der Gegensatz zum dann heroisch aufblitzenden, zugleich geschmeidigen Hauptthema des Allegro aperto könnte nicht schärfer sein. Heifetz stellte es bei aller geforderten Attacke ohne Gewalttätigkeit mit überwältigender Eleganz und Noblesse dar. Und seine Präzision in Läufen und Trillern hob Mozarts Komposition in ein unvergleichlich strahlendes Licht. Zugleich kann man bewundern, wie herrlich er auf das symphonische Miteinander mit Barbirolli bedacht war. Dieses einzigartige Dokument höchster Violinkunst läßt alle Tiraden über Kälte, Glätte oder Seelenlosigkeit dieses genialen Musikers als das erscheinen, was sie sind: grausige Idiotie.

Doch es gibt auch triftige Kritik an Heifetz: Er ebnete die Musik häufig durch Geschwindigkeit ein und sentimentalisierte sie mit exzessivem Portamentogebrauch. Auch neigte er zu schnellem, nervösem Dauervibrato. Tatsächlich hat vor allem Heifetz' Tendenz zur Schnelligkeit viele Geiger der folgenden Generationen zur besinnungslosen Raserei verleitet. Der letzte Satz aus Mendelssohns Violinkonzert zum Beispiel ist seit Heifetz' Tagen kaum mehr anders denn als absurde

Rennstrecke zwischen Geige und Hörnern zu hören, weil der große Meister ihn fast doppelt so schnell meinte spielen zu müssen, wie von Mendelssohn vorgeschrieben. Die Portamenti und Rutscher, die Heifetz' Stil ungemein charakteristisch prägten, setzte er nahezu automatisch ein, wie verschieden die Zeitstile etwa bei Bach, Sarasate oder Prokofjew auch sein mochten. Dadurch entstand der Eindruck, daß er letztlich jede Musik in Heifetz verwandle. Das stimmt, allerdings nur mit dem bekannten Körnchen Salz.

Heifetz hat mit seinen Manierismen, die etwa Bachs Solosonaten und -partiten grotesk verfremdeten und eigentümlich verunklarten, auf die Geiger der Folgezeit entschieden und auch unglücklich gewirkt. Heute stecken in den Geigenkästen der Jungen meistens Photos von Heifetz als dem zentralen Vorbild. Grund dafür ist auch seine Allgegenwärtigkeit durch das Plattengebirge, das er hinterlassen hat. Doch hatte der große Violinpädagoge Carl Flesch recht, als er Heifetz als »einen Gipfelpunkt in der zeitgenössischen Entwicklung unserer Kunst« – der Violinkunst – bezeichnete. Wobei es frappiert, daß Heifetz wohl der einzige gewesen ist, bei dem zwischen lebendigem Konzert und Studioaufnahme kaum Unterschiede bemerkbar waren in Ausdruck und Technik. Max Rostal hat daher ironisch vermerkt, Heifetz sei auf der Platte eindrucksvoller als auf der Bühne.

Ein sehr wählerisches, darin selbstverständlich legitimes Verhältnis hatte Heifetz zur Musik seiner Zeit, obgleich er Kompositionen anregte und sich sehr um neoromantische und folkloristische Richtungen bemühte, zum Beispiel das geigerisch sehr anspruchsvolle, musikalisch aber eher schwerfüßige Konzert des berühmten Filmmusikkomponisten Miklós Rózsa, der für den Meistercellisten János Starker ein Cellopendant schrieb, dem es ebenfalls an bezwingender Substanz fehlt. Aber große Werke der Moderne etwa von Berg, Bartók, Martin, Busoni, Ives oder Schönberg sucht man bei Heifetz vergebens. Ravel, Prokofjew, Schostakowitsch oder Bloch tauchen nur mit Stücken auf, die Heifetz' Vorliebe für eine sanft modernistische, auch mondäne Neoromantik entgegenkommen.

Schönste Frucht seiner Kompositionsaufträge und im Repertoire vieler Geiger etabliert ist das Violinkonzert h-Moll von William Walton, 1938/39 geschrieben und von Heifetz 1939 mit dem Cleveland Orchestra unter Artur Rodzinski uraufgeführt. Walton begann, unterstützt von Ferruccio Busoni und Ernest Ansermet, mit eher atonalen Werken. In den dreißiger Jahren wandte er sich neoromantischen Strömungen zu. Das Violinkonzert beginnt mit einer großen, in ihrer noblen Melodie einprägsamen Klage. Nach diesem Andante tranquillo folgt eine mit Schwierigkeiten gespickte rasende Hommage à Heifetz, für seine verblüffende instrumentale Vergegenwärtigungskraft, seine geradezu lässig dargebotene Geschliffenheit in jedem auch noch so schnell vorbeifegenden Detail. »Presto capriccioso alla napolitana« hat der britische Komponist diesen Satz überschrieben. 1941, zwei Jahre nach der Uraufführung, nahm Heifetz das für ihn geschriebene Violinkonzert zusammen mit dem Cincinnati Symphony Orchestra unter Eugene Goossens auf.

Von ähnlicher Bedeutung für die Einbürgerung in die Violinliteratur war die amerikanische Premiere von Prokofjews zweitem Violinkonzert durch Heifetz. Seitdem ist es das beliebtere, häufiger gespielte der beiden Konzerte. Während das erste Sarkasmus, Härte, Leidenschaft und schmerzliche Wehmut kennt, 1915–17 entstanden, zeigt das zweite freundlichere, mildere Züge. Im zweiten Satz, Andante assai, hat Prokofjew zweifellos eine der herrlichsten Violinkantilenen des 20. Jahrhunderts erfunden. Über stoisch fortschreitenden Pizzikati der tiefen Streicher erhebt sich die Geige zu einem schier unendlichen Aufschwung. Heifetz entfaltete da eine von niemandem je erreichte betörende Süße des Tons, von einem ungemein disziplinierten Vibrato belebt. Und er vermochte diesen Geigengesang zu vehementem Jubeln zu steigern, bevor der Satz in den Pizzikati des Anfangs, nun vom Solisten gezupft, verlischt. Und das Gewisper und ge-

Jascha Heifetz,
1961

schwinde Geschehen dazwischen erscheint trotz Pianissimo
in schärfster Genauigkeit. Prokofjew schrieb das Konzert
1935, es wurde in Madrid noch im selben Jahr uraufgeführt.
Die amerikanische Premiere mit Heifetz fand zwei Jahre
später in Boston mit dem dortigen Symphonieorchester statt
unter Serge Koussevitzky. Drei Tage später entstand die
Aufnahme.

Heifetz war der erste Instrumentalist, dessen Karriere nahezu lückenlos auf Platte dokumentiert ist, was zum Mythos,
der Violinist des 20. Jahrhunderts zu sein, entscheidend beigetragen hat. Heifetz, das ist tatsächlich der Geiger im Zeitalter der technischen Reproduzierbarkeit. Auch darin eifer-

ten und eifern ihm die Jüngeren mit problematischem Erfolg nach. 1939 kam der Film dazu, »They Shall Have Music« hieß der erste, »Melody of Youth« und »Carnegie Hall« zwei weitere, und 1950 entstand »Of Men and Music«. Spätestens mit diesen Filmen war Heifetz unangefochten Amerikas berühmtester Virtuose. Längst war er von der Ostküste nach Kalifornien umgezogen und lebte dort als Star unter Stars.

Doch das ist nur Heifetz' glamouröse Seite, die andere zeigt den leidenschaftlichen Kammermusiker, der im Zusammentreffen mit anderen Meistern vielleicht sein Bestes als Musiker gab. Schon in den dreißiger Jahren fing er an, sich intensiv der Ensemblemusik zu widmen. 1941 traf er mit drei Solisten zusammen, deren Potenz der seinigen in besonderem Maße entsprach: mit dem Pianisten Arthur Rubinstein, dem Bratscher William Primrose und vor allem mit dem genialen Cellisten Emanuel Feuermann, der Heifetz in jeder Hinsicht ebenbürtig war. Rubinstein und Feuermann waren aus Europa von den Nazis vertrieben worden. Heifetz ebnete ihnen jetzt den Einstieg ins Plattengeschäft und in den amerikanischen Musikbetrieb. Die Aufnahmen, die dabei entstanden sind – Beethovens »Erzherzogtrio« B-Dur, Brahms' H-Dur-Trio, Schuberts B-Dur-Trio –, gehören zu den Inkunabeln der Plattengeschichte. Heifetz und seine Kollegen musizierten mit einer Freiheit des Ausdrucks, einer Freude und Spontaneität, die nur noch vom legendären Trio Cortot–Thibaud–Casals erreicht worden ist, einer ähnlich glücklichen Konstellation befreundeter Solisten.

Man höre nur einmal den Anfangsmarsch aus Ernst von Dohnányis Serenade für Streichtrio, 1902 entstanden. Das glänzende, leicht sentimentale, rhythmisch attraktive Stück erlebte hier eine Verwirklichung, die trotz aller historischen Entfernung und aufnahmetechnischen Schwächen unvergleichlich ist. Unmittelbarkeit und Frische der Phrasierung und rhythmische Prägnanz schlugen aus dieser elegant kolorierten Musik Funken, die sie sich sozusagen nicht hätte träu-

346

men lassen. Und mit welcher tonlichen Qualität Heifetz, Primrose und Feuermann aufwarten, weckt helles Entzücken.

Eines der bedeutendsten Kammermusikwerke überhaupt, Mozarts großes Divertimento Es-Dur KV 563, haben die drei 1941 unerreichbar virtuos, reich und hingebungsvoll gespielt. Allein wie Heifetz im letzten Satz das Thema immer neu beleuchtete, fast jede Note anders färbte als die vorausgegangene und doch die ganze Linie nicht aus dem Auge verlor, verschlägt einem die Sprache; wie Primrose und Feuermann kraft- und lustvoll antworten und sich mit einer rhythmischen und agogischen Brillanz sondergleichen ins Getümmel stürzten – es ist überwältigend.

1942 starb Feuermann im Alter von 39 Jahren, der neben Pablo Casals größte Cellist des Jahrhunderts, an den Folgen medizinischer Nachlässigkeit nach einer Routineoperation. Von dem fast zwillingshaften Gleichklang in Empfindung und Virtuosität dieser beiden Ausnahmemusiker zeugt die Einspielung von Brahms' Doppelkonzert a-Moll im Jahr 1939 zusammen mit dem Philadelphia Orchestra unter Eugene Ormandy. Gewiß, die Tempi sind sehr rasch, und bei anderen Solisten würde einem der Angstschweiß ausbrechen. Doch Feuermann und Heifetz vermochten mit traumwandlerischer Leichtigkeit in der Phrasierung, einer Verschmelzungslust sondergleichen jene Idee von Brahms zu verwirklichen, aus beiden Instrumenten gleichsam eine achtsaitige Riesengeige zu schaffen. Aus dem häufig als grau und klangfarbenarm geschmähten Doppelkonzert wurde so ein strahlendes, vom Licht gegenseitiger Inspiration erfülltes Meisterwerk. Heifetz und Feuermann beschworen mit rauschhafter Hingabe eine unstillbare Sehnsucht nach vollendeter Schönheit.

Heifetz tourte von 1942 bis 1944 für die Truppenbetreuung an allen Frontabschnitten. Allein in Italien und Nordafrika gab er für die Soldaten 45 Konzerte in acht Wochen. Nach dem Krieg schrieb er unter dem Pseudonym Jim Hoyle einige Songs, deren erster, »When you make love to me – don't make believe« sogar von Bing Crosby gesungen wurde. 1949/50 begann Heifetz mit dem bedeutenden Cellisten Gregor Piatigorsky und mit Rubinstein neuerlich Kammermusik zu spielen. Mit Piatigorsky hat Heifetz dann vor allem in den sechziger Jahren an West- und Ostküste ganze Konzertserien mit Kammermusik in verschiedener Besetzung aufgeführt. Dafür zogen die beiden alten Meister, zu denen immer wieder Primrose stieß, eine Menge junger Musiker an sich, die von der Ungezwungenheit und Herzlichkeit der Atmosphäre bei diesen Treffen begeistert waren.

Etwas von diesem Vergnügen der musizierenden Freunde Heifetz und Piatigorsky kann man in Ernst Tochs Divertimento op. 37,2 hören, dessen erster Satz »flott und lustig« überschrieben ist. Toch, der 1887 in Wien geboren wurde, studierte Musik in Frankfurt am Main, wurde dann Kompositionslehrer in Mannheim, zog 1929 nach Berlin und verließ Deutschland 1933. Zuerst lehrte er in New York, später, bis zu seinem Tod 1964, an der University of Southern California in Los Angeles, an der auch Heifetz seit 1961 unterrichtete. Tochs Divertimento ist ein hintersinniges, keineswegs mildbequemes Stück Musik. Bei der Aufnahme war Heifetz 65 und Piatigorsky 62 Jahre alt.

Bei allem Feuer und Schwung kann man aber deutlich hören, wieviel schärfer, härter, auch eckiger das Spiel von Heifetz geworden war. Manchmal knirscht die Geige geradezu. Diese Veränderung kündigte sich ab Mitte der fünfziger Jahre an. Heifetz blieb technisch bis zu seinem letzten Konzert 1972 stets auf der Höhe, aber die Geschmeidigkeit, der seidige Glanz, die Süße seines Tons begannen zu verblassen, sich einzutrüben und auszutrocknen. Behauptungen, Heifetz habe unterschieds- und entwicklungslos immer gleich gespielt, sind Unsinn. 1970 trat er für das Fernsehen in Paris mit Bruchs »Schottischer Fantasie« auf. Direktheit und Präzision des Geigentechnischen bestachen, aber der Schmelz des Tons für Bruchs schmachtende Larmoyanz fehlte. Es klang, als habe der alte Meister für dergleichen Getue keinen rechten Sinn mehr. 1972 gab er mit Brooks Smith ein Benefizkonzert für seine Universität und setzte noch einmal spätromantische Geigenmusik aufs Programm, die Sonaten von Franck und Strauss, drei Stücke aus der E-Dur-Partita von Bach, die »Tzigane« von Ravel als Rausschmeißer und Miniaturen. Man kann auf dem Mitschnitt die Anstrengung hören, den Kampf, den Ton zum Leuchten zu bringen. Am besten gelang eine Debussy-Transkription, »La plus que lente«, da tauchten wie Farbreste an einer antiken Statue noch einmal Heifetz-Nuancen auf, schwebende, flirrende Töne in zartem Altrosa. Es sollte sein letztes Konzert sein.

Nach einer Schulteroperation 1975 wurde dem berühmtesten Geiger des 20. Jahrhunderts der Griff zum Instrument schwer. 1983 zog er sich aus der Universität zurück, unterrichtete aber noch privat. 1987 ist Heifetz in Los Angeles gestorben.

Kehren wir noch einmal in jenes musikalische Spanien zurück, wie es sich die französischen Komponisten Ende des 19. Jahrhunderts so gern ausmalten. Eines der besten Stücke dieser Spanienliebe ist Lalos für Pablo de Sarasate geschriebene »Symphonie espagnole«. Ihr vielleicht größter Verlebendiger war Heifetz. Hört man das Schlußrondo mit dem herrlich lasziven Habanera-Mittelteil, scheint kein anderes Geigenspiel möglich. Läufe, Triller, Arpeggien, Oktavkaskaden schießen blitzend, blendend, gestochen präzise vorbei. Es will scheinen, als fechte Heifetz mit Damaszenerklingen. Dazu in der Habanera ein verrucht heißes Vibrato, eine brennende Intensität. Niemand hat je wieder dieses Traumspanien der Belle Époque mit solcher Glut und Delikatesse ausgereizt wie Heifetz. Die Aufnahme mit dem RCA-Victor Symphony Orchestra unter Steinberg entstand 1951.

Charme und Furor

Jacques Thibaud, Ginette Neveu

Innerhalb von vier Jahren verlor die musikalische Welt die zwei bedeutendsten französischen Violinisten des 20. Jahrhunderts: 1949 stürzte die erst 30 jährige Ginette Neveu über den Azoren ab, 1953 zerschellte ein Flugzeug in dichtem Nebel an einer Bergwand der Alpen. In der Maschine saß der fast 73 jährige Jacques Thibaud.

Der gewaltsame Unfalltod und das Franzosentum sind aber die einzigen Gemeinsamkeiten dieser höchst verschiedenen Künstler. Thibaud war ein eleganter Lebemann, dessen fließendes Geigenparlando von Esprit und Charme sprühte. Er konnte in den Salonstückchen der Jahrhundertwende noch jene liebenswürdigen erotischen Reize entfalten, die nicht mit purer Geigenperfektion erreichbar sind. Und er war als Zeitgenosse des musikalischen Impressionismus ein Meister der Klangfarbenmalerei. Um Mißverständnissen gleich vorzubeugen, Thibaud war kein Säusler, und selbstverständlich kannte er Abgründe und Bitternisse, aber seine Kraft und Energie waren fern von Gewalttätigkeit und Hysterie. Zusammen mit Alfred Cortot und Pablo Casals bildete er das wohl berühmteste Kammermusikensemble aller Zeiten.

Ginette Neveu hingegen kann als veristische Expressionistin des Violinspiels bezeichnet werden. Ausdrucksbesessen bis zur Rabiatheit, ernst bis zur Düsternis, leidenschaftlich bis zum Exzeß. Ihr Ton zitterte vor Anspannung, immer klang ihr Spiel hocherregt, manchmal auch forciert, so gut wie nie entspannt. Wenn Thibaud helles südliches Licht aufleuchten ließ, dann herrschte bei Ginette Neveu dramatische Sturm- und Gewitterstimmung mit zuckenden Blitzen und Donnergrollen. Um auch hier Mißverständnissen entgegenzutreten, Ginette Neveu war keine hemmungslose Kraftgeigerin, sondern eine höchst gewandte Kämpferin, die jeden Auftritt mit der Intensität eines letzten Gefechts anging, selbst bei leichtgewichtiger Virtuosenmusik. Kein Wunder, daß ihr gerade die Dunkelheiten und Verhangenheiten von Brahms und Sibelius besonders nahe gewesen sind.

»Sérénité« heißt eine Miniatur des belgischen Violinmeisters und -lehrers Henri Vieuxtemps, der als Komponist in den Konzerten für sein Instrument einen rhapsodischen, durchaus romantisch-symphonischen Stil entwickelte. Immerhin hatte er deswegen 1833 beim Kontrapunktpapst Simon Sechter in Wien studiert, der auch Anton Bruckner unterrichtete. Vieuxtemps' Zugabe- und Charakterstückchen wie eben »Sérénité« vermeiden bei aller Gefälligkeit die Untiefen des Kitsches und erschöpfen sich bei virtuoseren Anforderungen keineswegs nur in geigerischem Flitter.

Von Vieuxtemps' »Sérénité« gibt es eine Platte mit Jacques Thibaud aus dem Jahre 1922. Auffallend der schlanke, dabei tragende, hell ausgeleuchtete Ton, der in der Höhe bestrickend jubilieren konnte. Bei aller Kantilenenseligkeit schwingt eine anregende Lebendigkeit mit, etwas sozusagen Quecksilbriges, ein Charakteristikum, das in allen Tondokumenten von Thibaud spürbar ist. Thibaud war bei dieser Aufnahme, bei der ihn Harold Craxton begleitete, 42 Jahre alt und weltberühmt.

Er kam 1880 in Bordeaux auf die Welt als Sohn eines Musiklehrers. Auch seine Brüder Francis und Joseph waren musikalisch begabt, Francis wurde Cellist, und Joseph studierte Klavier bei Alfred Cortot. Auch Jacques begann als Pianist und trat als Fünfjähriger sogar auf. Zwei Jahre später aber, so will es die Legende, hörte er in einer Aufführung Beethovens Violinkonzert. Seitdem hatte der Vater keine Ruhe mehr, bis er seinen Sohn auf der Geige unterrichtete – mit Riesenerfolg. In dieser Zeit hörte Eugène Ysaye den kleinen Jacques, war aufs höchste entzückt und prophezeite ihm eine glänzende Zukunft. Die beiden Männer verband später eine tiefe Freundschaft. Ysaye hat gesagt, daß er von zwei Geigern immer etwas lernen könne, »der eine ist Fritz Kreisler, der andere Jacques Thibaud«.

Mit 13 Jahren kam er aufs Pariser Konservatorium in die Klasse des damals hochberühmten Martin Marsick, zu dessen Schülern auch Carl Flesch und George Enescu zählten. Drei Jahre später gewann er den ersten Preis am Konservatorium, mußte sich aber als Stehgeiger in Cafés und Salons sein Geld verdienen. Als er beim Unterhaltungsorchester des Café Rouge Saint-Saëns' »Introduction et Rondo capriccioso« spielte, entdeckte ihn Édouard Colonne, der Begründer der Concerts Colonne, und holte Jacques in sein Orchester ans erste Pult. Als Thibaud dann für den erkrankten Konzertmeister bei Saint-Saëns' Vorspiel zu seinem Oratorium »Le Déluge« einsprang und das Violinsolo bravourös darbot, war nicht nur das Publikum begeistert, sondern auch Colonne, der ihn sogleich als Solisten verpflichtete. 1924 hat Thibaud jenes für den Start seiner Karriere so wichtige Solo aufgenommen. Nobel, stolz, mit feurigem Vibrato und strahlender Steigerung in höchste Höhen. Am Klavier assistierte Jesús María Sanromá.

In der Saison 1898 mußte er die »Havanaise« von Saint-Saëns gleich 54 mal spielen, sie wurde eine Zeitlang sein Bravourstück. 1899 debütierte er in London, 1901 in Berlin, und beide Male nahm er das Publikum im Sturm. Hochgewachsen, die schwarzen Haare lang nach Künstlermode, ein kesser Schnurrbart und überhaupt gutaussehend, dazu bestens angezogen wurde Thibaud umschwärmt und brach die Frauen-

Jacques Thibaud,
um 1910

herzen. 1903 trat er zum erstenmal in der New Yorker Carnegie Hall auf, reiste dann durch ganz Amerika und kehrte
1904 mit Ruhm und Dollars beladen nach Paris zurück. Jetzt
erst glaubten die Franzosen wirklich an ihn. Denn in Frankreich hatte es fast ein Jahrhundert lang keinen Geiger von
internationaler Bedeutung mehr gegeben.

1905 gründete er das legendäre Trio mit Alfred Cortot und
Pablo Casals. Er konzertierte auch mit dem spanischen Komponisten und Pianisten Enrique Granados. Außerdem gab er
mit Cortot zusammen Sonatenabende, bei denen die zeitgenössische französische Musik von Saint-Saëns, Fauré,
Franck und Debussy genauso selbstverständlich aufgeführt
wurde wie Mozart und Beethoven.

1923 haben Thibaud und Cortot die A-Dur-Sonate von Franck nach dem damaligen akustischen Aufnahmeverfahren in den Trichter gespielt. Im Gegensatz zum heute bei vielen Solisten üblichen, eher polternden, allein auf großes Tonvolumen ausgerichteten Aufführungsstil dieses Meisterwerks entfalteten Thibaud und Cortot einen Farbreichtum sondergleichen. Auch die Vielfalt an Pianonuancen, die dynamischen Steigerungen bis zu leidenschaftlichem, dabei nie angestrengtem Forte, die blitzschnellen Klangfarbenwechsel, die Frische des Improvisatorischen, das Aus-dem-Augenblick-Herausmusizieren wollen einem fast unvorstellbar erscheinen in der heutigen Einöde ständigen Hochglanzes, Rasens und Lärmens. Bei Thibaud und Cortot gab es Erregung ohne Hysterie, Kraft ohne Brutalität, Eleganz ohne Exhibitionismus. So entstand Francks Violinsonate in jeder Note neu und überraschend.

Während des Ersten Weltkriegs diente Thibaud in der Armee und nahm an den fürchterlichsten Schlachten wie Ypern, Marne, Aisne, Arras und auch Verdun aktiv teil, erlitt aber nur eine leichte Verwundung. Nach dem Krieg begann er eine rege Tourneetätigkeit in aller Welt. Wenn er im Sommer zu Hause in Paris war, traf er sich mit seinen Freunden Ysaye, Kreisler, Casals, Cortot und Raoul Pugno. Ysaye und Kreisler wechselten sich an der Bratsche ab. Bei Besetzungen mit zwei Violinen wollte jeder immer nur die zweite Geige spielen, hat Kreisler erzählt.

Carl Flesch, der auch mit Thibaud befreundet war, hat in seinen Erinnerungen geschrieben, Thibaud sei technisch unzuverlässig gewesen. Zweifellos hat der Franzose nicht in Heifetzscher Perfektion das Maß aller musikalischen Dinge gesehen. Aber die überkommenen Tondokumente lassen im großen und ganzen einen Meister hören, der bis ins Alter die Charakteristika seines Spiels nicht verlor und auch technisch stets überzeugen konnte. Und an Klangphantasie, an untrüglichem Sinn für Proportion und Architektur der Musik haben nur wenige auf seinem Niveau musiziert.

Ein herrliches Beispiel für Thibauds in bestem Sinne nervöses, seismographisches Spiel ist die Aufnahme der Sonate g-Moll von Debussy, 1917 entstanden, das letzte Werk des Komponisten. Debussy wollte einen Zyklus von sechs Sonaten für ganz unterschiedliche Besetzungen schreiben, aber nur drei sind fertig geworden, die Cellosonate, die Sonate für Flöte, Bratsche und Harfe und eben die Violinsonate. Der zweite Satz, Intermède, ist eine Art Scherzo voller Esprit und überraschender rhythmischer Wendungen, während das Finale den virtuosen Charakter beider Instrumente mit furiosem Tempo betont. Was an diesem Dokument von 1929 besonders beeindruckt, ist die Abwesenheit von Solistengehabe. Thibaud und Cortot musizierten wahrhaft zusammen, so daß ein assoziationsreiches Klanggewebe voller Temperament und Esprit entsteht, eine geistreiche Unterhaltung für Violine und Klavier im Zeichen Debussys.

Lange Zeit galt Thibaud als der ideale Darsteller französischer Musik. Dabei hatte er sich von früh an mit Musik anderer Herkunft beschäftigt. Er hellte Brahms auf und reduzierte Beethoven nicht auf titanische Gesten. Vor allem aber traf er Mozarts Klarheit und Heiterkeit im Sinne der französischen Sérénité mit der Leichtigkeit seines geigerischen Parlandos. Die federnde Schlankheit seines Tons belastete Mozarts Figurenwerk nicht, während bei anderen häufig die geigerische Mechanik bei Begleitfiguren, Läufen und Trillern vor lauter Anstrengung hörbar klappert. Und in Mozarts Melodiebögen vibrierte Thibaud keine Sentimentalitätsbeulen hinein, wie es leider üblich geworden ist. Angstfrei und, mit einem altmodischen Wort, voller Grazie verwirklichte Thibaud Mozarts Musik, so daß sie in nobelster Gestalt erscheinen konnte. 1943 nahm Thibaud mit seiner berühmten Landsmännin Marguerite Long die Violinsonate A-Dur KV 526 auf. Die schlechte Qualität der Aufzeichnung kann die Feinheit, den Charme und die Detailaufmerksamkeit dieses Mozart-Spiels nicht stören. Vor allem das Andante wird zur Demonstration zartester musikalischer Dialogkunst.

Während des Zweiten Weltkriegs, in dem er einen Sohn verlor, wurde über Thibaud eine Ausgangssperre verhängt. Es hieß, er schriebe nun an seinen Memoiren. In Wahrheit arbeitete er mit dem französischen Geheimdienst zusammen. Nach dem Krieg begann er bald wieder mit seinen Konzertreisen. Die letzte endete 1953 tödlich an einer Bergwand in den französischen Alpen.

Verzehrende, brennende Trauer prägt ein Stück des tschechischen Geigers und Komponisten Josef Suk, wenn es so existentiell dargestellt wird wie von Ginette Neveu. Nur »un poco triste« hatte Suk über dieses dritte der »Vier Stücke« op. 17 geschrieben. Aber die damals 19jährige Französin konnte mit »ein bißchen trist« für ihren Vortrag nichts anfangen. Und so lud sie Suks kleine Melodie zur großen, heftigen Klage auf, erdrückte sie fast mit der Wucht ihrer Emotion. Ginette Neveu stand 1938 zum erstenmal im Studio, als diese Aufnahme mit Bruno Seidler-Winkler am Klavier entstand.

Ginette Neveu wurde 1919 in Paris geboren. Ihre Familie hatte schon seit Generationen ein intensives Verhältnis zur Musik, ihr Vater spielte ein Streichinstrument, und die Mutter war Geigenlehrerin, der Bruder Jean-Paul wurde ein guter Pianist und später ihr Partner. Die kleine Ginette zeigte schon in frühesten Tagen ein außergewöhnliches Interesse an Musik und bekam bald von der Mutter die ersten Unterweisungen auf einer Viertelgeige. Mit fünf Jahren spielte sie bereits öffentlich, aber ihr eigentliches Wunderkinddebüt fand zwei Jahre später statt, als sie in der Salle Gaveau Bruchs g-Moll-Konzert aufführte. Ihr Trainingseifer muß für ein Kind einzigartig, ja, erschreckend gewesen sein. Ihre Lehrerin nach der Mama, Line Talluel, hat berichtet, daß Ginette sogar leichte Stellen mehr als 50 mal hintereinander übte. Den Einwand der Lehrerin, daß es genug sei, konterte die Kleine tiefernst: »Aber es soll doch schön sein.«

Sie machte unheimliche Fortschritte, mit neun Jahren gewann sie den Preis der École Supérieure de Musique und den

von der Stadt Paris verliehenen Prix d'honneur. Daraufhin
lud man sie in die Schweiz nach Winterthur ein und nannte
sie einen »Mozart in Petticoats«. Außerdem nahm sie Stunden
bei George Enescu, der von ihrem eigenwilligen Furor tief
beeindruckt war. Im November 1930 wurde sie am Konservatorium angenommen in der Klasse von Jules Boucherit.
Außerdem studierte sie bei Frankreichs Kompositionslehrer-
Institution Nadia Boulanger. Bereits acht Monate später bekam sie das Abschlußdiplom und den ersten Preis, für den
Jacques Thibaud immerhin drei Jahre gebraucht hatte. Ein
Jahr später reichte es aber beim Internationalen Wettbewerb
in Wien nur zum vierten Platz. Doch in der Jury saß einer der
wichtigsten Pädagogen des Jahrhunderts, Carl Flesch. Er war
sofort von der Einzigartigkeit dieses energiegeladenen Talents
überzeugt und bot ihr seinen Unterricht an. Vier Jahre lang
studierte Ginette Neveu bei Flesch zuerst in Baden-Baden,
dann, nach Hitlers Machtergreifung und der daraus folgenden
Emigration Fleschs, im belgischen Knokke.
1935 trat sie in Warschau zum Wieniawski-Wettbewerb an.
Wieder einmal hatte Flesch einen Diamanten geschliffen. Die
Fachleute erwarteten als Sieger den mit Vorschußlorbeeren
überschütteten 27jährigen David Oistrach, aber die 16jährige
Pariserin kam ihm zuvor. Was für eine Konkurrenz!
   In einem Brief an seine Frau Tamara hat Oistrach seinen Eindruck von der Rivalin mitgeteilt: »Man muß zugeben, daß die Neveu verteufelt talentiert ist. Davon habe
ich mich gestern überzeugt, als sie mit ungeheurer Kraft
und Eindringlichkeit das fis-Moll-Konzert von Wieniawski
spielte.«
   Flesch hatte für die Reise nach Warschau selbst Geld gegeben, weil die Finanzmittel der Familie Neveu nicht aus-
reichten. Nach dem Sieg wurde das hochgewachsene, kräftige
Mädchen mit den kurzgeschnittenen dunklen Haaren nach
Hamburg eingeladen, wo sie unter Eugen Jochum das
Brahms-Konzert vortrug, mit ungeheurem Erfolg. Tourneen
nach Rußland und nach Amerika folgten.

Ginette Neveu,
um 1939

1938/39 machte sie dann in Berlin ihre ersten Aufnahmen, kleine Stücke, wie das von Suk und die Sonate Es-Dur von Strauss. Diese etwas redselige, manchmal aufgedonnerte, dennoch wirkungsvolle Musik ist ein Jugendwerk und die letzte Instrumentalkammermusik, die Strauss schrieb. Nach dieser Sonate begann er mit symphonischen Dichtungen. Besonders Jascha Heifetz hat sich für dieses Werk eingesetzt und es als erster auf Platte eingespielt. Ginette Neveu hatte bei ihrer Aufnahme leider nur einen pianistisch mäßigen Begleiter namens Gustaf Beck zur Verfügung, der ihren Intentionen kaum folgen konnte. Vor allem das Finale legte sie nicht einfach jugendlich brausend und süffig hin. Ihr bohrender Ernst drang in diese keineswegs so gewichtig gemeinte Strausssche

Klangwelt ein und setzte sie in Brand. Neveu riskierte einen aufgerauhten, ständig hochgespannten Ton, der in der Höhe fast schreit. Keine Note nahm sie beiläufig, alles wurde ihrer Ausdrucksbesessenheit unterworfen, die selbstverständlich auch feinstes Pianissimo umfaßte. Ihr schnelles, aufgeregtes Vibrato dramatisierte, plötzlich zeigen sich in dieser naiv-hellen Musik Schatten und Schluchten.

Bis zur Besetzung Frankreichs durch die Deutschen konzertierte sie noch in ihrem Land, dann zog sie sich zurück, arbeitete an der Erweiterung ihres Repertoires, in das sie Zeitgenössisches von Bartók bis Hindemith und auch die ihr gewidmete Sonate von Francis Poulenc hineinnahm, komponierte und schrieb ihre Gedanken nieder. Eine ihrer Maximen lautete: »Strebe nach dem Höchsten, strebe nach Schönheit.« Einladungen nach Nazideutschland lehnte sie trotz höchster Gagen kategorisch ab. Als die Alliierten Frankreich befreit hatten, begann sie sofort überall im Land zu spielen. 1945 gab sie ihr Londoner Debüt mit dem Beethoven-Konzert. Ihr charismatischer Ernst, ihre Intensität und Expressivität triumphierten auf der ganzen Linie. Seit Fritz Kreisler habe man kein vergleichbares Geigenspiel gehört. In New York feierte sie der berühmte amerikanische Kritiker Virgil Thomson als »die größte Geigerin, die wir haben, und ich wage zu behaupten, daß sie auch absolut gesehen zu den größten Geigern unserer Zeit gehört«.

Die rastlose Konzerttätigkeit Ginette Neveus nach dem Krieg wirkte wie ein Nachholen, ja, ein Wiedereinholen der so glanzvoll begonnenen und so brutal unterbrochenen Karriere. In ihren Notizen verlangt sie vom Virtuosen, daß er seine »Individualität immer klarer zum Ausdruck bringt«. Obwohl Ravels »Tzigane« eines ihrer Paradestücke war, hatte Ginette Neveu an reiner Akrobatik oder Zugaben wenig Spaß, solche Musik bot ihrer radikalen Ausdruckskunst zuwenig Widerstand. Es kommt einem vor, als wollte sie keine Zeit mit hübschem Nebenbei verlieren, sondern gleich das Schwerste, Sperrigste sich vornehmen. Daß dabei etwas vom

Ureigenen des Geigens auf der Strecke blieb und die Klang-
möglichkeiten eingeschränkt wurden, zeigt sich an einem so
elegant morbiden, höchst raffiniert mit der spanischen Maske
spielenden Stück wie Ravels »Pièce en forme de habanera«.
Ginette Neveu verwandelte es in ein nachtdunkles Drama.
Fast heiser klingt ihre Geige vor Expression und jener Eindringlichkeit, von der Oistrach gesprochen hat. 1946 nahm sie
Ravels Habanera zusammen mit ihrem Bruder Jean-Paul auf
und setzte sie unter bedrohliche Hochspannung.

Europa, Amerika, Australien – Ginette Neveu konzertierte
unermüdlich wie getrieben. 1928 schrieb sie auf einer Tournee: »Ich habe das Gefühl, eine ganz neue Entwicklungsphase
zu erleben.« Nichts also deutete auf jene Frühvollendung hin,
mit der der unglückselige Flugzeugabsturz über den Azoren
1949 gern verbrämt wird. Die Dimensionen der Ginette
Neveu waren erst im Ansatz entfaltet. Ihr Spiel, das vor Energie und Leidenschaft nahezu barst, hatte noch keine Mitte
gefunden, daher diese ständige Anspannung, diese das Instrument manchmal stöhnen und aufschreien lassende Attacke,
dieser Kampf um Ausdruck. Kein Werk der Violinliteratur
trägt mehr von solchen Auseinandersetzungen in sich als das
1903 entstandene Konzert d-Moll von Sibelius. Der riesige
erste Satz ist bis zum Zerreißen zwischen monologisch brü-
tender Geigeneinsamkeit und aufjauchzendem Sturz ins
symphonische Getümmel gespannt, der zweite von einer
schmerzlich untröstlichen Melancholie erfüllt, das Finale ein
wilder Veitstanz mit Sprüngen, Doppelgriffkaskaden und
einer peitschenden Rhythmik. Man kann das virtuos perfekt
meistern mit sattem, üppigem Ton, dann wird diese Musik zu
dunkel getöntem finnischem Jugendstil geglättet, man kann
aber auch Ernst mit den Finsternissen, Depressionen und
hysterischen Ausbrüchen machen und so die ganze zerklüftete Größe dieser Komposition verdeutlichen.

1945 spielte Ginette Neveu mit dem neu gegründeten Philharmonia Orchestra unter Walter Susskind das Sibelius-Konzert ein, es wurde eine maßstabsetzende Aufnahme. Im Finale

meint man bei dieser sarkastischen wilden Jagd die Geige manchmal grimmig keuchen oder gellend lachen zu hören, die berüchtigten Doppelgriffpassagen werden zu fiebrigen Parforceritten am Rande des Abgrunds, die rhythmischen Zügel sind bis zum äußersten angezogen. Ginette Neveu ließ keinen Zweifel daran, daß es in der Musik um Leben und Tod gehen kann.

Nicht von des Gedankens
Blässe angekränkelt

Nathan Milstein

Triumphierend schießt der a-Moll-Dreiklang in großem Arpeggio über mehrere Oktaven in die Höhe. Dann rasender Rücklauf zum Grundton, jetzt noch höher der nächste Dreiklangaufschwung, wieder zurück, noch einmal und noch einmal hinauf in allerhöchste Höhe, dann rollt es in enger Chromatik zurück, schwappt noch einmal halbhoch und endet im a-Moll-Akkord. Das Ganze sozusagen eine Meeresfigur: anbranden und zurückfließen. So beginnt Paganinis fünftes Capriccio a-Moll. Der Mittelteil ein furioser Spiccatoritt, der dann wieder von der a-Moll-Brandung verschlungen wird.

Nathan Milstein vermochte die Größe, die herrische Gestik dieser bizarren Musik grandios darzustellen: der metallische, in der Höhe silbrige Glanz seines Tons, die ausgesprochen männlich-direkte Attacke, die kein Zögern kennt, die Deutlichkeit und Sicherheit auch in größter Geschwindigkeit, schließlich das stolze und souveräne Ausphrasieren, das keinen Widerspruch duldet. Danach selbstverständlich tosender Beifall.

So erklang 1966 Paganinis fünftes Capriccio im Münchner Herkulessaal. Zum erstenmal nach dem Zweiten Weltkrieg spielte der damals 62jährige Milstein wieder in Deutschland. Die Erregung dieses historischen Augenblicks war beim Solisten genauso spürbar wie im Publikum. Denn Milstein war längst Legende, einer jener Wundergeiger aus der Sankt Petersburger Schule des schon ins Mythische entrückten Großmeisters Leopold von Auer, die man hierzulande im allgemeinen nur von Platten kannte. 1964 hatte allerdings Mischa Elman, der erste von Auers Sensationsschülern, die Wand durchbrochen, die Nazideutschland 1933 errichtet hatte und die in den Nachkriegsjahrzehnten, abgemildert zwar, immer noch fortwirkte. Die anderen Auer-Zöglinge, Efrem Zimbalist, Toscha Seidel und Jascha Heifetz, kamen wie viele andere, etwa der Pianist Arthur Rubinstein oder der Cellist Gregor Piatigorsky, nie wieder nach Deutschland, wo sie, wie Elman auch, Anfang des Jahrhunderts ihre Karriere begonnen hatten. So war es mehr als eine Sensation, daß Milstein den Schritt ins Land der Täter machte, in dem er dann regelmäßig bis zu seinem Tode konzertiert hat.

Milstein ist der letzte russische Vertreter der Auer-Schule, die das Geigenspiel des Jahrhunderts wie sonst nur noch die Carl-Flesch-Schule geprägt hat. Und er ist der älteste international je noch aktive Violinist gewesen. Dazu meinte er in einem Interview: »Das verdanke ich, glaube ich, meiner guten Gesundheit. Ich habe gute Nerven und Energie, und ich war nie in meinem Leben krank, auch als Kind nicht. Glauben Sie mir, das hat es in der Geschichte des Geigenspiels wohl noch nie gegeben, daß ein Geiger in meinem Alter noch ziemlich gut spielt.« Und dann folgen zwei Sätze, deren erster bei anderen Violinisten wohl nur ungläubiges Kopfschütteln hervorrufen wird, deren zweiter aber die entscheidende Erfahrung des alten Meisters preisgibt: »Die Technik des Geigenspiels ist ja nicht schwierig, ich beherrschte sie nach sehr kurzer Zeit. Es ist die Musik, für die man Jahre, ja ein Menschenleben braucht, wenn man sie meistern will.«

Sein letztes Konzert gab er im Juni 1986, da war er 82 Jahre alt, was für eine Lebensleistung! Dies Leben begann 1903 in Odessa, der Wiege so vieler überragender Musiker. Man denke nur an Swjatoslaw Richter, David Oistrach und Emil

363

Gilels. Von sieben Kindern war Nathan das mittlere, ein aus-gesprochen wilder, aggressiver Junge, der, nach seinen Wor-ten, ständig die Geschwister und Freunde verprügelte. Bei Milstein sieht das Wunderkindmärchen endlich einmal anders aus. Um sein Ungestüm zu bremsen, zwang die Mutter näm-lich den Siebenjährigen zur Geige, der sich keineswegs zu die-sem Instrument hingezogen fühlte. »Sie bestand auf täglichem Üben. Kein Kind ist so begabt, daß es auf weise Anleitung verzichten könnte«, hat Milstein 1950 erzählt. Sein erster richtiger Lehrer war Pjotr Stoljarski, bei dem später auch Oistrach studiert hat. Das wilde Kind lernt extrem schnell. 1915 gilt Nathan schon als einer der besten Geiger der Stadt und tritt mit dem Violinkonzert von Glasunow auf, der bei der Aufführung zugegen ist.

Dieses Violinkonzert, 1904 entstanden und 1905 von Auer uraufgeführt, ist elegante Spätromantik mit einem Schuß Jugendstilparfüm, voller rhapsodischer Momente, locker ge-fügt und glänzend orchestriert. Die drei Sätze sind ineinander verwoben. Es hat in Milsteins Karriere eine wichtige Rolle gespielt, 1923 trug er es in Petrograd, dem ehemaligen Sankt Petersburg, unter Leitung des Komponisten vor, 1929 gab er sein amerikanisches Debüt beim Philadelphia Orchestra unter Leopold Stokowski mit diesem Konzert. Außerdem hat er es mehrmals aufgenommen, zuletzt 1966 mit dem New Philhar-monia Orchestra unter Rafael Frühbeck de Burgos.

Federnd und poetisch, frei und zugleich beherrscht spielte Milstein diese süffige, melodienselige, technisch durchaus vertrackte Musik und hielt sie so fern von Kitsch und Schwulst, an deren Grenze Glasunows Werk gefährlich nah angesiedelt ist.

1916 wurde Nathan zu Auer nach Sankt Petersburg geschickt; es sollte allerdings nur ein Jahr Unterricht beim Lehrer aller Lehrer werden. Denn Auer emigrierte nach der Oktober-revolution. Milstein kehrte zurück nach Odessa. Auch Mil-stein hat ähnlich wie die anderen Auer-Schüler einerseits den großen Pädagogen gelobt, weil er die Persönlichkeit des Schülers nicht nach den eigenen Vorstellungen zurechtbog. Andrerseits stellte er fest, daß er geigerisch bei Auer nichts mehr gelernt habe, weil der nur technisch bereits fertige Violinisten in seine Klasse aufnahm. Und bei Stoljarski, seinem ersten Lehrer, habe er am meisten im Gruppenunterricht von den anderen Schülern profitiert. Stoljarski habe nur vor Konzerten seine Zöglinge kontrolliert. Insofern hat Milstein auch wenig vom Einfluß und der Tradition verschiedener Schulen gehalten: »Ich glaube, das wird sehr überschätzt. Ich finde es albern, aus den verschiedenen Stilen der Ausbildung eine Philosophie zu machen.«

Nach Odessa zurückgekehrt, mußte der 14jährige jetzt im Auftrag des neuen Erziehungsministeriums in seiner Stadt und ihrer Umgebung konzertieren. 1921 lernte er einen jungen Pianisten aus Kiew kennen, freundete sich an und reiste mit ihm gemeinsam durch das riesige Land mit größtem Erfolg. Der junge Mann hieß Vladimir Horowitz. Nach ihrem triumphalen Auftritt in Moskau nannte sie der Volkskommissar für Volksaufklärung und Unterricht, Anatoli Lunatscharski, in einem Zeitungsartikel voller Stolz »Kinder der Revolution«. Danach häuften sich die Engagements. Doch: »Wir verdienten viel Geld, aber es gab nichts, wofür wir es hätten ausgeben können, und so gaben wir es den Bettlern, die an jeder Ecke saßen. Bald kannten sie uns und warteten auf ihr Geld«, hat Milstein später erzählt.

Jedenfalls verließen Horowitz 1924 und Milstein 1925 die Sowjetunion. In Berlin trafen sie wieder zusammen und konzertierten nun gemeinsam in Europa. Mit von der Partie war ab 1932 Piatigorsky, der ehemalige Solocellist der Berliner Philharmoniker, der wie seine beiden Kollegen einer der großen Instrumentalisten dieses Jahrhunderts wurde. Man nannte sie spaßhaft »die drei Musketiere«.

Obwohl die Freundschaft zeitlebens währte, gibt es keine Aufnahme der drei mit einem Trio und von Milstein und Horowitz nur eine Einspielung der dritten Violinsonate d-Moll von Brahms aus dem Jahre 1950. Da waren sie längst US-Bürger. Brahms' d-Moll-Sonate verlangt zwei ebenbürtige Partner, die sich gegenseitig befeuern und inspirieren. Der letzte Satz, Presto agitato, kommt mit seiner Heftigkeit, seiner treibenden Unruhe, seinen plötzlichen Düsternissen und kämpferischen Gesten den beiden für ihr brodelndes Temperament berühmten Künstlern besonders entgegen. Herrlich zu hören, wie deutlich, ohne jede Verwischung Horowitz den dichten Klaviersatz ausformulierte, so daß man gleichsam jedes Wort des Brahmsschen Textes versteht. Herrlich, wie Milstein nicht einfach Geigenglanz produzierte, sondern einen kühnen heroischen Dialog führte. Die dynamische Bandbreite der beiden Virtuosen ist imponierend von fahlstem, vibratolosem Pianissimo bis zu voluminös leuchtendem Fortissimo, alles zusammen tatsächlich »presto agitato«.

Auch mit Piatigorsky, dem Cellisten der »drei Musketiere«, gab es 1950 eine gemeinsame Schallplattenproduktion, das Doppelkonzert für Violine, Violoncello und Orchester a-Moll von Brahms. Für Cellisten ist dieses Stück sozusagen das von Brahms leider nicht komponierte und von ihnen schmerzlich vermißte Cellokonzert. 1887 wurde es in Baden-Baden uraufgeführt mit Joseph Joachim und Robert Hausmann als Solisten unter der Leitung des Komponisten. Doch der Erfolg hielt sich in Grenzen. Die Brahms-Freunde Clara Schumann und der berühmte Wiener Kritikerpapst Eduard Hanslick lobten die Meisterschaft der Partitur, aber ihr Enthusiasmus für das klangliche Ergebnis war nicht berauschend. Der allmählich wachsende Ruhm des Doppelkonzerts begann eigentlich erst nach Brahms' Tod. Piatigorsky hat das Doppelkonzert 1960 mit Heifetz, dem Violinpartner seiner späteren Jahre, noch einmal aufgenommen.

Die Jugendfreunde Milstein und Piatigorsky spielten nun ihre Parts nicht gegeneinander, versuchten sich nicht virtuos zu übertrumpfen, sondern brachten es fertig, inmitten des großen Orchesters so etwas wie kammermusikalische Intimität auf unmittelbare und natürliche Weise herzustellen. Vor

allem im Adagio gelangten sie zu einem bewegenden Zwie-
gesang. Außerdem hatten sie das Glück, daß Fritz Reiner,
einer der besten Dirigenten in der Jahrhundertmitte, mit dem
Robin Hood Dell Orchestra of Philadelphia diesen intimen
Gesang symphonisch auffing und ins Orchesterspiel übernahm.

Nach Erfolgen in Frankreich, Spanien und Südamerika debütierte Milstein 1929 in den USA beim Philadelphia Orchestra unter Stokowski mit dem Glasunow-Konzert. Die Kritik
staunte über diesen »jungen dunklen, lebenssprühenden Russen, der auf seiner Geige magische Dinge zu vollbringen
wisse«. Dennoch siegte Milstein nicht gleichermaßen sensationell wie seine Vorgänger aus Auers Manege, wie Elman vor
dem Ersten Weltkrieg und vor allem Heifetz, der seit seinem
Debüt 1917 hysterisch gefeiert wurde. Auch bei Milsteins
Auftritten während der dreißiger Jahre in Europa pries man
zwar sein brillantes Spiel, zweifelte aber an seiner Ernsthaf-
tigkeit als Musiker. Er vermöge die Zuhörer nicht zu erschüttern, hieß es 1935 in der Fachzeitschrift »The Strad«. Nach
einem Violinabend 1936 in London mit Beethoven-Sonaten
meinte ein Kritiker, »einige Gedanken Beethovens sind ihm
noch ein Buch mit sieben Siegeln«. Man fand sein Spiel bei
aller technischen Souveränität musikalisch zu ungestüm und
draufgängerisch.
    Letztlich war es aber etwas Anderes, Neues, was an Mil-
steins Kunst so irritierte. Ob Elman, Heifetz, Kreisler oder
Huberman, um ein paar der Großen jener Zwischenkriegszeit
zu nennen, alle zeichneten sich durch jeweils sehr individuelle, unverkennbare Manierismen aus. Milsteins Geradlinigkeit dagegen, sein Mangel an Sentimentalität, sein Des-
interesse an Tonsüße und Sfumato-Effekten, seine grundsätz-
liche Abkehr von den typischen Portamento-Schluchzern,
sein sehr variables, nie sich vor die Musik drängendes Vibrato
mußten befremden. Da spielte einer hervorragend Geige und
präsentierte die Musik direkt und unbekümmert um Auffas-

Nathan Milstein,
München 1968

sungstraditionen, ohne sich selbst auszustellen. Milstein ist
der erste Violinist, der Musik sachlich und unideologisch begriffen hat und der der überall so gesuchten und bewunderten
musikalischen Ausdruckskunst jener Zeit keine neue Variante
hinzufügte.

Dieser Künstler hatte nichts Mystisches, bei ihm war
Musik keine süchtig machende Droge, er hypnotisierte nicht
mit genialischen Allüren, empfing gleichsam nicht in seinem
speziellen Salon. Bis zu seinem letzten Konzert 1986 trat
da ein selbstbewußter, stolzer Mann auf, der einfach sein
Instrument phantastisch beherrschte, um damit Musik nach
bestem Wissen und Gewissen machen zu können. »Musik soll
doch keine Tendenzen haben«, hat Milstein einmal gesagt.
Obwohl Milstein sich wenig für zeitgenössische Kompositionen interessiert hat und seine Programme das Standardrepertoire von Barockbearbeitungen über das große klassische oder romantische Stück bis zu den flotten und süffigen
Geigenkleinigkeiten ziemlich altmodisch immer wieder geboten haben, ist er in seiner Art der erste moderne Geiger

gewesen. Daher sein erst nach dem Krieg richtig einsetzender weltweiter Ruhm.

Diesen neusachlichen Ton, der die Kritiker der dreißiger Jahre so verunsicherte, kann man zum Beispiel hören, wenn Milstein eine kleine Sonate von Giovanni Battista Pergolesi spielt. Die Aufnahme stammt von 1937. Frei, klar, ohne Mätzchen erklingt dieses Stück, dessen letzter Satz manchen bekannt vorkommen sollte. Igor Strawinsky hat es in seiner »Pulcinella-Suite«, die ja auf Pergolesi-Musik fußt, verwendet und seinem neobarocken Stil angepaßt.

An solche lebendige Frische und ungekünstelte Klarheit mußte man sich in den dreißiger und vierziger Jahren erst gewöhnen und mißtraute anfangs diesen Mitteln bei der Verwirklichung von romantischer Musik. Aber gerade diese Musik hat Milstein von Gefühligkeit und Schnulzengefahr befreit. Er ist der einzige, der das Adagio aus Bruchs erstem Violinkonzert g-Moll so schlicht und schmalzfrei darstellte, daß plötzlich die Schönheit und Qualität dieser Musik unmittelbar erscheinen kann. Und der Ernst und die Sorgfalt, mit denen er sich jeder Art Musik widmete, kam gerade problematischen Stücken zugute.

1957 nahm Milstein mit dem Philharmonia Orchestra unter Harry Blech das selten gespielte erste Konzert von Karl Goldmark auf. Goldmark wurde 1830 in Ungarn geboren und starb 1915 in Wien, wo er auch 1875 seinen größten Erfolg hatte mit der Oper »Die Königin von Saba«. Das erste Violinkonzert a-Moll schrieb Goldmark 1877. Vor allem der erste Satz, Allegro moderato, hat die Tendenz, sich zu verlieren. Diese Musik ist reich koloriert, hat Sinn für Dramatik und ausschweifende Kantilenen. Während andere das Konzert mit romantisierendem Überdruck zu retten versucht haben und ihm dennoch keinen gesicherten Platz im Repertoire verschaffen konnten, wirkte Milsteins rationale Lebendigkeit wie ein Jungbrunnen für Goldmarks Konzert. Mit kraftvollem, unverbildetem Ton und unbeirrbarer Aufmerksamkeit für die Artikulation jedes Details faßte Milstein das Allegro moderato zu einem imponierenden Stück Spätromantik zusammen. Der Staub, der sonst auf dieser Musik liegt, wurde hier energisch und zugleich liebevoll weggewischt.

Obwohl Milstein in den vierziger Jahren amerikanischer Staatsbürger wurde, hat er in den Jahrzehnten nach dem Krieg bis zu seinem Tod (1992 in London) meist in London und Paris gelebt. Er lehrte an der New Yorker Juilliard School und in Zürich, dabei eher seine Schüler anregend als sie beeinflussend: »Üben Sie nicht mit den Fingern – üben Sie mit dem Kopf!«

In nahezu keinem seiner Sonatenabende hat der Komponist gefehlt, den Milstein absolut bewunderte: Johann Sebastian Bach. Auch bei seinem denkwürdigen ersten Auftritt im Nachkriegsmünchen 1966 und in seinem letzten Konzert 1986 trug er Bachs Ciaccona vor, das berühmteste Werk der Violinliteratur. Auch hier hat es bei Milstein keine Ideologisierung gegeben. »Ich spiele seine Musik einfach lebendig, dann entfaltet sich auch die in ihr steckende Brillanz.«

Von historischer Aufführungspraxis war dieses Bach-Spiel weit entfernt, nicht aber vom Geist der Musik. Während manche den Korpus der sechs Solosonaten und -partiten angehen, als handle es sich dabei um Sakralwerke vom Gewicht der Matthäuspassion, während wieder andere mit ausgetüftelter Stakkato-Ästhetik und geschwinder Kurzatmigkeit die Größe und den Glanz dieser ebenso tiefsinnigen wie virtuosen Musik verfehlen, blieb Milstein in seiner Welt klanglicher Deutlichkeit und geigerischer Souveränität. Manche der schnellen Sätze werden unter seinen Händen zu Studien in barocker Motorik, seine Akkordbrechungen sind stets von federnder Kraft erfüllt, und er gibt sich dem Melodischen in dieser Musik rückhaltlos hin.

Gerade die Ciaccona aus der zweiten Partita d-Moll, das gewaltigste Stück des ganzen Zyklus, verlangt so etwas wie die Quadratur des Kreises. Einmal bauen sich über der immer wiederkehrenden achttaktigen Baßlinie die verschiedensten

Variationen auf, zum andern muß aber diese unglaubliche, alle harmonisch-kontrapunktischen Möglichkeiten und virtuosen Aspekte des Instruments auslotende Vielfalt wiederum als ein Ganzes verstanden und dargestellt werden. Milstein tat das ohne Angst vor den riesigen Dimensionen, der Höhe des Anspruchs und der viele andere Geiger beklemmenden Wucht der Rezeptionsgeschichte. Gewiß machte er große rubatoartige, gewissermaßen romantische Ritardandi, setzte er auf mächtigen Ton und glaubte an die Verdeutlichungskraft seiner Virtuosität. So aber entstand Bachs Ciaccona unmittelbar und imposant aus der Zweifellosigkeit eines großen Meisters, der sich bis zu seinem letzten Konzert 1986, also auch im Alter von 82 Jahren, seiner Mittel stets so sicher und bewußt war, daß er sich auf nichts anderes konzentrieren mußte als auf die Musik.

So geschah es, als Milstein die Ciaccona von Bach 1966 bei seiner Wiederkehr nach Deutschland nach über 30jähriger Abwesenheit verlebendigte und sie in ihrer monumentalen Größe erschien.

Aus Böhmens Hain und Flur

Váša Příhoda, Josef Suk

Zu den offenbar unausrottbaren Klischees gehört das Gerede von »böhmischem Musikantentum«, von »Vollblut-« und »Zigeunergeigern«. Damit sind meist Musiker gemeint, die über einen saftigen Ton, viel Temperament und unbekümmerte Spielfreude verfügen, frisch und virtuos loslegen, denen aber kaum die höheren Weihen der Musik, also Ernst, Tiefsinn oder gar Vergeistigung, zugetraut werden. Solcherart Charakterisierungen passen zu festgefügten Vorurteilen wie denen, daß Franzosen am besten französische Musik spielten, slawischen Musikern immer das Herz überfließe vor romantischen oder sentimentalen Gefühlen und eigentlich nur Deutsche die unauslotbare Tiefe von Bach, Beethoven und Co. ergründen könnten.

Ein Hauch von Rassismus, von kaum versteckten Abwertungen klingt da mit. Die großen Antonín Dvořák und Bedřich Smetana etwa sprudeln nach solcher letztlich perfiden Herablassung immer nur vor quellfrischen Einfällen, sind sozusagen musikalische Naturburschen, immer melodienselig, voll Tanzrhythmen und slawisch draller Lebenslust oder tränenreicher Melancholie. Leute also, denen die geistige Anstrengung wahrer Kunst letztlich abgeht.

Mit solchem bornierten Unsinn hatten und haben die beiden neben Jan Kubelík bedeutendsten tschechischen Geiger dieses Jahrhunderts, Váša Příhoda und Josef Suk, immer wieder zu kämpfen gehabt. Příhoda, der sich intensiv mit Bachs Solowerken für Violine beschäftigte, wurden von Kritikern und Kennern die intellektuellen Fähigkeiten zum Verständnis dieser Musik glatt abgesprochen, man erkannte ihn nur als reinen Virtuosen an. Suk ist trotz größter Wertschätzung durch Kollegen aus aller Welt von der Kritik nicht in dem Maße gefeiert worden, das ihm gebührt. Von solider Technik, warmherziger Gestaltung, schönem Ton ist die Rede und natürlich von unmittelbarer Musikalität. Aber die wahre Größe dieses herausragenden Künstlers wird selten benannt und ins Licht gestellt. Dabei gehört die Geigenkunst sowohl von Příhoda als auch von Suk zum Eindringlichsten, Persönlichsten und Schönsten, was auf diesem Instrument möglich ist.

Ungemein klangreich, nie gepreßt, sondern weich und frei kann die Geige klingen im dritten der vier »Romantischen Stücke«, die Dvořák im Januar 1887 schrieb, in der Phase zwischen siebter und achter Symphonie. Der Komponist stand damals an der Schwelle zum Weltruhm.

Aber wenn man Váša Příhoda mit Otto A. Graef am Klavier hört in einer Aufnahme von 1954, kommt zur weichen Fülle, zum freien Klingen noch etwas Unverwechselbares, Einzigartiges hinzu: das Schwärmerische, Jubilierende, hervorgerufen durch ein schwingendes, singendes Vibrato von schier unerschöpflicher Intensitätsvielfalt. Příhodas Bogenstrich blieb auch im leisesten Pianissimo voll sinnlicher Substanz, im lautesten Fortissimo frei von Gewalttätigkeit. Immer spielte er die Phrasen aus, er fiel sich sozusagen nie ins Wort. Daher die Reinheit der Intonation, die auch kleinste Notenwerte zum Klingen bringt. Und daher die eigentümliche Ruhe, die Příhodas Spiel auch in heikelsten Passagen prägte.

Dieser außerordentliche Geiger wurde 1900 im tschechischen Wodňan geboren. Der Vater Alois leitete eine eigene

Musikschule in Prag. Schon mit drei Jahren kratzte der kleine Váša auf einer Blechfiedel herum, mit fünf Jahren begann der Vater ihn auszubilden. Příhodas Begabung war so enorm, daß er bereits mit acht die Konzerte von Beethoven und Brahms spielen konnte. Mit elf Jahren kam er ans Prager Konservatorium zu Jan Mařák, der ihn bis 1919 unterrichtete. Im Dezember 1913 aber debütierte Příhoda in Prag mit brausendem Erfolg. Zwei Jahre später machte ihn sein Auftritt im Smetana-Saal mit Paganinis erstem Violinkonzert in der Bearbeitung von August Wilhelmj zum musikalischen Nationalhelden.

Während des Ersten Weltkriegs blieb sein Wirken auf die Heimat beschränkt, 1919 unternahm er seine erste Auslandstournee nach Jugoslawien und in die Schweiz. Offensichtlich ohne Engagementabsprachen riskierte er die Weiterfahrt nach Italien, wo er deshalb binnen kurzem in solche Finanznöte geriet, daß er sich in Mailand als Caféhausgeiger verdingen mußte. Einige Musikliebhaber erkannten Příhodas Fähigkeiten und sponserten ihm ein Konzert. Unter den Zuhörern saß auch Arturo Toscanini, den Příhodas Talent so beeindruckte, daß er ausrief: »Paganini hätte nicht besser spielen können als dieser junge Mann!« Diese Begegnung brachte dem jungen Geiger 84 Konzerttermine zwischen Januar und Juni 1920 ein. Er wurde in ganz Italien gefeiert und von der Stadt Genua eingeladen, auf Paganinis legendärer Guarneri-Geige, genannt »die Kanone«, zu spielen.

Tatsächlich ist Příhoda einer der größten Paganini-Spieler gewesen wegen seiner erschreckenden instrumentaltechnischen Überlegenheit, der Leuchtkraft seines Tons und der phänomenalen musikalischen Artikulationsfähigkeit. Zwar roch es bei ihm nicht nach Schwefel, war Paganinis Sinn für Groteskes, Düsteres und Bitter-Melancholisches nicht so sehr Příhodas Sache. Das Teufelsgeigerische wendete er dafür in eine artistische Vollkommenheit, die sich sogar so etwas wie Gelassenheit leisten kann, Skurrilität verwandelte er ins Witzige, das Finstere und Depressive in schmerzlich-schöne

Wehmut. So erscheint Paganini hinter all den Doppelgriff-
türmungen, Arpeggienwäldern, rasenden Springbogenritten
und Pizzikato-Eskapaden als edle Seele, die ihre Empfindsamkeit und Verletzlichkeit mit furchterregender Virtuosität
schützt.

Den Inbegriff aller Paganiniana fand Příhoda in den Variationen über das Duett »Nel cor più non mi sento« aus Giovanni Paisiellos Oper »La molinara«. Darüber hat übrigens
auch Beethoven 1795 eine Klaviervariationsfolge geschrieben.
Paganini hat seine Ideen über das Paisiello-Thema ursprünglich für Solovioline gedacht. Das war Příhoda dann doch zu
streng, und so setzte er eine allerdings kaum über die harmonische Stützfunktion hinausgehende Klavierstimme hinzu.
In der Tat hat Paganini in kaum einem anderen Stück die violinistischen Schwierigkeiten derart gehäuft und die Klang-
möglichkeiten des Instruments derart ausgereizt.

Bei Příhoda wird daraus ein Seiltanz ohne Vergleich. Denn
er ließ nicht nur die Läufe durch alle Lagen hindurch blitzen,
gab nicht nur den haarsträubenden Doppelgriff- und Flageo-
lettpassagen, den Pizzikatokunststücken der linken Hand
funkelnde Präzision, Příhoda vermochte darüber hinaus eine
beredte Gesanglichkeit zu entfalten, die beispiellos ist. Paganinis gefürchtete Variationen über »Nel cor più non mi sento«
hat er denn auch in kaum einem Violinabend ausgelassen, und
es gibt mehrere Aufnahmen. Die wohl eindringlichste stammt
von 1926, Charles Cerné begleitete Příhoda bei seinem fulminanten Tanz auf Paganinis Hochseil: höchste Schule der
Virtuosität, in höchster Vollendung dargeboten.

Zu dieser Zeit war Příhoda längst weltberühmt. 1921 hatte
er Südamerika bereist und sein Debüt in der New Yorker
Carnegie Hall gegeben, dessen rauschender Erfolg ihm eine
Serie von Plattenaufnahmen für die Firma Edison einbrachte.
1923 tourte er durch Afrika und begann für Polydor vor den
Trichter zu treten. 1926 feierte ihn London, wobei der Kriti-
ker des »Strad« seine »wundervolle Technik« lobte, aber »eine
Prüfung seines Musikertums« forderte. 1931 konzertierte er

in der Sowjetunion. In Berlin gründete er zusammen mit dem Pianisten Michael Raucheisen und dem Cellisten Paul Grümmer ein Trio.

Příhodas Weltruhm dauerte bis in die dreißiger Jahre hinein. Daß er allerdings auch in Nazideutschland bis zum Kriegsanfang auftrat und Platten aufnahm, was zum Beispiel auch Alfred Cortot, Claudio Arrau und Igor Strawinsky taten, daß er in Österreich wohnen blieb und am Salzburger Mozarteum zwischen 1936 und 1938 und dann wieder zwischen 1941 und 1943 und 1944 auch an der Münchner Akademie unterrichtete, nahm man ihm nach Kriegsende übel und legte es als Kollaboration aus. Was vielen Sängern oder Dirigenten wie Karl Böhm oder Herbert von Karajan, die sich offen zum Regime bekannt hatten, später nicht schadete, brachte den politisch eher naiven Příhoda in Schwierigkeiten. Das Zentralkomitee in Prag belegte ihn mit Auftrittsverbot. Příhoda emigrierte ins italienische Rapallo, wurde aber von den Behörden so lange drangsaliert, bis er 1948 schließlich die türkische Staatsbürgerschaft annahm, um in Ruhe gelassen zu werden.

In diesen bitteren Zusammenhang gehört auch die Tragödie seiner ersten Frau Alma Rosé, Jahrgang 1906, der Tochter Arnold Rosés, des langjährigen Konzertmeisters der Wiener Staatsoper und der Wiener Philharmoniker. Příhoda heiratete Alma 1930, Trauzeugen waren ihr Vater und der Schriftsteller Franz Werfel. Doch die Ehe hielt nicht lange, 1935 wurde sie offiziell in Prag geschieden. Nach dem Krieg warf man Příhoda auf bösartige Weise vor, er habe aus niedrigem Opportunismus gehandelt. Die »Wiener Zeitung« schreckte im Januar 1946 anläßlich einer Konzertankündigung Příhodas nicht davor zurück zu behaupten: »Er ließ sich sofort und ohne Bedenken nach Ausbruch des braunen Regimes scheiden, um seine Karriere zu sichern, und hat seine Frau den nationalsozialistischen Mordgesellen preisgegeben. Alma Rosé starb in Auschwitz, und Váša Příhoda – rechnet mit der

Vergeßlichkeit der Menschen. Er rechnet falsch, denn Wien hat nicht die geringste Lust, so viel Charakterlosigkeit einfach zur Kenntnis zu nehmen [...] Wir wollen Herrn Příhoda in Wien weder hören – noch sehen.«

Tatsächlich wurden die Konzerte abgesagt, die Veranstalter baten Příhoda um Aufklärung. Im Mai 1946 schrieb er der Organisation Artistique Internationale in Paris: »Meine Ehe mit Alma Rosé wurde schon vor dem Jahr 1933, und zwar durch gerichtlichen Akt, getrennt. Die endgültige Scheidung wurde entsprechend den tschechischen Gesetzen 18 Monate später ausgesprochen. Zu dieser Zeit gab es in unserem Land noch keine Rassengesetze. Es ist daher nichts als böswillige Erfindung, unsere aus rein persönlichen Gründen erfolgte Scheidung mit solchen Gesetzen in Zusammenhang bringen zu wollen, und es ist absurd zu behaupten, daß ich mich hätte scheiden lassen, ›um mir die Gunst des Naziregimes zu erhalten‹.«

Im September 1946 druckte das »Wiener Volksblatt« eine Rehabilitierungsmeldung, in der Příhodas Angaben bestätigt wurden. Außerdem wurde mitgeteilt, daß in Prag eine Sonderkommission, die über Příhodas Verhalten während der Nazizeit zu urteilen hatte, »ihm das Zeugnis der vollkommenen politischen Unbedenklichkeit ausstellte«.

In Alma Rosés Wiener Elternhaus gingen große Künstler ein und aus: Leo Slezak, Felix von Weingartner, Bruno Walter, Arnold Schönberg, Richard Strauss, Hans Pfitzner und andere. Gustav Mahler war ihr Onkel, dessen Schwester Justine Arnold Rosé geheiratet hatte. Als hochbegabte Geigerin beeindruckte Alma Rosé 1926 mit ihrem ersten großen Auftritt, sie spielte Beethovens F-Dur-Romanze, Bachs d-Moll-Doppelkonzert (zusammen mit ihrem Vater) und Tschaikowskis Violinkonzert. Ernst Křenek nannte ihr Spiel »hochdiszipliniert«, Erich Wolfgang Korngold widmete ihr ein Stück. Eine Zeitlang trat das Ehepaar Příhoda/Rosé gemeinsam auf. Nach der Trennung 1935 kehrte Alma zu ihren Eltern zurück, Příhoda setzte seine Karriere mit größtem Erfolg fort und

heiratete 1937 zum zweitenmal, wieder eine Jüdin! Diese
Ehe hielt bis 1943, seine Frau lebte noch bis in die siebziger
Jahre.

Mit dem sogenannten Anschluß Österreichs an Hitler-
deutschland 1938 begannen für die Rosés Demütigung, Dis-
kriminierung und brutale Verfolgung. Alma Rosés Damen-
kapelle »Wiener Walzermädeln«, mit der sie ganz Europa
bereist hatte, wurde aufgelöst. Arnold Rosé, mehr als ein halbes Jahrhundert Inbegriff des Wiener Geigenspiels und der
Wiener Streicherkultur, wurde aus »Arisierungs«-Gründen
»pensioniert« ohne Anspruch auf Ruhegelder. Nach dem
Pogrom der »Reichskristallnacht« gelang es den Eltern und
Alma nur durch eine Sammlung des bereits nach London emigrierten Carl Flesch, nach England zu fliehen. Sohn Alfred
konnte über Holland nach Kanada entkommen, Arnold Rosés
Bruder Eduard, sein langjähriger Quartettpartner, entging den
Nazischergen nicht und starb 1943 im KZ Theresienstadt.

Die Geschichte der schon geretteten Alma nahm eine neue
Wende, als sie wegen eines Mannes nach Holland kam. Als
die Deutschen 1940 die Niederlande überfielen, ging Alma
in den Untergrund und spielte bei illegalen Konzerten in
Privathäusern. Dort lernte sie Konstant August van Leeu-
wen kennen, der eine Scheinehe mit ihr einging, weil sich
Alma unter arischem Namen sicherer glaubte. Als im Herbst
die Judendeportationen in den Niederlanden begannen, floh
Alma, wurde aber in Frankreich verhaftet, im »Auffang-
lager« Drancy interniert und am 18. Juli 1943 nach Auschwitz
verbracht.

Im April dieses Jahres war auf Betreiben des Birkenau-
Kommandanten Franz Hössler und der Lagerführerin Maria
Mandel ein Frauenorchester gegründet worden, dessen Leitung Alma Rosé ab August übernahm. Ihre Persönlichkeit,
ihren musikalischen Ernst und ihre Leidenschaft für dieses
Ensemble, das zum Aus- und Einmarsch der Arbeitskom-
mandos und zum Weg von den Waggons direkt in die Gas-
kammern spielen, aber auch Konzerte für Häftlinge und Wär-

ter geben mußte, respektierten sogar die SS-Leute, die sie mit »Frau Alma« anredeten. Doch die Musik, Insel des Zivilisierten im Meer des Grauens, rettete Alma nicht. Sie starb an den Folgen einer Methylalkoholvergiftung am 4. April 1944.

Der Violinspezialist Wolfgang Wendel hat Alma Rosés Leidensweg ins Verderben in jahrelanger Spurensuche rekonstruiert und auch das wohl einzige Tondokument aufgetrieben, Bachs Doppelkonzert mit ihrem Vater Arnold, aufgenommen 1928. Zu hören ist eine wunderbar engagierte, weiche, in diesem Sinne wienerische Streicherkunst. Mit hoher Sicherheit spielt Alma die zweite Solostimme. Der Ton des Vaters klingt bei aller Delikatesse etwas robuster, seine Portamenti sind exzessiver. Obwohl beide die gleichen Fingersätze benutzen und die Phrasierungen genau aufeinander abgestimmt sind, fällt Alma durch hellere, geschmeidigere Tongebung auf, ihre Lagenwechsel wirken eleganter, und sie setzt mehr Vibratofarben ein.

Arnold Rosé galt neben seinem Wiener Konzertmeisteramt als international berühmte Quartettinstitution. Als Solist blieb er auf Wien beschränkt. Dabei bestach Rosé durch makellose Intonation und einen dunklen Ton. Die wenigen Aufnahmen mit ihm als Solisten zeigen einen souveränen Geiger, der nicht so sehr durch Charme als durch Akkuratesse überzeugt, wenn er etwa mit Wieniawskis erster »Polonaise brillante« oder Sarasates »Andalusischem Tanz« fertig wird. Die Sicherheit, die dieses Spiel ausströmt, übertrug sich offenbar im Orchester auf die ganze Violingruppe und erst recht im Quartett.

Zurück zu Příhoda. Zu den Příhoda-Wundern gehört fraglos sein Bach-Spiel, das zu schmähen sich besserwisserische Kritik mit ebenjenen schon angesprochenen Rassismen erlaubte: der böhmische Musikant sei zu sehr Zigeuner, zu naiv, zu undiszipliniert, um »aus der Geschlossenheit der Form heraus« spielen zu können, wie es bei Bach verlangt sei. Vom heutigen Wissen über barocke Spielpraxis ist Příhodas

Váša Příhoda,
1949

Bach natürlich weit entfernt. Aber daß Bach um 1720 in Köthen diese Solosonaten und -partiten auch als Meisterwerke der Virtuosität konzipierte, daß er hier lange vor Paganini schon die klanglichen Dimensionen der Violine ausmaß, daß die technischen Schwierigkeiten und musikalischen Anforderungen auch Ausdruck grandioser Vitalität sind, das vermochte Příhoda wie kaum einer zu vermitteln. Bachs Musik aus dem Geist der Violine und aus dem Genie ihres Spielers.

Besonders das Eingangs-Adagio und die gewaltige Fuge aus der dritten Solosonate C-Dur gelangen Příhoda im Konzert einzigartig. Die Aufnahme um 1950 vermag etwas von der enormen Faszination dieses Bach-Spiels zu vermitteln.

Das Adagio erhebt sich in langsamer, zunehmend ausladender Schwingbewegung, um sich zu einem mächtigen Tor für die folgende Fuge zu wölben. Wunderbar ruhig, mit langsamem, klingendem Vibrato steigerte Příhoda, die Akkordbrechungen geschahen fast unmerklich. In der gefürchtet schweren Fuge, die dem Spieler nicht nur technisch, sondern auch an geistiger Konzentration und physischer Kondition alles abverlangt, brach Příhoda die Akkorde so extrem weich, daß sich der Eindruck von Drei- und Vierstimmigkeit ganz von selbst einstellt; es entsteht eine grandios gesteigerte Klangarchitektur.

Seit 1950 lehrte Příhoda neben seiner Konzerttätigkeit bis zu seinem plötzlichen Tod 1960 in Wien an der Wiener Musikakademie. 1954 brach er sich bei einem Verkehrsunfall den rechten Oberarm. Obwohl er zäh daran arbeitete, seine alte Meisterschaft zurückzugewinnen, blieb ein Rest. Příhoda konnte in seinen letzten Jahren nicht mehr ganz an die Magie seiner Glanzzeit anknüpfen. 1956 durfte er nach über zehnjähriger erzwungener Abwesenheit wieder in Prag auftreten, beim Prager Frühling mit Dvořáks Violinkonzert a-Moll. Příhoda wurde mit einer der größten Ovationen in der Geschichte des Smetana-Saales empfangen. Nach dem Konzert überreichte ihm der Mann auf dem Podium die Blumen, der die große Tradition tschechischer Geigenkunst nach Příhoda bis heute fortgesetzt hat: Josef Suk.

Dvořák begann sein Violinkonzert 1879 zu schreiben auf Wunsch von Joseph Joachim, der sein Repertoire nach dem Violinkonzert von Brahms nun mit einem Werk des streichererfahrenen Dvořák erweitern wollte. Joachim mäkelte allerdings an der von Dvořák innerhalb weniger Monate fertiggestellten Partitur herum. 1880 trafen sich die beiden, und Dvořák schluckte seinen Ärger herunter und überarbeitete das ganze Werk radikal. Zwei Jahre ließ Joachim die Noten liegen, bevor er Dvořák mitteilte, er hätte seinerseits den Solopart bearbeitet, um ihn stärker auf die Violine zu konzentrieren. Dvořák legte nach einer Probe in Berlin noch einmal

Hand an. Aber nicht Joachim besorgte die Uraufführung, sondern 1883 der bedeutende tschechische Violinist František Ondříček.

Der Kopfsatz beginnt nach kurzem Orchestervorspiel mit zwei Soloeinsätzen, in denen aus dem Themenkopf zwei sehr heikle Arpeggienpassagen in höchste Höhen aufsteigen. Diesen durchaus wegen seiner Schwierigkeit Angst einflößenden Anfang spielte Příhoda geradezu triumphierend aus. Er erfüllte Dvořáks großartig rhapsodische Musik, ihre Wehmut, ihren Glanz und ihre mitreißende Kraft mit jenem für ihn so typischen Jubilieren in schier unendlichen Nuancen. Rhythmische Pointierung, Makellosigkeit der Doppelgriffe, Ruhe der Ausphrasierung und ein sehnendes Schwärmen sondergleichen lassen Dvořáks Violinkonzert in seiner ganzen Farbenpracht leuchten. 1943 entstand der denkwürdige Live-Mitschnitt mit dem Staatsopernorchester Berlin unter Paul van Kempen.

Auch vom Tschaikowski-Konzert existiert eine Konzertaufnahme von 1949 mit dem Symphonieorchester des Norddeutschen Rundfunks unter dem englischen Dirigenten Richard Austin. Die zehrende Intensität, mit der Příhoda den Kopfsatz auflud, die elektrisierende Artistik, mit der er schwierige Passagen nicht etwa bewältigte, sondern dramatisierte und steigerte, und das fast fiebrige Sich-Aussingen in der Canzonetta zeigen einen Musiker von seltener Leidenschaft und Unbedingtheit.

Příhoda hat, da noch ganz Virtuose alter Schule, für seine Violinabende zahlreiche Stücke bearbeitet und transkribiert, darunter auch den Walzer aus dem »Rosenkavalier« von Richard Strauss. Diese »Rosenkavalier«-Paraphrase verlangt nicht nur eine Instrumentalbeherrschung, wie sie Příhoda zu Gebote stand, sondern auch etwas von dem, was in Hugo von Hofmannsthals Libretto mehr anwesend ist als in der sich selbst feiernden, manchmal nur süffigen Musik von Strauss. Es ist die Melancholie über die flüchtende Zeit, die schmerzliche Beschwörung des Unwiederbringlichen, die unstillbare

Sehnsucht nach der vergangenen Schönheit einer anderen Epoche. Příhodas einzigartig persönlicher Ton, seine grenzenlose Klangphantasie reizten alle diese Empfindungen, wenn er unnachahmlich elegant, leichtfüßig diese Erinnerung an den Walzer kreisen ließ: noch einmal heller Jubel und innige Wehmut, noch einmal Brillanz der Bewegung und Zartheit des Innehaltens. Die Aufnahme, einzigartig trotz altersbedingter elektroakustischer Tonwiedergabeschwankungen, entstand 1949, wiederum mit Graef am Klavier.

Nach Váša Příhodas Tod gelangte seine Stradivari »Camposelice« von 1710 in den Besitz der Tschechoslowakei, die sie an den talentiertesten Geiger des Landes weitergab, an den 1929 in Prag geborenen Josef Suk. Eine zusätzliche Verpflichtung für Suk, der auf eine Familientradition blickt, die einem angehenden Musiker Furcht und Kleinmut einjagen kann: Sein Urgroßvater war kein Geringerer als Antonín Dvořák, sein Großvater der Violinist und Komponist Josef Suk. Doch die Begabung Suks steht für sich und braucht keinerlei familiäre Protektion. Schon der Elfjährige spielte öffentlich, von dem Geigenpädagogen Jaroslav Kocian entdeckt und bis 1950 sorgfältig ausgebildet. Nach Auftritten als Vorzeigestudent des Prager Konservatoriums in Paris und Brüssel begann Suk seine Solistenlaufbahn 1954. Zuvor hatte er zwei Jahre im Prager Streichquartett als Primarius gespielt und ein später berühmtes Trio mit Jan Panenka, Klavier, und Josef Chuchro, Violoncello, gegründet.

Der internationale Durchbruch kam 1959, als er die Tschechische Philharmonie unter dem bedeutenden Dirigenten Karel Ančerl auf einer Welttournee als Solist begleitete. Seitdem zählt Suk zu den ersten Geigern unserer Zeit. Trotz souveräner Technik, herrlich rundem, warmem Ton, riesigem Repertoire und musikalischer Seriosität höchster Qualität ist Suks Name aber keineswegs so in aller Munde wie der manches weniger begabten Kollegen. Ja, seine eminente Kunst wird oft unterschätzt, vielleicht weil Suk allürenfrei und

Josef Suk,
München 1980

bescheiden auftritt, ein rundlich-kräftiger Herr mit randloser
Brille und freundlichem, aber konzentriertem Gesicht fern
jeder publikumswirksamen Anbiederung. Außerdem geht er
in seinen Programmen über das typische klassisch-romantische Kernrepertoire hinaus.

Zwischen 1932 und 1934 komponierte der tschechische
Komponist Bohuslav Martinů, ein Schüler vom älteren Josef
Suk und von Albert Roussel, sein erstes Violinkonzert, das
für den russisch-amerikanischen Geiger Samuel Dushkin
bestimmt war, für den auch Igor Strawinsky schrieb und mit
ihm konzertierte. Doch Martinů, der 1959 starb, sollte sein
Konzert nie im Konzertsaal hören, die Partitur schien sogar
verloren zu sein. Im Oktober 1973 wurde das Konzert endlich uraufgeführt, in Chicago mit dem dortigen Symphonieorchester unter Georg Solti. Es ist klar, daß niemand anderes
der Solist sein konnte als Suk. 1977 spielte er dieses Konzert
auch in der Hamburger Musikhalle mit dem Symphonieorchester des Norddeutschen Rundfunks unter Klaus Tenn-
stedt. Vor allem das elegisch-kantable Andante dieser deutlich

vom Neoklassizismus Strawinskys beeinflußten Komposition erweckte Suk mit Wärme und Verve, mit großräumiger Disposition und klarer Artikulation zum Leben. Suks musikalische Interessen richten sich nicht nur auf vielfältige kammermusikalische Beschäftigung – unter anderem hatte er mit dem amerikanischen Pianisten Julius Katchen und dem Cellisten János Starker ein Trio gebildet, von dem man sich Außergewöhnliches versprach, das aber leider durch den allzu frühen Tod von Katchen seine immensen Möglichkeiten nicht ausschöpfen konnte –, er hat sich auch intensiv dem Violaspiel gewidmet. Wer einmal das Glück gehabt hat, Berlioz' Programmsymphonie für Solobratsche und Orchester »Harold en Italie« nach Lord Byrons epischem Poem mit Suk als Solisten zu hören, der erlebt nicht, wie meist geboten, ein etwas weinerliches Violaklagelied, sondern den kraftvollen baritonalen Gesang eines zwar wehmütigen, auch einsamen, aber immer vitalen Mannes.

In den achtziger Jahren hat Suk ein Kammerorchester geleitet. Und seine Neugier auf Neues, zu Unrecht Vergessenes ist unstillbar. Selbstverständlich hat er sich besonders um die tschechischen Komponisten gekümmert. Er gilt zu Recht als die erste Adresse, wenn es um Dvořák, Janáček oder um seinen Großvater Josef Suk geht. 1874 geboren und 1935 gestorben, hatte der ab 1891 bei Dvořák studiert, seinem späteren Schwiegervater, spielte 40 Jahre als zweiter Geiger im europaweit berühmten Böhmischen Quartett, wurde 1922 Kompositionslehrer am Prager Konservatorium und 1930 dessen Rektor. Suk schloß zwar an die nationale Musikschule seiner Vorgänger Smetana und Dvořák an, aber weniger durch Rückgriffe auf die Volksmusik als vielmehr durch die harmonische und polyphone Weiterentwicklung der von ihnen angelegten Musiksprache.

Um 1900 komponierte er vier Stücke für Violine und Klavier op. 17, in denen sich Suks spezifische Abkehr von der Tradition schon andeutet. Besonders das letzte Stück,

»Burlesca«, besticht durch rasche Farb- und Stimmungswechsel. Der Enkel Suk machte zusammen mit dem Pianisten Panenka aus dieser delikaten Musik seines Großvaters ein geistreiches, leicht dahineilendes Charakterstück in einer Aufnahme von 1966.

Die Stilsicherheit dieses Geigers, der auch bei Caféhausschmankerln nie schmiert, der Alban Bergs Violinkonzert mit tiefem Ernst erfüllt und Beethovens Romanzen mit Noblesse vor billiger Sentimentalität bewahrt, diese Stilsicherheit zeigt sich gerade bei Suks Mozart-Spiel. Mit ungemein variablem Vibrato und einem Legatospiel, das bei aller Sinnlichkeit der Tongebung nie ins Dickliche gerät, stellte Suk beispielsweise Mozarts Rondo C-Dur KV 373 dar. Mozart schrieb dieses glänzende Konzertstück 1781 für seinen Freund, den italienischen Geiger Antonio Brunetti, mit dem er im Salzburger Orchester des Fürsterzbischofs am selben Pult gesessen hatte. In einer Aufnahme von 1971 spielte Suk mit der Academy of St. Martin-in-the-Fields unter Neville Marriner. Aber so genau Suk phrasierte, Mozarts Witz pointierte und Ruhe des Geigengesangs vorführte – das berühmte englische Kammerorchester hielt sich unter seinem forschen Dirigenten nur ans Mozart-Klischee einer robusten, ja, ruppigen, klanglich undifferenzierten Munterkeit.

Dieser scheinbar so in sich ruhende, sich der sonoren Fülle seines Tons und der Unerschütterbarkeit seiner geigerischen Fähigkeiten sichere Künstler, der gern mit dem Klischeebegriff des Gesunden bedacht wird, dieser Geiger ist auch Expressionist, ein Deklamierer von hoher Intensität, wenn es die Musik verlangt. 1913/14 komponierte Leoš Janáček seine einzige Violinsonate. Zu Beginn des Ersten Weltkriegs hoffte der Komponist, daß die Russen in Mähren einrücken und die Österreicher vertreiben würden. Bei der Salzburger Aufführung 1923 animierte Janáček den Pianisten, das Tremolo im Finale mit großer Heftigkeit zu gestalten, weil er dabei den Einmarsch der russischen Truppen in Ungarn vor sich sähe. An dieser Stelle steigert sich die Geigenmelodie zu emphatischer Klangrede. Danach folgen atemlose, erschöpfte Einwürfe jener für Janáček charakteristischen Kurzmotivik. Suk und sein Pianist Josef Hála vermittelten in der Aufnahme von 1995 die enormen Dimensionen dieser Musik, die auf sozusagen kleinstem Raum organisiert sind, mit auskostender Hingabe und souveräner Wachsamkeit für Janáčeks abrupte Klang-, Stimmungs- und Ausdruckswechsel.

Lehrer, Anreger, Lokalmatadore

Maud Powell, Albert Sammons, Albert Spalding, Gerhard Taschner und andere

Isaac Stern hat das Wesen des Solisten nüchtern beschrieben: »Solist zu sein ist in erster Linie eine Frage des besonderen Temperaments und des unerschütterlichen Selbstvertrauens und unterscheidet sich insofern beträchtlich von den Qualitäten eines erstklassigen Konzertmeisters, der schließlich vor allem ein begeisterter kollegialer Ensemblespieler sein muß und weniger eine unabhängige, risikofreudige Führungspersönlichkeit.«

Die Musiker, von denen hier die Rede ist, sind alle, ganz in Sterns Sinn, Solisten von Rang, aber haben nicht immer jenes Maß an Ruhm und internationaler Anerkennung erreicht, das ihre Kunst verdiente. Manche von ihnen bleiben, dem antiken Heros Antäos gleich, Helden nur im eigenen Land. Andere widmen sich lieber der kontinuierlichen Arbeit des Unterrichts als dem unsteten Auf und Ab einer Virtuosenkarriere; wieder andere interessieren sich mehr für die Arbeit mit zeitgenössischen Komponisten. Manche haben nur eine kurze Blüte oder reüssieren nur unter besonderen äußeren Umständen. Manche sind nur den Spezialisten bekannt. Ohne irgendeinen Anspruch auf Vollständigkeit zu erheben, soll auf einige aufmerksam gemacht werden.

Der Ungar Tibor Varga, geboren 1921 in Raab, einer der letzten Schüler von Jenő Hubay, aber auch von Leó Weiner, Zoltán Kodály und Béla Bartók, hat sich früh vom Solistendasein abgewandt und intensiv dem Unterricht und der Pflege eines Kammerorchesters gewidmet. Dabei kann Varga einen Brief Arnold Schönbergs vorweisen, in dem dieser ihm 1951 zur vorbildlichen Aufführung seines Violinkonzerts gratuliert: »Ich habe einen unerhörten Eindruck von Ihrer überwältigenden Darstellung meiner Musik empfangen [...] Es klingt wirklich so, als ob Sie das Stück schon 25 Jahre lang kennen würden, so reif, so ausdrucksvoll, so wohlgestaltet ist Ihre Wiedergabe [...] Wie deutlich meine Musik zu einem wahren Musiker zu sprechen vermag: er kann mich ohne Erklärungen, bloß durch die Mittel der Notenschrift erkennen.«

1949 übernahm Varga, vom Typus eigentlich ein exzessiver Violinartist, eine Professur in Detmold, nachdem er aus Ungarn unter abenteuerlichen Umständen geflohen war. 1964 gründete er im schweizerischen Sion eine Musikakademie, ein Kammerorchester und einen Violinwettbewerb, Einrichtungen von internationalem Ruf. Schon mit vier Jahren zeigte sich sein Talent, mit zehn Jahren trug er das Mendelssohn-Konzert öffentlich vor. Hubays Interesse wurde geweckt, und so studierte Varga an der berühmten Franz-Liszt-Musikakademie. Mit 14 Jahren konzertierte er bereits im Ausland und machte seine ersten Plattenaufnahmen.

Zu hören ist da etwa der legendäre »Zephir« seines Lehrers Hubay, technisch und tonlich mitreißend gebotene Virtuosität. Von Beginn an zeigten sich die energiegeladene Gespanntheit von Vargas manchmal geradezu durchdringendem Ton und seine Tendenz zu extrovertiert schnellem oder langsamem Vibrato. Aber die phänomenale Beherrschung des Instruments beschränkt sich bei Varga eben nicht auf Virtuosenmusik, mit deren blitzendem Vortrag er viel berühmtere Kollegen das Fürchten lehren könnte (auch wenn es manchmal an Charme fehlt). Vargas Klang- und Darstellungsphantasie wirkt bei klassisch-romantischer Musik manchmal allzu gradlinig-ebenmäßig, doch wird sie durch die Musik des 20. Jahrhunderts besonders gereizt. Bei Strawinsky, Hindemith, Berg oder eben Schönberg findet Varga betörend viele Nuancen der klanglichen Vergegenwärtigung.

Szymanowskis »Quelle der Arethusa« aus den »Mythen« von 1915 etwa erweckte er in einer Aufnahme von 1947 zu feucht-schwülem, dabei prickelnd-mondänem Leben. Und Bartóks zweites Violinkonzert, auf dem Podium eines seiner Paradestücke, hat er 1951 denkwürdig mit dem Berliner Radio-Symphonieorchester unter Ferenc Fricsay eingespielt.

Auch Josef Gingold, Schüler von Eugène Ysaye, und Oscar Shumsky, Schüler von Leopold von Auer und Efrem Zimbalist in Philadelphia – 1938 bis 1942 bildeten sie zusammen mit dem großartigen Cellisten Harvey Shapiro und dem Bratschisten William Primrose auf dessen Einladung ein daher nach ihm benanntes brillantes Streichquartett –, haben mögliche Solistenkarrieren hintangestellt oder nicht so verfolgt wie allgemein erwartet. Beide waren eine Zeitlang auch Mitglieder von Arturo Toscaninis legendärem NBC Symphony Orchestra.

Gingold wurde 1909 in Rußland geboren und emigrierte 1920 mit seinen Eltern in die USA. Nach Abschluß seiner Studien bei Ysaye spielte er erst im NBC-Orchester (1937–43), wurde anschließend bis 1946 Konzertmeister in Detroit und dann für 13 Jahre beim Cleveland Orchestra unter George Szell. Seit 1960 unterrichtete er in Bloomington (Indiana) als eine der weltweit maßgebenden Instanzen des Violinspiels. Zu seinen bekanntesten Schülern gehören Joseph Silverstein, Jaime Laredo, Miriam Fried, Ulf Hoelscher und Joshua Bell. Er gab Meisterkurse in Paris und Tokio und saß in den Jurys der wichtigsten Wettbewerbe. Gingold starb 1995 in Bloomington.

Wer ihn als Solisten erlebt hat, schwärmt von der einmaligen intimen Wärme des Gingold-Tons, von der Eleganz und Noblesse seines Spiels. Es gibt nur wenige Dokumente dieser

Josef Gingold,
um 1980

aristokratischen Geigenkunst. Mit dem Meistercellisten und
Bloomingtoner Professorenkollegen János Starker hat er
Kodálys Duo eingespielt. Außerdem existiert eine Auswahl
aus Live-Mitschnitten und Rundfunkproduktionen der Jahre
1942 bis 1968.

1966 spielte er in einem Violinabend mit Walter Robert
Faurés erste Sonate A-Dur. Liebenswürdiger und liebevoller,
dabei mit schwungvoller Kraft kann man diese gleichsam
brahmssche Gesten ins Französische übersetzende Musik
nicht spielen. Es ist, als liege helles Nachmittagslicht über dem
Stück. Das Besondere an Gingolds berückend warmem Ton
sind eine unverwechselbar zarte Aufgerauhtheit der Tonober-
fläche und das Fehlen jeglicher Schärfe. Und wer die 1976 mit

Charles H. Webb aufgenommene Kollektion von Fritz-Kreisler-Piecen hört, kann ermessen, was unserer Zeit verlorengegangen ist an betörendem Charme, an jenem unwiederbringlichen instrumentalen Gesangs- und Sprechparlando der Alten, das jeder melodischen Phrase, jeder noch so kleinen harmonischen Wendung andere Beleuchtung, andere Farbe, andere Tönung gab. Ein jeder Vulgarität fernes erotisches Locken, Verführen, »Fülle des Wohllauts« aus Mahlerscher Wehmut, Schmeichelei und Sentiment ohne Sentimentalität – Gingold hat nicht mit dem Bogen gestrichen, er hat die Geige gestreichelt wie keiner.

Gingolds einstiger Quartettprimarius Oscar Shumsky wurde als Sohn russischer Einwanderer 1917 in Philadelphia geboren. Sehr früh zeigte sich die Begabung, Leopold Stokowski war fasziniert, Oscar sei das erstaunlichste Genie, das er jemals gehört habe. Der große Dirigent lud den Achtjährigen ein, mit dem Philadelphia Orchestra Mozarts A-Dur-Konzert zu spielen. Im selben Jahr 1925 wurde der Wunderknabe der jüngste Schüler des nach Amerika ausgewanderten Leopold von Auer, den der jemals hatte. Shumsky konzertierte neben seinem Unterricht und beeindruckte auch Kreisler derart, daß dieser ihm prophezeite, einer der besten Geiger des Jahrhunderts zu werden. Nach Auers Rückkehr nach Europa und seinem Tod 1930 setzte Shumsky seine Studien bei Zimbalist fort. Nach seinem Abschluß am Curtis Institute 1938 lud ihn Toscanini persönlich ein, im NBC-Orchester mitzuspielen. Shumsky blieb zwei Saisons, er lernte Primrose kennen, der ihn zum Primarius seines Quartetts machte. Primrose hat Shumsky bezeichnet als »einen der größten Virtuosen, die ich je erlebt habe«. Ähnlich hat sich auch David Oistrach geäußert: »Er ist einer der größten Geiger der Welt.«

Mit Beginn des Zweiten Weltkriegs kam Shumsky zur US-Navy, wo er allmonatlich mit dem Flottenorchester vor Washingtoner Politikern und ihren Gästen auftrat. Nach dem Krieg spielte er sehr viel für die Rundfunkstationen und als Konzertmeister der Columbia- und RCA-Victor-Studioorchester. Mitte der fünfziger Jahre wurde Shumsky zusammen mit Glenn Gould Direktor des Stratford-Festivals in Kanada. Sie musizierten miteinander, häufig auch Trios mit dem Cellisten Leonard Rose. Außerdem begann Shumsky zu dirigieren. Und er unterrichtete an den besten Musikinstituten: Curtis Institute, Juilliard School, Peabody und Yale University.

In den Achtzigern kehrte er auf die europäischen Podien zurück, wo er seit 1936 nicht mehr gespielt hatte. 1982 erklärte der Londoner Kritiker Dominic Gill, die drei herausragenden Musikereignisse des Jahres seien die Auftritte von »Horowitz, Michelangeli und Shumsky« gewesen. Aufsehen erregten auch seine souveränen späten Aufnahmen der Bach-Solosonaten und -partiten, von Mozart-Sonaten mit Artur Balsam, der Konzerte von Beethoven, Mozart und Brahms, einer Handvoll Kreisler-Stücke und Sonaten von Edvard Grieg, Ernst von Dohnányi und Leó Weiner.

Die Hochschätzung seiner Kollegen ist mehr als verständlich: Shumsky besitzt einen ungewöhnlich versammelten Ton, dessen federnde Konsistenz in allen Lagen und dynamischen Registern trägt. Deutlichkeit der Intonation und Präzision der Koordination von Streichen und Greifen verstehen sich von selbst. Unvergleichbar aber ist Shumskys Vibrato, das nicht als Zutat von außen dem Ton appliziert scheint, sondern den Ton von innen verlebendigt und intensiviert. Und Shumsky hat einen untrüglichen rhythmischen Puls. Man höre nur den Kopfsatz des Beethoven-Konzerts bei seiner ersten Aufnahme 1938 mit dem Curtis Symphony Orchestra unter Fritz Reiner, übrigens das einzige Dokument dieses großen Dirigenten mit diesem Konzert. Imponierend, wie der junge Shumsky bei allem solistischen Zugriff, aller Süße der Kantilene zuchtvoll, rhythmisch unerschütterlich und symphonisch orientiert blieb. Die Mischung aus drängender Virtuosenlust und Phrasierungs- und Artikulationsdisziplin zeigen auch Shumskys Aufnahmen aus den vierziger und frühen fünfziger Jahren. Die Effekte von Wieniawskis Polonaisen D-Dur und A-Dur und von kleinen Zugabestücken werden genauso ernst genommen wie Ottorino Respighis an Richard Strauss erinnernde Sonate oder das schwer zum Klingen zu bringende »Rondo brillante« von Schubert, das bei Shumsky seinen Namen zu Recht trägt. Shumsky lebt heute in Rye (New York) und musiziert wie eh und je.

Einer wie der Oistrach-Schüler Viktor Pikaisen, 1933 in Kiew geboren, hatte offenbar das Pech, nie ganz aus dem Schatten des Lehrers heraustreten zu können. Mit elf Jahren begegnete er David Oistrach zum erstenmal und beeindruckte den Meister mit seinem Talent. Zwei Jahre später begann für Pikaisen eine 15jährige Unterrichtszeit bei Oistrach, in der er einige internationale Preise gewann, am wichtigsten der Sieg 1965 beim Paganini-Wettbewerb in Genua. Seit 1966 lehrte er selbst am Moskauer Konservatorium und konzertierte in vielen Ländern der Welt. In der Bundesrepublik allerdings erst 1987 und nicht in München, Köln oder Berlin, sondern im schwäbischen Kirchheim unter Teck. Die Bedingungen waren nicht günstig, wie Wolfgang Wendel berichtet hat. Ein spätes Debüt im Dachstuhl einer Kreissparkasse für einen weltweit ausgewiesenen Solisten und Pädagogen, bitter. Pikaisens Nervosität war offenbar nicht zu übersehen und zu überhören. Zwar hat er weitere Deutschlandkonzerte und Meisterkurse gegeben, aber nicht in den Zentren und bei den großen Orchestern. So ist Pikaisen fast ein Geheimtip geblieben. Er kam zu spät in den Westen, längst hatte die jüngere Virtuosengeneration aus Rußland die Podien triumphal besetzt. Seit 1998 lebt und lehrt Pikaisen in Ankara, seine Tochter Tatjana, eine Pianistin, ist in die USA gegangen.

Seine Gesamtaufnahme der Paganini-Capricci aus den sechziger Jahren machte damals Sensation. Tatsächlich fällt eine besessene Akkuratesse auf, mit der Pikaisen Paganinis Teufeleien in klangliche Realität übersetzte. Ein großer, breiter Ton, dem es etwas an Elastizität fehlt, ein manchmal heftig ausschwingendes Vibrato, ein sehr ebenmäßiges Legato.

Allerdings werden der geistreiche, kauzige Witz und das Gestisch-Szenische, auch Groteske manchmal von Pikaisens bohrendem Verdeutlichungsernst erdrückt. Auch Bachs Solosonaten und -partiten hat Pikaisen mit dieser violinistischen Gründlichkeit erforscht und aufgeführt. 1988 spielte er in Sankt Gallen die sechs Solosonaten von Eugène Ysaye, geistig und physisch eine enorme Leistung. Der Mitschnitt beweist einerseits Pikaisens besonderen Sinn für die hohe Schule der Virtuosität: Auch hier besticht seine Besessenheit, technische Schwierigkeiten gleichsam nachdrücklich zu erklären. Andrerseits kann es dabei zu Forcierungen, sogar Rabiatheiten kommen. Und das Maskenspiel, das Ysayes Sonaten so reizvoll und originell macht – jede ist dem Charakter eines großen Geigerkollegen gewidmet –, schien Pikaisens Sache weniger zu sein. Der Zauber der Valeurs und Nuancen, der Assoziationen will sich nicht recht einstellen. Insgesamt strahlt das Geigenspiel Pikaisens auf höchstem Niveau etwas Belehrendes, Demonstratives aus.

Im November 1972 trat eine zierliche dunkelhaarige Dame auf das Podium des Münchner Herkulessaals, deren Ruhm damals schon verblaßt war. Sie begann mit den Münchner Philharmonikern unter Rudolf Kempe das ihr gewidmete, stark von Strausscher Melodik und Orchestrierung beeinflußte Konzert D-Dur von Ermanno Wolf-Ferrari zu spielen, flirrend, schwirrend. Dieses Geigenspiel mutete exotisch an, so sehr befremdete und überraschte die Künstlerin mit hysterisch schnellem Vibrato, hochgespanntem, atemlosem, auch angestrengtem Phrasieren. Es war, als wolle sich die Solistin grell verzehren.

Guila Bustabo, 1919 in Mantiowoc (Wisconsin) geboren, italienischer Abstammung, war 1972 tatsächlich eine exotische, weil in gewissem Sinne bereits anachronistische Erscheinung. In den dreißiger und vierziger Jahren war die hochattraktive Bustabo ein stürmisch gefeierter Star, der von Arturo Toscanini protegiert, von Louis Persinger, George

Enescu und Jenő Hubay unterrichtet worden war und in der ganzen Welt mit den bedeutendsten Orchestern und besten Dirigenten musizierte. Nach dem Zweiten Weltkrieg zerbröselte ihre Karriere rasch. Gewiß hat ihr Entschluß, während dieser finsteren Zeit in Europa zu bleiben und in Nazideutschland und Italien weiterhin aufzutreten und Aufnahmen zu machen, dazu beigetragen. Heute lebt Guila Bustabo in Birmingham.

Die Aufnahmen aus ihrer Glanzzeit, die alle zwischen 1935 und 1941 in England und Deutschland entstanden, bestätigen jenen Live-Eindruck des Schwirrenden, Kolibrihaften von Guila Bustabos Geigenkunst. Als lebe sie in engeren Räumen, schlage ihr Herz schneller, ginge ihr Atem rascher als der anderer Menschen, spielte sie mit stupender Technik Sarasate und Paganini. Ihr – auch auf den tiefen Saiten – sehr heller, fiebriger Ton und ihr erregendes Sichausgeben faszinierte den deutsch-italienischen Komponisten Wolf-Ferrari, der ihr Freund und Förderer in Deutschland wurde, ihr 1943 das Violinkonzert widmete, das Guila Bustabo 1944 mit den Münchner Philharmonikern unter Oswald Kabasta uraufführte. Ein Konzert, dessen rückwärtsgewandte Haltung sich, so will es heute scheinen, aus der grausigen Wirklichkeit des Krieges fortsehnte.

Das größte Lob aber kam von Jean Sibelius, nachdem er Guila Bustabo gehört hatte: »Das ist der Weg, den ich mir vorgestellt habe, wie mein Konzert gespielt werden müßte.« In der Aufnahme mit dem Berliner Staatsopernorchester unter Fritz Zaun zu Beginn des Weltkriegs stürzte sich Guila Bustabo in Sibelius' Musik wie in die ruhelosen Fieberträume einer Getriebenen, angefüllt von huschenden Nachtmahren, wilden Jagden und aufflackernden Ekstasen – exzessives Geigenspiel unverwechselbar eigensinniger Art.

Auch die Karriere Johanna Martzys, 1924 im damals noch ungarischen Temesvar (heute zu Rumänien gehörend) geboren und schon als Kind in die Lehre von Ungarns Violinpapst

Jenő Hubay gegangen, war überschattet von den Folgen des Faschismus und des Weltkriegs. Politische Intrigen und private Schicksalsschläge haben diese außergewöhnliche Geigerin, deren Temperament für eine ganze Geigergeneration ausgereicht hätte, mehrfach zurückgeworfen. Als sie 1979 in Zürich starb, war sie fast vergessen. Dabei hatte sie mit der Prophezeiung Meister Hubays begonnen, sie würde eine der weltbesten Violinisten. Mit 19 Jahren spielte sie das Tschaikowski-Konzert mit den Budapester Philharmonikern unter Willem Mengelberg. Dann kam der Krieg, 1944, als Nazideutschland Ungarn besetzte, floh sie mit ihrem ersten Mann und landete in der Schweiz, wo sie 1947 beim Genfer Wettbewerb den ersten Preis gewann.

Schnell breitete sich der Ruf ihres Namens in Europa aus, 1953 debütierte sie in England, 1957 in New York mit den dortigen Philharmonikern unter André Cluytens. Im folgenden Jahr spielte sie in der Carnegie Hall das Mendelssohn-Konzert, diesmal dirigierte Leonard Bernstein. Dann aber flachte die amerikanische Erfolgskurve ab.

Zwei Jahre zuvor, 1955, war es nämlich zu einem Eklat gekommen, als sich die Tschechische Philharmonie geweigert hatte, mit Johanna Martzy gemeinsam in Edinburgh aufzutreten: Sie habe während des Weltkriegs das faschistische Horthy-Regime in Ungarn unterstützt, lautete die infame und falsche Unterstellung. Der Grund war ein anderer: Johanna Martzy hatte als dezidierte Antikommunistin erklärt, sie werde nicht im kommunistischen Osteuropa spielen. Die Pressepublizität war der Karriere schädlich, außerdem hatte Johanna Martzy Angst um ihre in Ungarn lebende Mutter.

Nach einer zweiten Heirat und der Geburt einer Tochter Ende der fünfziger Jahre startete sie erneut und konzertierte erfolgreich bis 1969, als sie ausgerechnet bei einem Auftritt in Budapest an Hepatitis erkrankte. Zwar trat sie den Umständen dieser Krankheit entsprechend weiterhin, wenn auch seltener auf, aber der Tod ihres Mannes 1978 traf sie tödlich, ein Jahr später starb sie an Krebs.

Es gibt den Mitschnitt eines Konzerts mit dem Pianisten Leon Pommers in Montreal 1960, der Johanna Martzy auf der Höhe ihrer Kunst dokumentiert. Zu hören ist das kraftvolle Timbre eines Mezzosoprans auf der Geige, ein großer Ton mit jubelnder Höhe, sonorer Tiefe und einem ausdrucksstarken, eben temperamentvollen Vibrato. Ob die F-Dur-Sonate op. 1,12 von Händel oder Bachs g-Moll-Solosonate, Johanna Martzy spielte die barocken Meister mit emphatischem Einsatz und klanglicher Großräumigkeit. Diese damals 36jährige Geigerin demonstrierte makellos klare Melodielinien, souveräne Doppelgriff- und Bogentechnik und den unbedingten Willen zum energiegeladenen großen Ton. Beethovens Klavier-Violine-Sonate G-Dur op. 30,3 bekam ihre schäumende rhythmische Vitalität besonders gut.

Aber am besten gelangen die Kompositionen des 20. Jahrhunderts: Strawinskys »Duo concertant« von 1932, Bartóks »Rumänische Volkstänze« und Szymanowskis »Notturno und Tarantella«. Plötzlich verließ sich Johanna Martzy nicht mehr nur auf Tonkraft und Energie, sondern verlebendigte mit Leidenschaft Strawinskys spröde Kantilenen, befeuerte seinen trockenen Witz und schwang sich auf tonlich biegsamste Weise mitreißend in Bartóks Tänze. Und bei Szymanowski fand sie in aller rasenden Virtuosität Freude an der Entdeckung vielfältigster Klangfarben.

Manche kehrten nach erfolgreichen Tourneen in ihre Heimat zurück und leisteten dort Pionierarbeit wie die bedeutende amerikanische Violinistin Maud Powell, die mehr als ein Dutzend Violinkonzerte in den USA erstaufführte, darunter die von Tschaikowski, Dvořák und Sibelius. Ein ungemein frisches, ja, forsches Violinspiel, technisch und klanglich bravourös, bot Maud Powell in einer Aufnahme von 1917 mit ihren eigenen Arrangements von vier bekannten amerikanischen Folksongs: »My Old Kentucky Home«, »Old Black Joe«, »Shine on« und »Kingdom Comin'«.

Es waren diese Direktheit und, das englische Wort sei erlaubt, diese Power, mit denen Maud Powell ihr Publikum weltweit mitriß. Bei all ihren Aufnahmen teilt sich etwas wie amerikanische Unbekümmertheit mit. Sie wurde 1868 in Peru (Illinois) geboren. Im Haus ihrer Eltern, der Vater Amerikaner, die Mutter Deutsche, bekam sie schon als Vierjährige Klavierunterricht, mit acht Geigenstunden bei Walter Lewis in Chicago. Fünf Jahre später schickten sie die Eltern nach Deutschland, wo sie zuerst in Leipzig bei Henry Schradieck studierte, dann nach Paris zu Charles Dancla ging und zuletzt bei Joseph Joachim Unterricht nahm. Der hatte sie 1883 bei ihrer ersten Englandtournee gehört, wo sie sogar vor der königlichen Familie auftrat. Zwei Jahre später debütierte sie in der Berliner Philharmonie und wenig später in New York. Ab jetzt tourte sie unermüdlich durch Europa und die Vereinigten Staaten, 1894 gründete sie als erste Amerikanerin ein eigenes Streichquartett. Um die Jahrhundertwende plante sie ihr vielfältiges Konzertleben von London aus.

Mit großem Enthusiasmus widmete sie sich nicht nur dem traditionellen Repertoire, sondern lernte unermüdlich die neuen Werke der Zeitgenossen. Genauso engagierte sie sich für Programme, in denen populäre Miniaturen und Transkriptionen mit Sonaten und Konzerten gemischt wurden. Auf diese Weise führte sie das in vielen Städten Amerikas musikalisch noch wenig bewanderte Publikum an die große Musik heran. Als sie in den Städten der Ostküste von dortigen Kennern verwundert gefragt wurde, wie es ihr eigentlich möglich sei, diese unbeleckten Leute im Westen zu erreichen, antwortete sie: »Ich spiele dort nicht als Künstler für ein Publikum, sondern als Mensch für andere Menschen. Deshalb müssen alle Stücke, die ich spiele, zuerst ein menschliches Anliegen haben, einen offensichtlichen Zugang zu einfacher, tiefer Emotion. Jedes Stück muß eine vollständig eigentümliche Stimmung besitzen.«

Als sie 1904 von der Victor Company eingeladen wurde, als erste Instrumentalistin überhaupt für das bislang nur Sän-

Maud Powell,
um 1900

gern wie Enrico Caruso oder Nellie Melba vorbehaltene
legendäre »Red Seal«-Label vor den Aufnahmetrichter zu treten, erkannte Maud Powell sofort ihre Chance, mit Hilfe der
Schallplatte den Zugang zu Musik populärer zu machen. Leider gibt es wegen der Kürze der Aufnahmemöglichkeiten vor
allem Glitzerstückchen und Salonpiecen, so daß von Maud
Powells kühner, großräumiger Gestaltungsweise, mit der sie
ihr Publikum auch für die Violinmusik der Zeitgenossen
begeisterte, nichts erhalten ist. Wohl aber ihre Freude am
Virtuosen, ihre Lust an eingängiger Melodik, an kraftvollem
Schwung. So hat sie in gekürzter Form wenigstens das sieb-
te Violinkonzert von Charles de Bériot aufgenommen, dem
Vater der belgischen Geigerschule. Bériot lebte von 1802

bis 1870, sein wichtigster Schüler wurde auch sein Nachfolger am Brüsseler Konservatorium, Henri Vieuxtemps. Bériot hat zehn Violinkonzerte, eine dreiteilige Violinschule und zahlreiche Bravourstücke für sein Instrument geschrieben, immer gut klingende, virtuos-effektvolle Musik mit hübscher Melodik.

Maud Powell setzt Bériots G-Dur-Konzert mit Verve und Vitalität in frische Bewegung um, ohne diese Musik zu überanstrengen. Am Klavier assistierte in dieser ehrwürdigen Aufnahme von 1915 George Falkenberg.

Daß sie Amerikanerin mit Leib und Seele war, zeigen viele Stückchen nach amerikanischen Folksongs und populären Reißern wie dem »Yankee Doodle«, über den Daniel Decatur Emmett eine vertrackte Caprice geschrieben hat, von Maud Powell 1910 perfekt und mit ausgefeiltem Klangwitz hingehauen. 1920, im Alter von nur 51 Jahren, starb Amerikas große Musikpionierin in Uniontown (Pa.).

Zu erinnern wäre auch an Albert Spalding, der in der Zeit zwischen den Weltkriegen als der wichtigste amerikanische Geiger nicht russisch-jüdischen Ursprungs galt und mit Ernst von Dohnányi und Ossip Gabrilowitsch musizierte. Spalding wurde 1888 in Chicago als Sohn reicher Eltern geboren, die den Winter gern in Florenz verbrachten. Die Mutter, talentierte Sängerin und Pianistin, lud nahezu alle bedeutenden Instrumentalisten ein, die in Florenz auftraten. Im Haus der Spaldings verkehrten unter anderem Joseph Joachim, Pablo de Sarasate, Pablo Casals und Ferruccio Busoni. Gewiß prägende Eindrücke für den Knaben Albert, die er in seiner Autobiographie »Rise to Follow« (1943) festgehalten hat: »Sarasate war ein verhexender Geiger. Sein ungeheuerliches Talent verband sich mit einer unbeschreiblichen stilistischen Eleganz: Man hatte das Paradox eines Spielers vor sich, der triviale Musik als bedeutend klingen lassen konnte und große Musik als trivial.« Über den alten Joachim schrieb er: »Die Struktur der Kathedrale war geblieben, selbst wenn die farbigen Glasfen-

Albert Spalding,
um 1930

ster zersplittert waren; eine große musikalische Linie wurde
vorgestellt, selbst wenn ein zitternder Bogen die vollendete
Realisation beeinträchtigte.«

Als erster Lehrer unterrichtete ihn der Italiener Ulpiano
Chiti, in den Sommermonaten in New York der Südamerika-
ner Juan Buitrago. Später ging Spalding nach Paris zu Nar-
cisse-Augustin Lefort. 1902 gewann der 14jährige das Diplom des Konservatoriums von Bologna. In der schwierigen
Prüfung, neben dem Geigenspiel auch Kontrapunkt, Harmonielehre, Musiktheorie und Klavier, erreichte Spalding 48 von
50 Punkten. Das hatte vor ihm nur einer in so jungen Jahren
geschafft: Mozart. Mit 16 debütierte er in Paris mit Saint-
Saëns' h-Moll-Konzert und der Ciaccona von Bach. Der

Erfolg war vielversprechend, aber nicht durchschlagend. Erst anderthalb Jahre später, als er das h-Moll-Konzert in Florenz mit dem 71jährigen Komponisten aufführte, wurde er schnell zur europäischen Berühmtheit. 1908 folgte das New Yorker Debüt, das der Kritiker Henry Edward Krehbiel verriß, weil er nicht wahrhaben wollte, daß ein Amerikaner so gut Geige spielte. 1910 tourte er durch Rußland und hörte in Sankt Petersburg in Leopold von Auers Meisterklasse staunend dem Wunderknaben Jascha Heifetz zu. Spalding meldete sich 1917 freiwillig zum Militär, heiratete 1919. Bei der Hochzeit spielte Jacques Thibaud mit Spaldings Freund und Klavierpartner André Benoist. Während der Zwischenkriegsjahre konzertierte dieser hochgewachsene, elegante Amerikaner in der ganzen Welt mit den besten Orchestern und Dirigenten.

Die meisten Aufnahmen, die von Spalding existieren, stammen aus diesen Jahren, etwa Spohrs früher häufig gespieltes achtes Konzert a-Moll »in Form einer Gesangsszene«, 1938 mit dem Philadelphia Orchestra unter Eugene Ormandy. Zu hören ist ein äußerst disziplinierter, gebündelt ebenmäßiger, manchmal in der Höhe triumphierend gleißender Ton mit einem allerdings stets schnell-nervösen Vibrato. Aber Spaldings nobles Legato, seine Verweigerung jeder Ruppigkeit oder Schärfe, sein ausgepichter Klangsinn und seine tadellose Technik strafften Spohrs ältliche Biedermeierlichkeit und geben dem Stück lyrisch-dramatische Emphase zurück.

Das anrührendste Dokument sind Spaldings »Etchings« op. 5. Spalding gehörte noch zu den komponierenden Virtuosen. Der Reiz dieser 13 »Radierungen« für Violine und Klavier liegt in der eigentümlichen Mischung aus romantisch-impressionistischen Charakterskizzen und einem ausgesprochen vornehmen, ja edlen Salontonfall. Das ist in jeder Note geschmackvoll, elegant und manchmal so fesselnd und sogar bewegend wie ein Film aus Hollywoods Glanzzeit. Es wäre schön, diesem Reigen geigerisch und musikalisch anspruchsvoller Geister auch heute im Konzert zu begegnen. Spaldings Nuancenreichtum, sein Vermögen, Stimmungen zu erzeugen und im nächsten Moment wegzuwischen zugunsten einer anderen, ist bestrickend. Eine absolut eigentümliche Geigenkunst offenbart sich in diesem Zyklus, den Spalding mit Benoist 1934 einspielte.

Auch am Zweiten Weltkrieg nahm Spalding aktiv teil, und zwar in der Abteilung für psychologische Kriegführung in Italien. Aus dem Geiger wurde ein Held, der mit seinen Rundfunksendungen vielen Amerikanern und Italienern das Leben rettete. Geige spielte er während des Krieges nicht. Nur einmal beruhigte er während eines Bombardements in Neapel Tausende von Flüchtlingen in einer Höhle, indem er sich eine Geige auslieh und das Beethoven-Konzert vortrug. 1950 verabschiedete er sich mit diesem Konzert von seinem amerikanischen Publikum. 20 000 hörten dem großen Künstler und Menschen zu, der drei Jahre später überraschend in New York starb.

Der bedeutende englische Geiger Albert Sammons mag für den Antäostypus stehen. »Konzentriere dich auf eine makellose Intonation. Du wirst dich niemals auszeichnen, bis deine Intonation nicht fehlerfrei ist, denn sie und die künstlerische Deutung sind es, die den Unterschied zwischen dem großen und dem mittelmäßigen Geiger ausmachen.«

Der Verfasser dieser Sätze wußte, wovon er sprach. Denn der 1886 in London geborene Sammons hatte sich seinen Ruf, der erste Geiger Englands nach über 200 Jahren zu sein, hart und ausdauernd selbst erkämpft. Obwohl aus einer musikalischen Familie stammend – der Vater zeigte ihm die Anfangsgründe der Violine –, ging Sammons einen nahezu autodidaktischen Weg. Nach der Schule spielte er abends in einem Orchester nahe bei Piccadilly. Als er die Schule hinter sich hatte, war er schon so versiert, daß er als freiberuflicher Musiker auftrat, mal in Hotels, mal bei Jagdgesellschaften, auch als »original ungarischer Zigeunergeiger«.

1908 wurde er in einem kleinen Londoner Hotel von Thomas Beecham entdeckt, der Sammons sofort in sein Orchester holte. 1909 gründete Sammons das London Quartet, 1911 hatte er in der Queen's Hall Riesenerfolg mit Bruchs g-Moll-Violinkonzert. In diesem Jahr wurde er zum königlichen Hofmusiker ernannt, 1912 spielte er in Anwesenheit von Georg V. und dem Komponisten das h-Moll-Konzert von Saint-Saëns.

1914 traf er mit Englands berühmtestem Komponisten, Edward Elgar, zusammen, dessen Violinkonzert er zum endgültigen Durchbruch verhalf. Während des Ersten Weltkriegs hatte dann ganz England begriffen, was Sammons, obwohl Engländer, für ein großer Geiger war. Er spielte niemals glatt oder gelackt, sein als mächtig gerühmter Ton war bei allem Wohlklang aufgerauht, expressiv, aber ohne die Fassung zu verlieren, war von imponierender Intonationsreinheit und enormer Artikulationskraft. 1935 nahm er mit seinem langjährigen Begleiter William Murdoch die Romanza aus Elgars Violinsonate e-Moll auf, eine groß expandierende leidenschaftliche Musik, an der Sammons mit inständigem Ernst keinen Zweifel ließ. Wenn man will, ein ausgesprochen männliches Geigenspiel.

Zu dieser Zeit war Sammons längst eine Institution des englischen Musiklebens. Der deutsch-englische Komponist Frederick Delius, einer der wichtigsten Vertreter des musikalischen Fin de siècle in Europa, widmete Sammons sein Violinkonzert von 1916, das dieser 1919 unter grotesken Umständen uraufführte. Damals war Sammons Mitglied einer Armeeband, die in der Nacht vor der Uraufführung auf einem großen Ball in der Albert Hall aufspielen sollte. Sammons bat wegen der Delius-Premiere um Befreiung, die der eifersüchtige Kapellmeister verweigerte. Erst nach massiver Intervention durch die Direktoren der Royal Philharmonic Society bei hohen Militärs wurde Sammons freigegeben.

1944 wurde dieses in sich versponnene, man könnte sagen jugendstilige Werk mit dem Liverpool Philharmonic Orchestra unter Malcolm Sargent aufgenommen. Auch hier bestechen der unbeirrbare Ernst und die leidenschaftliche Energie, mit denen Sammons sich den schwermütigen Aufschwüngen und dem gedankenverlorenen Sinnieren dieser fremdartig eindringlichen Musik hingab und sie mit drängendem Leben erfüllte.

Sammons war inzwischen längst Professor am Royal College of Music, eine Position, die der nie zu Starmanieren neigende, von den Orchestermusikern wegen seiner ungezwungenen und bescheidenen Art geliebte Künstler bis zu seinem Tod 1957 in Southdean (Sussex) innehatte.

Der einzige englische Violinist, letztlich auch eine Art Antäos, der es mit Albert Sammons an geigerischer Qualität, musikalischer Persönlichkeit und Popularität aufnehmen konnte, war seit den späten dreißiger Jahren der 1906 in Rom geborene Alfredo Campoli. Fünf Jahre später übersiedelten die Eltern nach England. Die Mutter Elvira Celi, die schon mit Enrico Caruso und Antonio Scotti gereist war, hatte als dramatischer Sopran ein Engagement an Covent Garden. Vater Campoli war Geigenlehrer an der Accademia di Santa Cecilia und unterrichtete seinen hochbegabten Sohn, der schon als Knabe Aufsehen erregte, alle Preise gewann, so daß ihm als Zwölfjährigem die Teilnahme an Wettbewerben in Großbritannien verboten wurde wegen der Chancenlosigkeit der anderen. 1923 gab der 16jährige sein Londoner Debüt mit großem Erfolg.

Aber die Rezession der zwanziger Jahre zwang Campoli auf einen anderen Weg, er überlebte nicht nur als Leiter eines Salonorchesters die schlimme Zeit, sondern wurde zugleich in ganz England bekannt. Nebenher spielte er aber weiterhin das klassisch-romantische Repertoire. Aber erst 1938 und dann im Krieg ging sein Stern richtig auf, er trat in zahlreichen Konzerten vor Soldaten und Rüstungsarbeitern auf. Nach 1945 widmete er sich nur noch der ernsten Musik, debütierte 1953 in Amerika bei den New Yorker Philharmonikern unter George Szell. Seine Reisen führten ihn auch nach Japan und Rußland, wo ihn David Oistrach im Künstlerzimmer aufsuchte und ihm gratulierte.

Als Belcanto-Geiger hat man Campoli gelobt. Aufnahmen aus den dreißiger und fünfziger Jahren legen diesen Schluß nahe. Man höre nur, mit welcher Geschmeidigkeit Campoli »Introduction et Rondo capriccioso« von Saint-Saëns 1938 mit dem London Symphony Orchestra unter Walter Goehr gespielt hat. Die Virtuosität dieses Meisters sanft leuchtender Farben und unaufdringlicher Brillanz geschieht gleichsam en passant, hier wird nicht das Geigerego ausgestellt, nicht mit Riesenton geprotzt, sondern die Kunst eines weltmännischen, abwechslungsreichen, im besten Sinne unterhaltsamen Parlando gepflegt. Allein die Lagenwechsel sind bewunderungswürdig in ihrer gesanglichen Delikatesse. Ähnliches gilt für Campolis rhythmische Akkuratesse. Kann schon sein, daß da die harte Schule mit dem Salonorchester eingewirkt hat, jedenfalls versinkt dieser Musiker nicht in willkürlichen Rubati, drängt sich nicht vor, sondern musiziert immer aus symphonischem Geist. Seltsamerweise fiel Campoli nach 1960 bei den Plattenproduzenten in Ungnade, dabei konzertierte der Mitfünfziger mit großem Erfolg weiter. Er starb 1991 in London, jenseits Englands so gut wie vergessen.

Kein größerer Gegensatz ist denkbar zum nervig-aufgerauhten Toncharakter von Albert Sammons, mit dem er der herben, grüblerischen, auch expressiven Welt englischer Spätromantiker so bewundernswert gerecht wurde, als die gleißende, glühend-nervöse Tongebung des Amerikaners Louis Kaufman, 1905 in Portland (Oregon) geboren. Kaufman, der zahlreiche Filmsoundtracks veredelte, später dann in Europa mit dem Komponisten Darius Milhaud zusammenarbeitete und beispielsweise die neoromantische Musik von Vaughan Williams und Barber einspielte.

Obwohl sein Name keineswegs sehr bekannt ist, kann man sicher sein, daß seinen Ton mehr Menschen im Ohr haben als den jedes anderen Geigers. Denn Kaufman war ab 1934 für 14 Jahre »Hollywood's favorite Ghost-Fiddler«, der die Soloviolinpassagen in so legendären Filmen wie »The Merry

Widow« von Ernst Lubitsch 1934, wie »Gone with the Wind« von Victor Fleming 1939 oder wie »Casablanca« von Michael Curtiz 1942 spielte. Dabei hatte ihn seine Ausbildung zu Franz Kneisel nach New York geführt, dem Pionier der Kammermusik, der sich mit seinem Streichquartett nicht scheute, in den achtziger und neunziger Jahren auch im Wilden Westen vor Bautrupps und in Bergwerkssiedlungen aufzutreten.

Der blutjunge Student hatte es bald satt, in Kneisels Meisterklasse immer nur die zweite Geige im Quartett der älteren Schüler zu spielen, und verlegte sich mit Erfolg auf die Viola. Als seine wichtigste Schule neben Kneisels Unterricht betrachtete Kaufman aber die Gelegenheiten, mit Meistern wie Mischa Elman, Fritz Kreisler, Pablo Casals und Efrem Zimbalist Kammermusik zu machen. 1927 und 1928 gewann er zwei Wettbewerbe, begann aber keine Solokarriere, sondern trat ins Musical Art Quartet ein, dem er bis 1933 angehörte. Mit seiner Umsiedlung von der Ostküste nach Los Angeles begann Kaufmans Hollywood-Weg, nachdem ihn bei einem seiner häufigen Rundfunkauftritte Lubitsch gehört und eingeladen hatte. Schon während der Filmarbeit hatte er Aufnahmen von Saint-Saëns und Chatschaturjan gemacht, die erste Platte nach Hollywood waren Vivaldis »Le quattro stagioni«, für die er einen Grand Prix du disque erhielt. Doch Kaufmans Interesse galt vor allem der Musik seiner Zeitgenossen, er hat die Konzerte und Sonaten von Bohuslav Martinů, Lars-Erik Larsson, Samuel Barber, Henri Sauguet, Francis Poulenc, Aaron Copland, Ralph Vaughan Williams und anderen zum Teil uraufgeführt und aufgenommen.

Für die neue Phase als reisender Solist hatte Kaufman sich Paris als Basis erkoren, wo er 1949 sein Debüt mit einem reinen Milhaud-Abend mit dem Komponisten am Pult gab. Kaufman hatte Milhaud schon 1938 am Mills College kennengelernt, wo der Komponist lehrte. Noch im selben Jahr bot Kaufman die amerikanische Erstaufführung von Milhauds 1934 für die französische Geigerin Yvonne Astruc geschriebenem »Concertino de printemps«. Diese leicht-füßige, aber nicht leichte Musik verlangt blitzschnelles Reagieren auf die Helligkeitswechsel und melodiösen Partikel, die dem Ganzen einen quicklebendigen, heiter-quirligen Charakter geben. 1949 konnte Kaufman diese animierende, geistreiche Musik aufnehmen. Die Kammerbesetzung des Orchesters des französischen Rundfunks dirigierte Milhaud selbst. Kaufman ließ es funkeln, blitzen, tanzen, irisieren. Die Möglichkeiten, seinem von schnellem, dennoch flexiblem Vibrato bebenden Ton immer neue Helligkeiten abzugewinnen, scheinen grenzenlos. Das Nervös-Erregte seines Spiels geht ganz im Witz und in der lichten Wärme von Milhauds Musik auf.

Mitte der fünfziger Jahre kehrte Kaufman nach Los Angeles zurück und trat nach einer schweren Netzhautoperation nicht mehr auf: »Ich möchte nicht in der Öffentlichkeit verfallen.«

Wieder andere bleiben als Anreger häufig nur Spezialisten bekannt wie Pawel Kochański aus Polen, der Szymanowski zu seinen Violinkonzerten anregte, oder Samuel Dushkin, dem Strawinsky Violinkompositionen schrieb. Oder wie der ukrainisch-amerikanische Louis Krasner, der bei Berg ein Violinkonzert bestellte und dieses großartige Werk und auch das Konzert von Schönberg uraufführte. Auch Krasner, 1903 in Tscherkassy in der Ukraine geboren, aber im Alter von fünf Jahren mit seinen Eltern in die USA ausgewandert (und dort 1996 gestorben), hat sich zeitlebens intensiv mit der Musik des 20. Jahrhunderts beschäftigt. Seinem Engagement und Interesse verdankt die Musikwelt eines der Meisterwerke der Violinliteratur, das Konzert, das Krasner Anfang 1935 bei Alban Berg in Auftrag gab.

Krasner hatte sich während der zwanziger Jahre einen Namen als Geiger besonders für neue Musik gemacht. So hatte er beispielsweise das 1928 komponierte Konzert des Italieners Alfredo Casella uraufgeführt, bevor er Berg animierte. Der arbeitete intensiv an seiner Oper »Lulu«. Aber in einer

»Kompositionspause« nahm er sich Krasners Wunsch an. Zuerst skeptisch, dann aber durch den Tod der erst 18jährigen Manon Gropius, der Tochter Alma Mahler-Werfels aus ihrer zweiten Ehe mit dem Architekten und Bauhaus-Begründer Walter Gropius, tief erschüttert, beschloß Berg, das Violinkonzert zu einem Requiem für das Mädchen zu machen. »Dem Andenken eines Engels« schrieb er auf die Partitur, die dann auch sein eigenes Requiem werden sollte, denn er starb wenige Monate nach der Vollendung des Konzerts.

Im Januar 1936, gut zwei Wochen nach Bergs Tod, fragte die International Society of Contemporary Music bei Krasner an, ob er das Violinkonzert im April 1936 in Barcelona uraufführen könne. Krasner sagte zu, als auch noch ein Brief von Anton von Webern eintraf mit der Bitte, diese Premiere dirigieren zu dürfen in memoriam des verstorbenen Freundes. Doch die Proben in Barcelona endeten mit einem Eklat. Das Pau-Casals-Orchester, gegründet von dem weltberühmten katalanischen Cellisten, konnte nichts mit Weberns Probenstil, der ungemein gründlich Note um Note, Takt um Takt analysierte, anfangen und verstand ihn auch sprachlich nicht. Nach einer halben Stunde der dritten Probe, die die Frustration und Konfusion der Musiker nur erhöhte, brach Webern ab, zog sich in sein Hotel zurück und reiste bald ab. Die Uraufführung wurde dann im Hauruckverfahren mit einer Notprobe vom eingesprungenen Dirigenten Hermann Scherchen gerettet.

Schon zwei Wochen später, am 1. Mai 1936, glückte es doch noch, daß Webern das letzte Werk seines Freundes dirigieren konnte, in London beim BBC Symphony Orchestra. Krasner hat über diesen denkwürdigen Auftritt berichtet. Die englischen Musiker erkannten in Webern ein lebendiges Symbol der Musik. Wie durch ein Wunder hat sich eine Aufnahme dieser Aufführung erhalten, wenn man so will der eigentlichen Uraufführung von Bergs Meisterwerk. 1976 brachte Krasner zu dem Plattenrestaurator Richard C. Burns in einer Einkaufstüte acht Schellackplatten mit diesem kostbaren

Dokument. Krasner spielt mit nachdenklicher, zugleich hellwacher Konzentration, sein Vibrato ist ruhig, nur bei den Höhepunkten entscheidend beschleunigt, sein Ton wirkt schlank, kann aber durchdringend und mächtig werden. Niemals klingt es süffig, glatt oder glitzernd, dafür verfolgt Krasner die Ausdruckslinien mit nicht nachlassender Intensität und versenkt sich geradezu in die Abgründe und Tiefsinnigkeit von Bergs grandioser Musik. Die Eindringlichkeit der Aufnahme trotz ihrer deutlichen technischen Mängel rührt auch daher, daß es sich um einen Live-Mitschnitt handelt, der zeigt, wie ruhig, damit jeder Note ihr Gewicht und ihre Klangdimension gebend, Webern die Tempi wählte. Das Ganze ist in dieser Aufführung von großer Schwermut erfüllt und tiefgründig ausgelotet.

Auch das andere Violinkonzert aus dem Kreis der Wiener Schule, das Arnold Schönberg zwischen 1934 und 1936 komponierte, spielte Krasner als erster öffentlich. Von 1944 bis 1949 hatte ihn der Dirigent Dimitri Mitropoulos als Konzertmeister für das Minneapolis Symphony Orchestra gewinnen können. Auch Mitropoulos engagierte sich lebenslang für zeitgenössische Musik. Ab 1949 lehrte Krasner an der Universität von Syracuse, ab 1976 am New England Konservatory in Boston und in Tanglewood.

Auch vom Schönberg-Violinkonzert gibt es einen eindrucksvollen Mitschnitt. 1954 dirigierte Mitropoulos das Symphonieorchester des Bayerischen Rundfunks, als Solisten hatte er seinen ehemaligen Konzertmeister aus Minneapolis engagiert. Einen kompetenteren als Krasner hätte er gewiß nicht finden können. Vor allem der zweite Satz, Andante grazioso, dieses durchaus spröden, schwer zum Klingen zu bringenden Werkes gelang vortrefflich. Wieder sind Krasners tonliche Diskretion und der Mangel an irgendwelcher Nurgeigerei zu bewundern, wieder besticht er durch eine enorme dynamische und expressive Spannweite, wieder stellt sich der Eindruck von Authentizität her.

Die Geschichte des Geigers Ricardo Odnoposoff hat ihre besondere Pointe beim Brüsseler Wettbewerb 1937. Odnoposoff wurde 1914 in Buenos Aires als Sohn russischer Emigranten geboren. Seit dem fünften Lebensjahr war seine Begabung offenbar. Nach erstem Unterricht bei einem Schüler von Leopold von Auer ließen die Eltern den Zwölfjährigen nach Berlin zu Carl Flesch reisen, der Odnoposoff umfassend ausbildete. Nebenher studierte er Komposition bei Paul Hindemith. Er muß auffallend gut gewesen sein, denn Erich Kleiber engagierte den 17jährigen Studenten als Solisten für ein Konzert der Berliner Philharmoniker. Ein Jahr später gewann Odnoposoff den Internationalen Wettbewerb in Wien. Dort überredete ihn Clemens Krauss dazu, Konzertmeister der Staatsoper zu werden. Für drei Jahre, 1934–37, wurde Odnoposoff Konzertmeister der Wiener Philharmoniker.

1937 fuhr er eines Märzabends nach dem Dienst von Wien nach Brüssel, um tags drauf am Ysaye-Wettbewerb teilzunehmen. Die angereiste sowjetische Geigerelite hatte sich dagegen schon über mehrere Tage akklimatisiert und ausführlich auf den Concours vorbereitet. Trotzdem war ihr ältester, zugleich bester Teilnehmer am 25. März, dem Tag seines Auftritts, ziemlich verzagt und schrieb seiner Frau: »Unterwegs wurde mir so übel, ich litt dermaßen an Atemnot, daß ich beschloß, nach meiner Ankunft gleich abzusagen. Als ich ankam, spielte Odnoposoff Tschaikowski. Er spielte wunderbar. Ich saß mit hängenden Schultern in den Kulissen und wußte nicht, was tun.« Das änderte sich, als der Briefschreiber selbst drankam: David Oistrach überwältigte die Jury mit seinem Spiel und gewann schließlich den ersten Preis. Aber der Wiener Konzertmeister Odnoposoff blieb den ganzen Wettbewerb hindurch sein schärfster Konkurrent. Erst bei der Endausscheidung, als beide das Tschaikowski-Konzert zu spielen hatten, siegte Oistrach.

Odnoposoffs Karriere hätte sicher einen steilen Verlauf genommen, wäre nicht 1938 der »Anschluß« Österreichs an Nazideutschland erfolgt. Odnoposoff emigrierte über Belgien, Argentinien endlich in die USA. 1944 debütierte er in der Carnegie Hall mit rauschendem Erfolg. Es folgten ausgedehnte Konzertreisen durch die Welt. Odnoposoff hat unter den größten Dirigenten gespielt von Leonard Bernstein bis Bruno Walter, von Claudio Abbado bis Felix von Weingartner, von Fritz Busch, Erich Kleiber, Wilhelm Furtwängler bis zu Arturo Toscanini. Nach dem Krieg kehrte Odnoposoff nach Wien zurück, wo er heute noch lebt und wirkt. Als Lehrer hat er neben seinen Professuren an der Wiener Musikakademie und der Stuttgarter Musikhochschule in Caracas, Rio de Janeiro, Salzburg und Nizza Meisterkurse abgehalten.

Auf seltsame Weise ist aber jener Brüsseler Wettbewerbsausgang für Odnoposoff bestimmend geblieben, denn stabilen Weltruhm wie David Oistrach, Jascha Heifetz oder heute Itzhak Perlman hat er nicht erreicht. Dabei konnte dieser Violinist an guten Abenden Wieniawskis Polonaisen fulminant hinfegen und überhaupt mit Virtuosenmusik begeistern. Bei Brahms und Tschaikowski konnte er mit glänzendem Ton und Dispositionskraft überzeugen, wobei eine gewisse Gleichförmigkeit der Tonbildung nicht zu leugnen ist.

Seine besten Momente hatte Odnoposoff jedoch mit seltener gespielter Musik wie den Solosonaten von Reger. Kein anderer Geiger, der diese Assoziationen an Bachsche Haltungen und Formen so feurig, virtuos und phantasievoll vergegenwärtigt hat wie Odnoposoff. Während es manchmal bei Bach, Mozart oder Beethoven allzu angespannt und tonlich sich ähnelnd klingt, paßt dieser auf besondere Intensität zielende Stil faszinierend zu Regers barockisierenden Anstrengungen. Regers Musik und die Tonvorstellung Odnoposoffs befeuern sich gegenseitig, wie der Live-Mitschnitt von den Ludwigsburger Schloßtagen 1952 zeigt, wo Odnoposoff Regers Solosonaten op. 42,1 und op. 42,2 so souverän und anregend spielt, daß es unbegreiflich bleibt, wieso diese effektvolle, auch ironische Musik bei keinem anderen großen Geiger auf Liebe stößt.

Ähnliches gilt für Odnoposoffs Beschäftigung mit Hindemiths violinistischer Solo- und Kammermusik, etwa 1974 in Ludwigsburg bei der Aufführung von Hindemiths Violinsonate op. 11,2 mit Heinz Medjmorec am Klavier. Auch hier gewann er durch unzweifelhaften Einsatz für die Musik seines Kompositionslehrers. Bei anderen kann diese Musik ein bißchen ins Trockene geraten, während Odnoposoff sie mit Wieniawski-Feuer und Vieuxtemps-Leidenschaft verdeutlichte und zum Leben erweckte, also ihre virtuosen, klangsinnlichen Seiten betonte.

Einige blühen nur kurz in besonderer Situation wie etwa Gerhard Taschner, den Wilhelm Furtwängler als 19jährigen während des Krieges als Konzertmeister zu den Berliner Philharmonikern holte. Taschner wurde 1922 im mährischen Jägerndorf geboren. Er hat erlauchte Lehrer gehabt, zuerst den Begründer der ungarischen Geigerschule, Jenő Hubay in Budapest; dann studierte er in Wien bei Adolf Bak und bei Bronisław Huberman. In Wien lernte Taschner auch den großartigen Liszt-Schüler Moriz Rosenthal und den Dirigenten Felix von Weingartner kennen. Mit einem Schlage berühmt wurde er, als Furtwängler ihn nach Berlin holte. Zuvor aber, 1937, hatte Bak, als er vor den Nazis emigrierte, seinen Meisterschüler nach Amerika mitgenommen.

Wegen der Sudetenkrise bat jedoch Taschners Mutter ihren Sohn zurückzukehren. Er kam 1938 zurück, ein fataler Entschluß, der ihm nach 1945 Amerika versperrt hat. Taschner konzertierte während des Krieges, soweit es von Hitlerdeutschland aus ging. Dabei eckte er wiederholt wegen sarkastischer und kritischer Bemerkungen zur deutschen Situation an, auch damit, daß er weiterhin die Kadenzen des verfemten Juden Fritz Kreisler spielte. Und er geriet in die kulturpolitischen Intrigen zwischen Goebbels und Göring, also zwischen Berliner Philharmonikern und der Staatsoper, als Herbert von Karajan gegen Furtwängler ausgespielt werden sollte. Taschner hielt Abwerbungsversuchen zur Staats-

Gerhard Taschner,
um 1950

oper stand und wandte sich an Furtwängler. Daß sich der
höhererseits beschwerte, der intrigante Konzertagent Rudolf
Vedder bestraft und damit Karajans Ehrgeiz empfindlich
getroffen wurde, hat jener Taschner später nie vergessen.

1945 beendete der feuerköpfige, wegen seines gern mit
einem Vulkan verglichenen Temperaments gefeierte Geiger
sein Engagement bei den Philharmonikern und traf ein Jahr
später in Rüdesheim auf Walter Gieseking und den Cellisten
Ludwig Hoelscher, mit denen er eine Zeitlang ein Trio bildete. 1947 gaben die drei ein Konzert in Wiesbaden, das mitgeschnitten wurde. Auf dem Programm die Trios c-Moll von
Brahms, B-Dur von Schubert und a-Moll von Ravel. Eindrucksvoll, wie die Musiker für die Darstellung der stilistischen und klanglichen Unterschiede überzeugende Lösungen
fanden. Vor allem das Ravel-Trio gelang faszinierend, nicht
nur weil Gieseking mit erlesener Anschlagskultur Ravels
komplexen Klaviersatz kraftvoll und zugleich luzide durch-
leuchtete und Hoelscher mit überraschender Geschmeidigkeit
phrasierte; sondern besonders weil Taschner aus seiner Geige

delikateste Valeurs hervorlockte und Ravels Melodielinien mit federnder Energie zog; eine Meisterleistung.

Seine Solotourneen führten ihn nach Südamerika, auf den Balkan und sonst nach Europa. Aber nicht einmal Leonard Bernstein, mit dem er bei den Wiener Symphonikern auftrat und den er begeisterte, konnte den amerikanischen Bann brechen: »Ich würde dich gern nach Amerika mitnehmen. Aber damit würde ich dir jetzt keinen Gefallen tun.« Im Laufe der fünfziger Jahre sank sein Stern auch in Deutschland. Zu seiner kompromißlosen Art kamen spieltechnische Probleme durch ein Rückenleiden. Taschner zog sich zurück und nahm seit 1960 nur noch seine Professur an der Berliner Musikhochschule wahr, die er seit 1950 innehatte. 1976 starb er in Berlin, nur 54 Jahre alt, nahezu vergessen.

In letzter Zeit sind einige Rundfunkproduktionen und Live-Mitschnitte herausgekommen von Taschner, der die Platte nur wenig schätzte: »Wer mich hören mag, der soll doch zu meinen Konzerten kommen.« Die Tondokumente lassen einen faszinierenden, technisch glanzvollen Musiker hören, dessen Spielfeuer hell loderte, der seinen großen, direkten, manchmal aggressiv heiseren, aber auch süß schmachtenden Ton den verschiedensten musikalischen Anforderungen angleichen konnte. Hinzu kam geigerische Besessenheit, mit der Taschner jede Musik energetisch auflud. Der Vorwurf, er habe alles mit schnellem Dauervibrato vorgetragen, läßt sich nicht halten. Im Gegenteil: Bei Fortner oder Hindemith bildete dieser Virtuose eine schärfere, brillantere Klangwelt aus als bei Romantikern wie Mendelssohn oder Bruch, die er voller Süße und Sehnsucht zu spielen verstand. Oder bei dem verkniffenen und vergrübelten Pfitzner, dessen selten gespieltes Konzert Taschner in ein bei aller Brüchigkeit fesselndes Stück verwandelte. Und Sarasates »Zigeunerweisen« vermochte Taschner in seiner Glanzzeit fulminant zu gestalten.

Besonders eindringlich glückte 1947 bei einem Sonatenabend mit Gieseking die d-Moll-Sonate von Brahms, weil Taschner diese trotz kraftvoller Gestik schwermütige Musik mit seinem kongenialen Klavierpartner mit schmerzlicher Emphase auskostete und sich rückhaltlos hingab.

Aus dem letzten Satz, »Introduktion e Rondo – Molto allegro«, von Wolfgang Fortners für Taschner 1946/47 geschriebenem Violinkonzert, diesem vertrackten, mit technischen und rhythmischen Kabinettstückchen gespickten Satz, der seine Anklänge an Strawinsky und Hindemith nicht verhehlen kann, machte Taschner ein jeden Zweifel hinwegfegendes Virtuosenstück. Blitzende Geläufigkeit, fliegende Stakkati, Doppelgriffattacken, dazu ein drängendes, zusammenfassendes Temperament. Imponierend. In der Aufnahme von 1955 begleitete das RIAS-Symphonieorchester unter Georg Ludwig Jochum.

Stars aus Deutschland

Anne-Sophie Mutter, Frank Peter Zimmermann, Christian Tetzlaff

So draufgängerisch, so temperamentvoll, so saftig im Ton und so musikalisch muß man die Violine beherrschen, wenn ein Solist, in diesem Fall eine Solistin, daraus werden soll. Der Eindruck stellt sich ein, wenn man hört, wie 1974 die damals elfjährige Anne-Sophie Mutter mit ihrem Bruder Christoph am Klavier beim Wettbewerb »Jugend musiziert« Sarasates berühmte »Zigeunerweisen« hinfetzte mit staunenerregender Energie, unbedingtem geigerischem Siegeswillen, ohne Netz und doppelten Boden. Das hatte mehr Feuer, mehr Sinn für virtuoses Risiko, als viele ihrer erwachsenen Kollegen es je aufgebracht haben. Alles, was man von einem außerordentlichen Talent erwarten kann, war im Übermaß da: technisches Vermögen, direkter Zugriff, substantieller, fast schon ausgeprägt persönlicher Ton, Lust am Auftritt und am eigenen Können, Ausstrahlung. Und doch sind das alles erst die Voraussetzungen, um vielleicht Musik machen, um musikalischen Sinn darstellen zu können.

Auch der zwei Jahre jüngere Frank Peter Zimmermann gewann früh erste Preise, wurde von Itzhak Perlman gelobt und ließ mit seinen ersten Auftritten die schönsten Hoffnungen keimen. Zimmermann zeigte als Kind bereits eminente Virtuosität, aber auch musikalische Verläßlichkeit und Ernst.

Er verfügt über ein Tonvolumen, das ihn auch in großen romantischen Konzerten nicht in Orchesterfluten versinken läßt, er hat ausgeprägten Sinn für musikalische Verschiedenartigkeit, und er begnügt sich nicht damit, seine weltweit erfolgreichen Tourneen nur mit dem Kernrepertoire zu bestehen.

Der Jüngste dieser imponierenden Trias deutscher Violinvirtuosen ist Christian Tetzlaff, der aber nicht so sehr als Wunderkind, sondern mit einem Schlag bekannt wurde, als er 1988 bei den Münchner Philharmonikern unter Sergiu Celibidache mit dem weiß Gott sperrigen, vertrackten Violinkonzert von Schönberg einen Sensationserfolg errang. Tetzlaff ist sicher der experimentierfreudigste, neugierigste, unkonventionellste der drei. Sein schlanker, federnder Ton, seine Artikulationsfähigkeit kommen aber nicht nur der Musik des 20. Jahrhunderts besonders zugute, Tetzlaff weiß auch mit ausladender Romantik und Bachscher Strenge großartig umzugehen.

Anne-Sophie Mutter wurde 1963 in Rheinfelden geboren. Mit fünf Jahren begann sie mit ersten Versuchen auf dem Klavier, dann auf der Geige. Da das Talent offensichtlich war, bekam sie Unterweisung bei der Carl-Flesch-Schülerin Erna Honigberger. Schon ein Jahr später erhielt sie beim Bundeswettbewerb »Jugend musiziert« ihren ersten Preis mit besonderer Auszeichnung. Vier Jahre später war es nicht anders. Inzwischen hatte Aida Stucki, auch eine Flesch-Schülerin, im schweizerischen Winterthur den Unterricht übernommen. 1976 debütierte sie triumphal in Luzern, spielte Herbert von Karajan vor und beeindruckte den alten Maestro tief, der sie jetzt unter seine mächtigen Fittiche nahm. Seitdem ist Anne-Sophie Mutter ein Weltstar, zuerst als Wunderkind, inzwischen als attraktive, ihrer äußeren Wirkung wohlbewußte Frau.

Die Begegnung mit Karajan war nicht nur ein Glück, sondern auch belastend. Denn der Alte domestizierte das zum

Virtuosen und Nervös-Ekstatischen drängende Temperament, ohne die junge Violinistin vor Manierismus und Pseudovergeistigung zu bewahren. Die wilde Natürlichkeit, die das Spiel des energischen kleinen Mädchens so hinreißend gemacht hatte, verlor sich zugunsten von Lokaleffekten, gesuchten Phrasierungen und einer ständig unruhig vibrierenden Tongebung, wie sie gerade die Aufnahmen unter Karajan belegen.

Wie beschwingt und frei Anne-Sophie Mutter damals aufspielen konnte, wenn der übergroße Schatten des Mentors nicht auf ihr lag, beweist ein Mitschnitt aus der Hamburger Musikhalle von 1978. Mozarts drittes Violinkonzert G-Dur, häufig kleinräumig und routiniert vorgeführt, als sei's ein Schülerkonzert, setzte Anne-Sophie Mutter da mit kräftiger Akzentuierung und in überraschend ruhigem Tempo wieder in seinen Rang als Meisterwerk ein. Weil sie die Phrasen, Läufe und Melodiebögen ausspielte ohne Drücker, auch ihre Tendenz zum aufgeregten Vibrato vermied, entsteht das Konzert in geradezu entspannter Heiterkeit. Mit von der Partie das Symphonieorchester des Norddeutschen Rundfunks unter Gerd Albrecht.

Während einer Übergangsphase sah es so aus, als bliebe Anne-Sophie Mutter ein glamouröses Geigengeschöpf, das sich im Klassisch-Romantischen tummelte mit Hang zum Opulenten, Kapriziösen und Gekünstelten. Ihr so ausdrucksvoll klingender Ton geriet unter heftigem Dauervibrato leicht ins Hysterische, Pianissimi wurden gesäuselt, willkürliche Tempi rubati waren die Regel. 1985 kam es zu einem aufsehenerregenden Eklat, als sie eine Aufführungsserie mit dem Sibelius-Konzert platzen ließ, weil sie sich mit dem alten Löwen und Antipoden Karajans, mit Sergiu Celibidache und seinen Münchner Philharmonikern, nicht einigen konnte und wollte, so der Augenzeugeneindruck.

Doch der entscheidende Impuls zu einer Neuorientierung ging vom großen polnischen Komponisten Witold Lutosławski aus, dessen Dialog für Violine und Orchester

Anne-Sophie Mutter,
München 1987

»Chain 2« sie 1986 in Zürich uraufführte. Sie selbst nennt
Lutosławski eine Schlüsselfigur in ihrem Leben. Die Erfahrungen mit neuer Musik haben Anne-Sophie Mutters Ge-
staltungsmöglichkeiten entscheidend erweitert. Nun vermag
sie ihren Ton bis ins Aschfahle erblassen zu lassen, scheut
sie Härte und sogar Häßlichkeit nicht, wenn es die Musik
verlangt; nun kann sie sich ekstatisch aussingen bis zum
Schrei oder Klangpartikel blitzschnell anblenden oder ver-
löschen lassen.

Es war, als ob die Künstlerin erst nach dieser Begegnung
die Welt verwöhnter Wunderkinder mit all ihren Marotten
und Gefahren verlassen habe und ihr enormes Potential auszuschöpfen begänne. Lutosławski war umgekehrt von der

421

Geigenkunst Anne-Sophie Mutters so fasziniert und animiert, daß er ihretwegen seine Partita für Violine und Klavier, eigentlich für Pinchas Zukerman und Marc Neikrug komponiert, für Violine und Orchester überarbeitete.

Die Partita ist fünfsätzig, wobei der zweite und vierte Satz »ad libitum« überschrieben sind. Lutosławski läßt hier innerhalb eines vorgegebenen Rahmens den Zufall mitkomponieren. Den herb-dramatischen Charakter dieser eindringlichen und bannenden Musik traf Anne-Sophie Mutter mit entschlossener, souveräner Gestik. Vor allem aber spannte sie einen atemraubenden Bogen im großen Klagegesang des Largo-Mittelsatzes. Die fesselnde, ja, bewegende Aufnahme mit dem BBC Symphony Orchestra unter der Leitung des Komponisten entstand 1988 in London.

Anne-Sophie Mutter bedient allerdings ganz bewußt auch den Wunsch eines auf Glamour und Glitzer ausgerichteten Publikums nach dem Star. Sie ist auch Leuten bekannt, die noch nie einen Konzertsaal betreten haben, aber über die Yellow Press wissen, daß das kleine Mädchen einst von Karajan, dem mondänsten und mächtigsten Mann des Musikbetriebs, als Genie gepriesen und gefördert wurde. Man weiß, wen die junge Frau geheiratet hat, man erfährt sorgenvoll, wie sie nach dem Tod ihres Mannes lebt. Ihre Aufnahmen werden in opulenten Werbekampagnen wie bei einer Popgröße propagiert, die Geigerin gibt sich auf den Coverphotos mal als geigende Sexbombe mit tiefem Dekolleté im Rita-Hayworth-Look, mal als wilde Rebellin der neuen Musik mit dekorativ zerzaustem Haar, mal als flanierende Weltbürgerin in New Yorks Straßen.

Dabei hat Anne-Sophie Mutter eine kaum mehr erwartete Entwicklung gemacht weg von selbstverliebter Geigenwillkür hin zur Musik. Die Bekanntschaft mit Lutosławski hat Anne-Sophie Mutter erwachsen werden lassen. Jetzt steht auf dem Podium eine Künstlerin, der die Erkundungen und Erfahrungen im Reich der zeitgenössischen Musik ihren musikalischen Blick weit geöffnet haben. Man höre, welche eminente Vielfalt an Farben, an dynamischen Schattierungen und Nuancen Anne-Sophie Mutter im ersten Satz von Debussys Violinsonate 1995 entdeckte. Dabei wirkt nichts gesucht oder gekünstelt, sondern alles kräftig in der Kontur und sinnlich im Klang. Debussy selbst spielte ja seine Musik ebenfalls nicht parfümiert versäuselt, sondern kraftvoll mit rhythmischer und klanglicher Pointierung. Die Violinsonate entstand 1917. Aber obwohl der Erste Weltkrieg und Krankheit dem Komponisten das Leben verdüsterten, kennt die Sonate vor allem helle, südliche Kolorierungen, die in raschem Wechsel eine musikalisch klar strukturierte Landschaft auf die verschiedenste Weise zum Leuchten bringen. Anne-Sophie Mutter verdeutlichte mit ihrem allerdings zu braven Klavierpartner Lambert Orkis diese großartige Mischung aus Licht, Farben und Klarheit ohne Zögern und mit bestechender Verve.

Daß sie allerdings immer wieder in Gefahr geraten kann, zeigte das 1998 groß angekündigte, dann weltweit vermarktete, schließlich sogar ganz popmäßig mit dem Grammy ausgezeichnete Unternehmen »Die zehn Violinsonaten von Beethoven«.

Von Einzelheiten und manchen Aspekten abgesehen, gelang der Zyklus nicht sehr überzeugend. Die äußeren Bedingungen bei der Münchner Premiere 1998 konnten an den ersten zwei Abenden nicht unterschiedlicher sein und bewiesen das offenkundige Dilemma, das sich bei Mutter-Konzerten auftut. Da saßen im bis auf die Bühne vollgepackten Prinzregententheater die Reichen, Schönen und Wichtigen in der festen Absicht, ihren Star zu feiern, ganz gleich, was auf dem Programm gestanden hätte. Dieses Eingangskonzert war als Benefizveranstaltung organisiert. Der zweite Abend fand in der für Kammermusik ungünstigen Weite der Philharmonie statt, ebenfalls bis aufs Podium überfüllt diesmal mehr von Beethoven-Kennern, Violinfreaks und Mutter-Fans, und das bei mehr als 2500 Plätzen. Am ersten Abend bot Anne-Sophie Mutter gleich die Hälfte des ganzen Korpus, die drei Sonaten op. 12, das düster-getriebene a-Moll-Werk op. 23 und nach so viel Beethoven-Neuland für dieses Happy-few-Publikum die »Frühlingssonate« F-Dur op. 24. Ein Marathon, der auch die Musiker rasch an den Rand physischer und geistiger Erschöpfung brachte.

Mit herrischer Eile und nervöser Unruhe rückte sie den drei frühen Sonaten zu Leibe. Sie wollte noch die kleinste Floskel expressiv gestalten, mochte Beethovens klare Melodielinien nicht ruhig aussingen, sondern mit problematischen Temporückungen und einem häufig allzu beschleunigten, deswegen flackernden Vibrato geradezu hysterisieren. Dabei bietet etwa die Kantilene nach dem Dreiklangsauf- und -abstieg im Allegro con brio der ersten Sonate kaum Anlaß zu Ausdrucksheftigkeiten. Beginnt man die A-Dur-Sonate op. 12,2 mit ihrer witzigen Off-Beat-Figur so schnell, wie hier geschehen, wird beim Seitenthema natürlich deutlich abgebremst. Solcherart keineswegs aus der Logik der Musik gewonnene Schwankungen verunsicherten auch das Adagio con molt'espressione der Es-Dur-Sonate op. 12,3. Die drei Sonaten gerieten überhastet in einen von zu vielen Effektsuchereien forcierten Taumel.

Die ausladenderen Formate der »Frühlingssonate« und der Dreiergruppe von op. 30 am zweiten Abend vertrugen Anne-Sophie Mutters Unrast und ihre Tendenz, der konzentrierten Entfaltung der Musik zu mißtrauen, sie dafür jedoch gewissermaßen interessant zu machen, wesentlich besser. Immer war sie darauf aus, Kontraste zu schärfen, Pointen auszureizen, dabei fast völlig auf Süße der Tongebung, Charme der Artikulation oder abgeklärten Geigengesang verzichtend. Manches Pianissimo ließ sie ins vibratolos Fahle erbleichen, als sei's von Wolfgang Rihm. Sie tupfte, riß, fetzte manche Akkorde rabiat hin fern aller Geigenschönheit und setzte selbst Phrasen der Gelassenheit unter eine Art trotziger, nötigender Spannung. Also fehlte dem Anfang der »Frühlingssonate« das Fließende, Heitere, dafür erschien er als fiebriger Wunschtraum von Entspanntheit. Die reine, schmerzliche Intimität des Adagio molto espressivo aus op. 30,1 erbebte und befremdete unter nur mühsam gezügelter, fast heiserer Intensität, die c-Moll-Sonate op. 30,2 wurde zum expressionistischen Ritt ins Finstere. Bedauerlicherweise blieb Orkis insgesamt zu beiläufig, trocken-beflissen, zuwenig ebenbürtiger Partner. Am Ende erschienen Beethovens Violinsonaten von zuviel Willensakten durchzuckt, zerfurcht von unduldsamer Aggressivität, allzu aufgewühlt von treibender Unrast.

Auch daß sie sich auf dem Cover der Neuaufnahme von Vivaldis »Quattro stagioni« wie ein Playmate lasziv räkelt und als Leiterin eines norwegischen Kammerorchesters bei dieser Produktion firmiert, nährt Befürchtungen, daß Anne-Sophie Mutter noch immer nicht den Weg in die Mitte der Musik gefunden hat, sondern dem außermusikalischen Drumherum zuviel Energie schenkt.

Frank Peter Zimmermann, geboren 1965 in Duisburg, trat zum erstenmal mit zehn Jahren auf, mit elf erntete er den ersten Preis bei »Jugend musiziert«. Zimmermann macht leicht den Eindruck des zuverlässigen, nüchternen, eher unauffälligen jungen Mannes. Solange er nicht spielt. Dann aber verwandelt sich dieser so deutsch-solide und ein bißchen bieder wirkende Musiker in einen Sarasate-Zigeuner, in einen delikat im Mozartschen Violindialekt parlierenden Kavalier oder in einen geistreichen französischen Klangzauberer. Und auch in einen totalen Geiger à la Paganini. Zimmermann bekam ersten Geigenunterricht als Fünfjähriger bei seiner Mutter, sein Vater ist Cellist der Duisburger Sinfoniker. Die weiteren Stationen: mit elf Jahren Unterricht an der Essener Musikhochschule bei Waleri Gradow, dann in Berlin bei Saschko Gawriloff, schließlich in Amsterdam bei Herman Krebbers. 1981 Debüt in der Berliner Philharmonie, Kammerkonzertreise in die Sowjetunion.

Seitdem hat Zimmermann die ganze Welt erobert. Sein wandelbarer, kraftvoller Ton setzt sich durch, sein Vibrato ist zu jedem Schwingungswechsel fähig, dem jeweiligen Musikstil und Ausdruckswert angemessen, die Flexibilität seiner

Bogenführung phänomenal. So entpuppt sich Zimmermanns relative Unauffälligkeit letztlich als selbstbewußte Gelassenheit. Denn Zimmermann hat sich unbeirrbar und bruchlos zu einem Meistergeiger allerersten Ranges entwickelt, der sich jedes musikalische Idiom anzuverwandeln und damit zu überzeugen weiß.

Man höre zum Beispiel in einer Aufnahme von 1991, wie überlegen er Erik Saties einzige Violine-Klavier-Komposition spielt. Der ganze heikle Hintersinn des merkwürdigen Mannes erscheint unverfälscht und pointiert.

Satie nannte die drei kleinen Stücke, die er 1914 komponierte, »Choses vues à droite et à gauche (sans lunettes)«, Sachen, rechts und links gesehen (ohne Brille). Diese bewußt jede Feierlichkeit vermeidenden Titel, dazu Spielanweisungen wie »mit Zärtlichkeit und Verhängnis«, richten sich gegen eine romantische Musikästhetik der Gefühlswallungen und Herzensergießungen. Satie, 1866 geboren und 1925 gestorben, war ein großer Kenner mittelalterlicher Musik. Seine absichtlich miniaturisierte Kunst mit ihrer Statik und Antiemotion wirkt bis in die jüngste Moderne fort. Zusammen mit seinem vorzüglichen Klavierpartner Alexander Lonquich entfaltete Zimmermann auch die verstecktesten Facetten Saties mit schärfster Aufmerksamkeit. Er bildete den Ton hier florettklingenartig schmal, dabei sinnlich-biegsam, um den Überraschungen Saties gewachsen zu sein. Die drei Stücke tragen die Titel »Choral hypocrite« (heuchlerischer Choral), »Fugue à tatons« (Fuge auf Zehenspitzen) und »Fantaisie musculaire« (muskulöse Fantasie).

Zimmermann versteht sich bei aller geistigen, geigerischen und klanglichen Beweglichkeit, verschiedensten musikalischen Tonfällen gerecht zu werden, als ausgesprochen deutscher Geiger im Sinne eines Georg Kulenkampff oder Adolf Busch. Daß das keine bloße Behauptung ist, zeigt sein großer Einsatz für Schumanns vom Instrument her gesehen undankbares Violinkonzert d-Moll, das der Komponist 1853 in seiner spätesten, schon von Krankheitsanzeichen überschatteten

426

Frank Peter Zimmermann,
München 1994

Phase komponierte. Die vermeintlichen Schwächen dieses komplexen Werkes, das scheinbar unschlüssige Kreisen, seine Wiederholungen, der Mangel an Balance zwischen Orchester und Geige versucht Zimmermann nicht zu verdecken, sondern er nimmt den besonderen Ton und Verlauf des späten Schumannschen Komponierens vorbehaltlos ernst. Die Kraftgesten des Anfangs werden so zum heroischen Aufschwung, für die Lyrik des zweiten Themas findet Zimmermann ein Cantabile größter Innigkeit, in den fahlen, fast ausgedörrt notenarmen Zonen der Durchführung lauert Zimmermann ohne Hektik oder aufgesetzte Dramatik und erreicht damit ein Höchstmaß an Spannung. So geschehen in einem Hamburger Konzert 1997, bei dem das Symphonieorchester des Norddeutschen Rundfunks unter Marc Soustrot Zimmermann auf diesem unheimlichen Pfad in Schumanns Tiefen und Untiefen begleitete.

Zimmermann ist ein Künstler, der den kommerzialisierten Musikbetrieb zunehmend skeptisch beurteilt. In einem Interview hat er fast wehmütig angemerkt, daß es früher ein ganzes Solistenleben brauchte, um die Welt zu erobern, während er heute in Tokio, übermorgen in Berlin und am Ende der Woche in Los Angeles auftrete. Daß er nicht mehr nein sage, sich nicht mehr Zeit ließe, begründet er damit, daß man heutzutage allzu schnell aus dem Karussell fliege. Eine unbegründete Sorge. Es wäre schön, wenn Zimmermann diese Angst, ins internationale Hintertreffen zu geraten, verlöre. Denn er gehört zu den maßstabsetzenden Violinisten der Welt.

Trat er bei Schumanns schwierigem Konzert nicht als arroganter Retter auf, sondern vielmehr und richtig als neugieriger, zugleich behutsamer Entdecker von bis dahin kaum je vernommenen Hörschätzen, so galt es bei Benjamin Brittens 1938/39 entstandenem und in den fünfziger Jahren noch zweimal überarbeitetem Violinkonzert d-Moll einen ganz anderen Weg einzuschlagen. Diese unter den düsteren und blutigen Zeichen des spanischen Bürgerkriegs und des deutschen Einmarsches in die Tschechoslowakei komponierte Musik verlangt einen riesigen erzählerischen Atem.

»Wenn man anfängt, es zu studieren, ist man zunächst tief geschockt, denn es birgt wahnsinnige technische Schwierigkeiten, fast unspielbare Dinge: Damit muß man sich über Tage und Wochen hinweg arrangieren – auch in Hinblick darauf, daß man auf dem Podium die Ruhe bewahrt«, sagt Zimmermann voller Respekt.

Beim Konzert mit dem Symphonieorchester des Bayerischen Rundfunks unter Lorin Maazel zeigte Zimmermann, wieviel virtuose Kraftentfaltung, rhythmische Energie und exzessiven Geigengesang Britten verlangt. Maazel und das Orchester assistierten anfangs etwas buchstabierend, ohne aber den Klangzauber, die Vielstimmigkeit und den symphonischen Charakter dieser Komposition wirklich auszuschöpfen. Das wäre nur mit mehr Probenzeit zu erreichen gewesen.

Das Moderato con moto beginnt magisch mit leise drohenden Paukenschlägen, denen sich die Geige mit sehnsüchtigem, meditativem Gesang entgegenstellt. Gegen Ende dieses grandiosen Satzes sind die Verhältnisse gewissermaßen umgekehrt: Die Violine ist nur noch zu einer auf der Stelle tretenden, rhythmisch sich wiederholenden kleinteiligen Hin-und-her-Bewegung fähig, während das Orchester wie ein fernes Echo jenen Sehnsuchtsgesang intoniert. Zimmermann vermochte diese Dimension von Brittens Musik mit höchster Spannung zu erfüllen. Er verlangte dafür seinem Ton einen unerhörten Farbreichtum ab, ließ die Geige singen, flüstern, aufschreien und sarkastisch lachen, schließlich stocken, ersterben. Überwältigend. Von den blitzenden Bitterkeiten des Vivacissimo fand er atemraubend in den riesigen Monolog der Cadenza, die in die Weite der finalen Passacaglia-Variationen führt. Imponierend, wie Zimmermann hier die Gefahren des Ausuferns geradezu herrisch zügelte, wie er mit bestechender Intonationsklarheit den dichten Doppelgriff- und Flageolettsatz erhellte, mit welcher Lauterkeit er Brittens Kantilenen erfüllte. Es wurde eine Demonstration musikalischer Überlegenheit. Die Ovationen beantwortete er mit Paganinis 13. Capriccio in meisterlicher Manier. Auch der Norddeutsche Rundfunk kann sich glücklich schätzen, Brittens Konzert mit Zimmermann 1994 in der Hamburger Musikhalle mitgeschnitten zu haben. Das NDR-Symphonieorchester leitete Jukka-Pekka Saraste mit großem Engagement.

Wie wohltuend, daß Zimmermann Mätzchen verschmäht, nicht in weltweiten Medienkampagnen ankündigt, was er als nächstes zu spielen gedenkt und wie er sich darauf vorbereitet. Im Gegenteil: Zimmermann verweigert sogenannte Cross-over-Produktionen, wie sie inzwischen bei einigen Solisten üblich geworden sind. Lieber läßt er seinen Plattenvertrag auslaufen. Kontinuierlich und unbeirrbar arbeitet er am Repertoire vom Barock bis zu György Ligeti und beschäftigt sich intensiv mit Kammermusik. Er bildet zusammen mit Christian Zacharias und Heinrich Schiff ein eindrucksvolles Trio. Zimmermann ist in stolzem Sinne seriös und souverän.

Bei seinem Sonatenabend mit dem Italiener Enrico Pace im Januar 2000 im Münchner Herkulessaal vermochte er so

grundverschiedene Welten, wie sie Szymanowskis »Mythen«
von 1915, Schumanns späte zweite Sonate von 1851 und
Beethovens »Kreutzersonate« von 1803 bieten, trennscharf
in ihrem jeweiligen Klangcharakter, ihrem je eigenen stilistischen Duktus, ihren je spezifischen Phrasierungsnotwendig-
keiten darzustellen. Grandios, wie er Szymanowskis schillernden, mondän virtuosen und leidenschaftlichen dreiteiligen
»Mythen« Gestalt gab: Die »Quelle der Arethusa« stob von
raffinierten Tonkaskaden, »Narcissus« erglühte in den Har-
monien seines Spiegelbilds, »Dryaden und Pan« umtanzten
sich in der Fülle der natürlichen und künstlichen Flageoletts.

Pace zeigte vor allem bei der meist in gedeckten Tonlagen
dahinjagenden Schumann-Sonate die Qualitäten eines auf
Transparenz und aufmerksames Miteinander ausgerichteten Spiels. Den beiden gelang eine denkwürdige, das selten gespielte, beargwöhnte Stück grundsätzlich rehabilitie-
rende Aufführung. Und bei der »Kreutzersonate« strahlte
besonders das häufig nur mühsam dargebotene Variationen-
Andante, weil Zimmermann jede Figur geistreich belebte
durch stets neue Beleuchtungen. Zimmermann vermittelt in
seinem Spiel etwas vom Spaß am Ernst der Musik.

Daß ein Saitenriß leicht zu beheben ist, aber trotzdem
großen musikalischen Schaden anrichten kann, ist klar. Denn
Solist und Orchester müssen den Satz wieder beginnen, aber
verlorene Spannung läßt sich selten neu herstellen. Nicht so
bei Zimmermann, als ihm – im April 2000 – im haarigen »Presto in moto perpetuo« von Barbers Violinkonzert die Saite
brach. Lächelnd wies er den noch ganz im Prestoschwung
agierenden Maazel auf das Mißgeschick hin. Der Maestro und
sein Symphonieorchester des Bayerischen Rundfunks schie-
nen richtig verdattert, als Zimmermann von der Bühne
huschte, um nach einigen Minuten mit komplettem Saiten-
chor auf der Geige zurückzukehren. Und dann fegte er dieses der Koordination von linker und rechter Hand alles ab-
forderunde, rhythmisch verzwickte Perpetuum mobile noch
geschliffener, deutlicher, virtuoser hin als beim erstenmal.

Zimmermann strahlt zur Zeit einen Glanz, eine violinistische Überlegenheit, eine geistige Beweglichkeit und eine musikalische Kraft sondergleichen aus. Als der Beifall nicht enden wollte nach einer die nachromantische Wehmut und meditative Weiträumigkeit wunderbar aussingenden Darstellung von Barbers 1939 entstandener Musik, nickte Zimmermann den Konzertmeistern, um Erlaubnis bittend, kurz zu und spielte, nein, zauberte, verwirrte, flötete und pfiff, flüsterte und sang, raste, orgelte und karikierte – Paganinis Variationen über »Nel cor più non mi sento« aus Paisiellos Oper »La molinara«. Wer das bieten will, muß sich nicht nur seiner Mittel sicher sein, sondern jenen einmaligen Überschuß an akrobatischer Risikolust haben, die aufs Hochseil führt über tödlichem Abgrund. Zimmermann überwältigte nicht nur, er schockierte Orchester und Publikum mit einer in ihrer Gelassenheit, in ihrem blitzenden Geist geradezu schockierender Demonstration höchster Geigenartistik. Danach ein Erlösungsschrei der Anwesenden, die angesichts solcher Virtuosität das Atmen vergessen hatten.

Was Frank Peter Zimmermann auszeichnet, ist bei Christian Tetzlaff, geboren 1966 in Hamburg, zugespitzter, provokativer, in gewissem Sinne raffinierter. Der blonde, jungenhaft wirkende Mann mit Brille lächelt fast spitzbübisch, wenn er sich vorm Publikum verneigt. Eine gewisse Ironie scheint bei Tetzlaff immer anwesend zu sein, so, als ob er die ritualisierte Form des bürgerlichen Konzertvergnügens mit Frack und Weihestimmung nicht mehr ganz ernst nehmen könne. Dafür aber um so mehr die Musik.

Tetzlaff begann mit sechs Jahren zu spielen, offenbar mit unüberhörbarem Talent. »Ich hatte zwei ältere Geschwister, die musizierten, und es war selbstverständlich, daß auch ich ein Instrument lernen sollte. Ich habe mit Geige und Klavier gleichzeitig angefangen, bin aber bald bei der Geige geblieben. Wenn ich pensioniert bin, fange ich wieder mit dem Klavier an! Daß ich Geiger werden wollte, war mir allerdings schon mit zehn, elf Jahren klar, ohne daß ich daraus Konsequenzen gezogen hätte. Die hat dann drei Jahre später mein Lehrer eingefordert. Trotzdem habe ich nicht fanatisch geübt, ab 14 rund drei Stunden am Tag. Nur in einer halbjährigen Phase nach Abschluß der Schule habe ich mal fünf bis sechs Stunden täglich geübt. Heute trainiere ich am Tag rund eine Stunde, und zwar das, was gerade anfällt vom nächsten Programm.«

Jedenfalls kam er mit 14 Jahren zu Uwe-Martin Haiberg nach Lübeck, der dort Kammermusik lehrt. Und die Voraussetzungen bei Tetzlaff schaffte für dessen Furchtlosigkeit vor neuer Musik:

»Uwe-Martin Haiberg hat mir bei klassischer und romantischer Musik beigebracht, daß es sich um Musiksprachen handelt und nicht um eine Anleitung zum schönen Geigen. Das hat mich ungeheuer fasziniert, daß man mit einem Toten über seine Musik und die darin klar ausgedrückten Gefühle kommunizieren, an dieser Musiksprache teilhaben kann. Die individuelle Verschiedenartigkeit der jeweiligen musikalischen Sprache war Thema des Unterrichts. Nur wenn man einen Brahms in dieser Tiefe versteht, kann man seine Gefühle miterleben. Und das ermöglicht den Zugang zur modernen Musik, bei der dieses sprachlich-individuelle Element potenziert ist. Nicht weil man zuwenig moderne Musik spielt, fehlt der Einstieg, sondern weil schon Mozart und Brahms nur nach den Lauten, die man zwar wiedererkennen kann, aber keineswegs nach Sinn und Tiefenverständnis musiziert werden.

Ich sehe das Problem eher darin, daß moderne Stücke häufig miserabel aufgeführt werden und daher nicht so überzeugen können wie eine Brahms-Sonate. Würde die auch so abgeliefert werden, würde man auch kein Publikum anziehen. Man muß moderne Musik sogar noch besser darbieten als die anderen, schon bekannten Sachen. Wenn Sie überzeugend sind in Ihrem Einsatz, dann ist etwa ein Stück wie Ligetis Violinkonzert ein absoluter Renner. Mein Ziel ist, diese Musik auf ganz natürliche Art dem Publikum vorzustellen. Aber natürlich will ich auch die ›alten‹ Stücke, also das, was ich bei ihnen für gut, wahr und schön halte, darstellen.«

1985 ging er als Stipendiat zu Walter Levin, dem Primarius des legendären LaSalle Quartet, nach Cincinnati. Im September des Jahres davor hatte er beim Münchner ARD-Wettbewerb schon den zweiten Preis gewonnen. Eine kontinuierliche, nahezu unauffällige Vorbereitung einer Solistenkarriere, die dann allerdings mit einem sensationellen Paukenschlag begann. Tetzlaff trat bei den Münchner Philharmonikern auf unter Sergiu Celibidache, aber nicht mit Bruch, Mendelssohn-Bartholdy, Tschaikowski, sondern mit Schönbergs problematisch-sperrigem Violinkonzert. Schon bei den Proben imponierte er dem Orchester und faszinierte den Maestro, der sich dieses selten gespielte und wegen seiner klanglichen und technischen Anforderungen gern umgangene Konzert selbst erst erarbeiten mußte, um, wie er voller Bewunderung bemerkte, »mit diesem jungen Teufel mithalten zu können«. Die Konzerte wurden zum absoluten Triumph für Tetzlaff und für das sonst so scheel angesehene Schönberg-Konzert, Orchester und Dirigent waren von ihrem Solisten restlos begeistert (ein Triumph, den man bei den Berliner Festwochen erneuerte).

Der Jubel erzwang eine Zugabe, und Tetzlaff spielte einen Satz aus der zweiten Partita h-Moll von Bach. Hatte er eben noch Schönberg mit sinnlich-glanzvollem Spiel zum Sieg verholfen und den so oft behaupteten Grauschleier von dieser expressiven, auch knorrigen Musik weggewischt, so verblüffte er jetzt durch raffinierte Dynamik, raschen Puls und eine Tongebung, die keinerlei falsche Bach-Heiligkeit aufkommen ließ. Das war plötzlich elegante, tänzerische Musik für einen souveränen Virtuosen. Endgültig war danach klar, daß zu Mutter und Zimmermann ein dritter Star gehört, der vielleicht brillanteste, am meisten ausgereifte, obwohl der jüngste.

Tetzlaff hat Bachs Solosonaten und -partiten fünf Jahre später eingespielt. Und wenn auch nicht der unwiederholbare

Zauber jenes Sieges von München mitschwingen kann, so sind die Lebendigkeit des schlanken, hier federnd-leichten Tons, die makellose Intonation, die weiche, immer frei klingende Akkordbrechungstechnik und die kluge Strukturierung und unmißverständliche Artikulation dieses Bach-Spiels etwa in der Allemanda der h-Moll-Partita nur zu bestaunen. Insgesamt ist die Aufnahme allerdings allzu geschwind im Tempo geraten.

Tetzlaffs Lust auf die Verschiedenartigkeit der Klänge und Stile, sein Interesse an bisher kaum gewürdigter und unentdeckter Musik, sein Vergnügen an Kammermusik in unterschiedlichen Besetzungen und seine bisher weise Beschränkung auf nicht mehr als 80 Konzerttermine im Jahr, das alles zeigt, wie verantwortlich und bewußt dieser Künstler mit sich und der Musik umgeht. Da wächst einer ohne Hysterie, will einer nicht die Möglichkeiten beschneiden, in Ruhe und konzentriert musikalische Erfahrungen zu sammeln.

1994 tat sich Tetzlaff mit dem genial begabten norwegischen Pianisten Leif Ove Andsnes zu einem Duo zusammen. Manche sprachen von der unvereinbaren Kombination von Feuer und Wasser. Aber die beiden Musiker bewiesen, daß die produktive Spannung zwischen ihnen die Musik, die sie zusammen spielten, geradezu elektrisierte. Zum Beispiel in Ravels Violinsonate, an der der Komponist rund vier Jahre von 1923 bis 1927 arbeitete, weil er die Unverträglichkeit zwischen Streichinstrument und Klavier betonen und dennoch einen musikalisch sinnvollen Zusammenhang herstellen wollte. Der zweite Satz, Moderato, ist als Blues konzipiert, die Geige tritt in der Maske eines Bluessängers auf mit ausgeprägten Glissandi in dem sich wild steigernden Gesang und mit heftigen Banjoeffekten. Hört man die Aufnahme von 1994, erscheint Tetzlaff als der Ekstatiker und Andsnes als derjenige, der das Fundament sichert. Die Unmittelbarkeit des Zugriffs, die absolut freie Balance zwischen den so entgegengesetzten Instrumenten, die genau kalkulierten Jazzeffekte, die grandios ausgezogene Expansionslinie dieses Mei-

Christian Tetzlaff,
München 1993

sterwerks, das alles ergibt einen Blues im Lichte Ravels und
einen Ravel im Banne des Jazz, wie es besser nicht sein kann.

Bei seinen Streifzügen durch das verdrängte oder ins
Dunkel geratene Repertoire hat Tetzlaff, dessen Geschwister
übrigens auch begabte Musiker sind, das Licht auch auf
Werke gerichtet wie die Violinsonate und die Solosonate des
weltberühmten Pianisten Artur Schnabel, dessen umfangreiches kompositorisches Schaffen noch kaum gesichtet, geschweige denn aufgeführt worden ist. Und Tetzlaff hat wieder
auf ein Stück aufmerksam gemacht, das 1926 im Konzert
der Internationalen Gesellschaft für Neue Musik in Zürich
gefeiert wurde: das Konzert für Violine und Blasorchester
von Kurt Weill. Es ist Weills erfolgreichste Instrumentalkom-

position bis zu seiner Emigration 1933 gewesen. Widmungsträger war der große Joseph Szigeti, aber uraufgeführt wurde
es von Marcel Darrieux in Paris 1925. Weill war damals
24 Jahre alt und hatte gerade seine Studien bei Ferruccio
Busoni abgeschlossen. Doch Weills charakteristisch direkter,
neusachlicher Ton prägt das Konzert, mögen auch manche
harmonischen und melodiösen Wendungen an Busonis klassi-
zistischen Stil erinnern. 1994 nahm Tetzlaff Weills Violinkonzert mit der Deutschen Kammerphilharmonie auf. Besonders der letzte Satz, »Allegro molto, un poco agitato«, hat die
Lakonie und Knappheit des typischen Weillschen Tonfalls.
Wieder hatte sich Tetzlaff chamäleonartig verwandelt: ein
kleineres, schneller schwingendes Vibrato, der Ton fast gläsern in der Melodie und angespitzt in den schnellen Passagen,
dazu der trockene Blechbläserklang der Kammerphilharmonie. Es klingt, als träte nebenan Claire Waldoff auf und säße
Alfred Kerr im Parkett.

Mit welcher Freude Tetzlaff auch reine Virtuosität, Süße
des Tons, Schönheit der Geigenmelodie bieten kann und will,
ohne je zu schmieren, zu drücken oder zu blenden, zeigt die
Zugabe, die er nach einem Konzert im Kieler Schloß 1993
spielte. Es ist der dritte Satz, Allegretto poco scherzoso (amabile), aus der ersten Solosonate von Eugène Ysaye. Ysaye
schrieb den Zyklus seiner sechs Solosonaten 1923. Jede der
Sonaten ist einem großen Violinkollegen gewidmet, jede von
ihnen versucht etwas vom spezifischen Charakter des Wid-
mungsträgers in der Musik zu bewahren. Die erste Sonate ist
Szigeti zugeeignet, einem Mann, der dem Neuen in der Musik
seiner Zeit vorbehaltlos zugeneigt, der aber auch ein großartiger Musiker im traditionellen Repertoire war. Von ferne
erinnern die Persönlichkeit, die musikalische Vielseitigkeit
und der Ernst Tetzlaffs an Szigeti. Jedenfalls zeigte er an
jenem Abend 1993 dem begeisterten Publikum in Kiel, wie
geistesklar, klanggeschmeidig und artistisch diese eigentümliche Virtuosenmusik glänzen kann, wenn man das »Allegretto poco scherzoso (amabile)« so hinzaubert wie er.

Der erfüllte Augenblick

David Oistrach

Überwältigende Elastizität, ein nie greller, immer edler Glanz, Unmittelbarkeit der Phrasierung und Sicherheit der Artikulation, leidenschaftliche Aufmerksamkeit, die jedes Detail beachtet und zugleich das Ganze nie aus dem Sinn verliert, schließlich ein unvergleichlicher Wärmestrom im voluminösen, zugleich immer gefaßten, zu jeder dynamischen Schattierung fähigen Ton – all das zeichnete David Oistrach aus, dessen unwiderstehliches Charisma ohne jede Allüre auskam, dessen enormes Temperament sich nie berserkerhaft austobte, dessen virtuoser Reichtum nie eitel demonstriert wurde.

Bei Oistrach gab es keine Wunderkindkarriere, keine ausgesprochene Jugendphase. Oistrach war die Inkarnation des erwachsenen, souverän gestaltenden Meisters, der unmißverständlich männliche Kraft, väterliche Güte und Strenge zugleich ausstrahlte. Seine stämmig-runde Erscheinung, die jeglichem Gedanken an Teufelsgeigerisches kraß widersprach, vermittelte Sicherheit, Geradlinigkeit, Unerschütterlichkeit. Weltweit breitete sich eine Atmosphäre grenzenlosen Vertrauens im Publikum aus, wenn er auf der Bühne stand. Dieser bei aller Freundlichkeit und Bescheidenheit stolze Mann war ein Bollwerk gegen Exzentrik jeder Art: kein Virtuosenfirlefanz, keine Mimosenhaftigkeit, kein Schwanken zwischen

Marotte oder Geniestreich. Bei Oistrach stand unabweisbar die Musik im Zentrum, ob Bach oder Beethoven, Tschaikowski oder Sibelius, Sarasate oder Wieniawski, Bartók oder Schostakowitsch, ob Solokonzert oder Kammermusik.

Ein so unzweideutiges Vorbild, daß er heutige junge Geiger wenig zu faszinieren scheint. In ihren Geigenkästen gibt es Photos von Heifetz, Kreisler, vielleicht von Perlman oder Mutter, aber kaum eins von Oistrach. Den Assoziationen »reifer Meister, Vater, Lehrer« mangelt es am bengalischen Feuer des Genialen, nie Dagewesenen, Sensationellen. In seinen Worten klingt das aber so: »Lebenskenntnis, Lebenserfahrung und Reife zwingen zu weiterer Vervollkommnung, zur Suche nach neuen Möglichkeiten in der Kunst der Darbietung, zur Überprüfung des bereits Erreichten, zur Lösung neuer Aufgaben. Ohne das kann kein Künstler leben.«

Oistrachs Genie bestand darin, den Geist der jeweils zu spielenden Musik ungetrübt und unmittelbar erscheinen zu lassen. In gewisser Weise war und ist er eine Summe der Geigerei im 20. Jahrhundert: Er versammelte in seinem Spiel technische Perfektion, Schönheit, Größe und Wandelbarkeit des Tons, individuelle Expressivität und Selbstkontrolle, darstellerische Disziplin und Spontaneität. Oistrach erreichte so die Gegenwart jenes Augenblicks, von dem es heißt: »Verweile doch, du bist so schön!«

Beethovens »Frühlingssonate«, die fünfte seiner Sonaten für Pianoforte und Violine, in F-Dur verlangt das alles, damit sie selbstverständlich und klar, gewissermaßen einfach und schön ertönen kann, Musik – ein gelassen, entspannt dahingleitender Fluß, »legatissime e molto cantabile«. Weil Oistrach seine Energie zu hellster Geistesgegenwart läuterte, um auf der Höhe dieser Musik zu sein, sie zu erleben und damit erlebbar zu machen, erklingt die »Frühlingssonate« in der Aufnahme, die Oistrach und Lew Oborin 1962 in Paris machten, ursprünglich und frei. Hier wird nicht aus dem Bauch heraus gespielt, nicht einem sogenannten musikantischen Instinkt gefolgt, sondern hier sind zwei Musiker am Werk, für die Sinnlichkeit und Perfektion ihres Spiels nur Bedingungen sind, damit der Geist dieser Beethovenschen Musik entstehen kann. Selbst Münchens damals größten Saal, den akustisch und ästhetisch unwirtlichen Kongreßsaal – heute umgebaut zum Forum der Technik –, durchdrang und verzauberte Oistrach 1969 mit dem Anfang der »Frühlingssonate«, als gebe es keine äußeren Umstände, die die Musik beeinträchtigen könnten.

Oistrach wurde 1908 in Odessa als Sohn eines Angestellten und einer Opernchorsängerin geboren. Mit dreieinhalb Jahren bekam der kleine David eine Spielzeuggeige geschenkt: »Ich stellte mir genußvoll vor, ein Straßenmusikant zu sein, ein trister Beruf, der in jener Zeit in Odessa sehr verbreitet war. Mir aber schien, daß es kein größeres Glück geben könne, als mit der Geige durch die Höfe zu ziehen.« Zwei Jahre später begann Oistrach auf einem richtigen Instrument. Einerseits ging er im Musikunterricht auf und liebte es, mit in den Orchestergraben der Oper genommen zu werden, wo der Kleine sich neben den Dirigenten stellte. Andrerseits hatte er begreifliche Ressentiments gegen das Üben und schnitt schon mal zum Ärger von Eltern und Lehrer die Saiten seiner Geige durch, meist zum Wochenende, damit keine neuen mehr besorgt werden konnten. Mit der Drohung, ihn nicht mehr in die Oper mitzunehmen, gelang es Mutter Oistrach, den rebellischen Sohn zu disziplinieren.

David kam zu Pjotr Stoljarski, dem bedeutendsten Violinlehrer in Odessa. Stoljarski spielte auch im Opernorchester und hatte dort den musikbegeisterten Knaben stehen sehen. Seine Nase für Talente wurde bestätigt: Oistrach wurde Stoljarskis bester Schüler. Zum Unterricht gehörten auch das Erlernen der Bratsche sowie Teilnahme an Kammermusik und Orchesterspiel. Zahlreiche Schulkonzerte minderten das Lampenfieber. Stoljarski, der auch den ungestümen Nathan Milstein zur Konzertreife geführt hatte, bildete David kontinuierlich und umfassend aus in einer Zeit, in der Odessa schwer unter dem Ersten Weltkrieg und den nach der Revolution 1917

439

einsetzenden Bürgerkriegswirren litt. Allein in den ersten drei Monaten nach dem Oktober 1917 wechselte die Regierungsgewalt 14 mal. Erst ab 1920, mit der endgültigen Etablierung des Sowjetsystems, minderten sich die Leiden der Bevölkerung in Odessa.

Mit 15 Jahren trat Oistrach, jetzt schon Konservatoriumsstudent, zum erstenmal mit Orchester auf, ein Jahr später, 1924, gab er seinen ersten Soloabend mit Bachs a-Moll-Violinkonzert, Tartinis »Teufelstrillersonate«, Sarasates »Zigeunerweisen« und allerlei Virtuosenstücken. Wieder zwei Jahre später schloß Oistrach das Konservatorium mit Erfolg ab. Neben Bach, Tartini und Rubinschtein wählte der 18 jährige ein zeitgenössisches Stück, Prokofjews erstes Violinkonzert, 1917 vollendet. Charakteristisch für Oistrach, der sich von Beginn an nicht als Virtuose, sondern als Musiker im umfassenden Sinn verstand.

Die erste Begegnung zwischen Prokofjew und dem gerade 18 jährigen Oistrach verlief unglücklich. David sollte zu Ehren des Komponisten bei dessen Besuch in Odessa das Scherzo aus dem ersten Violinkonzert vortragen. Aber Prokofjew war entsetzt. Noch auf dem Podium vor Publikum herrschte er Oistrach an: »Junger Mann, Sie spielen grundverkehrt!« und erläuterte dem Erschrockenen die Prinzipien seiner Musik. Seit den dreißiger Jahren waren die beiden dann befreundet, Oistrach spielte die Uraufführung der beiden Violinsonaten, deren Violinparts er auch hatte redigieren dürfen und die ihm gewidmet sind.

1920 hatte Prokofjew fünf Melodien ohne Text op. 35 für Gesangsstimme und Klavier geschrieben, die er 1925 für den polnischen Geiger Pawel Kochański umarbeitete. Diese Violinfassung lernte der junge David, noch bevor es zur eben beschriebenen prekären Begegnung kam. Er hat sie zeitlebens im Repertoire gehabt. Bei einem Konzert in Prag 1969 gelangen Oistrach mit seiner langjährigen Begleiterin Frieda Bauer besonders die letzten drei Stücke des kleinen Zyklus: »Animato, ma non allegro«, »Allegretto leggero e scherzando« und

David Oistrach,
Warschau 1969

»Andante non troppo«. Selbstverständliche und schlichte
Violinkunst, hinter der aber die Erfahrung und Intensität
eines ganzen Solistenlebens stecken.

Auch die Odessaer Kritiker bemerkten von Anfang an, daß
dieser Geiger bei aller technischen Brillanz, bei aller Energie
seines weithin tragenden Tons stets auf den Geist der Musik
zielte. Nach wachsendem Erfolg in der ukrainischen Provinz
luden Alexandr Glasunow und der Dirigent Nikolai Malko
Oistrach nach Leningrad ein. Oistrach überzeugte das Groß-
stadtpublikum und siedelte 1928 von Odessa nach Moskau
um. Er war seit dem Konservatoriumsabschluß gewissermaßen sich selbst überlassen und lernte jetzt die Möglichkeiten der Großstadt kennen. Hier traten Joseph Szigeti und

Fritz Kreisler auf, Béla Bartók gab Klavierabende, von der russischen Pianistenschule ganz zu schweigen. Dazu Oper, Theater, Kino, Bibliotheken. Der junge Violinist bildete sich vielfältig, übte an seiner Vervollkommnung und konzertierte in allen Städten der Sowjetunion.

1930 begann der wirkliche Aufstieg: erster Preis im ukrainischen Wettbewerb von Charkow, 1935 Sieger im Allunionswettbewerb, Schostakowitsch war von der »ungeheuren Leichtigkeit« dieses Spiels fasziniert, nach seinen Worten wußte jeder im Saal, »daß er der Geburt eines Meisters beiwohnte«.

Noch im selben Jahr trat Oistrach in Warschau beim Wieniawski-Wettbewerb an, zum erstenmal war er im Ausland, zum erstenmal sollte er sich ausländischen Geigern stellen, er bebte vor Lampenfieber. Am Ende wurde der 26jährige der glänzendste zweite, der sich denken läßt, nur geschlagen von einer erst 16 Jahre alten Ausnahmeerscheinung aus Frankreich: Ginette Neveu, deren Begabung auch Oistrach vorbehaltlos anerkannte. Umgekehrt schrieb ihm die Französin, sie erzähle zu Hause allen, was für ein »überragendes Talent Sie sind«.

1934 wurde er Dozent am Moskauer Konservatorium, 1938 Professor, seit 1950 leitete er die Violinabteilung, aus der so großartige Schüler wie der Sohn Igor Oistrach, Waleri Klimow, Viktor Pikaisen, Liana Issakadse, Oleg Kagan und Gidon Kremer hervorgingen, um nur die berühmtesten zu nennen.1937 entschied sich Oistrachs Karriere endgültig, er gewann den Ysaye-Wettbewerb in Brüssel vor einer Jury, in der unter anderen Carl Flesch, Jacques Thibaud, Joseph Szigeti, Georg Kulenkampff und Mathieu Crickboom saßen. Zweiter wurde Ricardo Odnoposoff.

Zum Pflichtprogramm in Brüssel gehörten selbstverständlich die sechs Solosonaten von Eugène Ysaye. Jedes dieser höchst eigentümlichen Stücke ist dem musikalischen Charakter eines großen Kollegen Ysayes gewidmet. Oistrach trug während des Wettbewerbs die vierte Sonate vor, die Kreisler zugeeignet ist. Aus den frühen fünfziger Jahren stammt eine Aufnahme mit der bekanntesten Sonate des Zyklus: der dritten für George Enescu. Das Stück ist einsätzig, eine wie improvisiert wirkende Ballade. Auf das lauernde Brüten der Introduktion, die sich erst allmählich ins Hellere aufschwingt, folgt das leidenschaftlich expansive Thema. Oistrach formuliert nicht nur das fahl Suchende des »Lento molto sostenuto« der Einleitung breit und mit größter Ausdrucksdichte aus, er riskiert auch für das »Allegro in tempo giusto e con bravura« ein so gezügeltes Tempo, das die heroische Geste und die schmerzliche Gezacktheit des Themas geradezu monumental erscheinen können. Was gern als kraftzehrende Zugabe in den Saal gewuchtet wird, dem gibt Oistrach die Würde großer Musik zurück. Zu Recht, denn Ysaye beschwört mit unvergleichbarer klanglicher und formaler Originalität den Geist Enescus aus dem Geist des Instruments.

Der Erfolg von Brüssel zog eine Konzertserie in belgischen und holländischen Städten nach sich. Aber auch in Paris trat er auf und in der sowjetischen Botschaft in London. Oistrach wurde einhellig gefeiert. Doch der Krieg verhinderte fürs erste die Weltkarriere. Oistrach spielte bis zur Erschöpfung im umkämpften Moskau, aber auch im belagerten Leningrad, in Swerdlowsk, Tscheljabinsk, Magnitogorsk und anderen Städten. Dazu nahezu täglich Rundfunkauftritte. In den ersten Kriegsjahren gründete er mit dem Pianisten Oborin und dem Cellisten Swjatoslaw Knuschewizki ein dann legendäres Trio.

Wie Oistrach Mitte der vierziger Jahre spielte, belegt eine Aufnahme des Violinkonzerts D-Dur von Aram Chatschaturjan, 1940 komponiert und Oistrach gewidmet. Chatschaturjan, 1903 in Tiflis geboren, 1978 in Moskau gestorben, studierte erst Violoncello, dann Komposition bei Nikolai Mjaskowski. In den vierziger bis sechziger Jahren galt er als der dritte große sowjetische Komponist neben Prokofjew und Schostakowitsch. Doch seine attraktiv-gefällige, häufig frischreißerische, von armenischer Folklore geprägte Musik hat inzwischen ihren Kredit relativ eingebüßt. Oistrach arbeitete an der Entstehung des Violinkonzerts mit, regte den Komponisten zu Korrekturen am Solopart an und schrieb später auch eine eigene Kadenz dazu. Der Gefahr, sich von der Süffigkeit und Eingängigkeit dieser effektvollen Musik distanzlos mitreißen zu lassen, setzte Oistrach seine Seriosität, seinen Witz und die Noblesse seines gegen jede Aufdringlichkeit immunen Tons entgegen. Vor allem im zweiten Satz, Andante sostenuto, der leicht in reine Sentimentalität und sogar in Süßlichkeit geraten kann, vermochte Oistrach mit einer einzigartigen Mischung aus Hingabe und Kontrolle den Ernst und die verzehrende Sehnsucht dieser Musik darzustellen. Sein Ton leuchtet in geradezu südlichem Feuer, er zieht den Satz als eine riesige, sich stetig steigernde Gesangslinie auf. Niemals verfällt Oistrach, bei der Aufnahme mit dem staatlichen Orchester der UdSSR unter Alexandr Gauk 36 Jahre alt, in ein nur mechanisches Vibrato, niemals forciert er die Klangpracht seines Tons. So wird dieses farbenreiche Andante sostenuto aus Chatschaturjans Violinkonzert zu einer Demonstration makellosen, freien, stets seiner Kraft und seines Glanzes bewußten Geigens und Musizierens.

Nach Kriegsende ging Oistrach sofort wieder auf Tournee durch Bulgarien, Jugoslawien, die Tschechoslowakei, Rumänien und Österreich. 1954 eroberte er Südamerika und England und gastierte zum erstenmal in der Bundesrepublik, 1955 in Japan und dann in den USA. Oistrachs Debüt in der New Yorker Carnegie Hall fand mittags statt, am Morgen trat Mischa Elman auf, der um 1900 als erster den Weltruhm der russisch-jüdischen Violinisten begründet hatte. Das Abendkonzert nach Oistrach gab Nathan Milstein. Was für ein Rahmen, was für ein geradezu furchtbarer Anspruch an den Debütanten! Oistrach siegte souverän. Bei seinem zweiten Auftritt, ein paar Tage später, saß sozusagen alles, was an der Ostküste Geige spielen konnte, im Parkett: Kreisler und Elman, Zino Francescatti und Milstein, Samuel Dushkin, für den Strawinsky sein Violinkonzert komponiert hat, und Isaac Stern, außerdem der Bratscher William Primrose, der Dirigent Pierre Monteux, die Sopranistin Elisabeth Schwarzkopf und der Baß Paul Robeson. Spätestens nach diesem Konzert galt Oistrach nicht nur als einer der bedeutendsten Geiger, sondern als einer der größten Musiker des Jahrhunderts.

Auf dieser Amerikatournee spielte Oistrach auch das erste Violinkonzert a-Moll von Schostakowitsch, das er im selben Jahr 1955 in Leningrad gerade uraufgeführt hatte. Ein Wagnis, auf einer Debütreise einem eher konservativen Publikum ein so neutönendes Werk zu bieten. Aber Oistrach blieb sich treu, jeder Routine auszuweichen. Die New Yorker Philharmoniker unter Dimitri Mitropoulos machten mit ihm diese amerikanische Erstaufführung, von der es zum Glück einen Rundfunkmitschnitt gibt, zu einem epochalen Ereignis.

Schostakowitsch hatte Oistrach schon Mitte der dreißiger Jahre kennengelernt. daraus entwickelte sich allmählich eine immer engere Freundschaft. Schostakowitsch spielte Oistrach und dessen Sohn Igor 1948 die erste Fassung dieses gloriosen Stückes vor, gab es aber erst nach intensiver Umarbeitung 1955 frei. Nach mehr als einem Dutzend Proben im Beisein des Komponisten gelang Oistrach, dem Schostakowitsch die Komposition widmete, und den Leningrader Philharmonikern unter Jewgeni Mrawinski eine nach allen Zeugenberichten bewegende Uraufführung.

Doch das Fieber, die nervenzerfetzende Spannung, die über der New Yorker Aufführung lagen (und sich sogar über die Aufnahme direkt mitteilen), als diese Musik eines als Stalinisten verleumdeten Komponisten in der Carnegie Hall ertönte, gespielt vom bedeutendsten Geiger des Erzgegners, waren einmalig. Dabei hatte sich der impulsive Mitropoulos mit seinen New Yorker Philharmonikern gewiß nicht mit jener Probenzahl in die schwierige Partitur eingearbeitet wie der für seine unerbittliche Gründlichkeit bekannte Mrawinski mit seinen Leningradern. Dementsprechend wackelte manches bei den Amerikanern, auch sind Intonationsprobleme der Bläser nicht zu überhören. Aber der Geist, der diese Aufführung beseelte und beflügelte, war übermächtig und ließ niemanden los. Schon nach dem Scherzo riß es das Publikum zu spontanem Beifall hin.

Das viersätzige Werk beginnt mit einem düsteren, sich grimmig aufschwingenden Nocturno. Oistrach spielte das mit einer unerhörten Nervigkeit, die kein Nachlassen in Ton und Konzentration kennt, es ist eine unmißverständlich bittere, zehrende Klage bis zum Schrei hin. Dann folgt ein knappes, rhythmisch für Orchester und Solist vertracktes, sarkastisches Scherzo. Oistrach zügelte herrisch das Tempo, um jede rhythmische Finesse mit sozusagen böser Lust auszukosten. Der Satz droht zu explodieren. Die sich mächtig entfaltende anschließende Passacaglia kulminiert in einer 119 Takte langen Solokadenz, von der es unmittelbar in die rasende Finalburleske geht. Daß Schostakowitsch mit den unerschöpflichen geistigen und physisch-technischen Möglichkeiten Oistrachs rechnete, mit seiner Fähigkeit, auch größtformatige musikalische Zusammenhänge in einem Bogen zu spannen, vermittelt die Solokadenz. Der Solist muß hier rückhaltlos alles geben. Der langsame, fast quälende Anstieg führt die Geige in immer erregtere Ekstase, es ist ein monumentaler, nahezu exhibitionistischer Monolog, der sich dann in verzweifelter Ironie in die Schlußburleske stürzt.

Die ungeheuren Dimensionen dieses phänomenalen Stückes finden ihre Entsprechung in Oistrachs gestalterischer Souveränität, seinem unwiderstehlichen Darstellungswillen, seiner tonlichen und musikalischen Kraft. Trotz aller Exaltiertheit, aller schmerzvollen Dramatik wird sein Spiel niemals ruppig oder brutal. Die Ausdrucksintensität, die Unbedingtheit dieser musikalischen Sprache vermochte Oistrach so reich auszuformulieren, so vielfältig zu artikulieren und so mit der Macht emotionaler Hingabe zu erfüllen, daß nur dankbares Staunen bleibt. Auch das zweite Violinkonzert von 1967 und die Violinsonate von 1968 hat Schostakowitsch für Oistrach geschrieben.

Oistrach sollte bei seinen Welttourneen nach dem Willen der sowjetischen Machthaber immer auch Repräsentant für die Musikausbildung der Sowjetunion sein, Vertreter eines siegreichen Systems. Oistrach, Mitglied der kommunistischen Partei seit den frühen Kriegsjahren, verdeutlichte aber etwas ganz anderes, und dafür wurde er überall bewundert und gefeiert: die Einmaligkeit musikalischen Erlebens. Daß er als der Meister für die russischen Komponisten angesehen wurde, versteht sich von selbst. Auch für die Konzerte von Brahms und Sibelius galt er als der ideale Spieler. Wo andere Mühe hatten, sich gegen die Orchesterfluten durchzusetzen, da konnte Oistrach die ganze Fülle seines machtvollen Tons entfalten. Wo andere mit forciertem Bogendruck der Geige fast Gewalt antun, gewann Oistrach durch sein unübertreffliches Legatospiel die Klanghoheit in den Sälen der Welt. Kein anderer Geiger konnte das Gewicht des Armes so weich und dennoch kraftvoll durch Bogenzug und -schub auf die Saiten übertragen wie Oistrach.

Obwohl Oistrach seinen Ton den verschiedensten Individual- und Epochenstilen ungemein flexibel anpassen konnte, wurden seine Auseinandersetzungen mit barocker und Wiener klassischer Musik kritisiert: er romantisiere Beethoven, verdicke Mozart, habe zu Bach kein wirkliches Verhältnis. Tatsächlich hat Oistrach die Charakteristika seines Geigens nie verleugnet. Selbstverständlich klang Bach oder Mozart bei ihm nicht nach historischer Aufführungspraxis. Aber wie wunderbar elastisch und sinnlich Mozart tönt, wenn die Feinheit der Tongebung, die Präzision der Artikulation, die Qualität der Register aus einer Position der Kraft gewonnen werden, dokumentiert eine Aufnahme von 1965. Oistrach spielt da mit dem Orchestre des Concerts Lamoureux unter Bernard Haitink Mozarts erstes Violinkonzert B-Dur, 1775 entstanden. Vor allem der Kopfsatz, Allegro moderato, erscheint so lebendig und frisch, als sei er eben erst komponiert worden. Oistrach läßt sich nicht einschüchtern, sondern läßt mit silbrig leuchtendem Diskant, sonorer, aber

schlanker Tiefe und Mittellage Mozarts Cantabile nicht kurzatmig verhungern. Und die Geläufigkeitspassagen opfert er
nicht der problematischen Stakkatoästhetik vermeintlicher
Authentizität. So elegant und überlegen Oistrach Mozart
verlebendigt, so eckig, ja, manchmal grob begleitet leider das
Orchester.

Anfang der sechziger Jahre begann Oistrach neben seinen
zahllosen Soloverpflichtungen auf nahezu ununterbrochenen
Tourneen rund um die Welt, neben seiner intensiven Arbeit
als Lehrer am Konservatorium, mit dem Dirigieren. Oistrachs
unzähmbare Arbeitslust und -wut wurde also noch einmal
gesteigert. Aber 1964 erlitt er den ersten schweren Herzanfall,
der den Unermüdlichen zu langer Pause zwang. Aus der
ganzen Welt kamen Genesungswünsche, darunter von Pablo
Casals, Yehudi Menuhin, Darius Milhaud. Doch Oistrach
vermochte, aller Einsicht zum Trotz und voller Sehnsucht
nach einem ruhigeren Leben, sein Pensum nicht einzuschrän-
ken, 1966 traf ihn der zweite Herzanfall, diesmal in London,
und 1973 lag er wieder monatelang in der Klinik. Das Herzleiden verließ diesen scheinbar herkulisch starken Mann nicht
mehr, der in seinen letzten Briefen die Fron und die brutalen
Zwänge hinter den Erfolgen beschrieb: »Ich habe in meinem Leben immer sehr viel arbeiten müssen ... Fühle mich
schlecht, völlig übermüdet. Die Reisen werden unerträglich.
Die Sehnsucht nach einem eigenen Winkel macht jede Reise zur Qual ... Wir leben in einem schweren, schier uner-
träglichen Tempo.« In der Nacht vom 23. zum 24. Oktober
1974 ereilte Oistrach in Amsterdam nach einem triumphalen
Konzert als Dirigent des Concertgebouw Orkest im Hotel
der Tod.

Obwohl Oistrach seinen sieben Jahre jüngeren Landsmann
Swjatoslaw Richter schon als Kind in Odessa kannte und
später den Aufstieg dieses, das Wort sei erlaubt, titanischen
Pianisten begeistert miterlebte, trafen die beiden erst Ende

der sechziger Jahre, nach dem Tod von Oistrachs ständigem Partner Oborin, zu gemeinsamem Musizieren zusammen. 1967 spielten sie zum erstenmal öffentlich auf Richters Musikfestival in der Touraine. Ein Jahr später traten sie im Großen Saal des Moskauer Konservatoriums anläßlich des 60. Geburtstags von Oistrach auf.

Als Schlußstück des Programms wählten sie die Violinsonate A-Dur von Franck, die dieser 1886 für Eugène Ysaye geschrieben hatte. Wollte man jemandem, der noch nie etwas von Oistrach gehört hat, ein Tondokument vorführen, das etwas von der unvergleichlichen Kunst dieses Meisters – wie schemenhaft auch immer – vermitteln kann, dann sollte man zum Live-Mitschnitt dieses Konzerts greifen. An jenem Moskauer Abend 1968 gelang eine Aufführung der Franck-Sonate, die nicht nur dieses geniale Werk in seiner ganzen Vitalität und Schönheit erstrahlen ließ, sondern zugleich zeigte, was es heißt, wenn zwei Musiker höchsten Ranges wirklich nichts anderes tun als miteinander Musik machen. Mit dem ersten Akkord des Klaviers und dem ersten Einsatz der Violine breitete sich ein unglaublicher Zauber aus, der Zauber des spontanen Dialogs zweier hochgespannter Künstlerseelen. Einwürfe, Fragen, Antworten, Zustimmungen, rauschhafte Steigerungen, kühne Einfälle, meditatives Innehalten und triumphierendes Miteinander – Francks Sonate, neu erschaffen aus dem Augenblick eines sich an diesem Schöpfungsvorgang inspirierenden Zusammenspiels ohnegleichen.

Das Finale dieser zyklisch gebauten Sonate, die sich aus einem Kernmotiv entwickelt, steigert sich in einen mitreißenden Rausch. Beide Instrumente feuern sich gegenseitig an, jagen einander, um dann am Höhepunkt zu einem unerhört weiten Bogen anzusetzen. Es ist, als öffne ein riesiger Vogel seine Schwingen zum Flug. Niemand außer Oistrach besaß für diesen Flug die richtige Spannweite und die hier geforderte Legatokraft. Es ist, als habe der Meister einen doppelt so langen Bogen wie alle anderen. Und Richter fliegt begeistert und begeisternd mit.

Die Einmaligkeit und die historische Bedeutung Oistrachs auch für die Zukunft hat einer seiner größten Vorgänger in nüchterne Worte gefaßt, Fritz Kreisler: »Oistrach hat eine Eigenschaft, die vielen abgeht. Er spielt nicht zu schnell. Heute ist das etwas Seltenes. Wir leben in einer Zeit des Geldes und der Kraft, der Gewalt und vor allem des Tempos.«

Danksagung

Diesem Buch liegt eine Reihe zugrunde, die der Norddeutsche Rundfunk von 1995 bis 1997 in seinem Dritten Programm sendete. Initiator und verantwortlicher Redakteur war Hanjo Kesting, der mich trotz meiner Bedenken und Zweifel unwiderstehlich überzeugte, dieses umfangreiche Vorhaben in Angriff zu nehmen. Ohne die freundschaftliche redaktionelle Betreuung durch Eveline Petzoldt und Leyla Balki hätte ich viele verborgene Schätze aus den Rundfunkarchiven nicht zu hören bekommen, die die Wertungen und Einschätzungen dieses Buches entscheidend beeinflußt haben. Von zentraler Bedeutung waren die Gespräche, Hinweise und Anmerkungen mit und von Wolfgang Schreiber. Joachim Kaisers animierendes Interesse ehrte das Projekt.

Daß schließlich ein Buch aus der jahrzehntelangen Beschäftigung mit dem Spiel der großen Violinisten geworden ist, verdanke ich meinem Verleger Viktor Niemann, meinem immer neugierigen, mich antreibenden Lektor Klaus Stadler, dem Hersteller Markus Dockhorn und der redigierenden Sorgfalt von Uwe Steffen und Fritz Göttler. Walter Lebert Dank für technischen Rat und allen, die während der Entstehungsmühsal Geduld mit mir hatten.

Auswahlbibliographie

Blaukopf, Kurt: *Große Virtuosen*. Niggli und Verkauf, Teufen 1954.
Boyden, David D.: *Die Geschichte des Violinspiels von seinen Anfängen bis 1761*. Schott, Mainz 1971.
Campbell, Margaret: *Die großen Geiger*. Athenäum, Königstein 1982.
Christen, Ernest: *Ysaÿe*. Labor et Fides, Genf 1947.
Farga, Franz: *Geigen und Geiger*. Müller-Rüschlikon, Zürich ⁷1983.
Flesch, Carl: *Erinnerungen eines Geigers*. Atlantis, Zürich ²1961.
Galamian, Ivan: *Grundlagen und Methoden des Geigenspiels*. Europabuch, Unterägeri 1983.
Hartnack, Joachim W.: *Große Geiger unserer Zeit*. Atlantis, Zürich ⁴1993.
Jusefowitsch, Viktor: *David Oistrach. Gespräche mit Igor Oistrach*. DVA, Stuttgart 1977.
Kaiser, Joachim: *Große Pianisten in unserer Zeit*. Piper, München 1972; von Klaus Bennert erweiterte Neuausgabe Piper, München/Zürich 1997.
Kapp, Julius: *Paganini*. Schuster & Löffler, Berlin 1922.
Kolneder, Walter: *Das Buch der Violine*. Atlantis, Zürich 1972.
Menuhin, Yehudi: *Unvollendete Reise*. Piper, München/Zürich 1976.
Milstein, Nathan (mit Solomon Volkov): »*Lassen Sie ihn doch Geige lernen.*« Piper, München/Zürich 1993.
Neill, Edward: *Niccolò Paganini*. List, München 1990.
Pincherle, Marc: *Virtuosen*. Heimeran, München 1964.
Roeseler, Albrecht: *Große Geiger unseres Jahrhunderts*. Piper, München/Zürich 1987; 2., von Norbert Hornig durchgesehene und erweiterte Auflage 1996.
Rostal, Max: *Beethoven. Die Sonaten für Klavier und Violine*. Piper, München/Zürich 1981.
Steinhardt, Arnold: *Mein Leben zu viert*. Knaus, München 2000.
Stern, Isaac (mit Chaim Potok): *Meine ersten 79 Jahre*. Lübbe, Bergisch Gladbach 2000.
Szigeti, Joseph: *Beethovens Violinwerke*. Atlantis, Zürich 1965.
Szigeti, Joseph: *Zwischen den Saiten*. Müller-Rüschlikon, Zürich 1962.
Wasiliewski, Wilhelm Joseph von: *Die Violine und ihre Meister*. Breitkopf & Härtel, Leipzig 1910.

Personenregister

Batiz, Enrique (*1942) 89
Bauer, Frieda 440
Bay, Emmanuel (1891–1967)
    318, 325
Bazzini, Antonio (1818–1897)
    19, 92, 276, 300
Bechterew, Boris 175
Beck, Gustaf (*1901) 358
Becker, Hugo (1863–1941) 69
Beckmann, Richard (*1909) 296
Beecham, Thomas (1879–1961)
    128, 404
Beethoven, Ludwig van
    (1770–1827) 13–15, 27, 33, 39,
    48, 50, 53 f., 45, 60, 70, 74, 87,
    96 f., 100, 103 f., 115, 122, 125,
    133, 143 f., 147–150, 157, 160,
    167, 172 f., 180–182, 184, 186,
    193, 217, 219–222, 226,
    242–246, 248 f., 251 f., 255,
    257 f., 266 f., 274 f., 283, 290 f.,
    293, 298, 330 f., 346, 352 f., 355,
    359, 367, 372, 374 f., 377, 386,
    393, 398, 404, 413, 423–425,
    430, 438 f., 448
Beinum, Eduard van
    (1900–1959) 227
Bell, Joshua (*1967) 37–39, 390
Benedetti, René (*1901) 158
Benedetti Michelangeli, Arturo
    (1920–1995) 109, 124, 393
Benoist, André (1879–1953) 339,
    403 f.
Beresowski, Boris 41
Berg, Alban (1885–1935) 83, 106,
    115, 122, 135, 156, 160, 168,
    186, 195, 230, 241, 330, 336,
    343, 386, 390, 409–411
Berglund, Paavo (*1929) 208 f.
Bergman, Ingrid (1915–1982)
    318
Bériot, Charles de (1802–1870)
    54, 155, 246, 400 f.
Berlioz, Hector (1803–1869) 119,
    240, 385

Bernstein, Leonard (1918–1990)
    75 f., 241, 252, 397, 413, 416
Bertje, Dawid (1882–1950) 227
Besrodny, Igor (*1930) 227, 229
Biber, Heinrich Ignaz Franz
    (1644–1704) 26, 306
Bicknell, David 200
Bizet, Georges (1838–1875) 35,
    261
Blacher, Boris (1903–1975) 106
Blech, Harry (1910–1999) 369
Blech, Leo (1871–1958) 148, 151
Blinder, Naum (*1889) 73, 76
Bloch, Ernest (1880–1959) 120 f.,
    168, 270, 343
Blomstedt, Herbert (*1927) 175
Boccherini, Luigi (1743–1805)
    240
Bodnar, Nina 247
Boettcher, Wolfgang (*1935) 297
Böhm, Joseph (1795–1876) 55,
    102, 300
Böhm, Karl (1894–1981) 97,
    376
Borodin, Alexandr (1833–1887)
    317
Borries, Siegfried (1912–1980)
    102
Boskovsky, Willi (1909–1991)
    294
Boucherit, Jules (1877–1962) 357
Boulanger, Nadia (1887–1979)
    86, 357
Boult, Adrian (1889–1983) 114 f.
Brahms, Johannes (1833–1897)
    12, 15, 21, 24, 32, 38, 42 f., 51,
    55–57, 64, 66, 71, 82, 84, 87,
    97, 119, 122, 139, 147, 151, 156,
    160 f., 167, 172, 175 f., 201 f.,
    207, 210–212, 214, 217, 248,
    251, 260, 268, 274 f., 290, 298,
    302, 313, 319–321, 323 f., 331,
    346 f., 351 f., 355, 357, 366, 374,
    381, 391, 393, 413, 415 f., 432,
    448

460

Perlman, Itzhak (*1945) 13, 24,
30, 73, 85, 114, 117–119, 133,
153, 226, 234–240, 241–243,
295, 413, 418, 438
Persinger, Louis (1887–1966) 64,
250, 273f., 395
Peterson, Oscar (*1925) 241
Petre, Thomas 149
Petri, Egon (1881–1962) 124
Petscherskaja, Lidija 129, 131
Pettersson, Allan (1911–1980)
209f., 299
Pfitzner, Hans (1869–1949) 377,
416
Piatigorsky, Gregor (eigtl. Gri-
gori Pjatigorski; 1903–1976)
69, 78, 180, 348, 363, 365f.
Piatti, Alfredo (1822–1901) 300
Piazzolla, Astor (1921–1992)
22f., 334
Picasso, Pablo (1881–1973) 329
Picquart, Georges (1854–1914)
263
Pikaisen, Tatjana 394
Pikaisen, Viktor (eigtl. Wiktor P.;
*1933) 394f., 443
Planck, Max (1858–1947) 263
Platon (428/427–348/347) 75
Pogostkin, Alina (*1983) 48f.
Poldini, Ede (1869–1957) 125
Pollack, Sidney (*1934) 235
Pommers, Leon 398
Postnikowa, Wiktorija (*1944)
193
Poulenc, Francis (1899–1963) 13,
155, 359, 408
Poulet, Gérard (*1938) 247
Powell, Maud (1868–1920)
398–401
Previn, André (*1930) 136, 241f.
Previtali, Fernando (1907–1985)
124
Příhoda, Alois (†1937) 373f.
Příhoda, Váša (1900–1960) 19,
35, 373–377, 379, 381–383

Primrose, William (1903–1982)
149, 321, 346–348, 390, 392,
446
Principe, Remy (1889–1977) 200
Prokofjew, Sergei (1891–1953)
34, 36f., 41–43, 46, 50, 52, 101,
122, 127–130, 132, 135, 166,
168, 190, 196, 232, 239, 251f.,
331, 343–345, 440, 444
Pugnani, Giulio Gaetano
(1731–1798) 30, 150
Pugno, Raoul (1852–1914) 149,
354

Quiroga, Manuel (1890–1961)
333

Rabin, Michael (1936–1972)
111–116, 118, 295
Rachlin, Julian (*1974) 48
Rachmaninow, Sergei
(1873–1943) 41, 149, 175
Rakowski, Mieczysław (*1926)
90
Ratoff, Gregory (eigtl. Grigori
Ratow; 1897–1960) 318
Raucheisen, Michael (1889–1984)
203, 376
Ravel, Maurice (1875–1937) 22,
41, 46f., 114, 139, 195, 232,
242, 246–248, 296, 303, 343,
349, 359f., 415f., 434f.
Reger, Max (1873–1916) 58, 101,
186, 209, 214f., 217, 221, 322f.,
332, 413
Reiner, Fritz (1888–1963) 127,
367, 393
Repin, Vadim (eigtl. Wadim R.;
*1971) 11, 30, 39–42
Respighi, Ottorino (1879–1936)
187, 201, 394
Reuter, Florizel von (1890–1985)
58, 282f., 291
Ricci, Ruggiero (*1918) 64, 245,
250–254, 273

Sitkowezki, Grigori 227
Sitkowezki, Julian (1925–1958) 194, 223 f., 226–229
Sivori, Camille (1815–1894) 57, 92, 245
Skrjabin, Alexandr (1872–1915) 92
Skrowaczewski, Stanisław (*1923) 84
Slatkin, Felix (1915–1963) 115
Slezak, Leo (1873–1946) 377
Smetana, Bedřich (1824–1884) 240, 372, 385
Smith, Brooks 349
Soëtens, Robert (1897–1997) 37
Söllscher, Göran (*1955) 35
Solschenizyn, Alexandr (*1918) 279
Solti, Georg (1912–1997) 136, 384
Sonnleitner, Fritz (1920–1984) 102
Soustrot, Marc (*1949) 427
Spalding, Albert (1888–1953) 401, 403 f.
Spalding, Marie 401
Spielberg, Steven (*1947) 235
Spierer, Leon (*1928) 186
Spiwakow, Wladimir (*1944) 169, 172–176, 194, 332
Spohr, Louis (1784–1859) 16, 104, 205, 246, 297, 403
Stadler, Sergei (*1962) 137
Stalin, Josef (1879–1953) 12, 43
Starker, János (*1924) 14, 270, 343, 385, 391
Steinberg, William (eigtl. Hans Wilhelm S.; 1899–1978) 190 f., 264, 266, 337, 349
Steinhardt, Arnold (*1937) 321
Stern, Isaac (eigtl. Issaak S.; *1920) 15, 72–84, 116, 118, 155, 190 f., 227, 388, 446
Stevens, Bernard (1916–1983) 187

Stockhausen, Karlheinz (*1928) 185
Stokowski, Leopold (1882–1977) 125, 320, 364, 367, 392
Stoljarski, Pjotr (1871–1944) 224, 364 f., 439
Strauß, Johann (1825–1899) 21
Strauss, Richard (1864–1949) 32–35, 58, 167, 178 f., 187, 263, 297, 302, 317, 349, 358, 377, 382, 394 f.
Strawinsky, Igor (1882–1971) 37, 76 f., 89, 94, 122, 136, 139 f., 153, 168, 188, 226, 241 f., 332 f., 369, 376, 384 f., 390, 398, 409, 417, 446
Stross, Wilhelm (1907–1966) 102
Strub, Max (1900–1966) 102
Stucki, Aida (*1921) 419
Sturestep, Woldemar 332
Suk, Josef (1874–1935) 71, 356, 358, 383–386
Suk, Josef (*1929) 373, 381, 383–387
Susskind, Walter (1913–1980) 185, 360
Székely, Zoltán (*1903) 307
Szell, George (1897–1970) 78, 111, 127, 180, 205, 264, 267, 390, 406
Szeryng, Henryk (1918–1988) 85–90, 110, 116, 155, 178
Szigeti, Joseph (1892–1973) 67, 120–128, 133, 168, 206, 216, 323, 333, 436, 441, 443
Szreter, Karl 180
Szücs, Mihály (*1922) 92
Szymanowski, Karol (1882–1937) 91 f., 168, 170–172, 390, 398, 409, 430

Taktakischwili, Otar (1924–1989) 132
Talluel, Line 356
Talmi, Yoav (*1943) 168

469

Bildnachweis

Autor und Verlag haben sich bemüht, die Herkunft der Abbildungen zu ermitteln. Dies war leider nicht in allen Fällen möglich. Wir bitten Photographen und andere Inhaber von Bildrechten darum, sich mit dem Piper Verlag in Verbindung zu setzen.

PIPER

Hans Heinrich Eggebrecht
Musik im Abendland

Prozesse und Situationen vom Mittelalter bis zur Gegenwart
838 Seiten mit 16 Seiten teils farbigen Abbildungen.
Serie Piper 2301

»Musik im Abendland« – das ist die seit langem erwartete Musikgeschichte in einem Band des international renommierten Musikwissenschaftlers Hans Heinrich Eggebrecht. Sein großes Werk beschreibt und erzählt die Geschichte der Musik von der Entstehung der Mehrstimmigkeit im 9. Jahrhundert bis in unsere Zeit. Der Leser soll hier Musikgeschichte erleben, im Sinn existentieller Berührung. In vorbildlicher Weise ist es dem Autor gelungen, die Ansprüche, die sein Thema stellt, und die Verständlichkeit des Schreibens durch seine Art des Erzählens zu vermitteln.

»So beschert uns das Werk nicht nur einen Kosmos höchst quaifizierter Informationen, sondern auch reichlich intellektuelle An- und Aufregungen.«
Süddeutsche Zeitung

Hans Heinrich Eggebrecht
Die Musik und das Schöne

183 Seiten mit zahlreichen Notenbeispielen. Klappenbroschur

Das Nachdenken über Musik bringt immer Gewinn – und besonders dann, wenn man es mit Hans Heinrich Eggebrecht tun kann, dem großen alten Mann der deutschen Musikwissenschaft.
Was ist Musik? Wie wirkt sie und wie ist sie zu verstehen? Worin gründet ihre Macht, und wo liegen ihre Grenzen? Warum ist Musik immer schön, auch wenn sie Trauer, Tod, Leid und Klage, das Häßliche und Schreckliche zum Ausdruck bringt? Und was ist dieses Schöne?
In 20 Kapiteln, die thematisch ausgespannt sind vom Nachdenken über Spiel und Zeit, Beifall-Klatschen und schlechte Musik, Weinen und Tod bis hin zur Musik über Auschwitz, versucht Eggebrecht Antworten zu geben. Das Schöne ist nicht nur etwa eine schöne Melodie oder Klangfolge. Musik wird gespielt, das Schöne ist, daß sie selbst ein Spiel ist, ein Spiel mit Sinnesreizen in Form eines Spiels mit der Zeit. Und wir sind Mitspieler und können dabei die Wirklichkeit vergessen. Das ist die Macht der Musik in unserem Leben.

PIPER

Garry Jenkins und Stephen d'Antal
Kiri Te Kanawa

Die wahre Geschichte einer Primadonna. Aus dem Englischen
von Sonja Hauser und Harald Stadler. 400 Seiten mit 30 Abbildungen auf Tafeln. Geb.

Nur ihre engsten Angehörigen und Freunde wissen, daß Kiri Te
Kanawas Leben nur auf den ersten Blick wie ein Märchen wirkt.
Was verbirgt sich hinter dieser einprägsamen Stimme, hinter der
exotisch wirkenden Erscheinung, hinter dem weltweiten Erfolg?
Die beiden Autoren haben über Jahre hinweg recherchiert, sie
haben zahllose Interviews mit Angehörigen, Freunden und Kollegen der Sängerin geführt und dabei viele bisher nicht bekannte
Facetten im Leben Kiri Te Kanawas in Erfahrung gebracht. In
ihrem Buch erzählen sie die wahre Geschichte der Primadonna:
vom ungewollten Kind einer Irin und eines Maori, von den
frühen Erfolgen in Neuseeland, vom schwierigen Neubeginn in
England, von der glanzvollen Karriere, die die Sängerin bis an
die New Yorker Met geführt hat. Und sie erzählen von dem hohen Preis, den diese Karriere kostete: vom weitgehenden Verzicht auf ein Privatleben und dem schmerzlichen Scheitern einer
Ehe.

PIPER

Klaus Eidam

Das wahre Leben des
Johann Sebastian Bach

430 Seiten mit vier Farbtafeln und 48 Abbildungen im Text. Geb.

Klaus Eidam tut für Johann Sebastian Bach, was Volkmar
Braunbehrens für Mozart geleistet hat: Er besichtigt das
Denkmal kritisch, korrigiert die Fehlurteile und Legenden.
Wer war Johann Sebastian Bach wirklich? Der geniale Komponist der Matthäuspassion, zugleich der jähzornige Mann,
der sich mit Fürsten, Ratsherren, Rektoren und anderen Vor-
gesetzten ständig anlegte? Dies ist eine von vielen Facetten
des liebgewordenen Bach-Bildes. Vieles daran muß dringend
korrigiert werden. Rechtzeitig vor Beginn des Bach-Jahres
2000 leistet dies Klaus Eidam in seiner großen Lebens-
beschreibung. Er zeigt dabei wenig Respekt vor den berühmten
Biographen, seien es Philipp Spitta oder Albert Schweitzer,
und verläßt sich auf seine gründliche Auswertung von Dokumenten, besonders der Leipziger Ratsakten. Bach ist häufig
sehr übel mitgespielt worden, ob in Arnstadt, Weimar, Köthen
oder Leipzig. Klaus Eidam, der mit großer Lust und ganz
ohne Fachjargon von Bachs Leben erzählt, zeichnet mit vielen
Fakten und Details, die bisher nicht beachtet wurden, ein ganz
neues Bach-Bild.

PIPER

Robert C. Marsh
James Levine

Sein Leben, seine Musik. Mit einem Vorwort von Jessye Norman und einem Beitrag von Joachim Kaiser. Aus dem Amerikanischen von Harald Stadler. 400 Seiten mit 27 Abbildungen auf Tafeln. Geb.

Er war ein musikalisches Wunderkind, machte dann eine Bilderbuchkarriere. Denn schon als 19jähriger arbeitete er mit dem legendären George Szell und dessen Cleveland Orchestra, debütierte als Dirigent mit diesem Spitzenensemble im Alter von 23 Jahren, wurde ständiger Gastdirigent des Chicago Symphony Orchestra, dirigierte früh an der Metropolitan Opera, deren künstlerischer Leiter er heute ist. Ob New York, Chicago, Tokio, London, Wien, Salzburg, Berlin, Bayreuth oder München – in allen Musikzentren ist James Levine zu Hause. Ab Herbst 1999 wird er in München Nachfolger von Sergiu Celibidache als Chef der Philharmoniker. Levine ist eine der bekanntesten und zugleich unbekanntesten Gestalten des Musikbetriebs. Vom Menschen hinter den Triumphen, von seinem Leben und seiner Musik erzählt Robert Mash, der Levines Arbeit über 25 Jahre hinweg beobachtet und begleitet hat. Er hat die Familie, Freunde und Musikerkollegen befragt. Sein Buch ist Biographie und Autobiographie zugleich, denn vor allem kommt James Levine darin selbst zu Wort.

PIPER

Yehudi Menuhin
Unvollendete Reise

Lebenserinnerungen. Aus dem Englischen von Isabella
Nadolny und Albrecht Roeseler. 480 Seiten. Geb.

»Die Geschichte dieser geradezu fabulösen Künstlerkarriere ist
den Enthusiasten bekannt: seine Konzerte unter Toscanini,
Busch, Bruno Walter und Furtwängler, seine Begegnungen mit
Bartók und Enesco, seine Freundschaft mit Oistrach und Casals, seine Tourneen mit Benjamin Britten, Wilhelm Kempff,
Gerald Moore und Schwester Hephzibah, seine Zusammenarbeit mit Karajan und Pierre Boulez, seine Betätigung als Dirigent und als Leiter der Festivals in Gstaad, Bath und Windsor.
Aber vom Privatleben dieses Künstlers, seinen jugendlichen
Träumen ›der Menschheit Frieden zu bringen‹, den Illusionen,
die Völker durch Musik zu versöhnen, von seiner großen Begabung zur Freundschaft wußte man bislang zu wenig ...Was
Menuhin den meisten Lebenserinnerungen voraus hat, ist die
hohe Intelligenz und sein erzählerischer Charme.«
Frankfurter Allgemeine